Hommelhoff

Lagebericht und Konzernlagebericht

De Gruyter Kommentar

Peter Hommelhoff

Lagebericht und Konzernlagebericht

Zentren eines Business Reporting

Kommentar zu den §§ 289 bis 289f HGB und §§ 315 bis 315d HGB

DE GRUYTER

Professor Dr. Dr. h.c. mult. Peter Hommelhoff, Universität Heidelberg, Richter am Oberlandesgericht Hamm a.D.
Zitiervorschlag: *Hommelhoff* Lagebericht und Konzernlagebericht § 289 HGB Rdn 5.
Sachregister: Christian Klie

Alle Verweise in dieser Sonderausgabe, die lediglich mit Paragraph, Randnummer und Autor bezeichnet werden, beziehen sich auf die 6. Auflage des Staub.

ISBN 978-3-11-076389-8
e-ISBN (PDF) 978-3-11-076393-5
e-ISBN (E-PUB) 978-3-11-076398-0

Library of Congress Control Number: 2021944235

Bibliografische Information der Deutschen Nationalbibliothek
Die Deutsche Nationalbibliothek verzeichnet diese Publikation in der Deutschen Nationalbibliografie; detaillierte bibliografische Daten sind im Internet über http://dnb.dnb.de abrufbar.

Datenkonvertierung und Satz: Meta Systems Publishing & Printservices GmbH, Wustermark
Druck und Bindung: CPI books GmbH, Leck

www.degruyter.com

Den unvergessenen

Georg Döllerer
Reinhard Goerdeler
Brigitte Knobbe-Keuk

in dankbarer Erinnerung
gewidmet

Vorwort

In der Unternehmensberichterstattung der Kapitalgesellschaften gewinnen neben der Rechnungslegung zu ihrer finanziell-wirtschaftlichen Vermögens-, Finanz- und Ertragslage nichtfinanzielle Informationen zunehmend an Bedeutung. Als zentrales Informationsinstrument, das sowohl die nichtfinanziellen wie die finanziellen Aspekte der unternehmerischen Aktivitäten umfasst, fungieren der Lagebericht und der Konzernlagebericht. In sie hat schon der europäische Gesetzgeber die nichtfinanzielle Erklärung (demnächst: Nachhaltigkeits-Erklärung) und die Erklärung zur Unternehmensführung als integrale Bestandteile der Lageberichterstattung eingebaut. Finanzielle und sog. ESG-Angaben werden in ihr zu einer kohärenten Gesamtinformation zusammengefasst. In der so fundamental erweiterten und zugleich rechtlich vorgespurten und geordneten Unternehmensberichterstattung hat der Unionsgesetzgeber sein wirtschaftspolitisches Programm, das der Unternehmen als mehrdimensionale Wertschöpfer auf dem Weg in die ökosoziale Marktwirtschaft, informationell konkretisiert – bisher auf die großen Unternehmen von öffentlichem Interesse fokussiert, schon bald jedoch wohl auf alle Kapitalgesellschaften schlechthin erstreckt. In Richtung auf die Marktwirtschaft betont ökosozialer Prägung will der europäische Gesetzgeber die Unternehmen mittels erweiterter Lageberichterstattung lenken; ihr ist vor allem Steuerungsfunktion eigen. Dies Regelungskonzept hat, getreulich transformiert, seinen Niederschlag in den hier kommentierten Bestimmungen der §§ 289 ff und §§ 315 ff HGB gefunden. In ihrer europarechtskonformen Auslegung ist dem Konzept des Unionsgesetzgebers Rechnung zu tragen.

Für ihre unermüdliche Unterstützung habe ich meinen ständigen Gesprächspartnern zu danken: den Herren mag. iuris (Krakau) Mariusz Jelonek und Referendar Elias Kehrel. Zugleich gibt der Abschluss monatelanger Arbeit Anlass, mich dankbar derer zu erinnern, die in mir unvergessen die Freude am Recht der Rechnungslegung geweckt und befeuert haben: die Herren Rechtsanwalt und Wirtschaftsprüfer Dr. Reinhard Goerdeler und Senatspräsident Dr. Georg Döllerer sowie Frau Professorin Dr. Brigitte Knobbe-Keuk. Ihrem Gedenken ist dieser Kommentarband gewidmet.

Heidelberg, im Juli 2021 Peter Hommelhoff

https://doi.org/10.1515/9783110763935-201

Inhaltsverzeichnis

Abkürzungsverzeichnis

aA	anderer Ansicht
a. a. O.	am angegebenen Ort
abl.	ablehnend
ABl.	Amtsblatt
ablehn.	ablehnend
Abs.	Absatz
Abschn.	Abschnitt
abw.	abweichend
AcP	Archiv für civilistische Praxis
ADAC	Allgemeiner Deutscher Automobil-Club
ADHGB	Allgemeines Deutsches Handelsgesetzbuch v. 1861
aE	am Ende
AEUV	Vertrag über die Arbeitsweise der Europäischen Union
a. F.	alte Fassung
AG	1. Amtsgericht 2. Aktiengesellschaft
AGB	Allgemeine Geschäftsbedingungen
AGG	Allgemeines Gleichbehandlungsgesetz
AiB	Arbeitsrecht im Betrieb
AIF	Alternativer Investmentfonds
AIFM	Alternative Investment Fund Manager
AIFMD	Alternative Investment Fund Managers Directive, Richtlinie 2011/61/EU über die Verwalter alternativer Investmentfonds
AktG	Aktiengesetz
Aktz.	Aktenzeichen
allg.	allgemein
allgM	allgemeine Meinung
a. M.	andere(r) Meinung
amtl.	amtlich(e)
amtl. Begr.	Amtliche Begründung
AnfG	Anfechtungsgesetz
Anh.	Anhang
Anl.	Anleitung
Anm.	Anmerkung(en)
AnzV	Anzeigenverordnung: Verordnung über die Anzeigen und die Vorlage von Unterlagen nach dem Kreditwesengesetz
AO	1. Amtsordnung (Schleswig Holstein) 2. Abgabenordnung
AöR	Archiv des öffentlichen Rechts
AP	Arbeitsrechtliche Praxis
ApothekenBetrO	Apothekenbetriebsordnung
ApothekenG	Apothekengesetz
ArbG	Arbeitsgericht
ArbGG	Arbeitsgerichtsgesetz
AR-Blattei	Arbeitsrecht-Blattei
ArbR	Arbeitsrecht
ArbstättVO	Arbeitsstättenverordnung
ArbZG	Arbeitszeitgesetz
ArchBürgR	Archiv für Bürgerliches Recht
Art.	Artikel
AÜG	Arbeitnehmerüberlassungsgesetz
Aufl.	Auflage
AV	Ausführungsverordnung
AWD	Allgemeiner Wirtschaftsdienst
AZR	Gesetz über das Ausländerzentralregister

https://doi.org/10.1515/9783110763935-202

Baden-Württ.	Baden-Württemberg
BaFin	Bundesanstalt für Finanzdienstleistungsaufsicht
BAnz	Bundesanzeiger
Basel I	Ausschuss für Bankenbestimmmungen und -überwachung: Internationale Konvergenz der Eigenkapltalmessung und Eigenkapitalanforderungen (1988)
Basel II	Baseler Ausschuss für Bankenaufsicht: Internationale Konvergenz der Kapitalmessung und Eigenkapitalanforderungen, überarbeitete Rahmenvereinbarung (2004)
Basel III	Baseler Ausschuss für Bankenaufsicht: Basel III: Ein globaler Regulierungsrahmen für widerstandsfähige Banken und Bankensysteme (2010)
BauspG	Gesetz über Bausparkassen
BayERVV	Bayerische Verordnung über den elektronischen Rechtsverkehr und elektronische Verfahren (E-Rechtsverkehrsverordnung – ERVV)
BaWüNotZ	Baden-Württembergische Notarzeitung
BayObLG	Bayerisches Oberlandesgericht
BayZ	Bayerische Zeitung
BAG	Bundesarbeitsgericht
BAO	Bundesabgabenordnung
BÄO	Bundesärzteordnung
BB	Der Betriebs-Berater
BBG; BBAnkG	Gesetz über die deutsche Bundesbank
BBiG	Berufsbildungsgesetz
BC	Zeitschrift für Bilanzierung, Rechnungswesen und Controlling
Bd.	Band
BdB	Bundesverband deutscher Banken e. V.
BDSG	Bundesdatenschutzgesetz
Bek. v.	Bekanntmachung vom
Begr.	Begründung
Beschl.	Beschluss
BetrAVG	Gesetz zur Verbesserung der betrieblichen Altersversorgung (Betriebsrentengesetz)
BetrVG	Betriebsverfassungsgesetz
BeurkG	Beurkundungsgesetz
BfA	Bundesversicherungsanstalt für Angestellte
BFH	Bundesfinanzhof
BFHE	Entscheidungen des Bundesfinanzhofes
BFuP	Betriebswirtschaftliche Forschung und Praxis (Zeitschrift)
BGB	Bürgerliches Gesetzbuch vom 18.8.1896
BGBl.	Bundesgesetzblatt
BGH	Bundesgerichtshof
BGHR	BGH-Rechtsprechung, hrsg. von den Richtern des Bundesgerichtshofes
BGHZ	Entscheidungen des Bundesgerichtshofes in Zivilsachen
BIZ	Bank für Internationalen Zahlungsausgleich, Basel
BKartA	Bundeskartellamt
BKR	Zeitschrift für Bank- und Kapitalmarktrecht
Bl.	Blatt
BMJ	Bundesministeriums der Justiz
BNotO	Bundesnotarordnung
BoHdR	Bonner Handbuch der Rechnungslegung
BörsG	Börsengesetz
BörsO	Börsenordung
BörsZulV	Börsenzulassungs-Verordnung; Verordnung über die Zulassung von Wertpapieren zur amtlichen Notierung an einer Wertpapierbörse
BPatG	Bundespatentgericht
BPatGE	Entscheidungen des Bundespatentgerichts
BR-Drucks.	Bundesratsdrucksache
BRAGO	Bundesgebührenordnung für Rechtsanwälte
BRAK-Mitt	Mitteilungen der Bundesrechtsanwaltskammer

BRRD	Bank Recovery and Resolution Directive
BRRD-Richtlinie	Richtlinie 2014/59/EU des Europäischen Parlaments und des Rates vom 15.5.2014 zur Festlegung eines Rahmens für die Sanierung und Abwicklung von Kreditinstituten und Wertpapieren; ABl. EU L 173 v. 12.6.2014
BSpKG	Gesetz über Bausparkassen
BStBl	Bundessteuerblatt
BT	Bundestag
BT-Drucks., BT-Drs.	Bundestags-Drucksache
BuB	Bankrecht und Bankpraxis, hrsg. v. Hellner/Steuer/Piekenbrock/Siegmann/Höche, Loseblatt-Sammlung, Köln
BUrlG	Bundesurlaubsgesetz vom 8.1.1963
BVerfG	Bundesverfassungsgericht
BVerfGE	Entscheidungen des Bundesverfassungsgerichts
BVK	Bayerische Versicherungskammer
BWNotZ	Zeitschrift für das Notariat in Baden-Württemberg
bzgl.	bezüglich
bzw.	beziehungsweise
CaR	Credit at Risk
CD	Certificate of Deposit
CDH	Centralvereinigung Deutscher Wirtschaftsverbände für Handelsvermittlung und Vertrieb e.V.
CDS	Credit Default Swap(s)
cic	culpa in contrahendo
CISG	United Nations Convention on Contracts for the International Sale of Goods, UN-Kaufrecht
CRD IV	Capital Requirements Directive IV; Richtlinie 2013/36/EU des Europäischen Parlaments und des Rates vom 26. Juni 2013 über den Zugang zur Tätigkeit von Kreditinstituten und die Beaufsichtigung von Kreditinstituten und Wertpapierfirmen, zur Änderung der Richtlinie 2002/87/EG und zur Aufhebung der Richtlinien 2006/48/EG und 2006/49/EG, ABl. EU L 176 v. 27.6.2013
CRDIVAnpV	Verordnung zur Anpassung von aufsichtsrechtlichen Verordnungen an das CRD IV-Umsetzungsgesetz
CRR	Capital Requirements Regulation; Verordnung (EU) Nr. 575/2013 des Europäischen Parlaments und des Rates vom 6. Juni 2013 über Aufsichtsanforderungen an Kreditinstitute und Wertpapierfirmen und zur Änderung der Verordnung (EU) 6486/2012; ABl. EU L 321 v. 30.11.2013
CRR-Kreditinstitute	Kreditinstitute, die (ggf. auch allein) das Einlagen- und das Kreditgeschäft betreiben (früher Einlagenkreditinstitute)
DAR	Deutsches Autorecht
DAV	Deutscher Anwaltsverein
DepG	Depotgesetz; Gesetz über die Verwahrung und Anschaffung von Wertpapieren
ders.	derselbe
DB	Der Betrieb
DepG	Depotgesetz; Gesetz über die Verwahrung und Anschaffung von Wertpapieren
DGS	Depot Guarantee Scheme (Einlagensicherungssystem)
d. h.	das heißt
dies.	dieselbe(n)
DIHT	Deutscher Industrie- und Handelstag
Dipl.	Diplom
Diss	Dissertation
DJT	Deutscher Juristentag
DNotZ	Deutsche Notarzeitung
DR	Deutsches Recht
DSGV	Deutscher Sparkassen- und Giroverband
DStR	1. Deutsches Steuerrecht (Zeitschrift) 2. Deutsche Steuerrundschau 3. Deutsches Strafecht
DV	1. Durchführungsverordnung 2. Deutsche Verwaltung

DVBl	Deutsches Verwaltungsblatt (Zeitschrift)
DVO	Durchführungsverordnung
DZWIR	Deutsche Zeitschrift für Wirtschafts- und Insolvenzrecht
E	Entscheidung
EABG	Einlagensicherungs- und Anlegerentschädigungsgesetz
EBA	European Banking Authority (Europäische Bankenaufsichtsbehörde)
EBE/BGH	Eildienst Bundesgerichtliche Entscheidungen
EBJS	Ebenroth/Boujong/Joost/Strohn
EDV	Elektronische Datenverarbeitung
EFG	Entscheidungen der Finanzgerichte
EFSF	European Financial Stability Facility (Europäische Finanzstabilisierungsfazilität)
EFZG	Entgeltfortzahlungsgesetz
EG	Europäische Gemeinschaft
EGBGB	Einführungsgesetz zum Bürgerlichen Gesetzbuch
EGHGB	Einführungsgesetz zum Handelsgesetzbuch
EGInsO	Einführungsgesetz zur Insolvenzordnung
EGVP	Elektronisches Gerichts- und Verwaltungspostfach
EGVVG	Einführungsgesetz zum Versicherungsvertragsgesetz
ehem.	ehemalige
EHUG	Gesetz über elektronische Handelsregister und Genossenschaftsregister sowie das Unternehmensregister
einh.	Einheitlich
Einl.	Einleitung
EIOPA	European Insurance and Occupational Pensions Authority (Europäische Aufsichtsbehörde für das Versicherungswesen und die betriebliche Altersvorsorge)
e.K.	Eingetragener Kaufmann/Eingetragene Kauffrau
Entsch.	Entscheidung
ErbStG	Erbschaftsteuer- und Schenkungsteuergesetz
E-Register	elektronisches Register
ERJuKoG	Gesetz über elektronische Register und Justizkosten für Telekommunikation
Erl.	Erläuterung
ESA	European Supervisory Authorities
ESFS	European System of Financial Supervision (Europäisches Finanzaufsichtssystem)
ESM	European Stability Mechanism (Europäischer Stabilitätsmechanismus)
ESMA	European Securities and Markets Authority
ESRB	European Systemic Risk Board (Europäischer Ausschuss für Systemrisiken)
EStG	Einkommenssteuergesetz
ESZB	Europäisches System der Zentralbanken
et al.	Et alii (und andere)
etc.	Et cetera
EU	Europäische Union
EUFAAnpG	Gesetz zur Umsetzung der Richtlinie 2010/78/EU vom 24. November 2010 im Hinblick auf die Einrichtung des Europäischen Finanzaufsichtssystems
EuGH	Europäischer Gerichtshof
EuGHE	Entscheidungen des Europäischen Gerichtshofs
EuG	Europäisches Gericht Erster Instanz
EuGVVO	Verfahrensverordnung des Europäischen Gerichts Erster Instanz vom 1.3.2002
EuGVÜ	Übereinkommen über die gerichtliche Zuständigkeit und die Vollstreckung von Entscheidungen in Zivil- und Handelssachen, vom 27.9.1968, seit dem 1.3.2002 weitgehend durch die EuGVVO ersetzt
EuInsVO	Europäische Insolvenzverordnung
EuLF	European Law Forum
EuZVO	Europäische Zustellungsverordnung
EuZW	Europäische Zeitschrift für Wirtschaftsrecht (Zeitschrift)
EuroEG	Euro- Einführungsgesetz

EWiR	Entscheidungen zum Wirtschaftsrecht
EWIV	Europäische wirtschaftliche Interessenvereinigung
EWR	Europäischer Wirtschaftsraum
EWS	1. Europäisches Währungssystem 2. Europäisches Wirtschafts- und Steuerrecht
EV	1. Eigentumsvorbehalt 2. Einführungsverordnung
EzA	Entscheidungssammlung zum Arbeitsrecht
EZB	Europäische Zentralbank
f	folgende
FamFG	Familienverfahrensgesetz
FAZ	Frankfurter Allgemeine Zeitung
Feiertagslohnzahlungs G	Feiertagslohnzahlungsgesetz
ff	fortfolgende
FG	Finanzgericht
FGG	Gesetz über die Freiwillige Gerichtsbarkeit
FGPrax	Praxis der freiwolligen Gerichtsbarkeit
FMFG	Finanzmarktförderungsgesetz; Gesetz zur weiteren Fortentwicklung des Finanzplatzes Deutschland
FMSA	Bundesanstalt für Finanzmarktstabilisierung
FMStFG	Finanzmarktstablisierungsfondsgesetz v. 17.10.2008 (BGBl. I S. 1982)
Fn	Fußnote
FRUG	Gesetz zur Umsetzung der Richtlinie über Märkte für Finanzinstrumente und der Durchführungsrichtlinie der Kommission (Finanzmarktrichtlinie-Umsetzungsgesetz) v. 16.7.2007
FS	Festschrift
FSB	Financial Stability Board (Rat für Finanzstabilität)
GBO	Grundbuchordnung
GbR	Gesellschaft bürgerlichen Rechts
gem.	gemäß
GenG	Genossenschaftsgesetz
GewO	Gewerbeordnung
GesRZ	Der Gesellschafter
GG	Grundgesetz
ggf.	gegebenenfalls
GK	Großkommentar
GmbH	Gesellschaft mit beschränkter Haftung
GmbHG	Gesetz betreffend die Gesellschaften mit beschränkter Haftung
GmbHR	GmbH-Rundschau
GenG	Genossenschaftsgesetz
GewO	Gewerbeordnung
GewStG	Gewerbesteuergesetz
GoA	Geschäftsführung ohne Auftrag
GOÄ	Gebührenordnung für Ärzte
GOZ	Gebührenordnung für Zahnärzte
GREStG	Grunderwerbsteuergesetz
GroMiKV	Großkredit- und Millionenkreditverordnung; Verordnung über die Erfassung, Bemessung, Gewichtung und Anzeige von Krediten im Bereich der Großkredit- und Millionenkreditvorschriften des Kreditwesengesetzes
Großkreditrichtlinie	EG-Richtlinie für die Überwachung und Kontrolle der Großkredite von Kreditinstituten
GRUR	Gewerblicher Rechtsschutz und Urheberrecht
GRUR-RR	Gewerblicher Rechtsschutz und Urheberrecht/Rechtsprechungsreport
GSG	Gerätesicherheitsgesetz
GV	Gebührenverzeichnis

GVG	Gerichtsverfassungsgesetz
GVO	Gerichtsvollzieherordnung
GWB	Gesetz gegen Wettbewerbsbeschränkungen
hA	herrschende Ansicht
HAG	1. Heimarbeitsgesetz 2. Hessisches Ausführungsgesetz
Halbbd.	Halbband
HansGZ	Hanseatische Gerichtszeitschrift
HandelsR	Handelsrecht
Hdb.	Handbuch
HdJ	Handbuch des Jahresabschlusses
HGB	Handelsgesetzbuch
HK	Handelskammer
HKO	Haager Landkriegsordnung
hL	herrschende Lehre
hM	herrschende Meinung
HOAI	Honorarordnung für Architekten und Ingenieure in der Bekanntmachung vom 4.3.1991
HRefG	Handelsrechtsreformgesetz vom 22.6.1998
HRegGebV	Verordnung über Gebühren in Handels, Partnerschafts- und Genossenschaftsregistersachen Handelsregistergebührenverordnung)
HRegGebNeuOG	Handelsregistergebühren-Neuordnungsgesetz
HRR	Höchstrichterliche Rechtsprechung
Hrsg., hrsg.	Herausgeber, herausgegeben
HRV	Verordnung über die Einrichtung und Führung des Handelsregisters
Hs./Hs	Halbsatz
HSG	Hochschulgesetz
HuRB	Handwörterbuch unbestimmter Rechtsbegriffe im Bilanzrecht des HGB
HV	Handelsvertreter
HVR	Humanitäres Völkerrecht
HVuHM	Der Handelsvertreter und Handelsmarker
HWK	Handwerkskammer
IAS	IASC Framework for the Preparation and Presentation of Financial Statements, International Accounting Standards
IASB	International Accounting Standards Board
ICC	1. Intergovernmental Copyright Committee 2. International Chamber of Commerce
idF	in der Fassung
idR	in der Regel
idS	in diesem Sinne
IDW	Institut der Wirtschaftsprüfer
ie	id est
iE	im Einzelnen
i. E.	im Ergebnis
ieS	in engerem Sinne
IFRC	International Financial Reportings Committee
IFRS	International Financial Reporting Standards
IFSt	Institut Finanzen und Steuern
IHR	Internationales Handelsrecht
iHv	in Höhe von
insbes.	insbesondere
Ind.- u. Handelsk.	Industrie- und Handelskammer
InsO	Insolvenzordnung
InsoBekV	Verordnung zu öffentlichen Bekanntmachungen in Insolvenzverfahren im Internet
InvG	Investmentgesetz
InvStG	Investmentsteuergesetz
IOSCO	International Organization of Securities Commissions

IPRax	Praxis des Internationalen Privat- und Verfahrensrechts
IPRsp.	Die Deutsche Rechtsprechung auf dem Gebiet des internationalen Privatrechts
iRd	im Rahmen des
iS	im Sinne
iSd	im Sinne des/der
ISDA	International Swaps and Derivatives Association, Inc.
iSv	im Sinne von
i. V. m.	in Verbindung mit
i. w. S.	im weiteren Sinne
IZPR	Das Internationale Zivilprozess
JA	Juristische Arbeitsblätter
JbFSt	Jahrbuch der Fachanwälte für Steuerrecht
jew.	jeweils
JMBl.	Justizministerialblatt
JR	Juristische Rundschau
JRPV	Juristische Rundschau für Privatversicherung
JURA	Juristische Ausbildung
JuS	Juristische Schulung
JVKostO	Justizverwaltungskostengesetz
JW	Juristische Wochenschrift
JZ	Juristenzeitung
KAG	Kapitalanlagegesellschaft
KAGB	Kapitalanlagegesetzbuch
Kapitaladäquanz-richtlinie	Richtlinie 2006/49/EG v. 14.6.2006 über die angemessene Eigenkapitalausstattung von Wertpapierfirmen und Kreditinstituten, ABl. EU 177/201 v. 30.6.2006
Kart	Kartell
Kfm.	Kaufmann
KFR	Kommentierte Finanzrechtsprechung
KfW	Kreditanstalt für Wiederaufbau
Kfz	Kraftfahrzeug
KG	1. Kammergericht 2. Kommanditgesellschaft
KGaA	Kommanditgesellschaft auf Aktien
KGJ	Jahrbuch für Entscheidungen des Kammergerichts in Sachen der freiwilligen Gerichtsbarkeit und Kosten-, Stempel- und Strafsachen
KMU	Kleines oder mittelständisches Unternehmen
KO	1. Kassenordnung 2. Konkursordnung
KOM	Kommissionsdokumente
Königl.	Königlich
KÖSDI	Kölner Steuerdialog
KostG	Kostengesetz
KostO	Kostenordnung
krit.	kritisch
KSchG	Kündigungsschutzgesetz in der Bekanntmachung vom 25.8.1969
KTS	Konkurs-, Treuhand- und Schiedsgerichtswesen
KWG	1. Kommunalwahlgesetz 2. Kreditwesengesetz; Gesetz über das Kreditwesen
LAG	Landesarbeitsgericht
LG	Landgericht
lit.	litera
LM	Nachschlagewerk des Bundesgerichtshofes, hrsg. v. Lindemaier
LS	1. Landessatzung 2. Leitsatz
Ltd.	Private Company Limited by Shares
LVA	Landesversicherungsanstalt
LZ	Leipziger Zeitschrift für Deutsches Recht

m.	mit
M.	Meinung
MaRisk	Mindestanforderungen an das Risikomanagement, Rundschreiben der BaFin 10/2012 (BA) v. 14.12.2012
MarkenG	Markengesetz
MaSan	Mindestanforderung an die Ausgestaltung von Sanierungsplänen, Rundschreiben der BaFin 3/2014 (BA) v. 25.4.2014
m. a. W.	mit anderen Worten
m. Bespr.	mit Besprechung
m. E.	meines Erachtens
mglw.	möglicherweise
MiFID	Markets in Financial Instruments Directive; Richtlinie 2004/39/EG v. 21.4.2004 über Märkte für Finanzinstrumente, zur Änderung der Richtlinien 85/611/EWG und 93/6/EWG des Rates und der Richtlinie 2000/12/EG des Europäischen Parlaments und des Rates und zur Aufhebung der Richtlinie 93/22/EWG des Rates, ABl. EG L 145/1 v. 30.4.2004
MiFID II	Richtlinie 2014/65/EU v. 15.5.2014 über Märkte für Finanzinstrumente sowie zur Änderung der Richtlinien 2002/92/EG und 2011/61/EU (Neufassung), ABl. EU L 173/349 v. 12.6.2014
MiFIR	Markets in Financial Instruments Regulation; Verordnung (EU) Nr. 600/2014 v. 15.5.2014 über Märkte für Finanzinstrumente und zur Änderung der Verordnung (EU) Nr. 648/2012, ABl. EU L 173/84 v. 12.6.2014
Mio.	Millionen
MitbestG	Mitbestimmungsgesetz
MittRhNotK	Mitteilungen Rheinische Notar-Kammer
MittBayNot	Mitteilungen der Bayerischen Notarkammer
MiZi	Mitteilungen in Zivilsachen
mN	mit Nachweisen
MoMiG	Gesetz zur Modernisierung des GmbH-Rechts und zur Bekämpfung von Missbräuchen
Mrd.	Milliarde
MünchKomm	Münchener Kommentar
MuW	Markenschutz und Wettbewerb
m. w. N.	mit weiteren Nachweisen; mit weiteren Nennungen
m. W. v.	mit Wirkung vom
Nachw.	Nachweise
NaStraG	Gesetz zur Namensaktie und zur Erleichterung der Stimmrechtsausübung
NdsRpfl.	Niedersächsische Rechtspflege
n. F.	neue Fassung
NJOZ	Neue Juristische Online Zeitschrift
NJW	Neue Juristische Wochenschrift
NJW-RR	Neue Juristische Wochenschrift, Rechtssprechungsreport
NotBZ	Zeitschrift für die notarielle Beurkundungspraxis
Nr.	Nummer
NRW	Nordrhein-Westfalen
n.v.	nicht veröffentlicht
NVwZ	Neue Zeitschrift für Verwaltungsrecht
NWB	NWB Steuer- und Wirtschaftsrecht (bis 2008: Neue Wirtschafts-Briefe für Steuer- und Wirtschaftsrecht)
NZA	Neue Zeitschrift für Arbeits- und Sozialrecht
NZA-RR	Neue Zeitschrift für Arbeits- und Sozialrecht, Rechtsprechungsreport
NZG	Neue Zeitschrift für Gesellschaftsrecht
NZI	Neue Zeitschrift für das Recht der Insolvenz und Sanierung
NZM	Neue Zeitschrift für Miet- und Wohnungsrecht
o.	oben
o. ä.	oder ähnliches
ÖBA	Österreichisches Bankarchiv (Zeitschrift)

OFD	Oberfinanzdirektion
OGA	Organismus für Gemeinsame Anlagen
OGAW	Organismus für Gemeinsame Anlagen in Wertpapieren
(ö)OGH	Oberster Gerichtshof (Österreich)
OGHZ	Entscheidungen des Obersten Gerichtshofs für die Britische Zone in Zivilsachen
OHG	Offene Handelsgesellschaft
OLG	Oberlandesgericht
OLGR	OLG-Report: Zivilrechtsprechung der Oberlandesgerichte
österr.	Österreichisches
OTC	Over The Counter
OWiG	Gesetz über Ordnungswidrigkeiten
PartGG	Partnerschaftsgesellschaftsgesetz
PfandBG; PfandbriefG	Pfandbriefgesetz
PflegeVG	Pflege-Versicherungsgesetz
PiR	NWB Internationale Rechnungslegung
ppa.	per procura (in Vollmacht)
ProdHaftG	Produkthaftungsgesetz
PublG	Publizitätsgesetz; Gesetz über die Rechnungslegung von bestimmten Unternehmen und Konzernen
PucheltsZ	Zeitschrift für französisches Zivilrecht
RabelsZ	Zeitschrift für ausländisches und internationales Privatrecht
RAG	Reichsarbeitsgericht
RAG ARS	Reichsarbeitsgericht, Arbeitsrechts-Sammlung (Entscheidungen des Reichsarbeitsgerichts und des Reichsehrengerichts, der Landesarbeitsgerichte, Arbeitsgerichte und Ehrengerichte, 1928 ff)
RBerG	Rechtsberatungsgesetz
RdA	Recht der Arbeit
Rdsch.	Rundschau
RdW	Das Recht der Wirtschaft
RefE	Referentenentwurf
RegBegr.	Regierungsbegründung
RegE	Regierungsentwurf
RG	1. Reichsgericht 2. Reichsgesetz
RGSt	Entscheidungen des Reichsgerichts in Strafsachen
RGZ	Entscheidungen des Reichsgerichts in Zivilsachen
RIW	Recht der internationalen Wirtschaft (Zeitschrift)
RJA	Entscheidungen in Angelegenheiten der freiwilligen Gerichtsbarkeit und des Grundbuchrechts, zusammengestellt im Reichsjustizamt
RKS	Rechtsprechung kaufmännischer Schiedsgerichte
RL	Richtlinie
RNotZ	Rheinische Notar-Zeitschrift
Rn	Randnummer
ROHG	Reichsoberhandelsgericht
ROHGE	Entscheidungen des Reichsoberhandelsgerichts
Rpfleger	Rechtspfleger
RPflG	Rechtspflegergesetz
Rs.	Rechtssache
Rspr.	Rechtsprechung
RUF	Revolving Underwriting Facility
RuS	Recht und Schaden
RVO	Rechtsverordnung
Rz	Randziffer

s.	siehe
S.	Seite
s. a.	siehe auch
SAE	Sammlung arbeitsgerichtlicher Entscheidungen
Sächs.	Sächsisch
ScheckG	Scheckgesetz vom 14.8.1933
SE	Societas Europaea – Europäische Gesellschaft
SEAG	Gesetz zur Ausführung der Verordnung des Rates über das Statut der Europäischen Gesellschaft (SE)
Sg	Sozialgericht
SGB	Sozialgesetzbuch
SIFI	Systemically Important Financial Institutions
SigG	Signaturgesetz
Slg.	Sammlung
sog.	Sogenannt
SolvV	Solvabilitätsverordnung, Verordnung über die angemessene Eigenmittelausstattung von Instituten, Institutsgruppen und Finanzholding Gruppen
SpruchG	Gesetz über das gesellschaftsrechtliche Spruchverfahren – Spruchverfahrensgesetz
SRM	Single Resolution Mechanism, Einheitlicher Abwicklungsmechanismus
SRM-Verordnung	Verordnung (EU) Nr. 806/2014 des Europäischen Parlaments und des Rates vom 15. Juli 2014 zur Festlegung einheitlicher Vorschriften ... im Rahmen eines einheitlichen Abwicklungsmechanismus. ABl. EU 2014 L 225/1
SSM	Single Supervisory Mechanism, Einheitlicher Aufsichtsmechanismus
SSM-Verordnung	Verordnung (EU) Nr. 1024/2013 des Rates vom 15.10.2013 zur Übertragung besonderer Aufgaben im Zusammenhang mit der Aufsicht über Kreditinstitute auf die Europäische Zentralbank, ABl. EU L 287 v. 29.10.2013
st.	ständige
StBp	Die steuerliche Betriebsprüfung
std. Rspr.	ständige Rechtsprechung
Stgb	Die Steuerberatung
StGB	Strafgesetzbuch
StPO	Strafprozessordnung
str.	streitig
StuB	Zeitschrift für das Steuerrecht und die Rechnungslegung der Unternehmen
StuW	Steuer und Wirtschaft
s. u.	siehe unten
TB-Merkmale	Tatbestandsmerkmale
TDG	Gesetz über die Nutzung von Telediensten – Teledienstegesetz
teilw.	teilweise
TransPuG	Transparenz- und Publizitätsgesetz; Gesetz zur weiteren Reform des Aktien- und Bilanzrechts, zu Transparenz und Publizität
TranspR	Transportrecht
TUG	Transparenzrichtlinie-Umsetzungsgesetz
TVG	Tarifvertragsgesetz
Tz	Teilziffer
TzBfG	Teilzeit- und Befristungsgesetz
Tz.	Textziffer
u. a.	unter anderem; und andere
u. ä.	und ähnliches
Ubg	Die Unternehmensbesteuerung
UG	Unternehmergesellschaft
umf.	umfassend
UmwG	Umwandlungsgesetz
unstr.	unstrittig

Unterabs.	Unterabsatz
UrhG	Urheberrechtsgesetz
Urt.	Urteil
URV	Verordnung über das Unternehmensregister
usf.	und so fort
UWG	Gesetz gegen den unlauteren Wettbewerb
u. U.	unter Umständen
v.	von/vom
VAG	Versicherungsaufsichtsgesetz
VerBAV	Veröffentlichungen des Bundesaufsichtsamtes für das Versicherungswesen
Verf.	Verfasser
VerkprospG	Verkaufsprospektgesetz
VersVerm	Versicherungsvermittlung
Vertikal-GVO	Die Gruppenfreistellungsverordnung für vertikale Vereinbarungen
VertriebsR	Vertriebsrecht
VGA	Bundesverband der Geschäftsstellenleiter und Assekuranz
Vgl.	Vergleiche
v. H.	von Hundert
VO	Verordnung
Vol.	Volume
Voraufl.	Vorauflage
Vorb.	Vorbemerkung
VRS	Verkehrsrechts-Sammlung
VvaG	Versicherungsverein auf Gegenseitigkeit
VVG	Gesetz über den Versicherungsvertrag
VW	Versicherungswirtschaft
VwVfG	Verwaltungsverfahrensgesetz
WarnRprs	1. Rechtsprechung des Reichsgerichts auf dem Gebiete des Zivilrechts, soweit sie nicht in der amtlichen Sammlung der Entscheidungen des RG abgedruckt ist, hrsg. v. Warnmeyer 2. Sammlung zivilrechtlicher Entscheidungen des Reichsgerichts hrsg. von Buchwald (Begründet von Warnmeyer)
WechselG	Wechselgesetz
weit.	weitere(n)
WG	1. Wassergesetz 2. Wechselgesetz 3. Wohnwirtschaftliche Gesetzgebung
Wistra	Zeitschrift für Wirtschafts- und Steuerstrafrecht
WM	1. Wertpapier-Mitteilungen (Zeitschrift) 2. Wohnwirtschaft und Mietrecht
wN	weitere Nachweise
WpAIV	Wertpapierhandelsanzeige- und Insiderverzeichnisverordnung
WPg	Die Wirtschaftsprüfung (Zeitschrift)
WpHG	Wertpapierhandelsgesetz
WPO	Gesetz über eine Berufsordnung der Wirtschaftsprüfer. (Wirtschaftsprüferordnung)
WpÜG	Wertpapiererwerbs- und Übernahmegesetz
WRP	Wettbewerb in Recht und Praxis
WuB	Entscheidungssammlung zum Wirtschafts- und Bankrecht
WuW	Wirtschaft und Wettbewerb
WuW-E	Wirtschaft und Wettbewerb, Entscheidungen zum Kartellrecht
WVK	Wiener Vertragsrechtskonvention
Z	(in Zusammenhängen) Zeitschrift, Zeitung, Zentralblatt
z. B.	zum Beispiel
ZBB	Zeitschrift für Bankrecht und Bankwirtschaft
ZBH	Zentralblatt für Handelsrecht
ZBR	Zeitschrift für Beamtenrecht
ZErb	Zeitschrift für die Steuer- und Erbrechtspraxis

ZEuP	Zeitschrift für Europäisches Privatrecht
ZEV	Zeitschrift für Erbrechts- und Vermögensnachfolge
ZfA	Zeitschrift für Arbeitsrecht
ZfBF	Zeitschrift für betriebswirtschaftliche Forschung
ZfgK	Zeitschrift für das gesamte Kreditwesen
ZfIR	Zeitschrift für Immobilienrecht
ZfV	1. Zeitschrift für Versicherungswesen 2. Zeitschrift für Verwaltung
ZGR	Zeitschrift für Unternehmens- und Gesellschaftsrecht
ZHR	Zeitschrift für das gesamte Handels- und Wirtschaftsrecht
ZIP	Zeitschrift für Wirtschaftsrecht und Insolvenzpraxis
ZInsO	Zeitschrift für das gesamte Insolvenzrecht
ZPO	Zivilprozessordnung
ZR	Zivilrecht
ZRP	Zeitschrift für Rechtspolitik
ZS	Zivilsenat
ZSR	1. Zeitschrift für Schweizerisches Recht 2. Zeitschrift für Sozialrecht
z. T.	zum Teil
zust.	zustimmend
ZustErgG	Zuständigkeitsergänzungsgesetz
zutr.	zutreffend
ZVersWiss	Zeitschrift für Versicherungswissenschaft
ZVglRWi(ss)	Zeitschrift für vergleichende Rechtswissenschaft
zwh.	zweifelhaft

Verzeichnis der abgekürzt zitierten Literatur

Soweit andere als im nachfolgenden Verzeichnis angegebene Auflagen zitiert werden, sind diese mit einer hochgestellten Ziffer gekennzeichnet.

ADS	Adler/Düring/Schmaltz (Hrsg.), Rechnungslegung und Prüfung der Unternehmen, Stuttgart, 6. Aufl. 1995–2000
Altmeppen	Roth/Altmeppen, GmbHG-Gesetz betreffend die Gesellschaften mit beschränkter Haftung, Kommentar, München, 10. Aufl. 2021
Baetge/Kirsch/Thiele/*Bearbeiter*	Baetge/Kirsch/Thiele (Hrsg.) Bilanzrecht, Bonn/Berlin, 92. Ergänzungslieferung Juni 2020 (Loseblatt)
Baumbach/Hueck/*Bearbeiter* GmbHG	Baumbach/Hueck, GmbH-Gesetz, München, 22. Aufl. 2019
Baumbach/Hopt/*Bearbeiter*	Baumbach/Hopt, Handelsgesetzbuch, München, 40. Aufl. 2021
Beck HdR/*Bearbeiter*	Böcking/Gros/Oser/Scheffler/Thormann (Hrsg.), Beck'sches Handbuch der Rechnungslegung, München 62. Aufl. 2020 (Loseblatt)
BeckOK-HGB/*Bearbeiter*	Häublein/Hoffmann-Theinert (Hrsg.), Beck'scher Online Kommentar zum HGB, 31. Ed. Stand 15.1.2021
Beck BilKomm-*Bearbeiter*	Grottel/Schmidt/Schubert/Störk (Hrsg.), Beck'scher Bilanz-Kommentar, München, 12. Aufl. 2020
Boos/Fischer/Schulte-Mattler/*Bearbeiter* KWG	Boos/Fischer/Schulte-Mattler (Hrsg.), KWG, CRR-VO: Kommentar zu Kreditwesengesetz, VO (EU) Nr. 575/2013 (CRR) und Ausführungsvorschriften, 2 Bd., 5. Aufl. 2016
Ebenroth/Boujong/Joost/Strohn/*Bearbeiter*; EBJS	Ebenroth/Boujong/Joost/Strohn (Hrsg.), Handelsgesetzbuch: HGB, München, 1. und 2. Bd., 3. Aufl. 2014 f, 4. Aufl. 2020
Emmerich/Habersack KonzernR	Emmerich/Habersack, Aktien- und GmbH-Konzernrecht Kommentar, München 9. Aufl. 2019
Ensthaler	Ensthaler (Hrsg.), Gemeinschaftskommentar zum Handelsgesetzbuch: HGB, 8. Aufl. 2015
Geßler/Hefermehl/Eckardt/Kropff	Geßler/Hefermehl/Eckardt/Kropff, Aktiengesetz, 1973 ff
GroßkommAktG/*Bearbeiter*	Hirte/Mülbert/Roth (Hrsg.), Aktiengesetz Großkommentar, Berlin, 5. Aufl. 2015 ff
Großkomm/*Bearbeiter*	Staub, Handelsgesetzbuch: Großkommentar, Berlin, 5. Aufl. 2008 ff, 6. Aufl. 2021 ff
Habersack/Verse	Habersack/Verse, Europäisches Gesellschaftsrecht, München, 5. Aufl. 2019
Hachmeister/Kahle/Mock/Schüppen/*Bearbeiter*	Hachmeister/Kahle/Mock/Schüppen (Hrsg.), Bilanzrecht Kommentar, Handelsbilanz – Steuerbilanz – Prüfung – Offenlegung – Gesellschaftsrecht, Köln, 2. Aufl. 2020
HdR-EA/*Bearbeiter*	Küting/Weber (Hrsg.), Handbuch der Rechnungslegung – Einzelabschluss, Stuttgart, 28. Ergänzungslieferung Juni 2019 (Loseblatt)
Hüffer/Koch AktG	Hüffer/Koch, Aktiengesetz, München,14. Aufl. 2020
KölnKomm-AktG/*Bearbeiter*	Zöllner/Noack (Hrsg.), Kölner Kommentar zum Aktiengesetz, Band 6, Köln, 3. Aufl. 2004
KölnKomm-RLR/*Bearbeiter*	Claussen/Scherrer (Hrsg.), Kölner Kommentar zum Rechnungslegungsrecht, 1. Aufl. 2010
Lutter/Hommelhoff/*Bearbeiter* GmbHG	Lutter/Hommelhoff u. a., GmbH-Gesetz, Köln, 20. Aufl. 2020
MünchKommAktG/*Bearbeiter*	Goette/Habersack (Hrsg.), Münchener Kommentar zum Aktiengesetz, München, 4. Aufl. 2012 ff, 5. Aufl. 2019 ff

https://doi.org/10.1515/9783110763935-203

MünchKommBGB/*Bearbeiter*	Säcker/Rixecker/Oetker/Limperg (Hrsg. der 8. Aufl.), Münchener Kommentar zum Bürgerlichen Gesetzbuch, München, 7. Aufl. 2015 ff, 8. Aufl. 2018 ff
MünchKommBilR/*Bearbeiter*	Hennrichs/Kleindiek/Watrin (Hrsg.), Münchener Kommentar zum Bilanzrecht, Band 1 IFRS, München September 2014 (Loseblatt)
MünchKommHGB/*Bearbeiter*	Schmidt, Karsten (Hrsg.), Münchener Kommentar zum Handelsgesetzbuch: HGB, München, 4. Aufl. 2016 ff
Scholz/*Bearbeiter* GmbHG	Scholz (Hrsg.), Kommentar zum GmbHG, 3 Bd., Köln, 11. Aufl. 2013 ff, 12. Aufl. 2017 ff
Spindler/Stilz/*Bearbeiter* AktG	Spindler/Stilz (Hrsg.), Aktiengesetz, Kommentar, 2 Bd., München, 4. Aufl. 2019
Staub ADHGB	Staub, Kommentar zum Allgemeinen Deutschen Handelsgesetzbuch, Berlin, 5. Aufl. 1897
Staub/*Bearbeiter*	Canaris/Habersack/Schäfer (Hrsg.), Staub, Großkommentar zum Handelsgesetzbuch, HGB, Berlin, 5. Aufl. 2008 ff, 6. Aufl. 2021 ff
Wiedemann/Böcking/Gros/*Bearbeiter* BilR	Wiedmann/Böcking/Gros (Hrsg.), Bilanzrecht §§ 238–342e HGB, §§ 135–138, 158–161 KAGB Kommentar, München, 4. Aufl. 2019

ERSTER UNTERABSCHNITT Jahresabschluss der Kapitalgesellschaft und Lagebericht

SECHSTER TITEL Lagebericht

§ 289 Inhalt des Lageberichts

(1) **[1]Im Lagebericht sind der Geschäftsverlauf einschließlich des Geschäftsergebnisses und die Lage der Kapitalgesellschaft so darzustellen, dass ein den tatsächlichen Verhältnissen entsprechendes Bild vermittelt wird. [2]Er hat eine ausgewogene und umfassende, dem Umfang und der Komplexität der Geschäftstätigkeit entsprechende Analyse des Geschäftsverlaufs und der Lage der Gesellschaft zu enthalten. [3]In die Analyse sind die für die Geschäftstätigkeit bedeutsamsten finanziellen Leistungsindikatoren einzubeziehen und unter Bezugnahme auf die im Jahresabschluss ausgewiesenen Beträge und Angaben zu erläutern. [4]Ferner ist im Lagebericht die voraussichtliche Entwicklung mit ihren wesentlichen Chancen und Risiken zu beurteilen und zu erläutern; zugrunde liegende Annahmen sind anzugeben. [5]Die Mitglieder des vertretungsberechtigten Organs einer Kapitalgesellschaft, die als Inlandsemittent (§ 2 Absatz 14 des Wertpapierhandelsgesetzes) Wertpapiere (§ 2 Absatz 1 des Wertpapierhandelsgesetzes) begibt und keine Kapitalgesellschaft im Sinne des § 327a ist, haben in einer dem Lagebericht beizufügenden schriftlichen Erklärung zu versichern, dass im Lagebericht nach bestem Wissen der Geschäftsverlauf einschließlich des Geschäftsergebnisses und die Lage der Kapitalgesellschaft so dargestellt sind, dass ein den tatsächlichen Verhältnissen entsprechendes Bild vermittelt wird und dass die wesentlichen Chancen und Risiken im Sinne des Satzes 4 beschrieben sind.**

(2) **[1]Im Lagebericht ist auch einzugehen auf:**

1. a) die Risikomanagementziele und -methoden der Gesellschaft einschließlich ihrer Methoden zur Absicherung aller wichtigen Arten von Transaktionen, die im Rahmen der Bilanzierung von Sicherungsgeschäften erfasst werden, sowie

b) die Preisänderungs-, Ausfall- und Liquiditätsrisiken sowie die Risiken aus Zahlungsstromschwankungen, denen die Gesellschaft ausgesetzt ist,

jeweils in Bezug auf die Verwendung von Finanzinstrumenten durch die Gesellschaft und sofern dies für die Beurteilung der Lage oder der voraussichtlichen Entwicklung von Belang ist;

2. den Bereich Forschung und Entwicklung sowie

3. bestehende Zweigniederlassungen der Gesellschaft.

4. (weggefallen)

[2]Sind im Anhang Angaben nach § 160 Absatz 1 Nummer 2 des Aktiengesetzes zu machen, ist im Lagebericht darauf zu verweisen.

(3) **Bei einer großen Kapitalgesellschaft (§ 267 Abs. 3) gilt Absatz 1 Satz 3 entsprechend für nichtfinanzielle Leistungsindikatoren, wie Informationen über Umwelt- und Arbeitnehmerbelange, soweit sie für das Verständnis des Geschäftsverlaufs oder der Lage von Bedeutung sind.**

(4) **Kapitalgesellschaften im Sinn des § 264d haben im Lagebericht die wesentlichen Merkmale des internen Kontroll- und des Risikomanagementsystems im Hinblick auf den Rechnungslegungsprozess zu beschreiben.**

https://doi.org/10.1515/9783110763935-001

Schrifttum

Adler/Düring/Schmaltz Rechnungslegung und Prüfung der Unternehmen, 6. Aufl. 1995; *Altmeppen* Die Auswirkung des KonTraG auf die GmbH, ZGR 1999, 291; *Arbeitskreis Bilanzrecht Hochschullehrer Rechtswissenschaft* Stellungnahme zum Referentenentwurf eines Gesetzes zur Stärkung der Finanzmarktintegrität, BB 2020, 2731; *ders.* Stellungnahme zum CSRD-Vorschlag der EU-Kommission, DB 2021, 2301; *Arbeitskreis Corporate Governance Reporting* Weiterentwicklung der Unternehmensberichterstattung, DB 2016, 2130; *Asmussen* Haftung für CSR, 2020; *Baetge/Schulze* Möglichkeiten der Objektivierung der Lageberichterstattung über „Risiken der künftigen Entwicklung" – Ein Vorschlag zur praktischen Umsetzung der vom KonTraG verlangten Berichtspflichten – DB 1998, 937; *Baetge/Kirsch/Thiele* Bilanzen, 15. Aufl. 2019; *Baetge/Fischer/ Paskert* Der Lagebericht – Aufstellung, Prüfung und Offenlegung, 1989; *Baums* Zur Offenlegung von Vorstandsvergütungen, ZHR 169 (2005), 299; *Beiersdorf/Buchheim* Entwurf des Gesetzes zur Umsetzung der EU-Transparenzrichtlinie: Ausweitung der Publizitätspflichten, BB 2006, 1674; *Benecke* Sustainable Finance – Zukünftige Herausforderungen für den Finanzenbereich von Unternehmen, in: Dutzi u. a. m. (Hrsg.), Festschrift für Hans-Joachim Böcking, 2021, S. 753; *Biener/Berneke* Bilanzrichtlinien-Gesetz (abgekürzt: BiRiLiG), 1986; *Bischof/Selch* Neuerungen für den Lagebericht nach dem Regierungsentwurf eines Bilanzrechtsmodernisierungsgesetzes (BilMoG), WpG 2008, 1021; *Blaurock* Bemerkungen zu einem Europäischen Recht der Unternehmensgruppe in: Berger u. a. m. (Hrsg.), Festschrift für Otto Sandrock, 2000, S. 79; *Böcking* Zum Verhältnis von Rechnungslegung und Kapitalmarkt: Vom „financial accounting" zum „business reporting" in: Ballweiser/Schildbach (Hrsg.), Rechnungslegung und Steuern international, zfbf Sonderheft 40, 1998, S. 17 ff; *Böcking/Orth* Kann das KonTraG einen Beitrag zur Verringerung der Erwartungslücke leisten? WPg 1998, 351; *Böcking/Orth* Mehrkontrolle und Transparenz im Unternehmensbereich durch eine Verbesserung der Qualität der Abschlußprüfung? BFuP 1999, 418; *Böcking u. a. m.* Beck'sches Handbuch der Rechnungslegung – HGB und IFRS–, Stand: April 2018; *Böckli* Corporate Governance auf Schnellstrassen und Holzwegen. Folgerungen für die Schweizer Praxis aus den neuesten Texten – „Hampel", „London Stock Exchange Combined Code", „Turnbull" und „Blue Ribbon", Der Schweizer Treuhänder 2000, 133; *Böckli* Corporate Governance: Der Stand der Dinge nach den Berichten „Hampel", „Viéntot" und „OECD" sowie nach dem deutschen „KonTraG", SZW 1999, 1; *Bortenlänger/Zimmermann* Europäische Einflüsse auf die Unternehmenstransparenz – Langfristige Entwicklungslinien, in: Dutzi u. a. m. (Hrsg.), Festschrift für Hans-Joachim Böcking, 2021, S. 13; *Budde* Rechenschaftslegung im Spannungsfeld des Grundgesetzes in: Ballwieser u. a. m. (Hrsg.), Festschrift für Adolf Moxter, 1994, S. 35; *Deutscher Anwaltverein* Stellungnahme zum Entwurf eines geänderten Corporate Governance Kodex der Regierungskommission Deutscher Corporate Governance Kodex vom 25.10.2018, NZG 2019, 252; *Dietsche/Fink* Die Qualität der Lageberichterstattung in Deutschland. Empirische Analyse der Unternehmen des HDAX, KoR 2008, 250; *Dörner/Bischof* Aufstellung des Lageberichts und Konzernlageberichts, in: Dörner/ Menold/Pfitzer (Hrsg.), Reform des Aktienrechts, der Rechnungslegung und -prüfung, Stuttgart 1999; *Dörner/ Bischof* Zweifelsfragen zur Berichterstattung über die Risiken der künftigen Entwicklung im Lagebericht, WPg 1999, 445; *Dörner/Schwegler* Anstehende Veränderungen der externen Rechnungslegung sowie deren Prüfung durch den Wirtschaftsprüfer, DB 1997, 285; *Druey* Information als Gegenstand des Rechts, 1995; *Drygala/Drygala* Wer braucht ein Frühwarnsystem? Zur Ausstrahlungswirkung des § 91 Abs. 2 AktG, ZIP 2000, 300; *Ensthaler* Gemeinschaftskommentar zum HGB, 8. Aufl. 2015; *Eufinger* Die neue CSR-Richtlinie – Erhöhung der Unternehmenstransparenz in Sozial- und Umweltbelangen, EuZW 2015, 424; *Everling* Das Europäische Gesellschaftsrecht vor dem Gerichtshof der Europäischen Gemeinschaften in: Schneider/Hommelhoff (Hrsg.) Festschrift für Marcus Lutter, 2000, S. 31; *Fey* Die Angabe bestehender Zweigniederlassungen im Lagebericht nach § 289 Abs. 2 Nr. 4 HGB, DB 1994, 485; *Fleischer* Das Vorstandsvergütungs-Offenlegungsgesetz, DB 2005, 1611; *Fleischer* Der deutsche „Bilanzeid" nach § 264 Abs. 2 Satz 3 HGB, ZIP 2007, 97; *Fleischer* Corporate Social Responsibility. Vermessung eines Forschungsfeldes aus rechtlicher Sicht, AG 2017, 509; *Forster* Abschlussprüfung nach dem Regierungsentwurf des KonTraG, WPg 1998, 41; *Forum Europaeum Konzernrecht* Konzernrecht für Europa, ZGR 1998, 672; *Friedrich* Der Lagebericht aus wettbewerbsrechtlicher Sicht, BB 1990, 741; *Gessler* Wendung in der Aktienrechtsdebatte, BB 1961, 417; *Habersack/Verse* Europäisches Gesellschaftsrecht. Einführung für Studium und Praxis, 5. Aufl. 2019; *Hachmeister u. a. m.* Bilanzrecht Kommentar, 2. Aufl. 2020; *Hahn* Der Bilanzeid. Neue Rechtsfigur im deutschen Kapitalmarktrecht, IRZ 2007, 375; *Hahnefeld* Neue Regelungen zur Offenlegung bei Zweigniederlassungen. – Inkrafttreten des Gesetzes zur Umsetzung der Elften gesellschaftsrechtlichen EG–Richtlinie – DStR 1993, 1596; *Harbarth* Aktienrecht, Gemeinwohl und Vergütungsparameter, ZGR 2018, 379; *Hartmann* Das neue Bilanzrecht und der Gesellschaftsvertrag der GmbH, 1986; *Hax* Rechnungslegungsvorschriften—Notwendige Rahmenbedingungen für den Kapitalmarkt?, in: Domsch u. a. m. (Hrsg.), Festschrift für Walther Busse von Colbe, 1988, S. 187 ff; *Hellermann* Private Standardsetzung im Bilanzrecht – öffentlich-rechtlich gesehen, NZG 2000, 1097; *Henssler (Gesamt-Hrsg.)/Dicken u. a. m. (Hrsg.)* beck-online.GROSSKOMMENTAR HGB, Stand: 15.11.2020; *Hommelhoff* Jahresabschluß und Gesellschafterinformation in der GmbH, ZIP 1983, 383; *Hommelhoff/Priester* Bilanzrichtliniengesetz und GmbH-Satzung – Gestaltungsmöglichkeiten und Gestaltungsgrenzen –, ZGR 1986, 463; *Hommelhoff* Störungen im Recht der Aufsichtsrats-Überwachung: Regelungsvorschläge an den Gesetzgeber in: Picot (Hrsg.), Corporate Governance, 1995, S. 1 ff; *Hommelhoff/Mattheus* Corporate Governance nach dem KonTraG, AG 1998, 248; *Hommelhoff* Die neue Position des Abschlußprüfers im Kraftfeld der aktienrechtlichen Organisationsverfassung, BB 1998, 2567, 2625; *ders.* Konzernspezifische Komplettierungen in der Rechnungslegung von Konzernunternehmen in: Hübner/Ebke (Hrsg.), Festschrift für Bernhard Großfeld, 1999, S. 443; *Hommelhoff* Die Auslegung angeglichenen Gesellschaftsrechts – eine Analyse der EuGH-Rechtsprechung in: Schulze (Hrsg.) Auslegung europäischen Privatrechts und angeglichenen Rechts (1999), S. 34; *Hommelhoff* Risikomanagement im GmbH-Recht in: Berger u. a. m. (Hrsg.), Festschrift für Otto Sandrock, 2000, S. 373; *Hommelhoff/Mattheus* Gesetzliche Grundlagen: Deutschland und international in Dörner/Horvath/Kagermann (Hrsg.), Praxis des Risikomanagements (2000) S. 5 ff; *Hommelhoff* Anlegerinformationen im Aktien-, Bilanz- und Kapitalmarktrecht, ZGR 2000, 748; *Hommelhoff* Nichtfinanzielle Unternehmensziele im Unionsrecht – Zwanzig Bemerkungen zum Kommissionsvorschlag für die Novellierung der 4. und 7. Bilanzrichtlinie vom April 2013 in: Boemke/Lembke/Linck (Hrsg.), Festschrift für Gerrick Frhr. v. Hoyningen-Huene, 2014, S. 137; *Hommelhoff* Nichtfinanzielle Ziele in Unternehmen von öffentlichen Interesse. – Die Revolution übers Bilanzrecht – in: Bork/Kayser/Kebekus (Hrsg.), Festschrift für Bruno M. Kübler, 2015, S. 291; *Hommelhoff* Struktur- und Transaktionsberichte in der grenzüberschreitenden Unternehmensgruppe in: Siekmann u. a. m.(Hrsg.), Festschrift für Theodor Baums, 2017, Band I, S. 597; *Hommelhoff* Verlässliche und vertrauensvolle CSR-Berichterstattung in: Bergmann u. a. m. (Hrsg.), Festschrift für Ulrich Seibert, 2019, S. 371; *Hommelhoff* Corporate Governance im faktischen Konzern nach deutschem Recht in: Hoffmann-Becking/Hommelhoff (Hrsg.), Festschrift für Gerd Krieger, 2020, S. 393; *Hommelhoff* Nachhaltige Unternehmensfinanzierung: ein Meilenstein auf dem Weg zur ökosozialen Marktwirtschaft, in: Dauner-Lieb u. a. m. (Hrsg.), Festschrift für Barbara Grunewald, 2021, S. 389; *Hopt* Gemeinsame Grundsätze der Corporate Governance in Europa? – Überlegungen zum Einfluß der Wertpapiermärkte auf Unternehmen und ihre Regulierung und zum Zusammenwachsen von common law und civil law im Gesellschafts- und Kapitalmarktrecht, ZGR 2000, 779; *Hütten* Der Geschäftsbericht als Informationsinstrument, 2000; *Jansen* Publizitätsverweigerung und Haftung in der GmbH, 1999; *Kajüter* §§ 289, 289a–f, Lagebericht in: Küting/Weber, Handbuch der Rechnungslegung (abgekürzt: HdR), Stand: Mai 2019; *Kirsch/Koelen/Köhling* Möglichkeiten und Grenzen des management approach. Eine Analyse unter besonderer Berücksichtigung des Nutzungswerts des IAS 36, KoR 2010, 200; *Kirsch/Scheele* Die Auswirkungen der Modernisierungsrichtlinie auf die (Konzern-)Lageberichterstattung – unter Berücksichtigung von E_DRS 20 und des Entwurfs eines Bilanzrechtsreformgesetzes vom 15.12.2003, WPg 2004, 1; *Kleindiek* Geschäftsleitertätigkeit und Geschäftsleitungskontrolle: Treuhänderische Vermögensverwaltung und Rechnungslegung, ZGR 1998, 466; *Knobbe-Keuk* Bilanz- und Unternehmenssteuerrecht, 9. Aufl. 1993; *Kropff* Der Lagebericht nach geltendem und künftigem Recht, BFuP 1980, 514; *Kropff* Vorsichtsprinzip und Wahlrechte in: Fischer/Hömber (Hrsg.), Festschrift für Jörg Baetge, 1997, S. 65; *Kuhn* Die Berichterstattung über Forschung und Entwicklung im Lagebericht, DStR 1993, 491; *Küting/Hütten* Die Lageberichterstattung über Risiken der künftigen Entwicklung, AG 1997, 250; *Lanfermann* EU-Richtlinienvorschlag zur Offenlegung von nicht-finanziellen Informationen: Ist eine Pflicht notwendig?, BB 2013, 1323; *Lanfermann* Auswirkungen der EU-Taxonomie-Verordnung auf die Unternehmensberichterstattung, BB 2020, 1643; *Lanfermann/Hommelhoff/Gundel* Wandel des Rechnungslegungsbegriffs im Kontext der aktuellen Diskussion zur Nachhaltigkeitsberichterstattung, BB 2021, 1195; *Lanfermann/Scheid* Vorschlag der EU-Kommission zur Corporate Sustainability Reporting Directive (CSRD) – Ein Überblick – DB 2021, 1213; *Lange* Grundsätzliche und unbegrenzte Pflicht zur Berichterstattung im Lagebericht?, BB 1999, 2447; *Lange* Berichterstattung in Lagebericht und Konzernlagebericht nach dem geplanten Bilanzrechtsreformgesetz, ZIP 2004, 981; *Leffson* Die Grundsätze ordnungsmäßiger Buchführung, 7. Aufl. 1987; *Leyens* Comply or Explain im Europäischen Privatrecht – Erfahrungen im Europäischen Gesellschaftsrecht und Entwicklungschancen des Regelungsansatzes, ZEuP 2016, 388; *Leyens* Funktionen und Entwicklungschancen der CSR-Berichterstattung, in: Leyens/Eisenberger/Niemann (Hrsg.), Smart Regulation: Vertrag, Unternehmung und Markt, 2021, S. 75 ff; *Lutter* Die Auslegung angeglichenen Rechts, JZ 1992, 593; *Lutter/Bayer/Schmidt* Europäisches Unternehmens- und Kapitalmarktrecht, 6. Aufl. 2017; *Lutter/Bayer* (Hrsg.), Holding-Handbuch, 6. Aufl. 2020; *Lutter/Krieger/Verse* Rechte und Pflichten des Aufsichtsrats, 6. Aufl. 2020; *Maul* Die EU-Übernahmerichtlinie – ausgewählte Fragen, NZG 2005, 151; *Merkt* Unternehmenspublizität. Offenlegung von Unternehmensdaten als Korrelat der Marktteilnahme, 2001; *Moxter* Die Vorschriften zur Rechnungslegung und Abschlußprüfung im Referentenentwurf eines Gesetzes zur Kontrolle und Transparenz im Unternehmensbereich, BB 1997, 722; *Müller/Scheid/Baumüller* Kommissionsvorschlag zur Corporate Sustainability Reporting Directive: von der nichtfinanziellen Berichterstattung zur Nachhaltigkeitsberichterstattung, BB 2021, 1323; *Needham/Müller* „Diversity Reporting": Erste empirische Erkenntnisse aus der Umsetzung der CSR-Richtlinie, IRZ 2018, 345; *Nonnenmacher* Abschlußprüfung und wirtschaftliche Lage des Unternehmens, in: Ballwieser u. a. m. (Hrsg.), Festschrift für Hermann Clemm, 1996, S. 261 ff; *Oetker* Die Erläuterung des Jahresabschlusses gegenüber dem Wirtschaftsausschuss unter Beteiligung des Betriebsrats (§ 108 V BetrVG), NZA 2001, 689; *Palmes* Der Lagebericht – Grundfragen und Haftung, 2008; *Reittinger/Clemm* Lagebericht in: Coenenberg/Wysocki (Hrsg.), Handwörterbuch der Revision, 1992, S. 1180 ff; *Rittner* Wirtschaftsrecht (2. Aufl., 1987); *Roth-Mingram* Corporate Social Responsibility (CSR) durch eine Ausweitung der nichtfinanziellen Informationen von Unternehmen, NZG 2015, 1341; *Sauter* Anhang und Lagebericht im Spannungsfeld zwischen Unternehmens- und Bilanzrecht, 2016; *Schäfer* Publizitätsgesetz (abgekürzt PublG), 2 Aufl. 2016; *Schildbach/Beermann/Feldhoff* Lagebericht und Publizitätspraxis der GmbH. Eine empirische Untersuchung, BB 1990, 2297; *G. Schneider* Die Zukunft der nichtfinanziellen Berichterstattung, in: Dutzi u. a. m. (Hrsg), Festschrift für Hans-Joachim Böcking, 2021, S. 683; *Schockenhoff* Der Konzerninformationsanspruch, NZG 2020, 1001; *Scholz* Kommentar zum GmbH-Gesetz, 2. und 3. Band, 12. Aufl. 2021; *Schön* Gesellschafter-, Gläubiger- und Anlegerschutz im Europäischen Bilanzrecht, ZGR 2000, 706; *Schön* Informationspflichten der Unternehmensleitung zwischen Aktionärsinteresse, Kapitalmarktinformation und sozialer Verantwortung in: Boele-Woelki u. a. m. (Hrsg.), Festschrift für Karsten Schmidt, 2019, Band II, S. 391 ff; *Schulze-Osterloh* Anmerkung zum Urteil des EuGH Rs. C-97/96 vom 4.12.1997 (Daihatsu-Händlerverband), ZIP 1997, 2157; *C. Schwarz* Europäisches Gesellschaftsrecht, 2000; *Schweitzer/Woeste* Die Haftung von Konzerngesellschaften im europäischen Wettbewerbsrecht in: Bergmann u. a. (Hrsg.), Vom Konzern zum Einheitsunternehmen, 2020, S. 141 ff; *Seibert* Neuordnung des Rechts der Zweigniederlassung im HGB, DB 1993, 1705 *Seibert* Die Entstehung des § 91 Abs. 2 AktG im KonTraG – „Risikomanagement“ oder „Frühwarnsystem“? in: Westermann/Mock (Hrsg.), Festschrift für Gerold Bezzenberger, 2000, S. 427; *Selch* Die Entwicklung der gesetzlichen Regelungen zum Lagebericht seit dem Aktiengesetz von 1965 bis zum KapCoRiLiG von 2000, WPg 2000, 357; *Selchert/Erhardt/Fuhr/Greinert* Prüfung des Lageberichts einschließlich Konzernlagebericht nach deutschem und internationalem Recht, 2000; *Semler* Erläuterungs- und Lagebericht, Quartalsberichte sowie Formen der Publizität, in: Bierich u. a. m. (Hrsg.), Rechnungslegung nach neuem Recht, ZGR-Sonderheft 2, 1980, S. 177ff; *Sieben* Offene Fragen bei der Erstellung und Prüfung des Lageberichts, in: Havermann (Hrsg.), Festschrift für Goerdeler, 1987, S. 581ff; *J. Simon* Die Legitimation der CSR-Richtlinie in ihren Auswirkungen auf die Unternehmensverfassung der Aktiengesellschaft. Mit rechtsvergleichenden Bezügen zum Vereinigten Königreich, 2019; *Simons* Corporate Social Responsibility und globales Wirtschaftsrecht – Rechtspolitisches Impulsreferat – ZGR 2018, 316; *Spießhofer* Die neue europäische Richtlinie über die Offenlegung nichtfinanzieller Informationen – Paradigmenwechsel oder Papiertiger?, NZG 2014, 1281; *Stingl* Die soziale Verantwortung der Kapitalgesellschaften vor dem Hintergrund der europäischen CSR-Richtlinie, 2020; *Stobbe* Der Lagebericht, BB 1988, 303; *Stöber* Neuerungen im Aktienrecht durch das ARUG II, DStR 2020, 391; *Störk* Rechnungslegung im Jahresabschluss und Lagebericht nach Handels- und Publizitätsgesetz in: Institut der Wirtschaftsprüfer (Hrsg.), WP Handbuch, Wirtschaftsprüfung und Rechnungslegung, Hauptband, 16. Aufl. 2019, Abschnitt F; *Szabó/Sørensen* New EU Directive on the Disclosure of Non-Financial Information (CSR), ECFR 2015, 307; *Tieves* Der Unternehmensgegenstand der Kapitalgesellschaft, 1998; *Timm* Anmerkung zu OLG Köln ZIP 1993, 110, ZIP 1993, 114; *Velte* (Un)geprüfte Nachhaltigkeitsinformationen im (Konzern-)Lagebericht nach der modifizierten EU-Rechnungslegungsrichtlinie?, NZG 2014, 1046; *Walden* Corporate Social Responsibility: Rechte, Pflichten und Haftung von Vorstand und Aufsichtsrat, NZG 2020, 50; *Wiedmann/Böcking/Gros* Bilanzrecht, 4. Aufl. 2019.

Übersicht

I. Einführung

Innerhalb der Rechnungslegung, die Kapitalgesellschaften vorzulegen und zu veröffentlichen haben, ist der Lagebericht das zweite Informationsinstrument neben dem Jahresabschluss (§ 264 Abs. 1 S. 1). Daneben haben Kapitalgesellschaften, die zum Kapitalmarkt hin orientiert sind, diesen noch um eine Kapitalflussrechnung und um einen Eigenkapitalspiegel zu erweitern, sofern sie nicht zur Aufstellung eines Konzernabschlusses verpflichtet sind (§ 264 Abs. 1 S. 2); die zusätzliche Abschlusserweiterung um einen Segmentbericht ist freiwillig (§ 264 Abs. 1 S. 2 Hs. 2). Während im Jahresabschluss die Lage der Gesellschaft ihren Niederschlag vornehmlich in Zahlen findet, dient der Lagebericht der verbalen Berichterstattung. Die Unternehmens- und die Prüfungspraxis hatten dem Lagebericht, weil zunächst nur in einer Bestimmung ohne Detailvorgaben geregelt, in der Vergangenheit zunächst wenig Bedeutung beigemessen. Mittlerweile jedoch ist sein Stellenwert aufgrund vielfältiger Regelungen im deutschen und europäischen Recht ganz erheblich angewachsen; er hat dadurch großes eigenständiges Gewicht gewonnen. – Für die Kommentierung des § 289 gibt dies Anlass, den Inhalt dieser Bestimmung (unabhängig von ihrer praktischen Handhabung) betont rechtlich aufzuschließen. Dabei ist vor allem und 1 immer wieder auf die Vorgaben aus dem **Recht der Europäischen Union** zurückzugreifen. Dies führt nicht nur zu einem speziellen **rechtskonzeptionellen Grundverständnis des Lageberichts**, sondern konsequent bei einer ganzen Reihe von Einzelpunkten zu Lösungen, die von denen der geübten Praxis in Rechnungslegung und Abschlussprüfung abweichen. Die Kommentierung versteht sich daher (unverändert gegenüber der 4. Auflage) auch als **Angebot an die Betriebswirtschaftslehre**, das interdisziplinäre Gespräch zu pflegen.

II. Grundlagen

2 Die Verpflichtung mittelgroßer und großer Kapitalgesellschaften sowie ihnen gleichgestellter Rechtsträger (unten Rn 9/17), neben dem Jahresabschluss zusätzlich einen Lagebericht zu erstatten (§§ 264 Abs. 1 S. 1, 289), beruht ideengeschichtlich auf der deutschen Aktienrechtsreform von 1884,[1] hat ihre Rechtsgrundlage heute jedoch im europäischen Unionsrecht und in dessen Transformation ins deutsche Recht. Zur Interpretation des geltenden Lageberichts-Rechts dürfen deshalb nicht allein die aus dem bis 1985 geltenden Recht, vor allem die aus dem Aktienrecht gewonnenen Erkenntnisse unbesehen auf das unionsrechtlich geprägte Handelsbilanzrecht übertragen werden; vielmehr hat sich die Auslegung des § 289 zunächst und vor allem an den Vorgaben des **Unionsrechts** zu orientieren.[2] Bedeutung gewinnt dies schon bei der Bestimmung, wer nach dem Gesetzesplan Adressat der Lagebericht-Erstattung ist, und weitergehend sodann bei der Frage, welchen Sinn und Zweck der Unionsgesetzgeber und in seinem Gefolge der deutsche mit dem Lagebericht und seiner Erstattung verfolgen.

1. Entstehungsgeschichte

3 **a) Geschäftsbericht nach Handels- und Aktienrecht.** Erstmals mit der Aktienrechtsreform 1884 hatte der deutsche Gesetzgeber den Geschäftsleitern in Kommanditgesellschaften auf Aktien und Aktiengesellschaften vorgeschrieben, zunächst dem Aufsichtsrat und anschließend zusammen mit dessen Bemerkungen der Generalversammlung jährlich einen den Vermögensstand und die Verhältnisse der Gesellschaft entwickelnden Bericht vorzulegen (Artt. 185, 239 Abs. 2 ADHGB).[3] Diesem schon bald „Geschäftsbericht“ genannten Bericht legte das Reichsgericht in Strafsachen erhebliches Gewicht bei und sah seine Funktion darin, die Bilanz und die Gewinn- und Verlustrechnung zu erläutern; diese Rechnungen bildeten zusammen mit dem Geschäftsbericht die Grundlage, um die Generalversammlung in die Lage zu versetzen, über die Entlastung der Organe, die Neuwahl des Aufsichtsrats und die Verteilung des Reingewinns zu beschließen.[4] Aus dieser Zwecksetzung leitete das Reichsgericht die Anforderungen im Einzelnen ab, die an den Inhalt des Geschäftsberichts zu stellen seien.

4 Trotz der Tatsache, dass der Inhalt des Geschäftsberichts strafrechtlich abgesichert war, blieb dieser in der Unternehmenspraxis der 20er Jahre so dürftig, dass dem Rechtsjustizministerium Reformen unumgänglich erschienen.[5] Daher schrieb der durch die Notverordnung des Reichspräsidenten von 1931 eingeführte § 260a für den (ab nun auch im Gesetzestext ausdrücklich so benannten) Geschäftsbericht eine ganze Reihe von konkreten Inhaltsangaben vor – so u. a., dass in ihm auch über die Beziehungen zu einer abhängigen Gesellschaft und einer Kon-

1 Art. 185 ADHGB vom 18.7.1884, u. a. abgedruckt bei *Schubert/Hommelhoff* Hundert Jahre modernes Aktienrecht (1985) S. 573; dazu auch *Palmes* Lagebericht (2008) S. 21 ff.

2 Habersack/Verse S. 59 ff m. w. N. vor allem aus der EuGH-Rechtsprechung; *Lutter/Bayer/Schmidt* Europäisches Unternehmens- und Kapitalmarktrecht (6. Aufl. 2018) S. 34.

3 Fundstelle oben Fn 1.

4 RGSt 38, 195, 196 f; bestätigt in RGSt 41, 293, 298.

5 *Schlegelberger/Quassowski/Schmölder* Verordnung über Aktienrecht (1932) § 260a HGB Rn 1.

zerngesellschaft[6] zu berichten sei (§ 260a Abs. 2). Die Funktion des so näher ausgestalteten Geschäftsberichts sahen die Gesetzesverfasser unverändert gegenüber dem bisherigen Recht darin, den Jahresabschluss zu erläutern und zu ergänzen, um der Generalversammlung die nötigen Unterlagen für ihre Entschließungen zu liefern.[7]

Das **Aktiengesetz 1937** hat diese normativen Vorgaben für den Lagebericht und seine in- 5
haltliche Ausgestaltung in § 128 grundsätzlich unverändert übernommen und fortgeführt, wenn auch noch weiter ergänzt und verschärft.[8] Dabei ist die in § 260a bereits angelegte und in der damaligen Unternehmenspraxis ausgebaute Trennung zwischen einem allgemeinen Teil des Geschäftsberichts, der den Geschäftsverlauf und die Lage der Gesellschaft darlegt, und einem besonderen Teil, der den Jahresabschluss, also die Rechenwerke der Gesellschaft erläutert, im Aktiengesetz 1937 prägnant ausgeformt worden: Nach § 128 Abs. 1 sind Geschäftsverlauf und Gesellschaftslage darzulegen; nach § 128 Abs. 2 ist der Jahresabschluss zu erläutern. Diese Trennung hat der europäische Richtliniengeber später noch scharfkantiger konturiert (unten Rn 9).

An diese Regelung, die der Geschäftsbericht konzeptionell und im einzelnen im Aktienge- 6
setz 1937 gefunden hatte, knüpfte auch das **Aktiengesetz 1965** mit seinen Bestimmungen in § 160 AktG an, erweiterte und konkretisierte jedoch die Erläuterungspflichten nach Abs. 2 und führte zusätzlich weitere Einzelangaben in Abs. 3 ein.[9] Unverändert blieb es der Hauptzweck des Geschäftsberichts, die Aktionäre zu unterrichten.[10]

Somit blieb der Geschäftsbericht über ein Jahrhundert lang in seinen drei Eckpunkten unver- 7
ändert: *Funktional* ergänzte der Geschäftsbericht die Rechenwerke „Bilanz“ und „Gewinn- und Verlustrechnung“; außerdem diente dieser Bericht dazu, Einzelangaben in den Rechenwerken zu erläutern. *Adressiert* war der Geschäftsbericht von Anbeginn vornehmlich an die (Kommanditaktionäre und) Aktionäre. Damit *zielte* er mit darauf ab, die in der General- bzw. Hauptversammlung zusammengetretenen **Aktionäre durch Informationen** in deren Entscheidungsfindung zu unterstützen.

b) Lagebericht nach der EG-Bilanzrichtlinie – das Zwei-Säulen-Konzept. Diese auf die 8
Aktienrechtsnovelle 1884 zurückreichende Entwicklungslinie zum Recht des Geschäftsberichts hat die 4. Richtlinie der Europäischen Gemeinschaften vom 25. Juni 1978[11] mitsamt dem ihrer Umsetzung ins deutsche Recht dienenden Bilanzrichtlinien-Gesetz vom 19. Dezember 1985[12] abgebrochen. Das folgt zum einen aus der neuen Ordnung der Regelungsmaterie in der Richtlinie (unten Rn 12), zum anderen und vor allem jedoch aus dem Umstand, dass die einschlägigen Richtlinien-Bestimmungen aus sich heraus auf der Ebene des Gemeinschaftsrechts ausgelegt werden müssen, also ohne Rückgriff auf das als Vorbild dienende deutsche Recht und seine jahrzehntelange Entwicklung.[13]

Materiell hat die Bilanzrichtlinie der Gemeinschaft das deutsche Vorbild weitgehend über- 9
nommen, hat jedoch den im Aktienrecht bislang einheitlichen Geschäftsbericht in zwei eigen-

---

6 Zum Begriff der Konzerngesellschaft näher *Klausing* Reform des Aktienrechts (1933) S. 161 f; *Rosendorff* Das neue deutsche Aktienrecht² (1932) S. 131 f.

7 *Schlegelberger/Quassowski/Schmölder* a. a. O. § 260a HGB, 2 f; hierzu auch *Palmes* Lagebericht (2008) S. 25 f.

8 *Gadow* in Gadow/Heinichen GroßKomm AktG (1939) § 128 Rn 1; *Palmes* Lagebericht (2008) S. 26 f.

9 *Kropff* in Geßler/Hefermehl/Eckardt/Kropff (1973) § 160, 1; s. auch *Selch* WPg 2000, 357 ff mit Bericht zur Kontroverse um eine statische oder dynamische Interpretation der Berichtspflicht.

10 *Kropff* in Geßler/Hefermehl/Eckardt/Kropff § 160, 7; etwas zurückhaltender RegE AktG 1965, BT-Drucks. III/1915, S. 180.

11 RL 78/660/EWG vom 25. Juli 1978, ABl. L 222/11; *Lutter/Bayer/Schmidt* Europäisches Unternehmens- und Kapitalmarktrecht (6. Aufl. 2018) S. 173, 810 ff; *Palmes* Lagebericht (2008) S. 29 f.

12 BGBl. I S. 2355 – inkorporiert u. a. ins HGB als Drittes Buch „Handelsbücher“ (§§ 238 ff HGB).

13 Näher dazu *Lutter* JZ 1992, 593, 601; *C. Schwarz* Europäisches Gesellschaftsrecht S. 159 m. w. N.; zur Rspr. des EuGH s. auch *Hommelhoff* in Schulze (Hrsg.), Auslegung europäischen Privatrechts und angeglichenen Rechts (1999), S. 33 f mit Erwiderung von *Everling* FS Lutter (2000) S. 42 ff; vgl. auch *Palmes* Lagebericht (2008) S. 33.

ständige Instrumente der Rechnungslegung aufgespalten: den die Rechenwerke erläuternden und ergänzenden *Anhang* nach Art. 43 (nun Artt. 15 ff EU-Bilanzrichtlinie) auf der einen Seite und den die Lage der Gesellschaft darstellenden *Lagebericht* auf der anderen (Art. 46; nun Art. 19 EU-Bilanzrichtlinie). Unterstrichen wird diese **Aufspaltung** durch die zuordnende Vorgabe in Art. 2 Abs. 1 (nun Art. 4 Abs. 1 EU-Bilanzrichtlinie); danach besteht der Jahresabschluss einer AG, KGaA oder GmbH in Deutschland[14] aus der Bilanz, Gewinn- und Verlustrechnung und dem Anhang zum Jahresabschluss. Diese drei Unterlagen der Rechnungslegung bilden (so die Vorgabe des Richtliniengebers in Art. 2 Abs. 1 S. 2; nun Art. 4 Abs. 1 S. 1 EU-Bilanzrichtlinie) eine Einheit, während der darstellende Lagebericht nach dem Konzept der Richtlinie gerade nicht zu dieser Einheit zählt und deshalb in seiner Eigenständigkeit gegenüber dem (grundsätzlich, oben Rn 1) dreiteiligen Jahresabschluss betont wird.[15] Was den Richtliniengeber zu dieser Neuordnung veranlasst hat, lässt sich den Erwägungsgründen zur Richtlinie[16] nicht entnehmen.

10 Bemerkenswert im Vergleich zur bis dahin geltenden Regelung im deutschen Aktienrecht war für den Lagebericht nach Art. 46 der EG-Bilanzrichtlinie die **inhaltliche Vorgabe**, dass die Lage der Gesellschaft so darzustellen ist, dass ein den tatsächlichen Verhältnissen entsprechendes Bild entsteht (Abs. 1; nun Art. 19 Abs. 1 Unterabs. 1 EU-Bilanzrichtlinie). Dies **true and fair view-Prinzip** wies mit dem Prinzip der gewissenhaften und getreuen Rechnungslegung nach § 160 Abs. 4 S. 1 AktG nur begrenzte Übereinstimmung auf.[17] Außerdem schrieb Art. 46 Abs. 2 für den Lagebericht unter bestimmten Voraussetzungen zusätzliche Darlegungen zu Vorgängen nach Geschäftsjahresabschluss (nun Art. 17 Abs. 1 lit. g: Anhang), zur voraussichtlichen Entwicklung der Gesellschaft und zum Bereich Forschung und Entwicklung vor (nun Art. 19 Abs. 2 EU-Bilanzrichtlinie). Diese Pflichtangaben verliehen dem Lagebericht einen auch prospektiv-prognostischen Gehalt im Gegensatz zum retrospektiven des Jahresabschlusses. Dies Gesamtkonzept hat die EU-Bilanzrichtlinie 2013 beibehalten.

11 Schon diese Abweichungen verbieten es, für die Richtlinien-Interpretation zum Lagebericht direkt auf jene rechtlichen Erkenntnisse zurückzugreifen, die zum deutschen Geschäftsbericht im Verlaufe der Jahrzehnte gesammelt worden sind. Hinzukommt, dass die Richtlinie mit ihren Einzelregelungen für alle EU-Mitgliedstaaten gilt; auch und vor allem deshalb verbietet sich der unmittelbare Auslegungs-Rückgriff auf das deutsche Recht: Dies dominiert weder die Richtlinie,[18] noch über diese das umgesetzte Nationalrecht in den anderen Mitgliedstaaten; mehr als eine Anregung hat das deutsche Recht dem europäischen Richtliniengeber nicht geliefert.

12 Wenn so die Richtlinie zwischen dem Jahresabschluss auf der einen Seite und dem Lagebericht auf der anderen unterscheidet, dann ist sie in ihrem Rechnungslegung-Konzept auf ein **Zwei-Säulen-Modell** hin angelegt.[19] Dabei enthält jede Säule eine in sich abgeschlossene Gesamtinformation, die jeweils unabhängig von der in der anderen Säule darzubieten ist. So gese-

---

14 Die Erstreckung auf bestimmte offene Handels- und Kommanditgesellschaften in Deutschland nach Art. 1 Abs. 1 der Bilanzrichtlinie beruht auf der GmbH & Co-Richtlinie vom 8.11.1990 (90/605/EWG).

15 ADS § 289 Rn 8: eigenständiger Bestandteil der unternehmerischen Rechnungslegung; Beck BilKomm-*Grottel*[12] § 289 Rn 7; MünchKommHGB/*Lange*[4] § 289 Rn 2; ganz in diesem Sinne auch BGHZ 124, 111, 122 = BB 1994, 107, 109 f; OLG Köln ZIP 1993, 110, 112: der Lagebericht als eigenständiger Teil der Rechnungslegung; LG Köln AG 1992, 238, 239: deutliche Trennung zwischen Jahresabschluss und Lagebericht.

16 S. die Fundstellen Fn 11; ebenso wenig lässt sich den Erwägungsgründen zur EU-Bilanzrichtlinie von 2013 (RL 2013/34/EU vom 26. Juni 2013, ABl. L 182/19) insoweit etwas entnehmen.

17 S. etwa *Kropff* BFuP 1980, 514, 517 f; *Sieben* FS Goerdeler (1987) S. 584; **aA** ADS § 289 HGB Rn 29; *Biener/Berneke* BiRiLiG S. 276.

18 In diesem Sinne auch schon Scholz/*Crezelius* GmbHG[8] Anh. § 42a Rn 241.

19 Bestätigt durch BeckOGK/*Kleindiek* HGB (Stand: 15.11.2020) § 289 Rn 9; *Palmes* Lagebericht (2008) S. 87 ff, 114. S. zum französischen Recht: Ordelheide/KPMG (Hrsg.), Transnational Accounting, Vol. I (1995) S. 1255 ff – Zum englischen Recht: Ordelheide/KPMG (Hrsg.), a. a. O., Vol. II, S. 2781 f; Gräfer/Demming (Hrsg.), Internationale Rechnungslegung (1994) S. 422; *Hopcroft* Rechnungslegung und Grundsätze der Abschlussprüfung in Großbritannien und Deutschland – Ein Vergleich – (1995) S. 188 ff.

hen dient der Lagebericht weder dazu, den Jahresabschluss zu erläutern,[20] (mit einigen Zusatzinformationen diesen punktuell) zu ergänzen[21] oder gar ihn in seinen Einzelaussagen zu korrigieren;[22] was insofern wegen der Informations-verzerrenden Ausschüttungsbemessungsfunktion der Rechenwerke[23] zu leisten ist, muss im Anhang geschehen, der Lagebericht ist hierfür der falsche Ort. Umgekehrt kann der Leser des Lageberichts nicht dazu angehalten werden, zusätzlich auf den Jahresabschluss zurückzugreifen, um den Inhalt des Lageberichts recht zu verstehen. Beide Instrumente der Rechnungslegung, also der Jahresabschluss ebenso wie der Lagebericht, müssen je aus sich heraus für ihre Adressaten verständlich sein. Für den Lagebericht nach der Bilanzrichtlinie folgt daraus zweierlei: Zum einen leitet er seine Funktionen nicht aus dem Jahresabschluss ab und zum anderen dient er konsequent nicht dazu, den Abschluss in seinem Informationsgehalt zu verdichten,[24] zu verbessern und abzurunden[25] oder gar richtigzustellen. Das ist der konzeptionelle **Unterschied des Lageberichts gegenüber dem deutschen Geschäftsbericht**, wie er aus der strukturellen Neuordnung der Rechnungslegung durch den Richtliniengeber folgt.[26] Hieraus fließen eine Reihe konkreter Konsequenzen (hierzu im einzelnen, aber auch zu den gleichwohl bestehenden Verzahnungen zwischen den beiden Säulen unten Rn 56 ff).

13 Dies Zwei-Säulen-Modell der Bilanzrichtlinie hat der deutsche Gesetzgeber im Bilanzrichtlinien-Gesetz **Unionsrechts-konform umgesetzt**: nach § 264 Abs. 1 S. 1 bilden Bilanz, Gewinn- und Verlustrechnung sowie Anhang im Jahresabschluss eine Einheit, der (von dieser abgesetzt) der Lagebericht nach §§ 264 Abs. 1 S. 1/289 gegenübersteht.[27] Folgerichtig sind auch im deutschen Recht Jahresabschluss und Lagebericht in sich je abgeschlossene Instrumente der Rechnungslegung; und ebenso konsequent ist es nicht Aufgabe des Lageberichts, den Jahresabschluss in seinem Aussagegehalt zu ergänzen oder gar zu korrigieren. Das den tatsächlichen Verhältnissen entsprechende Lagebild, das der Jahresabschluss nach § 264 Abs. 2 zu vermitteln hat, ist das relativ wahre Bild des Jahresabschlusses unter Berücksichtigung seiner Ausschüttungsbemessungsfunktion. Dies „richtigzustellen", ist keineswegs Ziel des Lageberichts; geliefert werden den Adressaten der Rechnungslegung vielmehr zwei je eigenständige Lagebilder. – Zum Abgleich der beiden Informationssäulen über das Einklangsgebot aus § 317 Abs. 2 unten Rn 67 ff.

14 Unternehmen, die zwingend oder freiwillig nach **IFRS** Rechnung legen, brauchen nach diesem internationalen Regelwerk keinen Lagebericht zu erstatten.[28] Das jedoch gilt nach deutschem Recht nicht für hierzulande domizilierende Kapitalgesellschaften; sie müssen ihren IFRS-Jahresabschluss in jedem Fall um einen Lagebericht ergänzen. Das gilt für den freiwilligen (zusätzlichen) IFRS-Einzelabschluss (§ 325 Abs. 2a S. 4) ebenso wie für den obligatorischen (§ 315e Abs. 1) und für den freiwilligen IFRS-Konzernabschluss (§ 315e Abs. 3). Der deutsche Gesetzgeber hat die Adressaten der IFRS-Rechnungslegung nicht schlechter stellen wollen als die der Rechnungslegung nach HGB; beide Adressatenkreise sollen mit Hilfe eines eigenständigen verbalisierten Informationsinstruments neben dem Jahresabschluss über die Lage der Gesellschaft

20 So aber *Dörner/Schwegler* DB 1997, 285.

21 So aber *Baetge/Kirsch/Thiele* Bilanzen[15] S. 738; *Dörner/Bischof* Aufstellung des Lageberichts S. 373; *Lange* BB 1999, 2447; *Reittinger/Clemm* Lagebericht S. 1184; *Sieben* FS Goerdeler S. 583; *Timm* ZIP 1993, 114, 116; MünchKommHGB/*Lange*[4] § 289 Rn 4 f m. w. N.; Beck BilKomm-*Grottel*[12] § 289 Rn 7.

22 So aber *Sieben* FS Goerdeler S. 587/594; *Stobbe* BB 1988, 303, 311; zutr. *Dörner/Bischof* Aufstellung des Lageberichts S. 373; wie hier MünchKommHGB/*Lange*[4] § 289 Rn 18 sowie *Palmes* Lagebericht (2008) S. 114.

23 Zur Ausschüttungsbemessungsfunktion und ihrer rechtspolitischen Würdigung: *Schön* ZGR 2000, 706, 725 ff.

24 So aber Beck-HdR/*Kirsch/Köhrmann/Huter* (Stand April 2018) B 500 Rn 15; *Selch* WPg 2000, 357, 359.

25 So aber *Schildbach/Beermann/Feldhoff* BB 1990, 2297, 2301.

26 Andeutungsweise in diesem Sinne auch schon Scholz/*Crezelius* GmbHG[8] Anh. § 42a Rn 241.

27 Zur Sehweise der Rechtsprechung oben Fn 15.

28 S. *Palmes* Lagebericht (2008) S. 11 m. w. N.; s. auch Großkomm/*Hommelhoff* § 315e Rn. 5.

und ihres Unternehmens ins Bild gesetzt werden.[29] Damit hat der deutsche Gesetzgeber zugleich das Zwei-Säulen-Konzept (oben Rn 12) bestätigt.

15 **c) Legitimation des Lageberichts.** Zugleich liefert das Zwei-Säulen-Konzept dem europäischen und dem deutschen Gesetzgeber die Rechtfertigung für ein eigenständiges Informationsinstrument neben dem Jahresabschluss.[30] Die Berichtsadressaten (unten Rn 75 ff) erhalten mit dem Lagebericht **zusätzliche Informationen**, die sie für ihre Entscheidungen benötigen und die ihnen der Jahresabschluss allein nicht liefern kann: Informationen über die mögliche Entwicklung der Gesellschaft und ihres Unternehmens in der Zukunft, die voraussichtlichen Chancen und Risiken sowie die Grundlagen für die künftige Entwicklung im Bereich F&E. Darüber hinaus gewährt der Lagebericht in seiner verbalisierten, also ausformulierten Form den Berichtsadressaten jenen unmittelbaren Einblick, der erforderlich ist, um die Lage der Gesellschaft und ihres Unternehmens ohne sachverständig vermittelten Aufschluss des Jahresabschlusses selbst erkennen zu können. Speziell in Deutschland rechtfertigt sich der Lagebericht zudem aus dem Erfordernis, den Berichtsadressaten ein Lagebild zu vermitteln, das nicht, wie das aus dem Jahresabschluss, durch das Vorsichtsprinzip in seinen vielfältigen Ausprägungen verzerrt ist.

16 Auf einen **freiwilligen Lagebericht**, der eine regulatorische Vorgabe erspart hätte, brauchten weder der europäische, noch der deutsche Gesetzgeber zu setzen. Zwar wird es in aller Regel dem eigenen Interesse der Unternehmen entsprechen, sich gegenüber den stakeholdern, zu denen sie in vielfältiger Weise Kontakt pflegen, günstig darzustellen. Aber es wäre nicht in jedem Fall eines solchen freiwilligen unregulierten Lageberichts rechtsgewiss gewährleistet, dass sein Lagebild in der Weise verlässlich wahr wäre, wie dies § 289 Abs. 1 S. 5 mit dem Bilanzeid vorgibt und die §§ 331/331a/334 es durch ihre Sanktionsandrohungen absichern. Die Bedeutung, die dem Lagebericht in seinen mehreren Funktionen (unten Rn 74 ff) für die Berichtsadressaten als deren Entscheidungsgrundlage zukommt, schließt daher einen gesetzesfern allein freiwilligen Bericht aus.

17 **d) Bilanzrichtlinie-übersteigende Erstreckungen.** Einen Lagebericht zu erstellen, hat der deutsche Gesetzgeber schon mit dem Bilanzrichtlinien-Gesetz zusätzlich den *Genossenschaften* auferlegt (§ 336 Abs. 1), ohne hierzu von der EG-Bilanzrichtlinie gezwungen worden zu sein (arg. Art. 1; nun Art. 1 Abs. 1 EU-Bilanzrichtlinie). Was den deutschen Gesetzgeber zu diesem Schritt veranlasst hat, lässt sich den einschlägigen Gesetzesmaterialien, insbesondere der Begründung zum Regierungsentwurf des Bilanzrichtlinien-Gesetzes nicht entnehmen.[31] Aufschluss liefert dagegen die Begründung zur mit dem Bilanzrichtlinien-Gesetz ebenfalls neu gefassten Bestimmung des § 5 PublG; danach hätte es weder im Interesse der (nach diesem Gesetz rechnungslegungspflichtigen großen) Unternehmen (und Konzerne), noch der Publizität gelegen, wenn die Neuregelung (auch zum Lagebericht) nicht auch auf diese Unternehmen übertragen worden wäre.[32] Gesetzgeberisches Motiv für diese Erstreckungen war mithin die konzeptionelle und strukturelle Einheitlichkeit der unternehmerischen Rechnungslegung in Deutschland. Allerdings gilt die Pflicht zur Erstattung eines Lageberichts nach der ausdrücklichen Einschränkung in § 5 Abs. 2 S. 1 PublG nicht für die nach diesem Gesetz rechnungslegungspflichtigen Personenhandelsgesellschaften und Einzelkaufleute.[33] – Darüber hinaus haben alle Kreditinstitute (§ 340a Abs. 1 S. 2) und alle Versicherungsunternehmen (§ 341a Abs. 1 S. 1) unabhängig von ihrer

29 Vgl. *Kirsch/Scheele* WPg 2004, 1, 3, denen zufolge der Gesetzgeber über die IAS hinausgehende Berichterstattungspflichten vorsehe, weil er die durch IAS vorgeschriebenen Regelungen als unzureichend erachte.
30 Zum Legitimationsgebot *Schön* FS K. Schmidt II (2019) Bd. 2, S. 391, 394 ff.
31 Abgedruckt auch bei *Biener/Berneke* BiRiLiG S. 484.
32 Abgedruckt auch bei *Biener/Berneke* BiRiLiG S. 584.
33 MünchKommBilR/*Kleindiek* § 289 HGB Rn 17; Beck BilKomm-*Grottel*[12] § 289 HGB Rn 3.

Rechtsform und Größe einen Lagebericht zu erstatten. Dies beruht auf den Vorgaben branchen spezifischer Bilanzrichtlinien der Union.[34]

e) Konkretisierungen nach dem KonTraG. Angeregt durch die weltweite Corporate Governance-Diskussion,[35] vor allem aber auch in Reaktion auf eine Reihe spektakulärer Unternehmenskrisen und -zusammenbrüche,[36] entschloss sich der deutsche Gesetzgeber 1998, die Verwaltungsorgane der Gesellschaften und die Abschlussprüfer nachdrücklich mit den unternehmerischen Risiken zu konfrontieren und ihnen eine Reihe Risiko-bezogener Verhaltenspflichten explizit im Gesetzestext aufzuerlegen. Im Bereich der Rechnungslegung zählen zu diesen Pflichten zum einen u. a. die der Geschäftsleitung, im Lagebericht auch auf die Risiken der künftigen Entwicklung einzugehen (§ 289 Abs. 1 Hs. 2; jetzt § 289 Abs. 1 S. 4), und zum anderen die des Abschlussprüfers, zusätzlich zu prüfen, ob die Risiken der künftigen Entwicklung zutreffend dargestellt sind (§ 317 Abs. 2 S. 2), hierüber im Prüfungsbericht vorweg Stellung zu nehmen (§ 321 Abs. 1 S. 2) und im Bestätigungsvermerk darauf einzugehen, ob die Entwicklungsrisiken im Lagebericht zutreffend dargestellt sind (§ 322 Abs. 3 S. 2). 18

Nach der Überzeugung der damaligen Entwurfsverfasser und des Gesetzgebers lässt sich die Lage einer Kapitalgesellschaft, die das den tatsächlichen Verhältnissen entsprechende Bild auch wirklich vermittelt, nur dann zutreffend darstellen, wenn der Lagebericht zusätzlich Aussagen darüber enthält, mit welchen **Risiken** die **künftige Entwicklung** belastet ist.[37] Die Neuregelung im KonTraG diente mithin dazu, die nur ganz allgemeine Vorgabe zur Lagebericht-Erstattung nach § 289 Abs. 1 durch eine Einzelvorgabe mit dem Ziel zu konkretisieren, die Aussagekraft des Lageberichts durch Zukunfts-gerichtete Informationen anzureichern und zu verbessern.[38] Mit der Einzelkonkretisierung hat der deutsche Gesetzgeber erneut auf ein Instrument der Gesetzgebung zurückgegriffen, das schon in der NotVO 1931 verwendet worden war (oben Rn 4). Seine Neuregelung widersprach nicht den damaligen unionsrechtlichen Vorgaben aus Art. 46 Abs. 1 der Bilanzrichtlinie. Denn zum einen folgte aus dem „zumindest", dass das Recht des Lageberichts auch für die nationalen Gesetzgeber gestaltungsoffen, also gerade nicht auf der Gemeinschaftsebene abschließend geregelt war. 19

f) Die jüngeren Fortschreibungen. Seit der Jahrtausendwende haben vornehmlich der europäische Gesetzgeber, aber auch der deutsche die Regeln für den Lagebericht mit einer Vielzahl von Impulsen ergänzt und vertieft, aber hier und da auch konzentriert. Im Einzelnen: Mit dem **Bilanzrechtsreformgesetz** 2004,[39] mit dem der Gesetzgeber u. a. auch das zweistufige Verfahren der externen Rechnungslegungskontrolle nach §§ 342b ff HGB/106 ff WpHG eingeführt hat, wurden u. a. die EU Modernisierungsrichtlinie 2003/51/EG[40] umgesetzt, aber auch eigene deutsche Impulse zum Lagebericht mit dem Ziel normiert, sowohl dessen Informationsgehalt, als auch dessen Vergleichbarkeit zu verbessern.[41] Neu ordnete schon die Richtlinie die Analyse des Geschäftsverlaufs und die der Lage der Gesellschaft an;[42] eine Vorgabe, die der deutsche Umsetzungsgesetzgeber 20

---

34 S. dazu Baumbach/Hopt/*Merkt*[40] § 340 HGB Rn 1; § 341 HGB Rn 1.

35 S. *Böckli* Der Schweizer Treuhänder 2000, 133; *ders.* SZW 1999, 1; *Hopt* ZGR 2000, 779 m. w. N.

36 Vgl. u. a. *Hommelhoff* in: Picot (Hrsg.), Corporate Governance (1995) S. 1 f; zur Neuregelung auch *Selch* WPg 2000, 357, 361 ff sowie eingehend *Hommelhoff/Mattheus* in Dörner/Horvath/Kagermann (Hrsg.), Praxis des Risikomanagements (2000) S. 7 m. w. N.

37 RegE KonTraG BT-Drucks. 13/9712, S. 26.

38 S. auch *Forster* WPg 1998, 41, 46.

39 Gesetz vom 4. Dezember 2004, BGBl. I S. 3166; dazu *Palmes* Lagebericht (2008) S. 35 ff.

40 RL 2003/51/EG vom 18. Juni 2003, ABl. L 178/16.

41 RegE BilReG, BT-Drucks. 15/3419, S. 30; dazu *Lange* ZIP 2004, 981 ff.

42 Näher *Palmes* Lagebericht (2008) S. 47 ff.

um die Angabe der wesentlichen Prämissen ergänzte, die den zukunftsbezogenen Aussagen der Unternehmensleitung zugrunde liegen. Dabei ließ sich der deutsche Gesetzgeber von der Einschätzung leiten, der Jahresabschluss diene der Darstellung, der Lagebericht hingegen mehr der Analyse und Kommentierung relevanter Kennzahlen und Sachverhalte.[43] Diese Analyse muss in großen Kapitalgesellschaften, gemeinschaftsrechtlich vorgegeben, auf nichtfinanzielle Leistungsindikatoren erstreckt werden, sofern sie für die Geschäftstätigkeit des Unternehmens von Bedeutung sowie für das Verständnis seines Geschäftsverlaufs und seiner Lage erforderlich sind (§ 289 Abs. 3). Als Beispiel nennt der deutsche Gesetzestext Umwelt- und Arbeitnehmerbelange, ohne dass der Gesetzgeber damit auch nur Schwerpunkte hatte setzen wollen; als weitere Beispiele zählt die Gesetzesbegründung u. a. Kundenstamm, Humankapital, ja sogar die gesellschaftliche Reputation der Kapitalgesellschaft auf.[44]

21 **g) Systeme der Organvergütung.** Auf einer genuin deutschen Initiative beruhen die **Grundzüge des Vergütungssystems** für Vorstands- und Aufsichtsratsmitglieder, deren Darstellung das **Vorstandsvergütungs-Offenlegungsgesetz** 2005 den börsennotierten Aktiengesellschaften als Teil ihres Lageberichts vorgegeben hat (§ 289 Abs. 2 Nr. 5).[45] Nach der Begründung des Gesetzentwurfs[46] sollen die Vergütungsparameter einschließlich bestehender Anreizpläne den Berichtsadressaten erläutert und mit dem Ziel besser verständlich gemacht werden, die Kontrollrechte der Hauptversammlung mit Blick auf die Angemessenheit der Vorstandsvergütung und deren Beurteilung zu stärken.[47] Mit dieser Vorgabe hat der deutsche Gesetzgeber eine entsprechende Empfehlung der EU-Kommission[48] übernommen. Das DRSC hat die Vorgabe durch seine Empfehlungen in DRS 17 gemäß § 342 Abs. 1 S. 1 Nr. 1 HGB konkretisiert. Mit der Lage der Börsengesellschaft und ihrer künftigen Entwicklung haben die Informationen zum Vergütungssystem allerdings bloß mittelbar insofern etwas zu tun, als die Anreizkomponenten für die Vorstandsvergütung die Entwicklung der Gesellschaft in der Zukunft beeinflussen können. Das Gesetz zur Umsetzung der Aktionärsrecht-Richtlinie II (ARUG) hat das Vergütungssystem 2019 aus dem Lagebericht herausgelöst und wegen des Votums der Hauptversammlung nach § 120a AktG als nach dessen Abs. 2 gesondert auf der Internetseite der Gesellschaft zu veröffentlichende Information verselbständigt.[49]

22 **h) Übernahmespezifisches.** Mit dem Übernahmerichtlinien-Umsetzungsgesetz 2006[50] wurden die Informationen im Lagebericht nach § 289 Abs. 4 um einen langen Katalog übernahmespezifischer Angaben erweitert (näher unten § 289a Rn 8 ff). Mit ihnen zielte schon der europäische Richtliniengeber darauf ab, die Abwehrstrukturen und –mechanismen der Gesellschaft im Jahresrhythmus offenzulegen, um den freien Handel mit Wertpapieren der Börsengesellschaften zu beleben und die freie Stimmrechtsausübung (der Aktionäre in der Zielgesellschaft) in ihrer Wirkung zu stärken.[51] Art. 10 Abs. 2 der Übernahmerichtlinie bestimmte als Instrument dieser Informationen ausdrücklich und zwingend den Lagebericht, obwohl jene als Elemente der äuße-

---

43 RegE BilReG, BT-Drucks. 15/3419, S. 30; *Palmes* Lagebericht (2008) S. 112 f: Zukunftseinschätzung der Unternehmensleitung.

44 RegE BilReG, BT-Drucks. 15/3419, S. 31; näher *Palmes* Lagebericht (2008) S. 50 f.

45 VorstOG vom 3. August 2005, BGBl. I, S. 2267; s. dazu auch *Baums* ZHR 169 (2005), 299; *Palmes* Lagebericht (2008) S. 70 f.

46 BT-Drucks. 15/5577, S. 8; s. auch *Fleischer* DB 2005, 1611, 1616 f.

47 Zur Kontrollfunktion näher *Baums* ZHR 169 (2005), 299, 300 ff.

48 Empfehlung 2004/913/EG, ABl. 2004, L 385/55.

49 Näher dazu *Stöber* DStR 2020, 391, 395 f; in der Erklärung zur Unternehmensführung ist auf den Vergütungsbericht zu verweisen, vgl. § 289f II Nr. 1a HGB.

50 Gesetz vom 8. Juli 2006, BGBl. I, S. 1426.

51 RL 2004/25/EG vom 21. April 2004, ABl. 2004, L 142/12 Erwägungsgrund 18; dazu u. a. *Maul* NZG 2005, 151, 155.

ren Corporate Governance allenfalls höchst mittelbar mit der Lage der Börsengesellschaft und ihrer künftigen Entwicklung in Verbindung gebracht werden können;[52] konzeptionell hätten sie deshalb besser der Erklärung zur Unternehmensführung (jetzt § 289f HGB) zugeschlagen werden sollen. Immerhin hat der deutsche Gesetzgeber die übernahmespezifischen Angaben nun in § 289a HGB abgesetzt von § 289 normiert, ohne jedoch den Zusammenhang mit dem nach § 316 Abs. 1 HGB prüfungspflichtigen[53] Lagebericht aufzulösen (arg. § 289a S. 1: im Lagebericht).

i) Bilanzeid. Das Transparenzrichtlinie-Umsetzungsgesetz 2006[54] führte in Transformation der Vorgaben aus Art. 4 Abs. 2 lit. c dieser Richtlinie[55] den Bilanzeid sowohl für den Jahresabschluss (§ 264 Abs. 2 S. 3 HGB), als auch für den Lagebericht (§ 289 Abs. 1 S. 5) als Verpflichtung sämtlicher Mitglieder der Geschäftsleitung in all' jenen Gesellschaften ein, die als Börsengesellschaft oder als anderer Kapitalmarktakteur Finanzinstrumente zum Handel an einem organisierten Markt im Inland § 2 Abs. 13/14 WpHG) ausgegeben haben. Mit dem aus dem US-amerikanischen Recht übernommen Bilanzeid zielte schon der europäische Gesetzgeber auf gesteigerte Zuverlässigkeit der Informationen und gestärktes Anlegervertrauen ab.[56] In ihm ist als Lage der Gesellschaft nicht allein die finanziell-wirtschaftliche, sondern nach der EU-CSR-Richtlinie (unten Rn 26) zusätzlich die nichtfinanzielle Lage der Kapitalgesellschaft (Vorb. vor §§ 289b ff Rn 33 ff) zu verstehen. Gehärtet wird der Bilanzeid durch die Androhung von Kriminalstrafe nach § 331a HGB (unten Rn 136). 23

j) Erklärung zur Unternehmensführung und Risikomanagement. Für den Lagebericht brachte das Bilanzrechtsmodernisierungsgesetz (BilMoG) 2009[57] zwei gewichtige Ergänzungen: zum einen die Angaben zum auf die Rechnungslegung bezogenen Kontroll- und Risikomanagementsystem (§ 289 Abs. 5, nun Abs. 4) und zum anderen die Erklärung zur Unternehmensführung (§ 289a, jetzt § 289f). Beide Ergänzungen beruhen auf den Vorgaben der EU-Änderungsrichtlinie 2006;[58] sie wollte mit diesen Vorgaben, die allein für Börsengesellschaften und andere Wertpapieremittenten gelten, den Kapitalanlegern Informationen zu bedeutsamen Elementen der internen Corporate Governance verschaffen, um offenbar über den Einblick in die tatsächlich praktizierte Unternehmensführung[59] deren Entscheidungsgrundlagen zu verbreitern. Dabei mag das Kontroll- und Risikomanagementsystem trotz seiner Eingrenzung auf den Rechnungslegungsprozess noch im Zusammenhang mit den Lageberichtsdarlegungen zur künftigen Entwicklung der Gesellschaft und zu den mit ihr verbundenen Risiken gesehen werden und damit zur Lage der Gesellschaft. 24

Demgegenüber kann die Erklärung zur Unternehmensführung entgegen der Vorgabe in Art. 46a Abs. 1 S. 1/2 der Änderungsrichtlinie, die Erklärung bilde einen Abschnitt im Lagebericht, wenn auch einen gesonderten, konzeptionell nicht mehr mit der Lage der Gesellschaft in eine hinreichende Verbindung gebracht werden.[60] Der Unternehmensführungskodex (lit. a), die wesentlichen Befugnisse der Hauptversammlung samt der Art und Weise ihrer Durchführung 25

---

52 S. dazu auch *Palmes* Lagebericht (2008) S. 72; mit Recht kritisch *Bischoff/Selch* WpG 2008, 1021, 1031: Verlagerung in ein gesondertes Berichtsinstrument.

53 *Maul* NZG 2005, 151, 155.

54 Gesetz vom 5. Januar 2007, BGBl. I, S. 10; dazu *Beiersdorf/Buchheim* BB 2006, 1674, 1677; *Fleischer* ZIP 2007, 97; *Hahn* IRZ 2007, 375; *Palmes* Lagebericht (2008) S. 167 f.

55 RL 2004/109/EG vom 15. Dezember 2004, ABl. L 390/38.

56 RL 2004/109/EG vom 15. Dezember 2004, ABl. L 390/38, Erwägungsgrund 1.

57 Gesetz vom 25. Mai 2009, BGBl. I S. 1102.

58 RL 2006/46/EG vom 14. Juni 2006, ABl. L 224/1; dazu *Bortenlänger/Zimmermann* FS Böcking (2021) S. 13, 19 f.

59 Erwägungsgrund 1 der RL 2006/46/EG; *Palmes* Lagebericht (2008) S. 73 f sieht hierin das Ziel, das Vertrauen der Aktionäre und anderer Interessierter zu vergrößern.

60 So schon *Bischof/Selch* WpG 2008, 1021, 1029 im Anschluss an eine IDW-Eingabe.

etc. (lit. e) sowie die Zusammensetzung und Arbeitsweise des Vorstands und des Aufsichtsrats (lit. f) sind als Bestandteile der Erklärung so weit vom Lagebild der Gesellschaft entfernt, dass die Erklärung zur Unternehmensführung als eigenständiger Bericht neben dem Lagebericht hätte konzipiert werden sollen.[61] Der europäische Gesetzgeber hat dies Problem durchaus gesehen und deshalb den Mitgliedstaaten in Art. 46a Abs. 2 der Änderungsrichtlinie die Möglichkeit eröffnet, die Erklärung zur Unternehmensführung als gesonderten Bericht zu gestalten. Das deutsche BilMoG hat hiervon keinen Gebrauch gemacht, sondern den Unternehmen nur die Möglichkeit eröffnet, die Erklärung zur Unternehmensführung abgesetzt im Internet zu publizieren (§ 289a Abs. 1 S. 2 a. F.).[62]

26 **k) Corporate Social Responsibility.** Zu einer grundstürzenden Erweiterung der bislang primär finanzwirtschaftlich ausgerichteten Rechnungslegung hin zu einer umfassenden Unternehmensberichterstattung unter zentralem Einschluss jener Rechnungslegung haben die EU-CSR-Richtlinie[63] und ihre Transformation durch das Umsetzungsgesetz 2017[64] geführt. Sie verpflichten große Börsengesellschaften, Kreditinstitute und Versicherungsunternehmen (Unternehmen von öffentlichem Interesse) mit mehr als 500 Mitarbeitern, in den Lagebericht eine **nichtfinanzielle Erklärung** (§§ 289b ff; § 340a Abs. 1a, § 341a Abs. 1a) und eine Beschreibung des Diversitätskonzepts (§ 289f Abs. 2 Nr. 6) aufzunehmen. Mit den schon in der Richtlinie für die nichtfinanzielle Erklärung vorgegebenen Mindestbelangen der Umwelt, Arbeitnehmer etc. sollen die Gefahren für die Nachhaltigkeit aufgezeigt sowie das Vertrauen von Investoren und Verbrauchern gestärkt werden.[65] In diesen Informationen sieht der europäische Gesetzgeber ein wesentliches Instrument, um den Übergang der europäischen Volkswirtschaft zu einer nachhaltigen und globalen zu bewältigen (s. Vorb. vor §§ 289b ff Rn 33 ff). Über dies Instrument werde langfristige Rentabilität mit sozialer Gerechtigkeit und Umweltschutz verbunden. Denn die nichtfinanziellen Informationen seien eine Hilfe, um das Geschäftsergebnis und seine Auswirkungen auf die Zivilgesellschaft zu messen, zu überwachen und zu handhaben.[66]

27 In dieser Zielsetzung und Motivation des europäischen Gesetzgebers leuchtet für die Wirtschaft in der Union und für die großen Unternehmen von öffentlichem Interesse in ihr ein fundamental neues Grundverständnis im Rechtsbegriff der Nachhaltigkeit auf:[67] Ihre Wertschöpfung ist nicht länger eine allein wirtschaftlich-finanzielle; vielmehr schöpfen diese großen Unternehmen, eingebunden in ihr Umfeld, Wertvolles auch für ihre Arbeitnehmer, die Umwelt usw.,[68] aber ebenso u. U. für das Klima (s. unten Rn 29 ff). Dem entsprechend weitet sich das vom Lagebericht vermittelte Bild von der Lage der Gesellschaft als **Wertschöpferin in vielfa-**

---

61 Grundlegend zu dieser Problematik *Sauter* Anhang und Lagebericht im Spannungsfeld zwischen Unternehmens- und Bilanzrecht, 2016, S. 143 ff.

62 S. dazu Hachmeister/Kahle/Mock/Schüppen/*Mock*[2] § 289f Rn 18 m. w. N.; **aA** RegE BilMoG, BT-Drucks. 16/10067, S. 77.

63 RL 2014/95/EU vom 22. Oktober 2014, ABl. L 330/1; dazu auch *Hommelhoff* FS v. Hoyningen-Huene, 2014, S. 137 ff; *Eufinger* EuZW 2015, 424 ff; *Roth-Mingram* NZG 2015, 1341 ff; *Velte* NZG 2014, 1046 ff; *Szabó/Sørensen* ECFR 2015, 307 ff; jüngst *Bortenlänger/Zimmermann* FS Böcking (2021) S. 13, 18 f.

64 Gesetz vom 11. April 2017 BGBl. I, S. 802; zum dazu ergangenen umfangreichen Schrifttum *Lutter/Bayer/Schmidt* Europäisches Unternehmens- und Kapitalmarktrecht (6. Aufl. 2018) S. 819 Fn 53.

65 RL 2014/95/EU Erwägungsgrund 3; hierzu umfassend *J. Simon* Die Legitimation der CSR-Richtlinie (2019) S. 71 f m. w. N.; s. auch *Asmussen* Haftung für CSR (2020) S. 72.

66 Grundlegend hierzu unter Aufschlag der historischen, internationalen und interdisziplinären Dimensionen der CSR-Berichterstattung *Fleischer* AG 2017, 509 m. w. N.

67 Ähnlich *Simons* ZGR 2018, 316, 330; **aA** *Harbarth* ZGR 2018, 379, 388; zur Auslegung des Begriffs „nachhaltig" im § 87 I 2 AktG nach der Umsetzung des ARUG II *Hommelhoff* FS Hopt II (2020) S. 467, 472 f.

68 S. *Walden* NZG 2020, 50, 52 f mit einem systematischen Aufschluss der Auswirkungen des Unternehmens auf die Gesellschaft (*outward impact*).

cher Hinsicht.[69] Damit setzt die Rechtsordnung diesen Unternehmen Ziele, Zwecke im Sinne des § 33 BGB,[70] denen sich die Unternehmen freilich in Anwendung des comply or explain-Mechanismus (§ 289c Abs. 4) entziehen können.[71] Über die Einzelangaben in der nichtfinanziellen Erklärung will der europäische Gesetzgeber (und in seinem Gefolge der deutsche) die großen Unternehmen von öffentlichem Interesse in Richtung auf nachhaltiges Wirtschaften lenken (nudging).[72]

Druck auf diese Unternehmen wollen die Gesetzgeber überdies durch die vorgegebene Beschreibung des **Diversitätskonzepts** (§ 289f Abs. 2 Nr. 6) ausüben. Sie soll zum einen den Markt über die Praktiken der Unternehmensführung informieren und auf diesem Weg indirekt dazu die erfassten Unternehmen bringen, die Vielfalt in Vorstand und Aufsichtsrat zu erhöhen.[73] Aber auch diese Vorgabe steht unter dem Vorbehalt des comply or explain (§ 289f Abs. 5). Unabhängig hiervon verbindet sich mit der Aufweitung der Rechnungslegung zur finanziellen und nichtfinanziellen Unternehmensberichterstattung eine weitere über die Informationsfunktion hinausreichende und nun klar erkennbare Funktion: die **Steuerungs- und Lenkungsfunktion** (s. auch § 289c Rn 33). 28

l) Taxonomie-Verordnung. Die durch die CSR-Richtlinie angeschobene Berichterstattung zu Nichtfinanziellem (oben Rn 26 ff) ist in 2020 durch die Verordnung „über die Einrichtung eines Rahmens zur Erleichterung nachhaltiger Investitionen" (TaxonomieVO)[74] außerhalb der §§ 289b ff erweitert worden. Nach Art. 8 Abs. 1 dieser Verordnung sind in die nichtfinanzielle Erklärung zusätzlich Angaben darüber aufzunehmen, wie und in welchem Umfang die Aktivitäten des Unternehmens mit Wirtschaftstätigkeiten verbunden sind, die sich als ökologisch nachhaltige einstufen lassen. 29

Nach den in Art. 8. Abs. 1 verwiesenen Artt. 3 und 9 der TaxonomieVO sind diese Wirtschaftstätigkeiten durch mehrere **Kennzeichen** qualifiziert: (1) sie müssen nach Art. 3 lit. a einen nach Artt. 10-16 wesentlichen Beitrag zur Verwirklichung eines oder mehrerer der in Art. 9 genannten Umweltziele leisten: Klimaschutz, Anpassung an den Klimawandel, nachhaltige Nutzung und Schutz von Wasser- und Meeresressourcen, Übergang zu einer Kreislaufwirtschaft, Vermeidung und Verminderung der Umweltverschmutzung; Schutz und Wiederherstellung der Biodiversität und der Ökosysteme. Was für diese einzelnen Umweltziele als wesentlicher Beitrag zu betrachten ist, bestimmt sich jeweils nach den eingehenden Regelungen der Artt. 10 ff; (2) setzt eine ökologisch nachhaltige Wirtschaftstätigkeit nach Art. 3 lit. b voraus, dass sie keines der in Art. 9 genannten Umweltziele erheblich beeinträchtigt. Die Erheblichkeit der einzelnen Beeinträchtigungen bestimmt sich in einem hoch ambitionierten Abgleich nach Art. 17 TaxonomieVO. Deshalb wäre die Wasserstoff-basierte Verhüttung von Roherzen trotz der damit 30

---

69 S. auch Präambel des Deutschen Corporate Governance Kodex: „nachhaltige Wertschöpfung"; zum Begriff kritisch *Deutscher Anwaltverein* NZG 2019, 252, 253; dazu auch Kremer/uam/*v. Werder* DCGK Präambel Rn 23 f.

70 S. dazu den Vorschlag von *Walden* NZG 2020, 50, 55, den ungeschriebenen Gesellschaftszweck als (unmittelbare oder mittelbare) Befriedigung gesellschaftlicher Bedürfnisse mit dem Ziel der Gewinnerzielung zu definieren; vgl. *Habersack* FS Windbichler 2020, S. 707 ff, der einen neben dem Unternehmenszweck bestehenden „Corporate Purpose" definiert, der auf das Allgemeininteresse abzielt und sich außerhalb des Anwendungsbereiches von § 33 BGB bewegt; zur Möglichkeit statutarischer CSR-Klauseln und zur erforderlichen Stimmen-Mehrheit *Fleischer* AG 2017, 509, 514 m. w. N.; Hüffer/Koch AktG[14] § 179 Rn 33.

71 *Hommelhoff* FS Kübler (2015) 291, 296 ff; kritisch hierzu *Schön* ZHR 180 (2016), 279, 287; *Fleischer* AG 2017, 509, 522; s. auch die ausführliche Analyse bei *J. Simon* Die Legitimation der CSR-Richtlinie (2019) S. 71 ff; *Asmussen* Haftung für CSR (2020) S. 72 ff; s. aber auch *Walden* NZG 2020, 50, 60: CSR ist nicht freiwillig.

72 Zur Lenkungsfunktion der CSR-Berichterstattung s. *Hommelhoff* FS Hopt II (2020) S. 467, 471 ff; vgl. auch *Spießhofer* NZG 2014, 1281, 1282; *Simons* ZGR 2018, 316, 319.

73 RL 2014/95/EU Erwägungsgrund 18; so auch *Needham/Müller* IRZ 2018, 345, 346.

74 ABl. L 198/13; dazu *Lanfermann* BB 2020, 1643; s. auch *Ekkenga/Posch* WM 2021, 205; *Hommelhoff* FS Grunewald (2021) S. 385, 395 ff.

verbundenen CO2-Reduktion (Klimaschutz) dann nicht als ökologisch nachhaltige Wirtschaftstätigkeit im Sinne des Art. 8 Abs. 1 zu qualifizieren, falls der für die Herstellung von Wasserstoff benötigte Strom in Braunkohlekraftwerken mitsamt ihren erheblichen Treibhausgasemissionen produziert würde; (3) verlangt eine ökologisch nachhaltige Wirtschaftstätigkeit nach Art. 3 lit. c die Einrichtung und Durchführung von Verfahren, die einen in Art. 18 konkretisierten Mindestschutz der Menschenrechte und arbeitsrechtlichen Grundprinzipien gewährleisten sollen; (4) muss die Wirtschaftstätigkeit, um als ökologisch nachhaltige gekennzeichnet werden zu können, technischen Bewertungskriterien entsprechen, die die EU-Kommission für die einzelnen Umweltziele des Art. 9 in delegierten Rechtsakten festgelegt hat (Art. 3 lit. d). Erst wenn diese vier Voraussetzungen erfüllt sind, darf ein zur nichtfinanziellen Berichterstattung verpflichtetes Unternehmen von ihm entfaltete Aktivitäten als **ökologisch nachhaltig** kennzeichnen.[75]

31 Mit diesen qualifizierten Voraussetzungen verfolgt der europäische Gesetzgeber ausweislich der Erwägungsgründe zur TaxonomieVO mehrere **Ziele**: Zum ersten will er dem „Greenwashing" bei Finanzprodukten einen Riegel vorschieben (Erwägungsgrund 11): Kein Unternehmen soll sich mithilfe bloß scheinbar umweltfreundlicher Aktivitäten einen Wettbewerbsvorsprung verschaffen können.[76] Zum zweiten sollen auf Unionsebene die Kriterien, anhand derer Wirtschaftstätigkeiten als ökologisch nachhaltig einzustufen sind, für sämtliche Mitgliedstaaten harmonisiert werden (Erwägungsgrund 12), um auf diesem Wege drittens grenzüberschreitende Kapitalinvestitionen in ökologisch nachhaltige Aktivitäten binnenmarktweit zu stimulieren (Erwägungsgründe 11/13). Primärer **Adressat** der Zusatzangaben nach Art. 8 Abs. 1 der TaxonomieVO ist mithin der Kapitalanleger. Er soll nicht bloß eine fundierte Anlage-Entscheidung fällen können, sondern darüber hinaus angereizt werden, in ökologisch nachhaltige Aktivitäten zu investieren.

32 Die Erfüllung der Voraussetzungen aus Artt. 3 und 9 der TaxonomieVO gibt den Unternehmen von öffentlichem Interesse aber nicht bloß das **Recht**, ihre Aktivitäten gegenüber den Kapitalanlegern als ökologisch nachhaltig zu kennzeichnen. Zugleich sind diese Unternehmen nach dem klaren Wortlaut des Art. 8 Abs. 1 zu einer solchen Kennzeichnung innerhalb ihrer nichtfinanziellen Erklärung **verpflichtet**. Sie dürfen den ökologisch nachhaltigen Charakter ihrer Aktivitäten nicht verschweigen. Damit ist den Unternehmen die freie Entscheidung verwehrt, ob sie sich den Kapitalanlegern gegenüber als ökologisch nachhaltig aktives Unternehmen darstellen wollen oder nicht. Wegen dieser Darstellungspflicht spricht manches dafür, dass es dem europäischen Gesetzgeber über den Wortlaut der Erwägungsgründe zur TaxonomieVO mit ihrem Bezug zu den Kapitalanlegern hinaus auch um die Information weiterer **stakeholder** geht: um die der Bürger, Verbraucher, Beschäftigten, Geschäftspartner, Gemeinden und zivilgesellschaftlichen Organisationen, wie sie die EU-Kommission in ihrer Mitteilung „Leitlinien für die nichtfinanzielle Berichterstattung: Ergänzung zur Berichterstattung über klimabezogene Informationen" vom 20. Juni 2019[77] aufgelistet hat und auf die Erwägungsgrund 22 zur TaxonomieVO explizit zurückgreift. Für die Information dieser stakeholder will Art. 8 Abs. 1 der TaxonomieVO offenbar sorgen, wenn er die Unternehmen zu Angaben über ökologisch nachhaltige Wirtschaftstätigkeiten verpflichtet und nicht bloß berechtigt.

33 Diese Verpflichtung gilt für Finanzunternehmen und Nicht-Finanzunternehmen gleichermaßen. Für letztere konkretisiert Art. 8 Abs. 2 die Angabepflicht jedoch zusätzlich: **Nicht-Finanzunternehmen** müssen in ihrer nichtfinanziellen Erklärung jeweils den Anteil jener Umsatzerlöse, Investitionsausgaben und ggf. Betriebsausgaben angeben, die mit jenen Aktivitäten des Unternehmens zusammenhängen, die als ökologisch nachhaltig zu qualifizieren sind. Zur kleinteiligen Implementierung dieser Berichtsvorgaben erteilt Art. 8 Abs. 4 der TaxonomieVO der EU-Kommission den Auftrag, Inhalt und Darstellung der nach Absätzen 1 und 2 verlangten Informa-

75 Vgl. auch Abbildung 3 bei *Benecke* FS Böcking (2021) S. 753, 758.

76 *Ekkenga/Posch* WM 2021, 205, 206.

77 ABl. C 209/1.

tionen einschließlich der anzuwendenden Methode in einem delegierten Rechtsakt näher zu bestimmen. Dieser Regelungsauftrag umfasst die Berichterstattung der Finanzunternehmen ebenso wie die der Nicht-Finanzunternehmen. Gerade deren Informationen bringt Erwägungsgrund 22 in Verbindung mit jenen Kapitalanlegern, die an ökologisch nachhaltig wirtschaftenden Unternehmen interessiert sind. Aber auch und insbesondere bei den Nicht-Finanzunternehmen wird man aus ihrer die Berichtsmöglichkeit übersteigenden Berichtspflicht (s. oben Rn 32) schließen müssen, dass Adressaten der Angaben zu den Umweltzielen über die Kapitalanleger hinaus auch alle stakeholder von den Bürgern bis zu den zivilgesellschaftlichen Organisationen (oben Rn 32) sein sollen.

2. Vorschlag für eine Richtlinie zur Nachhaltigkeits-Berichterstattung

Im April 2021 hat die EU-Kommission mit ihrem Vorschlag für eine Richtlinie zur Nachhaltigkeits-Berichterstattung[78] in Fortschreibung der CSR-Richtlinie 2014 (oben Rn 26 ff) das europäische Gesetzgebungsverfahren mit dem Ziel eröffnet, den Bedarf der Publizitätsadressaten an **Nachhaltigkeits-Informationen** aus den Unternehmen besser als bisher zu befriedigen. Denn bislang liefern einige Unternehmen nach Einschätzung der Kommission überhaupt keine Nachhaltigkeits-Informationen, bei vielen anderen Unternehmen sind deren Informationen unvollständig und nur begrenzt verlässlich. Vor allem aber sind die Nachhaltigkeits-Informationen der einzelnen Unternehmen für ihre Nutzer nicht hinreichend miteinander vergleichbar. Bei Gelegenheit dieser Richtlinie sollen die bisherigen **nichtfinanziellen Informationen** in Nachhaltigkeits-Informationen umbenannt werden. 34

a) Die Informations-Nutzer. Als bedeutendste Nutzer der Nachhaltigkeits-Informationen betrachtet die EU-Kommission die **Investoren** einschließlich der Vermögensverwalter, gleich danach aber **Nichtregierungsorganisationen**, **Gewerkschaften** und andere stakeholder; diese wollten die Unternehmen für ihre Einflüsse auf Zivilgesellschaft und Umwelt in stärkerem Maße zur Rechenschaft ziehen.[79] Bei den Investoren und Vermögensverwaltern geht die Kommission davon aus, diese wollten besser erkennen können, welche Risiken und Chancen nachhaltige Belange für ihre Investitionen zur Folge haben, aber auch, wie diese Investitionen soziale und Umweltbelange beeinflussen können. 35

b) Der erweitere Kreis der berichtspflichtigen Unternehmen. Nach dem Richtlinienvorschlag soll der Kreis der zur Nachhaltigkeits-Berichterstattung verpflichteten Gesellschaften grundstürzend über den bisherigen Kreis der Unternehmen von öffentlichem Interesse mit mehr als 500 Arbeitnehmern hinaus erweitert werden: Berichtspflichtig sollen nach dem neuen Art. 19a Abs. 1 der EU-Bilanzrichtlinie künftig alle **großen Kapitalgesellschaften** schlechthin sein, in Deutschland also sämtliche Gesellschaften, die nach § 267 Abs. 3 S. 1 HGB (Art. 3 Abs. 4 EU-Bilanzrichtlinie) mindestens zwei der drei in § 267 Abs. 2 bezeichneten Merkmale überschreiten. In der Unternehmenspraxis wären damit in aller Regel sämtliche Kapitalgesellschaften mit mehr als **250 Arbeitnehmern** zur Nachhaltigkeits-Berichterstattung verpflichtet; daneben unabhängig von der Zahl ihrer Arbeitnehmer jene Kapitalgesellschaften, die schon wegen ihrer Bilanzsumme (mehr als 20 Mio. Euro) und ihrer Umsatzerlöse (mehr als 40 Mio. Euro) als große Gesellschaften einzustufen sind. Ihnen sollen nach dem neuen Art. 1 Abs. 3 der EU-Bilanzrichtlinie alle großen Versicherungsunternehmen und Kreditinstitute (also ebenfalls regelmäßig mit 36

---

78 KOM (2021) 189 endg., Erwägungsgrund 7; zum Richtlinien-Vorschlag *Müller/Scheid/Baumüller* BB 2021, 1323; *Lanfermann/Scheid* DB 2021, 1213; *Arbeitskreis Bilanzrecht Hochschullehrer Rechtswissenschaft* DB 2021, [2301].
79 KOM (2021) 189 endg., Erläuterungen zum Richtlinienvorschlag, S. 2.

mehr als 250 Arbeitnehmern) unabhängig von ihrer Rechtsform gleichgestellt werden. Im praktischen Ergebnis soll der für alle Unternehmen von öffentlichem Interesse bisher geltende Schwellenwert 500 Arbeitnehmer halbiert werden. In Deutschland wird das voraussichtlich ca. 15000 Gesellschaften treffen. Ob dieser Erweiterungsvorschlag der EU-Kommission vom Ministerrat sogleich uneingeschränkt akzeptiert werden wird, mag sich zeigen.[80]

37 In einer zweiten Stufe ab 2026 sollen nach Art. 19a Abs. 1 n. F. der EU-Bilanzrichtlinie nahezu alle Unternehmen von **öffentlichem Interesse** (unter Einschluss der kleinen und mittleren, aber unter Ausschluss der Kleinstunternehmen mit bis zu 10 Arbeitnehmern) unabhängig von ihrer Größe und ihrer Rechtsform zur nachhaltigen Berichterstattung verpflichtet werden. Das betrifft neben sämtlichen Versicherungsunternehmen und Kreditinstituten in gleicher Weise alle Kapitalgesellschaften mit Kapitalmarktorientierung, sei es über Aktien oder über Schuldschreibungen aller Art. Nach Vorstellung der EU-Kommission soll, wer (mit beschränkter Haftung) auf dem Kapitalmarkt auftritt, auch über Nachhaltiges berichten müssen. Hierzu sollen (zunächst, s unten Rn 41) lediglich kleine und mittlere Kapitalgesellschaften ohne Kapitalmarktorientierung nicht verpflichtet sein.

38 Mit der Verschonung der **Kleinstunternehmen** (Art. 19a Abs. 1 Bilanzrichtlinien-Vorschlag i. V. m. Art. 3 Abs. 1 Bilanzrichtlinie/§ 267a) will die EU-Kommission offenbar vor allem start ups vor der Nachhaltigkeits-Berichterstattung bewahren. Das aber ist wertungsunstimmig. Sobald start ups nämlich auf organisierten Kapitalmärkten als Nachfrager auftreten, haben die Kapitalanleger (und die anderen Publizitätsadressaten) bei diesen Unternehmen ein grundsätzlich ebenso berechtigtes Interesse an Nachhaltigkeitsinformationen wie bei allen anderen Kapitalnachfragern: Steuerungs-Software für Kohleverstromung ist in gleicher Weise relevant wie diese selbst. Für start ups und vergleichbare Unternehmen sollten deshalb allein größenspezifische Erleichterungen bei den einzelnen Angaben in Betracht gezogen werden.

39 **c) Berichtsstandards.** In einem neuen Art. 19b der EU-Bilanzrichtlinie schlägt die EU-Kommission dem Unionsgesetzgeber vor, die Kommission zum Erlass von Standards in der Form **delegierter Rechtsakte** (Art. 290 AEUV) zu ermächtigen und sie damit zu beauftragen.[81] Diese **Standards** sollen die Bereiche Umwelt (Art. 19b Abs. 2 Unterabs. 2 lit. a), Soziales (lit. b) und Governance (lit. c) abdecken. Trotz der anleitenden Vorgaben in Art. 19b Abs. 3 läuft dieser Ermächtigungsvorschlag wohl auf eine uneingegrenzte Blankettermächtigung der EU-Kommission und der ihr als technischer Berater nach Art. 49 Abs. 3a EU-Bilanzrichtlinie n. F. zuarbeitenden European Financial Reporting Advisory Group (EFRAG) hinaus; deshalb wird der Vorschlag in Ministerrat und Parlament sorgfältiger Überprüfung bedürfen; ebenso die Governance-Vorgaben aus lit. c zum Verhalten des Unternehmens u. a. im Bereich der Politik, gegenüber den Geschäftspartnern einschließlich Zahlungsfristen.

40 **d) Anreicherung des Informationsgehalts.** Der Richtlinienvorschlag zur nachhaltigen Berichterstattung zielt auch darauf ab, die Informationen, die bisher schon die CSR-Richtlinie (Rn 26) und die TaxonomieVO (Rn 29) den Unternehmen vorgeben, durch Informationen zu nichtbilanzierungsfähigen **immateriellen Vermögensgegenständen** zu erweitern (Art. 19a Abs. 2 Unterabs. 2 n. F.), durch die Schärfungen nach Art. 19a Abs. 2 Unterabs. 1 n. F. zu intensivieren und durch die Standards der EU-Kommission (Rn 39) zu harmonisieren.[82] In wie starkem Maße der Gehalt der nachhaltigen Informationen in Umsetzung und Anwendung des Richtlinienvorschlags nach Vorstellung der EU-Kommission aufwachsen soll, zeigen die detaillierten

---

80 Auch *Lanfermann/Scheid* DB 2021, 1213, 1216 f prognostizieren mit Blick auf die Belastungen der Unternehmen eine intensive Diskussion im europäischen Gesetzgebungsverfahren.

81 Dazu *Lanfermann/Scheid* DB 2021, 1213, 1215 f; *G. Schneider* FS Böcking (2021), S. 683, 686 f.

82 S. KOM (2021) 189 endg., Erläuterungen zum Richtlinienvorschlag, S. 4 f.

Vorgaben des Art. 19a Abs. 2 Unterabs. 1 für die Unternehmen und des Art. 19b Abs. 2 Unterabs. 2 für die Kommissions-Standards (Rn 39).

e) KMU-Berichtsstandards. Zugleich schlägt die EU-Kommission dem Unionsgesetzgeber in Art. 19c der EU-Bilanzrichtlinie n. F. vor, sie mit der Entwicklung und Veröffentlichung von Berichts-Standards zu beauftragen, die speziell für **kleine und mittlere Unternehmen** gelten sollen. Diese Standards sollen auf die besonderen Umstände dieser Unternehmen und auf deren Leistungskraft zugeschnitten sein. Damit verbietet es sich zwar für die Kommission (und die ihr zuarbeitende EFRAG, oben Rn 39) eigentlich, die KMU-Standards aus denen für Unternehmen von öffentlichem Interesse und von großen Kapitalgesellschaften (oben Rn 36) herunterbrechend abzuleiten; sie müssten **eigenständig KMU-spezifisch** entwickelt werden.[83] Aber dem könnte der Verweis in Art. 19c Unterabs. 1 S. 3 auf Art. 19b Abs. 3 der EU-Bilanzrichtlinie n. F. mit seinen sehr kleinteilig-detaillierten Vorgaben entgegenstehen. Hier werden Ministerrat und Parlament auf Nachbesserungen im Interesse der kleinen und mittleren Unternehmen dringen müssen – dies auch und insbesondere deshalb, weil im Konsultationsverfahren nach Artt. 19c Unterabs. 1 S. 1/49 Abs. 3a bisher offenbar keine Institution (insbesondere innerhalb der EFRAG) vorgesehen ist, welche die spezifischen Belange kleiner und mittlerer Unternehmen kennt und diese repräsentiert. 41

f) Geltungsbeginn. Nach den Vorstellungen der EU-Kommission soll die Richtlinie zur Nachhaltigkeits-Berichterstattung überhastet schnell Wirkung gegenüber den betroffenen Unternehmen entfalten. Die Mitgliedstaaten sollen die Richtlinie bis spätestens zum 1. Dezember 2022 umsetzen, die Unternehmen sie für das am 1. Januar 2023 startende Geschäftsjahr anwenden müssen (Art. 5 Abs. 1 Unterabs. 1/2 der Berichterstattungs-Richtlinie). 42

3. Die Überdehnung des Lageberichts

Sowohl die nichtfinanzielle Erklärung als auch die Beschreibung des Diversitätskonzepts sind nach der Vorgabe in der CSR-Richtlinie Teil des Lageberichts (Artt. 19a Abs. 1/20 Abs. 1 lit. g), wobei das Diversitätskonzept der Erklärung zur Unternehmensführung zugeschlagen ist. Zwar erlaubt die Richtlinie, die nichtfinanzielle Erklärung in einem gesonderten Bericht zu erstatten (Art. 19a Abs. 4 Unterabs. 1), aber auch dann muss dieser Bericht die Verbindung zum Lagebericht halten (Art. 19a Abs. 4 Unterabs. 1 lit. a/b). Damit werden Informationen zu den finanziell-wirtschaftlichen und zu den nichtfinanziellen Leistungen des Unternehmens zusammengefasst mit den gänzlich anderen Informationen zur internen und externen Corporate Governance. Der Lagebericht fungiert mithin auch nach seiner jüngsten Fortentwicklung als zweite Säule einer umfassenden Unternehmensberichterstattung neben dem Jahresabschluss (oben Rn 12). Mit dieser funktionalen Erweiterung könnte der Lagebericht schon deshalb überlastet sein, weil in ihm und seinen Teilen die entscheidungsbezogene Informationsfunktion mit der Kontroll- und Steuerungsfunktion Funktions-beeinträchtigend ineinander verschwimmen.[84] 43

Konzeptionell stellt sich deshalb die Frage, ob der Lagebericht nicht auf seinen ursprünglichen Anwendungsbereich rund um die finanziell-wirtschaftliche Lage zurückgeführt werden sollte. Das hätte in seinem Anwendungsbereich und in seinen Funktionen den Vorteil, dass er für alle Lageberichts-pflichtigen Unternehmen in gleicher Weise zu verfassen und zu verstehen wäre. Für die Kapitalmarktakteure und ihre Unternehmensberichterstattung würden dann Sonderregeln gelten: Sie müssten ihre Corporate Governance-relevanten Angaben in einer eigen- 44

83 So schon *Hommelhoff* FS Grunewald (2021) S. 389, 403.

84 So schon *Hommelhoff* FS v. Hoyningen-Huene (2014) S. 137, 144.

ständigen Erklärung zur Unternehmensführung publizieren; deren Benennung als „Corporate Governance“-Bericht[85] könnte sich empfehlen. Seine Funktion könnte präzise auf Kontrolle und Lenkung hin ausgerichtet werden. Für die großen Unternehmen von öffentlichem Interesse mit mehr als 500 Arbeitnehmern schließlich wäre dann zusätzlich ein eindeutig eigenständiger Bericht zu den nichtfinanziellen Leistungen des Unternehmens angezeigt, der (als „Nachhaltigkeitsbericht“ von Gesetzes wegen benannt, s. oben Rn 34 ff) sämtliche Funktionen abdecken würde: die entscheidungsbezogene Informationsfunktion ebenso wie die Kontrollfunktion zugunsten aller stakeholder sowie die Steuerungs- und Lenkungsfunktion.

4. Lageberichterstattung in der Praxis

45 Die 4. Auflage hatte die nur unbedeutende Rolle des Lageberichts innerhalb der Rechnungslegung vor allem auf die Schwächen des bisherigen Rechts und die seiner Interpretation zurückgeführt: auf die bloßen Zielvorgaben des Gesetzes, seine unbestimmten und deshalb interpretationsbedürftigen Rechtsbegriffe sowie auf das weithin fehlende Fallmaterial für eine Pflichten-konkretisierende Rechtsprechung. Diese Situation hat sich seit der 4. Auflage bis ins Jahr 2021 hinein grundlegend verändert: In der Praxis der Rechnungslegung hat der Lagebericht die ihm im System der Unternehmensberichterstattung zukommende Zentralposition mittlerweile eingenommen.

46 **a) Verdichtete Vorgaben:** Das ist zum ersten auf die Aktivitäten des europäischen und des deutschen Gesetzgebers zurückzuführen, die in den vergangenen beiden Jahrzehnten das Recht des Lageberichts in einer Vielzahl von Novellierungen stetig ausgebaut, angereichert, konkretisiert und verfeinert haben (oben Rn 20 ff). Dies hat nicht bloß zu einer ganzen Reihe relativ präziser Einzelvorgaben wie dem Prognosebericht und dem zu den Zukunftschancen und -risiken samt den zugrundeliegenden Annahmen (§ 289 Abs. 1 S.) geführt (unten Rn 143 ff), sondern auch zu Zielvorgaben mit höherem Intensitätsgrad (§ 289 Abs. 1 S. 2). Schon mit diesen Novellierungen haben die Gesetzgeber den Lageberichts-pflichtigen Unternehmen, aber auch den Abschlussprüfern und anderen an der Ausgestaltung der Rechnungslegungsregeln und ihrer praktischen Anwendung Beteiligten verdeutlicht, welches Gewicht sie dem Lagebericht beimessen, damit sich die Berichtsadressaten ein eigenes verlässliches Bild von der Lage des Unternehmens machen können, dem sie (vor allem als Anleger auf dem Kapitalmarkt) vertrauen dürfen: von dessen Standort und seiner wirtschaftlichen Beurteilung, von seinen Fortbestandsaussichten und seiner voraussichtlichen Entwicklung in der näheren Zukunft.[86]

47 Diesem Bestreben der Gesetzgeber, dem Lagebericht in der Praxis der Rechnungslegung ein größeres Gewicht zu verleihen, haben das Deutsche Rechnungslegungs Standard Committee (DRSC) mit seinem Deutschen Rechnungslegungs Standard Nr. 20 (DRS 20),[87] das Institut der Wirtschaftsprüfer (IDW) mit seinem Standard „Prüfung des Lageberichts im Rahmen der Abschlussprüfung“ (IDW PS 350 n. F.)[88] sowie vor allem die Deutsche Prüfstelle Rechnungslegung

85 *Arbeitskreis Corporate Governance Reporting* DB 2016, 2130, 2132; *Hommelhoff* in: Priester uam (Hrsg.), Praxis und Lehre im Wirtschaftsrecht (2018) S. 185, 196 ff; kritisch zur Überdehnung des Lageberichts auch *Lanfermann* BB 2013, 1323, 1325; vgl. hierzu auch *Stingl* Die soziale Verantwortung der Kapitalgesellschaften vor dem Hintergrund der CSR-Richtlinie, 2020, S. 537 ff, der die Tauglichkeit des Lageberichts als Entscheidungsgrundlage von Verbrauchern in Frage stellt.

86 OLG Frankfurt AG 2017, 859, 861, 864.

87 DRS 20 vom 2. November 2012 (bekannt gemacht vom Bundesministerium der Justiz und für Verbraucherschutz im Bundesanzeiger vom 4. Dezember 2012) in der Fassung des Deutschen Rechnungslegungs Änderungsstandards Nr. 8 (DRÄS 8) vom 27. November 2017, bekannt gemacht im Bundesanzeiger vom 4. Dezember 2017.

88 Verabschiedet vom Hauptfachausschuss des Instituts der Wirtschaftsprüfer am 12.12.2017.

(DPR, § 342b; mit dem FISG 2021[89] außer Funktion gesetzt, unten Rn 53) in ihrer kontinuierlichen Prüfung prüfungspflichtiger Unternehmen (§ 342b Abs. 2 S. 2) in ihrer Rechnungslegung den entscheidenden Durchbruch im abgestimmten Zusammenwirken dieser drei Akteure verschafft. Abgesichert und durchgesetzt wurde das Recht der Lageberichterstattung in diesem System durch die Prüfungstätigkeit der Bundesanstalt für Finanzdienstleistungsaufsicht (BaFin) nach §§ 106 ff WpHG innerhalb des zweistufigen Systems der Rechnungslegungsprüfung in Kooperation mit der DPR (§ 342b Abs. 6/§ 108 WpHG) sowie durch das Oberlandesgericht Frankfurt/Main als Beschwerdegericht gegen Verfügungen der BaFin (§ 113 WpHG/§ 48 Abs. 4 WpÜG). Zur Abschaffung des zweistufigen Systems unten Rn 53.

b) Der DRS 20: Für die rechtspraktische Umsetzung der normativen Vorgaben zum Lagebericht 48
leistet der DRS 20 „Konzernlagebericht" die wesentliche Hilfe. Zwar bezieht sich dieser Standard nicht auf die Einzelrechnungslegung nach §§ 264 ff, sondern auf die des Konzerns nach §§ 290 ff und damit auf den Konzernlagebericht (§ 315). Gleichwohl empfiehlt dieser Standard selbst seine entsprechende Anwendung auf den Lagebericht nach § 289 (DRS 20.2). Ebensowenig steht dem Praxis-prägenden Einfluss dieses Standards mitsamt seinen Regeln zu den Aufstellungsgrundsätzen für den Lagebericht (DRS 20.12 ff), zu den Grundlagen des Unternehmens (DRS 20.36 ff), zu den einzelnen Teilberichten (Wirtschafts-, Prognose-, Chancen- und Risikobericht, DRS 20.53 ff) sowie zu sonstigen Berichtsgegenständen (DRS 20. K 168 ff), aber auch zur nichtfinanziellen Erklärung nach § 289b (DRS 20.232 ff) die Tatsache entgegen, dass dieser Standard die bloßen Anregungen besonders erfahrener und sachverständiger Rechnungsleger, darunter Angehöriger des Wirtschaftsprüferberufs (arg. § 342 Abs. 1 S. 2) wiedergibt – wenn auch diese Anregungen vor ihrer Bekanntmachung mit dem Effekt im Bundesjustizministerium „gegengelesen" worden sind, dass die Einhaltung der Standardregeln die Vermutung zugunsten der Unternehmen begründet, die für die Rechnungslegung geltenden Grundsätze ordnungsgemäßer Buchführung seien beachtet worden (arg. § 342 Abs. 3).

c) Impulse aus der Abschlussprüfung: Der über den Standard DRS 20 und die Vielzahl sei- 49
ner Regeln aufgefaltete Lagebericht unterliegt der Abschlussprüfung (§ 317 Abs. 2). Dabei richtet sich der Abschlussprüfer am IDW-Prüfungsstandard PS 350 n. F. aus; dieser verpflichtet ihn, die Prüfung des Lageberichts in Übereinstimmung mit den gesetzlichen Vorgaben aus § 317 Abs. 2 und unter Beachtung des Prüfungsstandards IDW PS 350 zu planen und durchzuführen (PS 350.12). Dabei nimmt der Prüfungsstandard mehrfach auf den DRS 20 zur Aufstellung des Lageberichts Bezug: Zum einen sieht der Prüfungsstandard in den Regeln des DRS 20 (nicht gänzlich zweifelsfrei) Konkretisierungen der Anforderungen, die das Gesetz an die Lageberichterstattung stellt (PS 350.4); und zum anderen leitet der IDW-Prüfungsstandard aus den Regeln des DRS 20 weitere Anforderungen zu Lageberichts-typischen Angaben her, die zu den gesetzlichen Pflichtangaben zum Lagebericht hinzukommen (PS 350.14). Damit unterliegt auch die Einhaltung der DRS 20-Regeln im konkreten Einzelfall der Prüfung durch den Abschlussprüfer. Zum Ergebnis dieser Prüfung hat sich der Abschlussprüfer im Bestätigungsvermerk ausdrücklich zu erklären (§ 322 Abs. 3 S. 1: Beachtung der Grundsätze ordnungsmäßiger Buchführung). Dies ist der zweite Impuls, der dem Lagebericht in der Unternehmenspraxis Gewicht und Bedeutung verschafft.

d) Impulse aus dem Enforcementverfahren: Entscheidend angetrieben wurde dieser Bedeu- 50
tungsschub durch das zweistufige Enforcementverfahren der §§ 342b ff/§§ 106 ff WpHG mit der Deutschen Prüfstelle Rechnungslegung (DPR) auf der ersten Stufe. Angestoßen von den bei ih-

89 BGBl. I S. 1534.

ren Prüfungen gewonnenen Erkenntnissen hatte diese Stelle von ihrem Tätigkeitsbeginn in 2005 an ununterbrochen bis zur Gegenwart 2021 ihr besonderes Augenmerk auf die Lageberichterstattung der Unternehmen und Konzerne gerichtet. Denn ausweislich der DPR-Tätigkeitsberichte hatten vornehmlich die Stichprobenprüfungen (§ 342b Abs. 2 S. 3 Nr. 3) immer wieder die Prüfstelle veranlasst, Fehler im Lagebericht zu beanstanden oder doch zumindest auf Schwächen in der Lageberichterstattung hinzuweisen. Offenbar hat sich bis in die Gegenwart hinein nichts grundlegend an jenem Befund geändert, den die DPR schon in ihrem Tätigkeitsbericht 2007 (S. 5)[90] verlautbart hatte: Die hohe Fehlerhäufigkeit bei den qualitativen Angaben im Lagebericht (und im Anhang) deute darauf hin, dass diesem Teil der Rechnungslegung in den Unternehmen zuweilen weniger Bedeutung beigemessen werde als dem reinen Zahlenwerk. Mit diesem Befund hatte die Prüfstelle sogleich Konsequenzen im Tätigkeitsbericht 2007 angekündigt: Diese Fehlerquelle abzustellen, werde eine der Hauptstoßrichtungen der präventiven DPR-Maßnahmen sein.

51 Im Verlaufe der Zeit hatte die Prüfstelle ein weit fächerndes Instrumentarium entwickelt und zum Einsatz gebracht, um präventiv auf Fehlervermeidung in der Lageberichterstattung hinzuwirken. Es reichte von der Nachverfolgung, ob die beanstandeten Fehler im Lagebericht eines Unternehmens tatsächlich abgestellt worden sind oder den Hinweisen auf Schwächen in der Lageberichterstattung effektiv entsprochen worden ist, über workshops mit Vorständen und Aufsichtsräten bis hin zu Jahresgesprächen mit den Wirtschaftsprüfern und zur Setzung von Prüfungsschwerpunkten bei der Lageberichterstattung und deren Ankündigung vorab (s. Tätigkeitsbericht 2015, S. 14). Dennoch findet sich noch im jüngsten Tätigkeitsbericht 2019 (S. 7) die aufschlussreiche Formulierung: „Die festgestellten Fehler lassen sich nach wie vor auch im Jahre 2019 auf folgende Ursachen zurückführen: ... Unzureichende Berichterstattung im Anhang und Lagebericht".

52 Dieser unverändert missliche Befund zur Lageberichterstattung in der Praxis, der noch durch die beiden Entscheide des OLG Frankfurt zum Lagebericht unterstrichen wird,[91] kann allerdings nichts an der Einschätzung ändern: In der aktuellen Praxis der Rechnungslegung in Deutschland kommt dem Lagebericht hohe Bedeutung für das Ziel zu, die Berichtsadressaten verlässlich über die Lage des Unternehmens und deren Einschätzung durch die Unternehmensleitung ins Bild zu setzen, über seine künftig mögliche Entwicklung und über die mit ihr verbundenen Chancen für das Unternehmen und dessen Risiken. Zumindest bei den kapitalmarktorientierten Unternehmen (arg. § 342b Abs. 2 S. 2) kommen dem Lagebericht rechtspraktisch Gewicht und Bedeutung zu. Offen dagegen, wie sich diese Frage bei kapitalmarktfernen Unternehmen stellt.

53 Mit Wirkung zum 31. Dezember 2021 wird das zweistufige Bilanzkontrollverfahren spezifisch deutscher Prägung mit seinem Zusammenwirken zwischen der DPR auf der ersten Stufe und der Bundesanstalt für Finanzaufsicht (BaFin) auf der zweiten Stufe in Reaktion auf den Wirecard-Bilanzskandal abgeschafft (§ 141 WpHG). Für die Bilanzkontrolle ist mit Beginn des Jahres 2022 (Art. 27 Abs. 2 Nr. 7 Finanzmarktintegritätsstärkungsgesetz) allein die BaFin zuständig (§ 107 WpHG). Sie übernimmt hierfür die Beschäftigten der DPR (§ 18b FinDAG). Rechtspolitisch war die Reduktion auf eine ausschließlich staatlich-hoheitliche Kontrolle der Rechnungslegung überzogen und daher verfehlt. Ob die BaFin künftig in gleicher Weise wie zuvor die DPR auf ordnungsgemäße Lageberichterstattung hinwirken wird, bedarf aufmerksamer Beobachtung.

54 **e) Impulse aus Haftung und Sanktionen:** Praxisrelevante Impulse generiert v. a. die Rechtsprechung des Bundesgerichtshofs, so wie jüngst im Urteil vom 12.3.2020 geschehen. In ihm ist der Abschlussprüfer, der auf einen unzutreffenden Lagebericht nicht reagiert hat, aus § 826 BGB

90 S. aber auch *Dietsche/Fink* KoR 2008, 250, die zu einem deutlich positiveren Befund gelangen.
91 OLG Frankfurt AG 2017, 859; WpÜG 1 und 2/15.

wegen gewissenloser Nachlässigkeit verurteilt worden.[92] Allgemein zur zivilrechtlichen Haftung und strafrechtlichen Sanktionierung unten Rn 131 ff.

5. Systematische Zusammenhänge

Die Regelungen in Art. 19 der EU-Bilanzrichtlinie und in § 289 sind mannigfach auf den Ebenen der Union und des nationalen Rechts mit anderen Regelungen verknüpft. Von ihnen empfangen die Regelungen zur Lagebericht-Erstattung ebenso Auslegungs-Impulse wie sie umgekehrt auf die Interpretation dieser anderen Regelungen ausstrahlen. Das folgt aus den Grundsätzen zur rechtssystematischen Interpretation.[93] 55

a) Lagebericht und Jahresabschluss. Nach dem Zwei-Säulen-Modell der gemeinschaftsrechtlich vorgeprägten Rechnungslegung (Rn 8 ff) stehen sich der Jahresabschluss und der Lagebericht als zwei in sich je abgeschlossene Rechnungslegungs-Instrumente gegenüber (oben Rn 12). Ihre tiefgreifenden Unterschiede kommen bereits im Gesetzeswortlaut klar zum Ausdruck: Während der Jahresabschluss nach § 264 Abs. 2 darauf abzielt, ein den tatsächlichen Verhältnissen entsprechendes Bild der Vermögens-, Finanz- und Ertragslage der Kapitalgesellschaft *unter Beachtung der Grundsätze ordnungsgemäßer Buchführung* zu vermitteln,[94] fehlt diese Einschränkung im Zielprogramm für den Lagebericht:[95] Er hat die Lage der Kapitalgesellschaft so darzustellen, dass ein den **tatsächlichen Verhältnissen** entsprechendes Bild vermittelt wird. Damit ist die Lagedarstellung im Lagebericht von all' jenen Verzerrungen befreit, die über die Grundsätze ordnungsmäßiger Buchführung ihre Wurzel vor allem im Vorsichtsprinzip und seinen konkretisierenden Auffächerungen haben.[96] Allerdings ist es nicht etwa Aufgabe des Lageberichts, das im Jahresabschluss verzerrte Bild von der Gesellschaft zu korrigieren[97] (oben Rn 12). Funktional gründen die Unterschiede zwischen Jahresabschluss und Lagebericht tiefer und konsequent gestaltet sich auch ihr Zusammenspiel komplizierter: 56

(1) Auf die einschränkende Beachtung der Grundsätze ordnungsmäßiger Buchführung musste der deutsche Gesetzgeber in § 289 für den Lagebericht nicht nur wegen der Vorgabe aus Art. 46 Abs. 1 (jetzt Art. 19 Abs. 1) der EU-Bilanzrichtlinie verzichten; er konnte dies vielmehr auch, weil der Lagebericht allein Informationszwecken[98] dient, während der Jahresabschluss die zusätzliche Aufgabe hat, den ausschüttbaren Ertrag zu bemessen und auf diesem mittelbaren Weg überdies die Gläubiger der Kapitalgesellschaft zu schützen. Demnach fungiert der Jahresabschluss mit seinen Rechenwerken und dem Anhang als Instrument der Information und 57

---

92 BGH NZG 2020, 1030, 1031 ff – Az. VII ZR 236/19.

93 Zu diesem Auslegungskriterium in der Rechtsprechung des EuGH zum Gesellschafts- und Unternehmensrecht: *Everling* FS Lutter (2000) S. 38 f; *Hommelhoff* in: Schulze (Hrsg.) Auslegung europäischen Privatrechts und angeglichenen Rechts (1999) S. 34 ff; zur rechtssystematischen Auslegung im Allgemeinen *Reimer* Juristische Methodenlehre (2020) S. 159 ff; sie wird auch als „Bedeutungszusammenhang des Gesetzes" bezeichnet: *Larenz/Canaris* Methodenlehre der Rechtswissenschaft (1995) S. 145 ff.

94 Für das Gemeinschaftsrecht wird die Erlaubnis des deutschen Gesetzgebers, die Beachtung der GoB für den Jahresabschluss vorzugeben, letztlich aus Art. 2 Abs. 5 S. 3 (jetzt Art. 4 Abs. 4 Unterabs. 2) der EU-Bilanzrichtlinie hergeleitet: s. *Kleindiek* ZGR 1998, 466, 480 ff m. w. N.

95 *Dörner/Bischof* Aufstellung des Lageberichts S. 373; *Dörner/Schwegler* DB 1997, 285; *Selch* WPg 2000, 357, 366.

96 Zum Vorsichtsprinzip: Beck BilKomm-*Störk/Büssow*[12] § 252 HGB Rn 29 ff; *Knobbe-Keuk* S. 47 ff.

97 MünchKommBilR/*Kleindiek* § 289 HGB Rn 12; MünchKommHGB/*Lange*[4] § 289 HGB Rn 18.

98 Zu den Endzwecken der Information (Entscheidungsgrundlage, Anreiz und Steuerung etc.) *Hommelhoff* FS Seibert (2019) S. 371, 372 ff.

der Ausschüttungsbemessung zugleich; demgegenüber ist der Lagebericht allein und ausschließlich ein **Informationsinstrument**.[99]

58 **(2)** Im betriebswirtschaftlichen Schrifttum konfrontiert man verbreitet die regulierte Rechnungslegung in den Rechenwerken des Jahresabschlusses (Bilanz sowie Gewinn- und Verlustrechnung) als „financial accounting“ mit dem **„business reporting“** in Anhang und Lagebericht; dies sei primär Kapitalmarkt-orientiert.[100] Dem ist zuzustimmen, soweit es um die Informationsfunktion des Lageberichts geht, zu widersprechen jedoch hinsichtlich der Positionierung des Anhangs: Als integraler Bestandteil des Jahresabschlusses (arg. § 264 Abs. 1 S. 1) ist er in seinen Funktionen primär den Rechenwerken zugeordnet und damit unisolierbar mit dem „financial accounting“ verbunden. Ebensowenig darf der Lagebericht nach geltendem Recht als vordringlich Kapitalmarkt-orientiert begriffen werden; das ist dies Instrument auch, aber nicht primär. Denn alle mittelgroßen und großen Kapitalgesellschaften müssen ihren Lagebericht unabhängig davon veröffentlichen, ob sie den Kapitalmarkt in Anspruch nehmen oder nicht (arg. §§ 325 Abs. 1, 326). Trotz dieser Einwände führt die Kapitalmarkt-orientierte Sehweise in der Betriebswirtschaftslehre weiter: Zeigt sie doch die Bedeutung, die dem eigenständigen und zugleich zukunftsbezogenen (unten Rn 62 f) Informationsgehalt des Lageberichts zukommt. Insofern lassen sich im „business reporting“ bestätigende Parallelen zum hier verfochtenen Zwei-Säulen-Modell aufspüren.

59 **(3)** Aber sogar hinsichtlich der **Information** unterscheiden sich Lagebericht und Jahresabschluss voneinander: Wegen des Stichtags-Prinzips für den Jahresabschluss[101] zeichnet dieser jenes Bild der Vermögens-, Finanz- und Ertragslage, das die Gesellschaft am Ende des Geschäftsjahres darbietet. Folgerichtig sind die Informationen im Jahresabschluss Zeitpunkt-bezogen und (da sie die Adressaten der Rechnungslegung erst erreichen, wenn die im Abschluss dargestellten Vorgänge und Zustände abgeschlossen sind) überdies Vergangenheits-orientiert. Deshalb liefert der Jahresabschluss wenig verlässliche Indikatoren, um die künftige Ergebnisentwicklung der Gesellschaft abzuschätzen.[102] Demgegenüber schreibt der Lagebericht die aus dem vergangenen Geschäftsverlauf herrührende Lage der Kapitalgesellschaft auch prognostisch in die Zukunft hinein fort;[103] diesen Zukunftsbezug im Lagebericht hatte schon das KonTraG zweifelsfrei in § 289 Abs. 1 Hs. 2 (jetzt § 289 Abs. 1 S. 4) vorgegeben[104] und damit dem literarischen Streit über die statische oder dynamische Interpretation des Lagebegriffs entzogen.[105] Die informationellen Unterschiede lassen sich mithin so auf den Punkt bringen: Der retrospektiven Berichterstattung im Jahresabschluss steht die (auch und vor allem) prospektive im Lagebericht gegenüber.[106]

60 **(4)** Die künftige Entwicklung der Gesellschaft wird ganz wesentlich durch die **Strategie** geprägt, welche die Geschäftsleitung (ggf. in Abstimmung mit dem Aufsichtsrat) festgelegt hat (s. auch Rn 143). Sie gibt den in der Gesellschaft vorhandenen Leistungspotenzialen ihre Wirkrichtung und muss deshalb im Rahmen des Zukunftsbezugs im Lagebericht so verlautbart werden, dass die Publizitätsadressaten die Verbindung zwischen den Leistungspotenzialen und den

99 MünchKommBilR/*Kleindiek* § 289 HGB Rn 13; *Küting/Hütten* AG 1997, 250, 251 im Anschluss an *Stobbe* BB 1988, 303; MünchKommHGB/*Lange*[4] § 289 Rn 7.

100 *Böcking* zfbf 1998, 17, 27 ff, 44 f im Anschluss an *Hax* FS Busse von Colbe (1988) S. 187 ff; vgl. auch *Freidank* Erfolgreiche Führung und Überwachung von Unternehmen (2019) S. 11 ff, der allerdings den Lagebericht trotz seines Zukunftsbezugs dem „financial accounting“ zuordnet.

101 Näher *Knobbe-Keuk* S. 51 ff.

102 *Nonnenmacher* FS Clemm S. 265.

103 So schon *Baetge/Fischer/Paskert* Lagebericht S. 9; *Kropff* BFuP 1980, 51; MünchKommHGB/*Lange*[4] § 289 Rn 5.

104 Daher halten *Küting/Hütten* AG 1997, 250, 253, *Moxter* BB 1997, 722 sowie *Dörner/Bischof* WPg 1999, 445 diese Regelung für rein deklaratorisch.

105 Für statische Auslegung: *Baetge/Fischer/Paskert* Lagebericht S. 30; für dynamische Interpretation: ADS § 289 HGB Rn 84; Scholz/*Crezelius* GmbHG[9] Anh. § 42a Rn 245; *Stobbe* BB 1988, 303, 306 f; vgl. die gegenwartsbezogene Interpretation des Lagebegriffs von *Störk* WP-Handbuch (2019) Abschnitt F Rn 1369.

106 Prägnant *Kleindiek* ZGR 1998, 466, 473; so auch *Lange* BB 1999, 2447.

Zukunftsaussichten der Gesellschaft nachvollziehen können. Die strategischen Ziele und die zu ihrer Erreichung von der Geschäftsleitung verfolgten Strategien sind deshalb obligatorische Lageberichtskomponenten, und nicht etwa Gegenstand bloß freiwilliger Berichterstattung.[107]

(5) Nicht allein in der zeitlichen Dimension weichen Abschluss- und Lageberichts-Informationen voneinander ab; auch in ihrer **Rechtsqualität** unterscheiden sie sich: Da der Jahresabschluss über die Information hinaus der Ausschüttungsbemessung dient (oben Rn 57), kommt im Bild der Vermögens-, Finanz- und Ertragslage nach § 264 Abs. 2 das Ergebnis einer Periodenabrechnung zum Ausdruck,[108] die auch, wenn nicht gar vornehmlich, von dieser Bemessungsfunktion gezeichnet ist. Das **Lagebild nach dem Jahresabschluss** ist somit aufs Engste mit dem Jahresergebnis verknüpft, wie es sich aus dem Vorsichts-prinzipiellen Abschluss unter Ausnutzung der bilanzpolitischen Gestaltungsspielräume ergibt; die „Abschlusslage" ist demnach konsequent Ergebnis-orientiert und insoweit partiell angesteuert. Daran vermögen auch die Korrekturen im Anhang nichts Rechtsgrundsätzliches zu ändern. – Demgegenüber soll die Lagebericht-Erstattung nach § 289 neben dem Bericht zum vergangenen Geschäftsverlauf und zur aktuellen Lage auch und vor allem Aufschlüsse über jene Erfolgsfaktoren und die Erfolgspotentiale liefern, die der Gesellschaft in der Zukunft für ihre Betätigung auf den Märkten zur Verfügung stehen werden;[109] darzustellen sind mithin im Lagebericht die Bestimmungsgründe für die wirtschaftliche Leistungsfähigkeit der Gesellschaft in der Zukunft. Für die zur Aufstellung des Lageberichts verpflichtete Geschäftsleitung (unten Rn 87 f) bedeutet dies: Sie hat die in der Gesellschaft vorhandenen Erfolgsfaktoren und –potentiale zu eruieren und daraufhin zu analysieren, ob und inwieweit sie für die künftige Marktbetätigung wirkkräftig sein könnten, und diese ihre subjektive Einschätzung den Berichtsadressaten zur Kenntnis zu geben.[110] – *Zusammengefasst* geht es im Lagebericht vornehmlich um die Darstellung und Analyse von **Zukunftspotentialen** unternehmerischer Betätigung,[111] im Jahresabschluss hingegen um die dargelegten Hauptelemente eines in der Vergangenheit erzielten Ergebnisses. 61

(6) Grundsätzlich unterschiedlich konzipiert, wenn auch miteinander verzahnt sind Jahresabschluss und Lagebericht hinsichtlich der die Gesellschaft betreffenden oder gar in ihr angelegten **Zukunftsrisiken**. Dabei sind im Abschluss an vielen Stellen Einzelrisiken erfasst, die sich auf bestimmte Vermögensgegenstände beziehen oder Rückstellungen (§ 249) zur Folge haben.[112] Zu verweisen ist insoweit etwa auf die Verpflichtung zu vorsichtiger Bewertung (§ 252 Abs. 1 Nr. 4) oder auf die Zwangsrückstellungen nach § 249 Abs. 1. Von solchen Einzelrisiken ist das unternehmerische Gesamtrisiko zu unterscheiden, das die Gesellschaft selbst und insgesamt im Wettbewerb auf den Märkten trifft; dies Gesamtrisiko aus künftiger unternehmerischer Betätigung wird wesentlich vom allgemeinen Konjunkturverlauf und von der Entwicklung in der Geschäftsbranche beeinflusst, der die Gesellschaft angehört.[113] Darzustellen ist das **unternehmerische Gesamtrisiko im Lagebericht;**[114] dabei fließen in dies die Einzelrisiken ein, die bereits im Jahresabschluss ihren Niederschlag gefunden haben. Insoweit sind Lagebericht und Abschluss miteinander verzahnt. 62

---

107 So auch Baumbach/Hopt/*Merkt*[40] § 289 HGB Rn 1; Begr. RegE BilReG BT-Drucks. 15/3419, S. 30; anders DRS 20.39; vgl. die Darstellung bei MünchKommHGB/*Lange*[4] § 289 Rn 80; **aA** wohl BeckOGK/*Kleindiek* (15.11.2020) § 289 HGB Rn 83, wo diese Angaben unerwähnt bleiben.

108 *Nonnenmacher* FS Clemm S. 267.

109 *Nonnenmacher* a. a. O. (Fn 108) im Anschluss an *Streim* FS Schneider S. 717 ff.

110 So auch Beck-HdR/*Kirsch*/*Köhrmann*/*Huter* B 510 Rn 114, 120; *Semler* Erläuterungs- und Lagebericht S. 200: unternehmerische Wertung der Geschäftsleitung.

111 Das spezifisch Unternehmerische in der Lagebericht-Erstattung betonen zu Recht KölnKomm-RLR/*Claussen* § 289 HGB Rn 6; *Semler* Erläuterungs- und Lagebericht S. 200.

112 ADS § 252 HGB Rn 74; MünchKommHGB/*Ballwieser*[4] § 252 Rn 49.

113 Vgl. ADS § 289 HGB Rn 68; Beck BilKomm-*Grottel*[12] § 315 HGB Rn 64; s. auch IDW RS HFA 1 (Ziff. 24) (IDW-Fachnachrichten, 1998, 318, 322) sowie Beck-HdR/*Kirsch*/*Köhrmann*/*Huter* B 510 Rn 12 ff; vgl. auch MünchKommHGB/*Lange*[4] § 289 HGB Rn 81 f mit Erläuterung verschiedener Risikobereiche.

114 *Küting*/*Hütten* AG 1997, 250, 253.

63 Allerdings wäre es rechtsunverträglich, wesentliche Risiken, denen bereits im Jahresabschluss Rechnung getragen wurde, im Lagebericht unberücksichtigt zu lassen, also etwa den drohenden Ausfall eines Großschuldners mit einschneidenden Folgen für die künftige Vermögens- und Liquiditätslage der Gesellschaft in deren Lagebericht mit der Begründung auszusparen, dem Ausfall sei bereits im Jahresabschluss durch Wertberichtigung der Forderung entsprochen worden. Einem solchen Vorgehen steht nicht bloß der Umstand entgegen, dass dann die Zukunftsrisiken im Lagebericht unvollständig dargestellt wären; vor allem würde ein solcher Darstellungsverzicht dem Rechtskonzept des Zwei-Säulen-Modells (oben Rn 8 ff) und konsequent dem Gedanken widersprechen, dass Lagebericht und Abschluss zwei in sich je abgeschlossene Regelungs-Instrumente sind (oben Rn 12).[115]

64 **(7)** Schließlich unterscheiden sich Lagebericht und Jahresabschluss im **Darstellungsniveau**. Für den Abschluss schreibt bereits die Grundnorm des § 238 Abs. 1 vor, einem *sachverständigen Dritten* die Möglichkeit zu verschaffen, einen Überblick über die Lage des Unternehmens zu gewinnen.[116] Für den publizierten Jahresabschluss einer Kapitalgesellschaft (§ 325) folgt daraus: Publizitätsadressaten, die nicht selbst sachverständig sind, benötigen schon nach dem Grundkonzept des Rechts der Rechnungslegung Aufbereitung des Jahresabschlusses, Transformation auf die Ebene des Nichtsachverständigen und Erläuterung. Diese Erläuterung leistet nicht der Anhang nach §§ 284 ff; denn er richtet sich an den sachverständigen Abschlussleser (arg. § 264 Abs. 1 S. 1: Einheit des Jahresabschlusses). Aufbereitung, Transformation und Erläuterung für den Nichtsachverständigen haben vielmehr zunächst und vor allem der Vorstand (§ 176 Abs. 1 S. 2 AktG) bzw. die Geschäftsführung[117] zu leisten; danach hat der Gesetzgeber auf die Wirtschaftspresse gesetzt, welcher der Jahresabschluss bis zum Geschäftsjahr 2021 über den elektronischen Bundesanzeiger zugänglich gemacht wird (§ 325 Abs. 1 S. 2), für die nachfolgenden Geschäftsjahre hingegen auf der Grundlage des Gesetzes zur Umsetzung der Digitalisierungsrichtlinie[118] (DiRUG) allein („One-Stop-Shop") über die Internetseite des Unternehmensregisters (§§ 325 Abs. 1 S. 2/8b Abs. 2 Nr. 4 n. F.). In Kapitalmarkt-orientierten Gesellschaften kommen noch die Finanzintermediäre (§ 134a AktG) hinzu.

65 Für den Lagebericht gibt der Gesetzestext kein Darstellungsniveau vor; dabei spricht allerdings die Trennung, die § 264 Abs. 1 S. 1 im Anschluss an die insoweit noch deutlicheren Artt. 4 und 11 EU-Bilanzrichtlinie zwischen Jahresabschluss und Lagebericht zieht, dafür, dass die Niveauvorgabe für den Abschluss nicht auf den Lagebericht erstreckt werden sollte. Vielmehr ist umgekehrt aus der Tatsache, dass Art. 19 der EU-Bilanzrichtlinie und in seinem Gefolge § 289 von einer verbalen Darstellung ausgehen,[119] zu schließen, dass sich der Adressat des Lageberichts sein Lagebild nicht selbst aus Zahlen sollte erschließen müssen, sondern für die bedeutsamsten finanziellen Leistungsindikatoren auf die Analyse der Geschäftsleitung sollte abstützen können (§ 289 Abs. 1 S. 3). Konsequent ist für die Darstellung im Lagebericht nicht auf das Verständnisniveau eines sachverständigen Dritten[120] abzustellen, sondern auf das eines **verständigen Berichtslesers**, der nicht ausgebildeter Betriebswirt sein muss.[121] Diese Auslegung steht im

115 Im Ergebnis wie hier *Küting/Hütten* AG 1997, 250, 253.

116 Die EU-Bilanzrichtlinie enthält insoweit weder in ihrem Normtext, noch in ihren Erwägungen eine Vorgabe.

117 Vgl. Lutter/Hommelhoff/*Kleindiek*[20] § 42a GmbHG Rn 7 f; tendenziell enger Baumbach/Hueck/*Haas/Kersting* § 42a GmbHG Rn 6.

118 BGBl. I 2021, S. 3338 in Umsetzung von Artt. 14 lit. f/16 Abs. 3 S. 1 der RL 2017/1132 vom 14. Juni 2017, ABl. L 169/46 n. F. (in der Fassung der Digitalisierungsrichtlinie, RL 2019/1151 vom 20. Juni 2019, ABl. L 186/80); dazu *Linke* NZG 2021, 309, 314; *J. Schmidt* ZIP 2021, 112, 118; zur Übergansregelung nach Art. 2 des Umsetzungsgesetzes *Linke* a. a. O.

119 Ausdrücklich *Palmes* Lagebericht (2008) S. 91 sowie *Baetge/Kirsch/Thiele* Bilanzen[15] S. 737; vgl. Beck BilKomm-*Grottel*[12] 289 HGB Rn 6 (in deutscher Sprache); s. auch ADS § 289 HGB Rn 31 und *Böcking/Gros/Koch* in: Wiedmann/Böcking/Gros § 289 HGB Rn 12 (ebenso „in deutscher Sprache").

120 So aber wohl *Dörner/Bischof* Aufstellung des Lageberichts S. 399: sachkundiger Adressat.

121 So schon *Reittinger/Clemm* Lagebericht S. 1184; *Semler* Erläuterungs- und Lagebericht S. 198; MünchKommHGB/*Lange*[4] § 289 HGB Rn 2.

Einklang mit dem dritten Erwägungsgrund zur EU-Bilanzrichtlinie: Wenn der Richtliniengeber vorzüglich die Aktionäre und Gesellschafter durch Rechnungslegung und Publizität hat schützen wollen, dann musste er sich, der Realstruktur von Kapitalgesellschaften in der Union folgend, an Gesellschaftern als Leitbild orientieren, die zwar wegen ihres Finanzierungs- oder sonstigen Beitrags für die Aktivitäten ihrer Gesellschaft verständig, aber nicht stets sachverständig sind.

(8) Somit ist für die Unterschiede zwischen Jahresabschluss und Lagebericht **zusammenfassend** festzuhalten: In Abgrenzung gegenüber dem Abschluss ist der Lagebericht als Instrument der Rechnungslegung durch eine Reihe von Eigentümlichkeiten gekennzeichnet: vor allem und zunächst durch seine ausschließliche Informationsfunktion, die es für den Lagebericht erlaubt, von der streckenweise Informations-verzerrenden Beachtung der Grundsätze ordnungsgemäßer Buchführung abzusehen; sodann durch den (Vergangenheits-, Gegenwarts- und vor allem) Zukunftsbezug des Lageberichts und die in ihm enthaltene Analyse der in der Gesellschaft verfügbaren Erfolgspotentiale für die künftige Marktbetätigung samt den aus dieser zu erwartenden unternehmerischen Gesamtchancen und -risiken; schließlich durch das Darstellungsniveau des Lageberichts: dieser ist auf den bloß verständigen Berichtsleser ausgerichtet. – Alles in allem weist der Lagebericht gegenüber dem Jahresabschluss eine solche Vielzahl von Eigentümlichkeiten auf, dass ihre Zusammenstellung den Befund vom Zwei-Säulen-Modell der Rechnungslegung (oben Rn 8 ff) und von den beiden je in sich abgeschlossenen Informations-Instrumenten (oben Rn 12) nachdrücklich bestätigt. 66

b) Lagebericht-Erstattung und Lageberichtsprüfung. Allerdings bedarf dieser Befund der rechtssystematischen Überprüfung und Fortschreibung: Nach Art. 34 Abs. 1 Unterabs. 2 lit. a i der EU-Bilanzrichtlinie hat der Abschlussprüfer auch zu prüfen, ob der Lagebericht mit dem Jahresabschluss in Einklang steht. Diese gemeinschaftsrechtliche Vorgabe hat der deutsche Gesetzgeber in § 317 Abs. 2 richtlinienkonform transformiert. Das „Einklangsgebot" führt deshalb zur Frage, ob das Konzept vom Zwei-Säulen-Modell (oben Rn 8 ff) überhaupt aufrechterhalten werden kann oder nicht doch zumindest deutlich relativiert werden muss. 67

Gegenstand dieser „Einklangsprüfung" sind Detailinformationen im Lagebericht, aber auch Gesamtinformationen, wenn und soweit die Informationen zugleich ihren Niederschlag im Jahresabschluss finden müssen oder auch nur gefunden haben:[122] etwa ein langfristiger Großauftrag, dessen Risiken für die künftige Ertragslage der Gesellschaft in deren Lagebericht als minimal dargestellt werden, während wegen eben dieses Auftrags im Jahresabschluss erhebliche Rückstellungen für drohende Verluste aus schwebenden Geschäften (§ 249 Abs. 1 S. 1) gebildet werden. Solche Doppelinformationen können sich zum Geschäftsverlauf und zur Lage der Gesellschaft finden, aber auch zu den Einzelangaben nach § 289 Abs. 2.[123] Doppelinformationen sind ebenfalls zur Gesamtlage der Gesellschaft vorstellbar: so z. B., wenn die künftige Ertragslage im Lagebericht wegen der in der Gesellschaft verfügbaren Erfolgspotentiale positiv beschrieben wird, während im Jahresabschluss nur minimale Erträge ausgewiesen sind, weil die Gesellschaft nicht-aktvierungsfähige Aufwendungen für Forschung und Entwicklung im Berichtszeitraum geleistet hatte. 68

Ziel der „Einklangsprüfung" ist entgegen verbreiteter Ansicht nicht die Feststellung, ob sich das im Lagebericht gezeichnete Bild der Gesellschaft mit dem deckt, das der Jahresabschluss vermittelt.[124] Denn für ein solches Prüfungsziel hätten der Richtliniengeber und in seinem Gefolge der deutsche Gesetzgeber die „Übereinstimmung" und nicht bloß den „Einklang" vorgegeben. Vor allem würde die Vorgabe, Jahresabschluss und Lagebericht müssten identische Informationen liefern, dazu zwingen, in den Lagebericht all' jene Informations-verzerrenden 69

122 ADS § 317 Rn 105; Wiedmann/Böcking/Gross/*Böcking*/*Gros*/*Rabenhorst* BilR § 317 HGB Rn 20 ff; s. auch Beck BilKomm-*Schmidt*/*Almeling*[12] § 317 HGB Rn 56.

123 **AA** *Baetge*/*Fischer*/*Paskert* Lagebericht S. 55; Scholz/*Crezelius* GmbHG[9] Anh. § 42a Rn 260.

124 So aber ADS § 317 HGB Rn 164; vgl. jedoch MünchKommBilR/*Bormann* § 317 HGB Rn 52.

Elemente aus dem Jahresabschluss zu transponieren, die vor allem aus dem Vorsichtsprinzip herrühren. Im Ergebnis läuft das „Deckungs"-Postulat darauf hinaus, in § 289 jenes einschränkende und relativierende „unter Beachtung der Grundsätze ordnungsmäßiger Buchführung" aus § 264 Abs. 2 S. 1 hineinzulesen; das aber steht im Widerspruch zum Wortlaut sowohl des Art. 19 Abs. 1 der EU-Bilanzrichtlinie, als auch des § 289. Damit läuft das Einklangsgebot darauf hinaus, dass der Lagebericht nicht im Widerspruch zum Jahresabschluss stehen darf (**Widerspruchsverbot**).

70 Deshalb ist die Forderung nach „Einklang" in § 317 Abs. 2 in der Weise auf den Lagebericht und seine Ausgestaltung rückzubeziehen, dass Umstände, die in einem der beiden Rechnungslegungs-Instrumente „Jahresabschluss" und „Lagebericht" ihren Niederschlag finden müssen oder gefunden haben, auch im anderen Instrument zu berücksichtigen sind, wenn und soweit dies nach den rechtlichen Vorgaben für dies andere Instrument erforderlich ist. Konkret: wenn etwa im Jahresabschluss in erheblichem Umfang Rückstellungen für drohende Verluste gebildet worden sind, dann dürfen die darin ausgedrückten Zukunftsrisiken im Lagebericht nicht unberücksichtigt bleiben. Sie aber müssen wegen der eigenständigen Informationsziele des Lageberichts ebenso eigenständig für das Instrument der Rechnungslegung aufbereitet und zugeschnitten werden. Oder: wenn der Jahresüberschuss einer Aktiengesellschaft allein auf der (im Rechenwerk korrekt abgebildeten) Auflösung stiller Reserven beruht, muss die Tatsache, dass die Gesellschaft im operativen Geschäft erhebliche Verluste erlitten hat, im Lagebericht klar und deutlich zum Ausdruck kommen.[125] Insgesamt läuft daher das „Einklangs"-Postulat auf einen **Abgleich der Informationen in Jahresabschluss und Lagebericht** unter Berücksichtigung der je spezifischen Zielsetzungen für diese beiden Rechnungslegungs-Instrumente hinaus – auf nicht mehr, aber auch nicht auf weniger.

71 Daraus folgt für das Zwei-Säulen-Modell insgesamt: Das „Einklangsgebot" aus Art. 34 Abs. 1 der EU-Bilanzrichtlinie, § 317 Abs. 2 widerstreitet ihm nicht. Der Gedanke je eigenständiger Gesamtinformation im Jahresabschluss einerseits und im Lagebericht andererseits (oben Rn 12) braucht nicht aufgegeben zu werden; ebensowenig die Feststellung, dass es nicht Aufgabe des Lageberichts ist, den Jahresabschluss in seinem Aussagegehalt zu ergänzen oder zu korrigieren. Allerdings zwingt das „Einklangsgebot" die rechnungslegungspflichtige Geschäftsleitung und den Abschlussprüfer dazu, vor dem endgültigen Abschluss ihrer jeweiligen Arbeiten die beiden Informationsinstrumente Jahresabschluss und Lagebericht daraufhin zu würdigen, ob sie in ihren Grundaussagen und informationellen Grundtendenzen nicht auseinanderlaufen.

72 Der **Geschäftsleitung** ist diese Aufgabe vor Beendigung der Aufstellungsarbeiten gestellt; sollten die beiden Instrumente der Rechnungslegung in ihrem informationellen Grundgehalt Divergenzen aufweisen, so ist zu untersuchen, worin diese Divergenzen wurzeln. Ggf. muss der Informationsgehalt des Jahresabschlusses durch zusätzliche Anhangsangaben ergänzt oder korrigiert werden; der umgekehrte Weg, den Lagebericht abzuändern, scheidet aus, wenn durch diese konkrete Maßnahme das Kriterium „unter Beachtung der Grundsätze ordnungsmäßiger Buchführung" aus § 264 Abs. 2 in den Lagebericht hinein fortgeschrieben würde (oben Rn 69). – Sollte der **Abschlussprüfer** eine solche informationelle Grunddivergenz zwischen Jahresabschluss und Lagebericht feststellen, muss er hierauf ggf. gegenüber Vorstand, Aufsichtsrat und Prüfungsausschuss nach Art. 7 Unterabs. 1 APVO[126] aktiv werden; darüber hinaus hat er nicht bloß im Prüfungsbericht an den Aufsichtsrat bzw. die Gesellschafter im Rahmen seiner Stellungnahme nach § 321 Abs. 1 S. 2 deutlich einzugehen, sondern zusätzlich und vor allem zu erwägen, ob er den Bestätigungsvermerk wegen seiner Einwendungen nach § 322 Abs. 4 einschränken oder gar versagen muss – es sei denn, die Geschäftsleitung bereinigt die informationelle Grund-

125 Zutr. schon *Dörner/Bischof* Aufstellung des Lageberichts S. 390; ähnlich *Küting/Hütten* AG 1997, 250, 253 sowie Baetge/Kirsch/Thiele/*Marten/Köhler/Neubeck* (Stand: 1.7.2019) § 317 HGB Rn 100.

126 Verordnung (EU) Nr. 537/2014 vom 16. April 2014, ABl. L 158/77.

divergenz zwischen Jahresabschluss und Lagebericht noch vor deren Vorlage an den Aufsichtsrat bzw. die Gesellschafter.[127]

c) Lagebericht und Ad-hoc-Meldung. Nach Art. 17 Abs. 1/7/8 der EU-Marktmissbrauchsverordnung[128] hat ein Emittent der Öffentlichkeit Insiderinformationen, die unmittelbar diesen Emittenten betreffen, unverzüglich bekannt zu machen. Bei der Gestaltung dieser kapitalmarktrechtlichen Informationspflicht hat der europäische Gesetzgeber ausweislich der Erwägungsgründe 14 ff zur Verordnung sich nicht im geringsten an den bilanzrechtlichen Informationsinstrumenten Jahres- und Lagebericht orientiert, wie dies noch der deutsche Gesetzgeber bei der Vorläuferregelung des § 15 Abs. 1 S. WpHG a. F. getan hatte (4. Aufl. Rn 42). Die kapitalmarktrechtliche ad hoc-Information, ihre Voraussetzungen, ihr Gegenstand und ihr Umfang sind eigenständig nach europäischem Kapitalmarktrecht zu bestimmen. Zum Verständnis des bilanzrechtlichen Lageberichts trägt die Informationspflicht nach der Marktmissbrauchsverordnung daher nichts bei. 73

III. Berichtsadressaten und Funktionen

Nach Art. 30 Abs. 1 der EU-Bilanzrichtlinie 2013 sind der testierte Jahresabschluss samt Lagebericht und Prüferbericht zu diesem zu veröffentlichen. Diese Vorgabe ist in § 325 umgesetzt worden; von der europarechtlich in Art. 31 Abs. 1 eingeräumten Möglichkeit, kleinen (und Kleinst-)Unternehmen die Veröffentlichung dadurch zu erleichtern, dass sie bloß die Bilanz öffentlich zugänglich machen (Staatenwahlrecht), hat der deutsche Gesetzgeber in § 326 Gebrauch gemacht.[129] Aber darüber, welchen Personen und Institutionen diese Veröffentlichung zugutekommen, wer dadurch informiert werden soll, verhalten sich weder das Handelsgesetzbuch, noch die EU-Bilanzrichtlinie nach ihrem Normtext ausdrücklich. Allerdings erlauben die Erwägungsgründe zur EU-Bilanzrichtlinie 2013 im Gegensatz zu denen für die ursprüngliche 4. Bilanzrichtlinie von 1978 näheren Aufschluss. Nach Erwägungsgrund 3 geht es dem europäischen Gesetzgeber mit der Koordinierung der einzelstaatlichen Vorschriften zur Rechnungslegung um den Schutz von Aktionären, Gesellschaftern und Dritten. Mit diesen Adressaten nimmt die Richtlinie direkten Bezug zu ihrer Ermächtigungsgrundlage in Art. 50 Abs. 2 lit. g AEUV, in der die Gesellschafter und Dritte genannt sind. In Erwägungsgrund 4 wird zudem als Ziel der Jahresabschlüsse beschrieben, die Anleger auf Kapitalmärkten zu informieren. Wegen dieser Übereinstimmung zwischen Richtlinie und AEUV kann für die Benennung der Rechnungslegungs-Adressaten auf die Rechtsprechung des Europäischen Gerichtshofs zum mit Art. 50 Abs. 2 lit. g AUEV (nahezu) textidentischen Art. 54 Abs. 3 in der ursprünglichen Fassung zurückgegriffen werden. In seiner „Daihatsu"-Entscheidung hatte der Gerichtshof die „Dritten" dahin konkretisiert, zu ihnen zähle **jede an Informationen interessierte Person**[130] und nicht etwa allein die Gesellschaftsgläubiger; denn Art. 54 Abs. 3 lit. g EWG-Vertrag unterscheide nicht zwischen verschiedenen Gruppen von Dritten und schließe auch keine Gruppe aus. Diese Interpretation des Europäischen Gerichthofs soll nach dem offenbaren Willen des Unionsgesetzgebers in gleicher Weise für die EU-Bilanzrichtlinie 2013 gelten. 74

---

127 Zu der Haftung für die unzutreffende Erteilung des Bestätigungsvermerks s. BGH NZG 2020, 1030, 1031 ff.

128 Verordnung (EU) Nr. 596/2014 vom 16. April 2014, ABl. L 173/1 mit Berichtigung ABl. 2016, L 348/83; zur kapitalmarktrechtlichen Ad-hoc-Publizität s. Baumbach/Hopt/*Kumpan*[40] Art. 17 MAR (MMVO) Rn 1 ff.

129 S. dazu Hachmeister/Kahle/Mock/Schüppen/*Zetzsche* § 326 HGB Rn 5; § 326 Abs. 2 in der neuen Fassung des DiRUG eröffnet Kleinstkapitalgesellschaften die Möglichkeit, den Publizitätsadressaten den Zugang über die Internetseite des Unternehmensregisters zu versperren; sie müssen sich kostenpflichtig Informationen über eine Fotokopie beschaffen (Begr. RegE DiRUG, BT-Drucks. 19/28177, S. 103).

130 EuGH NJW 1998, 129, 130 Rn 22.

1. Berichtsadressaten und Berichtsempfänger

75 Da mittelgroße und große Kapitalgesellschaften sowie börsennotierte (§ 267 Abs. 3 S. 2) ihren Lagebericht zum elektronischen Bundesanzeiger (künftig: zum Unternehmensregister, oben Rn 64) einreichen müssen (§ 325 Abs. 1 S. 2), steht er dort jedermann zur Einsichtnahme offen. Dies entspricht den Vorgaben aus dem Gemeinschaftsrecht (oben Rn 74). Adressat des Lageberichts ist mithin von Rechts wegen jedermann, der an der Rechnungslegung der Gesellschaft interessiert ist, ohne dass es auf die Berechtigung dieses Interesses ankäme. Berichtsadressaten sind daher sowohl diejenigen, die bereits mit der Gesellschaft (etwa als Aktionär, Kapitalanleger oder sonstiger Finanzier) in Beziehung, insbesondere in Geschäftsbeziehungen stehen, als auch jene anderen, die erwägen, mit der Gesellschaft in Beziehung zu treten und für ihre Entscheidung Informationen benötigen: potentielle Gläubiger[131] ebenso wie z. B. potentielle Arbeitnehmer. Zur Allgemeinheit als Berichtsadressat unten Rn 84 f.

76 Wenn es aber das Ziel der gemeinschaftsrechtlich normierten Rechnungslegung ist, den Kreis der Publizitätsadressaten sehr weit zu ziehen und keine Gruppe Informations-Interessierter auszugrenzen (oben Rn 74), so stände es im Widerspruch zu diesem Konzept, zwischen den Berichtsadressaten auf der einen Seite und bloßen Berichtsempfängern auf der anderen zu unterscheiden, die lediglich reflexiv an den Informationen aus der Rechnungslegung einschließlich des Lageberichts teilnehmen. Hinsichtlich der Rechnungslegung und des Zugangs zu ihren Informationen darf es keine hierarchisch abgestuften Zugangsbarrieren[132] geben; das verbietet das Unionsrecht.

77 Das an den nationalen Gesetzgeber gerichtete Verbot, informationelle Zugangssperren zu errichten, hindert diesen jedoch nicht, den Informations-Zugang zu verbessern und dabei zwischen bestimmten Gruppen von Dritten zu differenzieren. So handelte der deutsche Gesetzgeber durchaus Gemeinschaftsrechts-konform, als er den **Mitgliedern des Wirtschaftsausschusses und des Betriebsrates** nicht zumuten wollte, beim Handelsregister in die Unterlagen zur Rechnungslegung Einblick zu nehmen, sondern stattdessen die Geschäftsleitung, verpflichtete, Jahresabschluss und Lagebericht[133] dem Wirtschaftsausschuss von sich aus vorzulegen und zu erläutern (§ 108 Abs. 5 BetrVG). Einzelne Arbeitnehmer dagegen bleiben auf die Einsicht beim elektronischen Bundesanzeiger (künftig: beim Unternehmensregister, oben Rn 64) verwiesen.[134]

2. Berichtsadressaten und inhaltliche Ausgestaltung des Lageberichts

78 Berichtsadressat ist jeder an Informationen über die Gesellschaft, an ihrem Geschäftsverlauf und ihrer Lage Interessierte (oben Rn 74). Daher richtet sich der Lagebericht an eine **Vielzahl von Adressaten**: innerhalb der Gesellschaft an die Gesellschafter,[135] Aktionäre[136] (oder Anle-

---

131 Sie sind in besonderem Maße informationsbedürftig; zutr. *Friedrich* BB 1990, 741, 744; *Jansen* Publizitätsverweigerung und Haftung in der GmbH (1999) S. 45 f; *Schulze-Osterloh* ZIP 1997, 2157; *Palmes* Lagebericht (2008) S. 186 f.

132 Hierin liegt die entscheidende Konsequenz der EuGH-Entscheide zur Publizität der Rechnungslegung, nicht in der Schutzbedürftigkeit (aA *Palmes* Lagebericht (2008) S. 227 ff in Übereinstimmung mit dem bilanzwissenschaftlichen Schrifttum); sogar dem Konkurrenten kann der Einblick in die zu veröffentlichende Rechnungslegung nicht mit der Begründung verwehrt werden, er sei nicht schutzbedürftig.

133 Die Vorlagepflicht erstreckt sich auf den Lagebericht: *Besgen* in: BeckOK Arbeitsrecht[59] § 108 BetrVG Rn 18; ebenso *Kania* in: Erfurter Kommentar zum Arbeitsrecht[21] § 108 BetrVG Rn 12; **aA** *Oetker*, NZA 2001, 689, 691 f.

134 Vgl. aber auch *Palmes* Lagebericht (2008) S. 197 ff zu dessen Verknüpfungen mit den arbeitsrechtlichen Berichtspflichten des Arbeitgebers.

135 Näher *Palmes* Lagebericht (2008) S. 128 f, m. w. N.

136 S. *Palmes* Lagebericht (2008) S. 135 ff m. w. N. als Instrument zur Sicherung der Mitgliedschaftsrechte in ihrer Ausübung sowie zur kollektiven Verwaltungskontrolle.

ger[137]) oder Genossen sowie an den Aufsichtsrat und seine Mitglieder;[138] außerhalb der Gesellschaft an die unterschiedlichen Gläubiger;[139] seien diese nun aktuelle oder auch nur potentielle: an (Finanz- oder Waren-) Kreditgeber, Lieferanten und Abnehmer, aber auch an die Arbeitnehmer und ihre Repräsentanten.

Die Tatsache, dass die publizierte Rechnungslegung samt Lagebericht als Informationsgrundlage zur Verfügung steht, hat der Gesetzgeber verschiedentlich aufgegriffen, um sie für **besondere Zwecke** fruchtbar zu machen. So gibt § 18 KWG den Kreditinstituten auf, Kredite in Höhe von mehr als 750 000 Euro (oder 10 Prozent des Eigenkapitals des Kreditinstituts) nur auszugeben, wenn das Institut sich zuvor die wirtschaftlichen Verhältnisse des Kreditnachfragers, insbesondere durch Vorlage der Jahresabschlüsse[140] hat offenlegen lassen. In vergleichbarer Weise hat der Gesetzgeber die handelsrechtliche Rechnungslegung genutzt, um gemäß § 108 Abs. 5 BetrVG Wirtschaftsausschuss und Betriebsrat über die Lage der Gesellschaft und den Verlauf ihrer Geschäfte zu informieren (oben Rn 77). **79**

Hinzuweisen ist in diesem Zusammenhang auf den **Halbjahresfinanzbericht** nach § 115 WpHG; danach haben Wertpapieremittenten, die Aktien oder Schuldtitel begeben für die ersten sechs Monate eines jeden Geschäftsjahres einen Zwischenbericht mit verkürztem Abschluss (§ 115 Abs. 3 WpHG) und kondensiertem Zwischenlagebericht (§ 115 Abs. 4 WpHG) zu erstatten. Auch in diesem Halbjahresfinanzbericht ist ein den tatsächlichen Verhältnissen entsprechendes Bild der Vermögens-, Finanz- und Ertragslage der Gesellschaft (arg. § 115 Abs. 3 S. 2 WpHG), ihres allgemeinen Geschäftsgangs und ihrer wesentlichen Risiken im kommenden Halbjahr zu vermitteln.[141] Für diesen Halbjahresfinanzbericht ist daher innerhalb der Gesellschaft auf dasselbe Datenmaterial zurückzugreifen, das jährlich ebenfalls für den Lagebericht aufbereitet werden muss. Damit ist die Lagebericht-Erstattung zugleich kapitalmarktrechtlich eingebunden; sie erfasst Anleger und Gläubiger deshalb nicht bloß individuell, sondern zugleich institutionell: eben vom Kapitalmarkt her. Indes – nicht mehr vom geltenden Recht ist die in der Betriebswirtschaftslehre verbreitete These gedeckt, der Lagebericht sei primär auf die Kapitalanleger ausgerichtet (s. oben Rn 58). **80**

Aus der Vielzahl der Berichtsadressaten (oben Rn 74) und aus der funktionalen Einbindung des Lageberichts in weiterreichende Funktionszusammenhänge folgt die **Rechtsfrage**, ob der Lagebericht seinem Inhalt nach auf diese Berichtsadressaten und ihre je unterschiedlichen Informationsbedürfnisse hin ausgerichtet werden muss oder ob es wenigstens bestimmte Adressatengruppe gibt, deren Interessen als Leitbild für die inhaltlichen Ausgestaltungs-Anforderungen des Lageberichts dienen; zu denken wäre dabei an die Gesellschafter und Anleger auf der einen Seite und die Gesellschaftsgläubiger auf der anderen. **81**

Aber für eine solche inhaltliche Ausrichtung des Lageberichts auf die Informationsinteressen aller oder auch nur bestimmter Gruppen von Berichtsadressaten liefert das Gemeinschaftsrecht weder in der Bilanzrichtlinie, noch in der EU-vertraglichen Ermächtigung nach Art. 50 Abs. 2 lit. g AEUV einen hinreichend festen Anhalt. Insofern hat das europäische Recht nicht die Richtungsdiskussion aufgegriffen, wie sie im Zusammenhang mit der Aktienrechtsreform 1965 geführt worden war: In ihr hatte man das bis dahin überkommene Bilanzrecht (wohl **82**

137 Zur Funktion des Lageberichts innerhalb der Finanzberichterstattung kapitalmarktorientierter Unternehmen *Palmes* Lagebericht (2008) S. 171.

138 Für den Aufsichtsrat ist der Lagebericht wegen der umfassenderen Vorstandsberichte nach § 90 AktG weniger Informationsinstrument als vielmehr Prüfungsgegenstand nach § 171 AktG, zutr. *Palmes* Lagebericht (2008) S. 120.

139 Eingehend zum informationellen Gläubigerschutz *Palmes* Lagebericht (2008) S. 190 ff.

140 Sie umfassen auch den Lagebericht: Boos/Fischer/Schulte-Mattler/*Bock*[5] KWG § 18 Rn 51, 53; allgemein zu den Kreditinstituts-bezogenen Informationspflichten: *Hütten* Geschäftsbericht S. 46 ff.

141 Zur Verbindungslinie zwischen der handelsrechtlichen Rechnungslegung und der Zwischenberichterstattung nach dem Kapitalmarktrecht: *Hommelhoff* ZGR 2000, 748, 756 f m. w. N.

fälschlich)[142] als primär auf die Gesellschaftsgläubiger bezogen begriffen und deshalb um eine zweite Ausrichtung auf die Aktionäre ergänzen wollen.[143] Eine solche Konzentration auf diese beiden Gruppen lässt sich, wie der Europäische Gerichtshof zu Recht judiziert hat (oben Rn 74), aus dem Begriff der „Dritten" in Art. 50 Abs. 2 lit. g AEUV nicht herleiten.

83 Konsequent sind die der Rechnungslegung dienenden Informationen **nicht von den Bedürfnissen bestimmter Adressaten** her rechtlich konzipiert und angeordnet;[144] sondern von der rechnungslegungspflichtigen Gesellschaft her, wenn auch gewiss nicht ohne jede Rücksicht auf Informationsinteressen, die sich der europäische Richtliniengeber als typisch vorgestellt hat. Dies werden auf der einen Seite die Interessen der Anteilseigner und Anleger sowie auf der anderen die der stakeholder, insbesondere die der Kreditgläubiger sein.[145] Für die einzelnen Gruppen der Rechnungslegungs-Adressaten (und damit auch für die Adressaten des Lageberichts) bedeutet dies: Zwar sollen die im Lagebericht enthaltenen Informationen den Berichtsadressaten zugutekommen, so namentlich auch den Kapitalanlegern.[146] Aber dennoch müssen sie die in Jahresabschluss und Lagebericht enthaltenen Informationen so hinnehmen, wie sie ihnen nach dem Gesetz dargeboten werden und dargeboten werden dürfen; eine auf ihre besonderen Informationsinteressen hin zugeschnittene Ausgestaltung können sie von Gesetzes wegen grundsätzlich nicht verlangen, sondern nur auf der Grundlage einer konkreten Vereinbarung mit der Gesellschaft. Anders nur die Gesellschafter und Aktionäre: Sie können in Ausübung ihres individuellen Auskunftsrechts (§§ 51a GmbHG, 131 AktG) Zusatzinformationen zur Rechnungslegung verlangen[147] und überdies durch statutarische Vorgaben für eine noch informativere Ausgestaltung von Jahresabschluss und Lagebericht sorgen.[148] In Gesellschaften mit geschlossenem Gesellschafterkreis kommen namentlich statutarische Ausgestaltungsvorgaben für den Lagebericht in Betracht.[149]

3. Lagebericht-Erstattung und Informations-Interessen der Allgemeinheit

84 Da das Gemeinschaftsrecht die in der Rechnungslegung enthaltenen Informationen jeder interessierten Person zugänglich machen will,[150] ohne dass diese in irgendeiner Weise näher bestimmt oder eingegrenzt ist (oben Rn 74), können sich auch staatliche Stellen, die Wirtschaftspresse, Finanzintermediäre und Hochschullehrer dieser veröffentlichten Informationen zu ihren je eigenen Zwecken bedienen; die staatlichen Stellen etwa für statistische Zwecke, aber auch und vor allem für ihre Regional-, Struktur-, Arbeitsmarkt- und allgemeine Wirtschaftspolitik; die Hochschullehrer z. B. für Ausbildungszwecke.[151] So gesehen öffnet das Tatbestandsmerkmal „Dritte" in Art. 50 Abs. 2 lit. g AEUV neu die Rechnungslegung nicht nur gegenüber einer Vielzahl von Individuen, sondern auch gegenüber **Institutionen**: gegenüber dem Kapitalmarkt, gegenüber den Gebietskörperschaften, Regierungen und Universitäten – kurzum: gegenüber der

142 S. *Kleindiek* ZGR 1998, 466 mit Fazit S. 489; s. auch *Budde* FS Moxter (1994) S. 48 f; *Kropff* FS Baetge (1997) S. 68.
143 Grundlegend *Gessler* BB 1961, 417, 419.
144 So aber *Baetge/Fischer/Paskert* Lagebericht S. 11 f im Anschluss an *Moxter* FS Leffson (1976) S. 94 f.
145 S. auch *Baetge/Fischer/Paskert* Lagebericht S. 12.
146 Eingehend hierzu *Palmes* Lagebericht (2008) S. 181 ff.
147 Zur Verknüpfung dieser Informationskanäle *Hommelhoff* ZIP 1983, 383, 391 f.
148 Es sind dies Ergänzungen zum Gesetz im Sinne des § 23 Abs. 5 S. 2 AktG (dazu GroßkommAktG/*Röhricht/Schall*[5] § 23 Rn 245 f); zur Ergänzungs-Fähigkeit des Rechts der Rechnungslegung näher *Hartmann* Bilanzrecht S. 240 ff.
149 *Hartmann* Bilanzrecht S. 36 ff; *Hommelhoff/Priester* ZGR 1986, 463, 472 f.
150 EuGH, Slg. 1997, 6843, 6865 = ZIP 1997, 2155, 2156 – Daihatsu.
151 Der gemeinschaftsrechtlichen Dimension sind im „Heberger"-Fall weder der Bundesgerichtshof (BGH ZIP 1994, 650) noch das Bundesverfassungsgericht (GmbHR 1994, 477) gerecht geworden.

Allgemeinheit.[152] Zwar war diese bislang kein im Gemeinschaftsrecht angezielter Adressat der Rechnungslegung (s. aber oben Rn 32); aber dennoch ist das Regelungsprogramm der Gemeinschaft und in seiner Transformation auch das des deutschen Rechts zur Allgemeinheit hin geöffnet. Innerhalb der Rechnungslegung kommt dem Lagebericht dabei besondere Bedeutung zu: zum einen, weil seine Informationen nicht durch die „Grundsätze ordnungsmäßiger Buchführung“ verzerrt sind (oben Rn 57), und zum anderen, weil das Darstellungsniveau, ausgerichtet auf den verständigen Leser (oben Rn 64 f), es erlaubt, die Lageberichts-Informationen ohne sachverständige „Übersetzung“ selbst zur Kenntnis zu nehmen. Mithin ist der Lagebericht für die weiten Informationsinteressen der Allgemeinheit in herausragender Weise brauchbar.

Die Rechnungslegung nach dem Recht der Gemeinschaft ist demnach auch **gegenüber der Allgemeinheit geöffnet.**[153] Damit werden bruchlos jene Regelungsziele in das geltende Recht in Deutschland eingefügt, die seit der Verabschiedung des Publizitätsgesetzes 1969[154] die Rechnungslegung großer Unternehmen und Konzerne bestimmen: Ihre Bedeutung für die Allgemeinheit und deren Interessen an ihrem Wohl und Wehe macht ihre öffentliche Rechnungslegung unabhängig davon erforderlich, in welcher Rechtsform sie betrieben werden mit Ausnahme der Personenhandelsgesellschaften und Einzelkaufleute (oben Rn 17).[155] Soweit sie in einer Gesellschaftsform organisiert sind, die nun nach der Bilanzrichtlinie publizitätspflichtig ist, müssen sie (das betrifft vor allem die großen Gesellschaften mbH) nach handelsrechtlichen Regeln Rechnung legen und nicht etwa nach denen des Publizitätsgesetzes.[156] Das aber hat an dem Ziel einer Rechnungslegung auch im Allgemeininteresse nichts geändert; auch in dieser Richtung ist das Unionsrecht geöffnet. 85

IV. Allgemeiner Teil des Lageberichts-Rechts

Die Bestimmungen zum Lagebericht in § 289 sind vielfältig mit dem Recht der Rechnungslegung verbunden; deshalb finden sich Anordnungen zu diesem Bericht auch an anderen Stellen – so etwa zur Aufstellungspflicht in § 264 Abs. 1 S. 1 oder zu den Aufstellungsprinzipien in §§ 243 Abs. 2, 244 (unten Rn 108 ff). In ihrer Gesamtheit bilden diese Vorgaben außerhalb des § 289 den Allgemeinen Teil des Lageberichts-Rechts, während § 289 den besonderen Teil dieses Rechts inhaltlich auffächert und konkretisiert. 86

1. Die für die Berichtspflicht Verantwortlichen

a) Vorstand und Geschäftsführung. Die gesetzlichen Vertreter der Kapitalgesellschaft sind nach § 264 Abs. 1 S. 1 verpflichtet, den Lagebericht aufzustellen. Diese Aufgabenzuweisung kann sich in einer Aktiengesellschaft auf den Vorstand als gesetzliches Vertretungsorgan beziehen oder aber auf die einzelnen Mitglieder des Vertretungsorgans, also die Vorstandsmitglieder; der Gesetzeswortlaut ist insoweit unergiebig. Die EU-Bilanzrichtlinie erlaubt keinen näheren Aufschluss, weil sie allein auf die Unternehmen, d. h. auf die Gesellschaften abstellt, deren organisatorische Binnenstruktur hingegen nicht anspricht. Aus der Gesetzgebungsgeschichte des deutschen Bilanzrichtliniengesetzes und aus der Systematik im Dritten Buch des HGB folgt jedoch, dass die Aufstellung der Rechnungslegung und somit zugleich die des Lageberichts dem Vertretungsorgan 87

---

152 *Störk* WP-Handbuch (2019) Abschn. F Rn 1358 spricht von „Öffentlichkeit“.

153 Tendenziell enger *Baetge/Fischer/Paskert* Lagebericht S. 11: die Öffentlichkeit zählt nicht zu den Adressaten des Lageberichts; s. auch *Stobbe* BB 1988, 303, 305.

154 Gesetz vom 15. August 1969, BGBl. I S. 1189; BGBl. 1970 I S. 1113.

155 Zum ganzen näher ADS VorPublG Rn 2; *Baetge/Kirsch/Thiele* Bilanzen (15. Aufl.) S. 47 f; *Rittner* Wirtschaftsrecht[2] (1987) S. 147 ff; *Schäfer* PublG (2016) Einleitung Rn 6.

156 S. RegE Bilanzrichtlinie-Gesetz, BT-Drucks. 10/317, S. 70.

zugewiesen ist: in der Aktiengesellschaft dem Vorstand und in Gesellschaften mbH den Geschäftsführern in ihrer organschaftlichen Zusammenfassung, also der **Geschäftsleitung**. Denn nach dem Regierungsentwurf des Bilanzrichtlinien-Gesetzes sah dessen § 148 AktGE vor, der Vorstand habe Jahresabschluss und Lagebericht aufzustellen – eine Aufgabenzuweisung, wie sie in § 336 Abs. 1 klar und eindeutig für den Vorstand einer Genossenschaft beibehalten worden ist. Diese Organkompetenz ist in § 264 Abs. 1 S. 1 mit dem „gesetzlichen Vertreter" nur deshalb generalisiert worden, weil der Bundestags-Rechtsausschuss die für Aktiengesellschaften und Gesellschaften mbH übereinstimmend geltenden Regeln ins HGB überführt und dort zusammengefasst hat; am Organbezug der Aufstellungspflicht hat der Gesetzgeber jedoch nichts ändern wollen.

88 Für die Aufstellung des Lageberichts und die Erledigung dieser Aufgabe **innerhalb des Vertretungsorgans** ergeben sich aus dem Organbezug der Pflichtenzuweisung Konsequenzen: Da nicht jedes einzelne Vorstandsmitglied, nicht jeder Geschäftsführer in die Berichts-Aufstellung initiativ und aktiv gestaltend eingreifen muss, genügt es (in Anwendung der zu § 91 Abs. 1 AktG entwickelten Grundsätze[157]), wenn das Gesamtorgan seiner Verantwortung in der Weise nachkommt, dass einem Mitglied des Vertretungsorgans (in der Regel dem für die Rechnungslegung zuständigen) in der Organ-internen Geschäftsverteilung die Aufgabe zugewiesen wird, einen Text für den Lagebericht zu entwerfen. Dieser Textentwurf ist sodann im Gesamtorgan, also von allen Organmitgliedern in ihrer Gesamtverantwortung für die Rechnungslegung zu beraten sowie ggf. abzuändern oder zu ergänzen. Über die endgültige Textfassung des Lageberichts, wie er in prüfungspflichtigen Gesellschaften dem Abschlussprüfer, in nicht-prüfungspflichtigen dem Aufsichtsrat oder sogleich den Gesellschaftern zuzuleiten ist (§§ 320 Abs. 1, 170 Abs. 1 AktG, 42a Abs. 1 GmbHG), beschließt das Vertretungsorgan; erst mit diesem Beschluss ist der Lagebericht aufgestellt. Ob es hierbei der Zustimmung aller Organmitglieder bedarf oder lediglich einer wie auch immer definierten Mehrheit, richtet sich nach dem Organisationsrecht der konkreten Gesellschaft. Ohne nähere Bestimmung im Statut oder in der Geschäftsordnung des Vertretungsorgans entscheidet dies einstimmig.[158] Bei Mehrheitsentscheid (nach Gesellschaftsvertrag oder Geschäftsordnung) müssen jedoch überstimmte Organmitglieder dafür sorgen, dass inhaltlich gewichtige Divergenzen gegenüber dem verabschiedeten Text des Lageberichts in diesem als Mindermeinung verlautbart werden; zur Aufnahme dieser Divergenzen in den Lagebericht ist die Organmehrheit verpflichtet.[159]

89 Die Gesamtverantwortung des Organs und seiner sämtlichen Mitglieder in ihm unterstreicht § 289 Abs. 1 S. 5 HGB mit der Verpflichtung eines jeden Organmitglieds, den **Bilanzeid** nach näherer Vorgabe dieser Bestimmung bei Unterzeichnung der Rechnungslegung zum Abschluss ihrer Aufstellung zu leisten. Diese Verpflichtung trifft nicht allein das für die Rechnungslegung ressortmäßig zuständige Organmitglied, sondern ebenfalls die anderen, etwa den Marketing-Vorstand, wegen der Gesamtverantwortung für die Rechnungslegung.[160] Deshalb dürfen die Organmitglieder nicht blind der Vorlage des zuständigen Organmitglieds vertrauen, sondern müssen sich ein eigenverantwortliches Bild von der Rechnungslegung, insbesondere vom Lagebericht verschaffen, um diese Informationsinstrumente zumindest überschlägig zu prüfen.[161] Das gilt ebenfalls für das dissentierende Organmitglied.

90 **b) Aufsichtsrat.** Für Gesellschaften mit einem Aufsichtsrat, insbesondere für die mit einem Prüfungsausschuss (§ 107 Abs. 3 AktG) stellt sich die Frage, ob dieser lediglich Empfänger des

157 Dazu MünchKommAktG/*Spindler*[5] § 91 Rn 6 ff; *Grigoleit/Tomasic* in Grigoleit, AktG[2] § 91 Rn 3.

158 *Spindler* (Fn 157), § 77 AktG Rn 11; *Grigoleit* in: Grigoleit, AktG[2] § 77 Rn 4; Baumbach/Hueck/*Beurskens* GmbHG[22] § 37 Rn 12.

159 Zur vergleichbaren Rechtslage beim Vorstandsbericht nach § 90 AktG s. *Lutter* Information und Vertraulichkeit, 2. Aufl. 1984, S. 66; **aA** BeckOGK/*Fleischer* AktG (Stand: 15.1.2020) § 90 Rn 10.

160 *Fleischer*, ZIP 2007, 97, 100; ebenso Beck BilKomm-*Grottel*[12] § 289 HGB Rn 75.

161 So auch MünchKommBilR/*Kleindiek* § 289 HGB Rn 70; vgl. *Hahn* IRZ 2007, 375, 377.

Lageberichts oder weitergehend (zumindest in Aktiengesellschaften) für dessen Inhalt in der Weise mitverantwortlich ist, dass er ihn neben dem Vertretungsorgan „Vorstand" feststellen muss. Zwar spricht § 172 S. 1 AktG nur davon, dass der Aufsichtsrat den Jahresabschluss billige; damit könnte jedoch die Rechnungslegung insgesamt einschließlich des Lageberichts gemeint sein. Eine solche Mitverantwortung des Aufsichtsrats auf gleicher Ebene mit dem Vorstand und mit derselben Intensität lässt sich jedoch für den Lagebericht aus § 172 AktG nicht herleiten; die Mitverantwortung hier beschränkt sich auf die Bilanzpolitik, die im Jahresabschluss verfolgt werden soll,[162] und auf die Bildung oder Auflösung von Rücklagen (§ 58 Abs. 2 AktG), erstreckt sich jedoch nicht auf die Rechnungslegung und Information der Gesellschaft über deren Lage und den Gang ihrer Geschäfte. Folglich entscheidet über den Lagebericht und seinen Inhalt der Vorstand allein, so dass die Aufsichtsratsmitglieder konsequent auch zum Lagebericht keinen Bilanzeid zu leisten brauchen (arg. § 289 Abs. 1 S. 5).

Allerdings ist der Lagebericht Gegenstand **eigenständiger Pflichten des Aufsichtsrats**: Er hat u. a. den Lagebericht des Vorstands zu prüfen (§ 171 Abs. 1 AktG)[163] und hierüber den Aktionären in der Hauptversammlung schriftlich zu berichten (§ 171 Abs. 2 AktG).[164] Dieselben Pflichten treffen den obligatorischen Aufsichtsrat in der GmbH (§§ 25 Abs. 1 Nr. 2 MitbestG, 1 Abs. 1 Nr. 3 DrittelbG, 52 Abs. 1 GmbHG jeweils i. V. m. § 171 AktG). Deshalb darf es der Aufsichtsrat (ebenso wenig wie der Abschlussprüfer) dem Vorstand nicht unbeanstandet durchgehen lassen, wenn der Lagebericht große Verluste im operativen Geschäft der Gesellschaft verschweigt, selbst wenn Finanzanalysten aus dem Jahresabschluss, insbesondere aus dem Anhang die Besorgnis erregende wahre Lage der Gesellschaft sollen erschließen können. In diesem Falle muss der Aufsichtsrat auf Ergänzung und Korrektur des Lageberichts selbst dringen, bevor dieser den Aktionären oder Gesellschaftern und der allgemeinen Öffentlichkeit bekannt gemacht wird. Diese Korrekturpflicht folgt aus der eigenständigen Informationsfunktion des Lageberichts (oben Rn 12) und aus den besonderen Kenntnissen, die der Aufsichtsrat und seine Mitglieder aus den regelmäßigen Berichten des Vorstands (§ 90 Abs. 1, 2 AktG) erlangt haben. 91

c) Abschlussprüfer. In prüfungspflichtigen Gesellschaften, also in allen mittelgroßen und großen Kapitalgesellschaften (§ 316 Abs. 1 S. 1), in allen gemäß § 267 Abs. 3 S. 2 zum Kapitalmarkt hin orientierten Gesellschaften sowie in Genossenschaften (§ 53 GenG), haben Abschlussprüfer bzw. Prüfungsverband die Aufgabe zu prüfen, ob der Vorstand oder die Geschäftsführer (oben Rn 87 ff) ihrer Pflicht zur Rechnungslegung auch durch ordnungsgemäße Berichterstattung im Lagebericht nachgekommen sind (§ 317 Abs. 2). Speziell für den Lagebericht hat der Gesetzgeber im KonTraG das Prüfprogramm konzentriert und deutlich intensiviert.[165] Das soll nicht nur den Publizitätsadressaten zugutekommen (arg. § 322 Abs. 6), sondern auch und vor allem dem Aufsichtsrat; denn im an diesen adressierten Prüfungsbericht hat der Abschlussprüfer in seinem vorangestellten Prüferkommentar zum Lagebericht des Geschäftsleitungsorgans Stellung zu nehmen (§ 321 Abs. 1 S. 2 Hs. 2).[166] Sollte Anlass zu kritischen Anmerkungen des Abschlussprüfers bestehen, so werden diese an exponierter Stelle im Prüfungsbericht verlautbart.[167] Darüber 92

---

162 Vgl. BeckOGK/*Euler/Klein* AktG (Stand: 19.10.2020) § 171 Rn 48; MünchKommAktG/*Hennrichs/Pöschke*[4] § 172 Rn 6.

163 Hüffer/Koch AktG[14] § 171 Rn 2; MünchKommAktG/*Hennrichs/Pöschke*[4] § 171 Rn 54 ff; *Grigoleit/Zollner* in: Grigoleit, AktG[2] § 171 Rn 2.

164 Allgemein hierzu *Lutter/Krieger/Verse* Rechte und Pflichten des Aufsichtsrats[7] Rn 561 ff; vgl. auch BeckOGK/*Euler/Klein* AktG (Stand: 19.10.2020) § 171 Rn 79.

165 Die stärker Problem-orientierte Gesamtprüfung soll speziell bei der Prüfung des Lageberichts noch besser an die Erwartungen der Öffentlichkeit angepasst werden (Begr. RegE KonTraG, BT-Drucks. 13/9712 S. 26 f). Der in seiner Aussagekraft gesteigerte Lagebericht und seine intensivierte Prüfung stehen in funktionalem Zusammenhang.

166 Hierzu *Hommelhoff* BB 1998, 2567, 2570 ff.

167 Vgl. MünchKommHGB/*Ebke*[4] § 321 Rn 35; s. auch MünchKommBilR/*Bormann* § 321 HGB Rn 20.

hinaus muss der Abschlussprüfer sein Testat einschränken oder gar versagen, falls die Berichterstattung im Lagebericht nicht unerheblich zu beanstanden sein sollte (§ 322 Abs. 4 S. 1); der Vermerk des Abschlussprüfers darf dann nicht mehr als „Bestätigungsvermerk" bezeichnet werden (§ 322 Abs. 4 S. 2). Wegen der eigenständigen Funktion des Lageberichts innerhalb der Rechnungslegung (Zwei-Säulen-Modell, oben Rn 8 ff) kommt eine bloße Einschränkung des Testats nicht in Betracht, falls die Lagebericht-Erstattung unzureichend ist, insbesondere sich in nichtssagenden Leerformeln erschöpft; in solchen Fällen ist der Bestätigungsvermerk zu versagen.[168] Für alles Weitere und Nähere ist auf die Erläuterungen zu §§ 317, 322 zu verweisen.

2. Umfang des Lageberichtskreises

93 Der Lagebericht soll die Publizitätsadressaten, namentlich die Anteilsinhaber und die Gesellschaftsgläubiger, darüber informieren, was die Geschäftsleitung mit den ihr anvertrauten Ressourcen unternommen und für die Zukunft auf den Weg gebracht hat. Aus dem Blickwinkel der Kapitalanleger geschaut interessiert diese die Verwendung des zur Verfügung gestellten Kapitals, wo auch immer dies eingesetzt ist und in welchem Aggregatzustand es sich auch immer befinden mag: ob Maschinen damit erworben, Werbekampagnen betrieben, Schulden getilgt, in- oder ausländische Tochtergesellschaften etabliert oder strategische (Minderheits-) Beteiligungen erworben worden sind. Daher ist der **Lageberichtskreis in seinem Umfang** so weit zu ziehen, wie die Geschäftsleitung (angeleitet und zugleich begrenzt durch den statutarischen Unternehmensgegenstand ihrer Gesellschaft, §§ 23 Abs. 3 Nr. 2 AktG, 3 Abs. 1 Nr. 2 GmbHG)[169] mit den Ressourcen aktiv geworden ist oder aktiv zu werden unternommen hat.

94 **a) Kapitalgesellschaften.** Für Unternehmens-tragende Kapitalgesellschaften bezieht sich der Lageberichtskreis auf das gesamte Unternehmen der Gesellschaft mitsamt allen Betrieben, Zweigniederlassungen und sonstigen Organisationseinheiten, wo auch immer sie sich im **In- oder Ausland** befinden mögen. Dieser „Weltbezug" des Lageberichts folgt nicht nur aus der strukturellen Parallele zur weltweiten Öffnung des Konzernabschlusses gemäß § 294 Abs. 1,[170] sondern vor allem aus dem Ziel der Rechnungslegung, auch im Einzelabschluss und -lagebericht über Einsatz und Verwendung der zur Verfügung stehenden Ressourcen Rechenschaft ablegen zu lassen.[171] Mittelbare Bestätigung hat der „Weltbezug" des Lageberichts in § 289 Abs. 2 Nr. 3 für die Zweigniederlassungen gefunden: Wenn sich das Gesetz in Transformation des Art. 11 der Elften (Zweigniederlassungs-) Richtlinie[172] (heute Art. 19 Abs. 2 lit. d der EU-Bilanzrichtlinie) damit begnügt, die Angabe der bestehenden Zweigniederlassungen der Gesellschaft zu fordern (unten Rn 100 ff), so muss über die Aktivitäten der Zweigniederlassungen selbst schon im Lagebericht informiert werden; und da § 289 Abs. 2 Nr. 4 nicht zwischen in- und ausländischen Zweigniederlassungen unterscheidet, muss sich die Pflicht zur Lagebericht-Erstattung zugleich auf sämtliche Zweigniederlassungen im Ausland erstrecken – auch auf die in den Vereinigten Staaten oder in Fernost (näher unten Rn 100 ff).

168 Mehr hierzu MünchKommHGB/*Ebke*[4] § 322 Rn 45, 47.

169 Zur Steuerungsfunktion des statutarischen Unternehmensgegenstandes eingehend *Tieves* Der Unternehmensgegenstand der Kapitalgesellschaft (1998) S. 267 ff.

170 Damit ist das Dritte Buch des HGB in Umsetzung der 7. EG-Richtlinie über die Konzernrechnungslegung nach §§ 329 ff AktG 1965 hinausgegangen; diese erfasste nur die Gesellschaften mit Sitz im Inland (§ 329 Abs. 2 S. 1 AktG 1965).

171 *Kleindiek* ZGR 1998, 466, 467 f, 472 f.

172 RL 89/666/EWG vom 21. Dezember 1989, ABl. L 395/36.

b) Konzern. Sollte die zur Erstattung des Lageberichts verpflichtete Gesellschaft an der Spitze einer Unternehmensgruppe, eines Konzerns stehen, so sind in den (Einzel-) Lagebericht der konzernherrschenden Mutter grundsätzlich auch die Aktivitäten und Perspektiven der nachgeordneten Konzerntochter- und -enkelgesellschaften miteinzubeziehen. Denn über die gesellschaftsrechtliche Beteiligung der Muttergesellschaft sind diesen im Konzern nachgeordneten Gesellschaften Ressourcen der Mutter zugeflossen, über deren Verwendung und Ertrag die Muttergeschäftsleitung rechenschaftspflichtig ist. Außerdem hat die Tatsache, dass die Muttergesellschaft über den ihr nachgeordneten Konzernbereich grundsätzlich auch in ihrem eigenen Lagebericht informieren muss, Niederschlag in der Erleichterung nach §§ 315 Abs. 5, 298 Abs. 2 gefunden.[173] Danach darf die Muttergesellschaft den (Einzel-) **Lagebericht mit dem Konzernlagebericht zusammenfassen**. Auf diesem Wege sollten Wiederholungen vermieden werden: Was bereits im Lagebericht der Muttergesellschaft ausgeführt worden ist, soll nicht noch einmal im Konzernlagebericht wiederholt werden müssen.[174] Eine solche Wiederholungsgefahr besteht vor allem bei Angaben, die das eigene Unternehmen der Konzernmutter betreffen, wenn also der Konzern als Stammhaus-Konzern[175] organisiert ist. Aber hierauf ist die Zusammenfassungs-Ermächtigung in § 315 Abs. 5 nicht beschränkt. Solche Wiederholungsgefahren können folglich auch von anderen Konzerngesellschaften als der Mutter herrühren. Deshalb ist davon auszugehen, dass sich nach der Vorstellung des Gesetzgebers im (Einzel-) Lagebericht der Muttergesellschaft auch Aussagen zum nachgeordneten Konzernbereich finden (müssen). 95

Andererseits hat der Gesetzgeber in § 315 Abs. 5 der Muttergesellschaft nur ein Wahlrecht eingeräumt, hat also nicht von sich aus auf die Erstattung eines der beiden Lageberichte verzichtet. Vielmehr sieht der Gesetzgeber durchaus Sinn für einen Konzernlagebericht und daneben für einen (Einzel-) Lagebericht der Muttergesellschaft. Rechtsgrundsätzlich sind deshalb **beide Lageberichte in ihren Funktionen** gegeneinander abzugrenzen: Die Konzernrechnungslegung zielt darauf ab, die Vermögens-, Ertrags- und Finanzlage der in sie einbezogenen Unternehmen so darzustellen, als ob diese Unternehmen insgesamt ein einziges Unternehmen wären (arg. § 297 Abs. 3).[176] Zweck des Konzernlageberichts innerhalb der Konzernrechnungslegung ist es daher, das wirtschaftliche Gesamtgeschehen im Konzern verbal darzustellen; im Mittelpunkt des Konzernlageberichts steht die wirtschaftliche Einheit des Konzerns.[177] Demgegenüber reflektiert der (Einzel-) Lagebericht der Muttergesellschaft das Geschehen in den nachgeordneten Konzerngesellschaften ausschließlich aus Sicht der Mutter und auch nur insoweit, wie es erforderlich ist, um die (gegenüber dem Gesamtkonzern) eigenständige Lage der Mutter zu erkennen. Konsequent muss das Geschehen im nachgeordneten Konzernbereich auch nur insoweit im (Einzel-) Lagebericht der Konzernmutter berichtet werden, wie es sich auf deren Lage auswirken kann. Oder anders formuliert: Da die nachgeordneten Konzerngesellschaften keine rechtlich unselbständigen Zweigniederlassungen sind, ist über sie und das Geschehen in ihnen nicht mit derselben Intensität wie über rechtlich unselbständige Betriebsabteilungen im Lagebericht zu informieren. 96

Damit bleibt es bei der Aussage, dass auch die nachgeordneten Konzerngesellschaften in den Lageberichtskreis der Mutter einbezogen sind – allerdings nur grundsätzlich. Alles Weitere bestimmt sich nach der **konkreten Konzernbeziehung**: So ist das gesamte Konzerngeschehen im (Einzel-) Lagebericht der Mutter abzubilden, falls diese nur Einzelfunktionen in Tochtergesellschaften ausgelagert hat (etwa den Vertrieb in Ländervertriebsgesellschaften) und sie das gesamte Konzerngeschehen zentral aus der Konzernspitze heraus leitet und steuert. Dem ist der 97

173 Diese Regelung setzt Art. 29 Abs. 3 der EU-Bilanzrichtlinie um.

174 S. ADS § 315 Rn 32; Hachmeister/Kahle/Mock/Schüppen/*Dobler*² § 315 HGB Rn 64.

175 Zum Stammhaus-Konzern s. *Stephan* in: Lutter/Bayer (Hrsg.), Holding-Handbuch (6. Aufl. 2020) Rn 3.118.

176 Das Einheits-Postulat gilt über den Konzernabschluss hinaus auch für den Konzernlagebericht: ADS § 315 Rn 13; Hachmeister/Kahle/Mock/Schüppen/*Dobler*² § 315 HGB Rn 1; Beck BilKomm-*Grottel*¹² § 315 HGB Rn 51; Köln-Komm-RLR/*Claussen*/*Scherrer* § 315 Rn 10.

177 ADS § 315 Rn 12; MünchKommBilR/*Senger*/*Brune* § 315 HGB Rn 5.

Fall gleich zu erachten, dass die wirtschaftlichen Risiken oder gar die Haftungsrisiken aus dem nachgeordneten Bereich über einen Unternehmensvertrag (§ 302 Abs. 1 AktG) oder gar eine Eingliederung (§§ 322 Abs. 1, 324 Abs. 3 AktG) auf die Muttergesellschaft durchschlagen und deren Geschäftsleitung deshalb das Geschehen im nachgeordneten Bereich zum Eingriff bereit kontrollieren muss, damit sich die Tochter- und Enkelrisiken nicht unbeherrschbar entwickeln. – Anders hingegen in **Holding-Konzernen**, in denen die Risiken im nachgeordneten Bereich wirksam (durch rechtlich abgesicherte Dezentralität)[178] gegenüber ihrem Durchschlag auf die Ebene der Muttergesellschaft abgeschottet sind – insbesondere, wenn in multinational tätigen Konzernen mit diversifizierter Produktions- und Vertriebsstruktur[179] sich die Mutter auf die Festlegung der Geschäftsfelder, Besetzung von Führungspositionen und die Steuerung der Finanzflüsse innerhalb des Konzerns sowie auf seine Koordination beschränkt.[180] Hier hat der (Einzel-)Lagebericht der Muttergesellschaft lediglich die Aufgabe, über deren eigene Aktivitäten zu informieren; über die der nachgeordneten Tochter- und Enkelgesellschaften dagegen bloß insoweit, wie diese für das Lagebild der Muttergesellschaft bedeutsam sind. Das Gesamtgeschehen im Konzern muss seinen Niederschlag im Konzernlagebericht finden. In diese Grundstruktur haben allerdings der EuGH im Kartellrecht und in seinem Gefolge der deutsche Gesetzgeber im Wettbewerbsrecht und vereinzelt in anderen Rechtsgebieten Breschen geschlagen. Danach hat die Konzernmutter sogar in bloß faktischen Konzernverbindungen für das Verhalten der nachgeordneten Gesellschaften einzustehen.[181] Das muss sich auch im (Einzel-)Lagebericht der Mutter niederschlagen. – In den Lagebericht der Mutter verlagern sich die Informationen wiederum, wenn diese als geschäftsleitende Holding an der Spitze eines durchgehend **unternehmensvertraglich konzernierten Verbundes** steht (wie zB die Deutsche Bahn AG).

98 **c) Beteiligungen.** Die für den Konzern entwickelten Berichtsgrundsätze (oben Rn 95 ff) gelten im Ansatz ebenfalls für den Beteiligungsbesitz der lageberichtspflichtigen Gesellschaft: Grundsätzlich ist auch über Beteiligungsunternehmen zu berichten, aber nur insoweit, wie der (nach dem Unternehmensgegenstand der beteiligten Gesellschaft zulässige)[182] Beteiligungsbesitz und sein wirtschaftliches Schicksal für die Lage der beteiligten Gesellschaft und die Kenntnis von ihr bedeutsam sind. Sollte sich eine Versicherungsgesellschaft zu Zwecken der Kapitalanlage an einem Industrieunternehmen beteiligt haben, so interessieren für den Lagebericht der Versicherungsgesellschaft nur die Wertentwicklung der Beteiligung und deren Ertragspotential. Falls sich dagegen ein Automobilhersteller an einem anderen Hersteller beteiligt hat, um an dessen Erkenntnissen aus Forschung und Entwicklung teilzuhaben, so gewinnen allein diese für den Lagebericht der beteiligten Gesellschaft Bedeutung; insoweit ist das Beteiligungsunternehmen in deren Lageberichtskreis einzubeziehen.

99 **d) Teilfunktions-Träger.** Die für die Unternehmens-tragende Gesellschaft statuierten Berichtsgrundsätze (oben Rn 94) gelten in gleicher Weise für Gesellschaften, denen nach ihrem Unternehmensgegenstand unternehmerische Teilfunktionen zugewiesen sind – etwa der Vertrieb oder Forschung und Entwicklung. Hier umschließt der Lageberichtskreis alle unternehmerischen Aktivitäten dieser Gesellschaft (seien diese allein auf die Gruppe ausgerichtet, der diese Gesellschaft zugehört, oder zusätzlich auf außenstehende Dritte) einschließlich aller zur Ausfüllung dieser Aktivitäten bereitstehenden Ressourcen. Diese können auch in der Beteiligung an

178 Näher *Hommelhoff* FS Krieger (2020), S. 393 ff.
179 ADS § 315 Rn 12.
180 S. *Lutter/Bayer* in: Lutter/Bayer (Hrsg.) Holding-Handbuch[6] Rn 1.16 ff.
181 Dazu u. a. *Schweitzer/Woeste* in: Bergmann u. a. (Hrsg.), Vom Konzern zum Einheitsunternehmen (2020) S. 141 ff; vgl. auch den Konzernbegriff im § 2 Abs. 6 S. 3 Lieferkettengesetz (2021), BGBl. I S. 2959.
182 Hierzu *Tieves* Unternehmensgegenstand, S. 432 ff, 447 ff.

einem Gemeinschaftsunternehmen bestehen (so mag die Forschungs- und Entwicklungsgesellschaft an einem Gemeinschaftsunternehmen zur Erforschung von Werkstoffen beteiligt sein); dann ist dies Unternehmen in den Lageberichtskreis der Forschungs- und Entwicklungsgesellschaft miteinbezogen. Zu den Besonderheiten, die sich aus der Konzerneinbindung eines solchen Teilfunktions-Trägers ergeben können, unten Rn 104 f.

3. Zusatzinformationen zu Zweigniederlassungen (§ 289 Abs. 2 Nr. 3)

Nach § 289 Abs. 2 Nr. 3 soll der Lagebericht auch auf bestehende Zweigniederlassungen der Ge- 100
sellschaft eingehen. Diese Bestimmung wurzelt in Art. 11 der 11. (Zweigniederlassungs-)Richtlinie aus 1989[183] (jetzt Art. 19 Abs. 2 lit. d EU-Bilanzrichtlinie); sie soll den Publizitätsadressaten einen Überblick über die geographische Verbreitung der Gesellschaft gewähren und ihnen auf diesem Wege eine noch bessere Beurteilung der Unternehmenslage ermöglichen.[184] Da die Niederlassung ein rechtlich unselbständiger Bestandteil der Gesellschaft ist (zur Definition der Zweigniederlassung unten Rn 102), fließen die Aktivitäten der Zweigniederlassung und die ihr zugeordneten Ressourcen etc. bereits in den Bericht der Gesellschaft nach § 289 Abs. 1 ein (oben Rn 94); deshalb sind die Angaben, die nach Abs. 2 Nr. 3 zu erbringen sind, wenn die Gesellschaft eine oder mehrere Zweigniederlassungen, sei es im In- oder im Ausland,[185] hat, **Zusatzangaben**, zu denen die Gesellschaft nicht ohne weiteres nach Abs. 1 verpflichtet wäre.

Da es sich lediglich um Zusatzinformationen handelt, die zu den Zweigniederlassungen 101
geliefert werden müssen, sind nicht deren Aktivitäten etc. gesondert und eingehend zu behandeln, sondern lediglich insoweit, wie dies notwendig ist, um die geographische Verbreitung der Gesellschaft und das Gewicht ihrer Aktivitäten in den Zweigniederlassungen mit dem Ziel erkennen zu können, die Lage der Gesellschaft zu beurteilen; z. B.: die Gesellschaft betreibt ihre Geschäfte zu beträchtlichen Teilen in politisch instabilen Krisenregionen. Deshalb ist im Lagebericht aufzuführen, an welchen Orten im In- und Ausland Zweigniederlassungen der Gesellschaft bestehen und welche wesentlichen Veränderungen sich wegen Errichtung, Aufhebung, Sitzverlegung oder aus anderen Gründen gegenüber dem Vorjahr ergeben haben.[186] Um mögliche Auswirkungen einzelner Zweigniederlassungs-Aktivitäten auf die Lage der Gesellschaft beurteilen zu können, sind die Umsätze jener Zweigniederlassungen gesondert zu nennen, denen innerhalb der Gesamtumsätze der Gesellschaft (ggf. auch nur innerhalb eines Segmentes entspr. § 297 Abs. 1 S. 2) einiges Gewicht zukommt.[187] Bei einer größeren Zahl von (kleinen) Zweigniederlassungen gebieten es die Grundsätze der Wesentlichkeit und der Übersichtlichkeit des Lageberichts (unten entspr. Rn 114 und 116), diese nach Zahl und geographischer Verbreitung zusammengefasst darzustellen und nur für die wesentlichen Zweigniederlassungen den Ort zu nennen.[188]

Den **Begriff der Zweigniederlassung** definiert § 289 nicht; für seine Auslegung ist auf 102
Art. 11 der Zweigniederlassungs-Richtlinie (heute Art. 19 Abs. 2 lit. d EU-Bilanzrichtlinie) zurückzugreifen. Dessen Interpretation wird auf der Ebene des Gemeinschaftsrechts im Wege rechts-

---

183 Fn 172.

184 *Fey* DB 1994, 485; s. auch *ADS* § 289, 120; *Veit* BB 1997, 461; MünchKommHGB/*Lange*[4] § 289 Rn 111: daneben habe das Unterlaufen nationaler Publizitätsvorschriften durch ausländische Gesellschaften mittels Zweigniederlassungen verhindert werden sollen.

185 *Seibert* DB 1993, 1705, 1707; s. auch *Fey* DB 1994, 485, 486; MünchKommHGB/*Lange*[4] § 289 Rn 113.

186 *Fey* DB 1994, 485, 486 – freilich gebietet es der Informationszweck des Lageberichts nicht, zusätzlich die abweichende Firmierung der Zweigniederlassung in den Lagebericht aufzunehmen.

187 So MünchKommBilR/*Kleindiek* § 289 HGB Rn 96; ähnlich MünchKommHGB/*Lange*[4] § 289 Rn 115; **aA** *Fey* DB 1994, 485, 486: keinerlei (über Ort, abweichende Firmierung und mögliche Veränderung) hinausgehende Angaben.

188 Zutr. *Fey* DB 1994, 485, 486**; aA** *Hahnefeld* DStR 1993, 1596: jede Zweigniederlassung gesondert.

systematischer Auslegung wesentlich durch ein Urteil des Europäischen Gerichtshofs[189] bestimmt. Dies erging zwar zu einer Zuständigkeitsfrage, hat aber die Arbeiten an der Zweigniederlassungs-Richtlinie offenbar geleitet. Die einzelnen Merkmale der Zweigniederlassung nach Art. 11 der Richtlinie und konsequent nach § 289 Abs. 2 Nr. 3 stimmen im Wesentlichen mit denen überein, anhand derer die Zweigniederlassung im überkommenen deutschen Handels- und Gesellschaftsrecht definiert wird.[190]

4. Der Lageberichtskreis konzernabhängiger Gesellschaften

103 In nachgeordneten Konzerntochter- und Enkelgesellschaften bemisst sich deren Lage nicht allein nach ihren eigenständig errungenen Erfolgen auf den Märkten, sondern auch und nicht selten ganz vordringlich danach, welche Aufgaben und unternehmerischen Freiräume ihnen die konzernherrschende Mutter (im Abgleich mit den Tochtergeschäftsleitungen)[191] innerhalb der Unternehmensgruppe zuweist.[192] Konsequent muss der Lagebericht der einzelnen untergeordneten Konzerngliedgesellschaft als zentrales Instrument eingesetzt und ggf. im Wege Funktions-orientierter Interpretation ausgebaut werden, um die konzernspezifischen Zusatzinformationen, soweit nötig, dem Publizitätsadressaten der jeweiligen Konzerngliedgesellschaft zu vermitteln. Insoweit hat sich ihr Lagebericht an der Maxime auszurichten, dass die Publizitätsadressaten über Stellung und Funktionen der Gliedgesellschaft im Konzern umfassend und hinreichend differenziert zu informieren sind sowie über die konzerninternen Geschäftsbeziehungen im einzelnen.[193] Dabei kommt es nicht bloß auf die Vergangenheit der konzernabhängigen Gesellschaft an, sondern vor allem auf ihre Gegenwart und absehbar nähere Zukunft.

104 **a) Konzernspezifische Zusatzinformationen:** Für den Lagebericht einer konzernabhängigen Tochter- oder Enkelgesellschaft kommen diese (keineswegs abschließend aufgelisteten) Pflichtinformationen in Betracht: Identität der herrschenden Gesellschafter; Konzernorganigramm; Repräsentanten der konzernherrschenden Mutter in den Organen der nachgeordneten Gliedgesellschaft einschließlich der Doppelmandate; cash management; Konzernpolitik im Zusammenhang mit den eigenen Aktivitäten der Gliedgesellschaft einschließlich der für diese hieraus herrührenden Risiken; Geschäftschancen sowie ihre Beeinflussung durch die Konzernpolitik und durch die Aktivitäten anderer Konzerngliedgesellschaften; Konzern-spezifische Risiken namentlich aus Haftungs- und Risikoübernahmen für andere Konzerngliedgesellschaften; Devisenrisiken speziell im Zusammenhang mit den Konzernaktivitäten; preis- und personalpolitische Vorgaben der Konzernmutter.

105 Diese Konzern-spezifischen Zusatzinformationen im Lagebericht konzernabhängiger Gesellschaften und die Verpflichtung zu ihrer Erstattung hängen nicht davon ab, ob sich die Konzerntochter- oder -enkelgesellschaft im **Alleinbesitz** eines konzernherrschenden Unternehmens befindet oder in bloßem **Mehrheitsbesitz.**[194] Denn für die Gläubiger der konzernabhängigen Gesellschaft (sowie ihre sonstigen stakeholder als Publizitätsadressaten) und deren Möglichkeit, die aus der Geschäftsverbindung mit ihr herrührenden Risiken abzuschätzen, kommt es auf die Anteilsquote des herrschenden Unternehmens nicht an.

---

189 EuGH, Slg. 1978, 2183 = RIW 1979, 56.

190 Im einzelnen *Fey* DB 1994, 485, 486; so auch MünchKommHGB/*Lange*[4] § 289 Rn 114; vgl. Hüffer/Koch AktG[14] § 13 HGB Rn 4 f.

191 S. *Hommelhoff* FS Krieger (2020) S. 398 ff.

192 *Forum Europaeum Konzernrecht* ZGR 1998, 672, 699; zum folgenden s. auch schon *Hommelhoff* FS Großfeld (1999) S. 455 f sowie *Blaurock* FS Sandrock (2000) S. 83 ff, 85.

193 S. näher *Hommelhoff* FS Baums (2017), Bd. I, S. 597, 599 ff.

194 *Forum Europaeum Konzernrecht* ZGR 1998, 672, 702.

b) Informationsbeschaffung. Die Ausgangsinformationen, welche die Geschäftsleitung in der nachgeordneten Konzerngliedgesellschaft für die Konzern-spezifischen Zusatzinformationen im Lagebericht benötigt, muss sich die Geschäftsleitung von der konzernherrschenden Mutter und u. U. auch von anderen konzernverbundenen Unternehmen besorgen. Insoweit ist die Geschäftsleitung auf die freiwillige Mitwirkung der anderen Konzerngliedgesellschaften, insbesondere des konzernherrschenden Unternehmens angewiesen. Denn auf dem Boden des geltenden Rechts haben weder die konzernabhängige Gesellschaft, noch ihre Geschäftsleitung einen einklagbaren Anspruch gegen andere Konzernglieder auf Information.[195] 106

Sollten sich dagegen andere Konzerngliedgesellschaften, namentlich das konzernherrschende Unternehmen einer solchen Kooperation **versperren**, so muss die Geschäftsleitung der konzernabhängigen Gesellschaft hieraus in deren Lagebericht die notwendigen Konsequenzen ziehen: Die Ausgangsinformationen, die sie für ein Konzern-spezifisch geprägtes Lagebild ihrer Gesellschaft nach pflichtgemäßem Ermessen zu benötigen glaubt, die ihr aber dennoch verweigert worden sind, muss die Geschäftsleitung im Geschäftsbericht konkret unter Angabe der sich verweigernden Konzerngliedgesellschaft benennen; außerdem hat die Tochter- oder Enkelgesellschaft zu begründen, wo und inwieweit die Informationsverweigerung die Wahrheit des Lagebildes beeinträchtigen kann. – Da der Lagebericht Teil der im öffentlichen Interesse bestehenden Rechnungslegung und Publizität der konzernabhängigen Gesellschaft ist, kann das konzernherrschende Unternehmen sogar im **Vertragskonzern** der nachgeordneten Geschäftsleitung keine Weisung erteilen, wie diese im Lagebericht zu informieren habe. Der Inhalt des Lageberichts einschließlich seiner Konzern-spezifischen Zusatzinformationen liegt in der ausschließlichen Verantwortung der Geschäftsleitung in der nachgeordneten Konzerngliedgesellschaft (§§ 264 Abs. 1 S. 1, 331 Abs. 1 Nr. 1). 107

5. Allgemeine Berichtsgrundsätze (§ 289 Abs. 1)

a) Diskussion der Rechtsgrundlagen. Darüber, nach welchen **Leitprinzipien** der Lagebericht aufzustellen und die in ihm enthaltenen Informationen darzubieten sind, enthalten die Bilanzrichtlinie und auch § 289 keine ausdrücklichen Vorgaben. Damit fehlt eine Handlungsanweisung, wie sie noch § 160 Abs. 4 S. 1 AktG 1965 für den Inhalt des Geschäftsberichts statuiert hatte: „Der Bericht hat den Grundsätzen einer gewissenhaften und getreuen Rechenschaft zu entsprechen". Im Schrifttum war diese Handlungsanleitung unter Einbezug der dem Geschäftsbericht zugrundeliegenden Zwecke in eine Reihe konkreter Berichtsgrundsätze ausgemünzt worden[196]: Der Geschäftsbericht müsse wahr, vollständig, klar und deutlich sein. Von diesen Grundsätzen hat die Bilanzrichtlinie lediglich die der Klarheit und Übersichtlichkeit aufgegriffen (Art. 4 Abs. 2 der EU-Bilanzrichtlinie) und sie überdies auf den Jahresabschluss bezogen, also gerade nicht auf den Lagebericht. Konsequent spiegelbildlich die Regelungsstruktur im HGB: Der Jahresabschluss muss klar und übersichtlich sein (§ 243 Abs. 2). Für den Lagebericht und seine Ausgestaltungsprinzipien bleibt somit die Richtlinien-geprägte Gesetzeslage hinter der bis 1986 aktienrechtlich geprägten zurück. 108

195 Anders als BayObLG (NJW 1975, 740, 741) dies anzunehmen scheint, kann man aus dem Konzernbeherrschungsverhältnis allein keinen durchsetzbaren Informationsanspruch herleiten; ob die Diskussion um den sog. Konzerninformationsanspruch (*Schockenhoff* NZG 2020, 1001; s. aber auch *Hommelhoff* FS Krieger (2020), S. 402 m. w. N.) insoweit zu einer geänderten Rechtslage führen könnte, ist momentan nicht absehbar.

196 *Kropff* in: Geßler/Hefermehl/Eckart/Kropff, § 160 AktG Rn 10 ff; *ders.* BFuP 1980, 514, 417 f; s. auch KölnKomm-RLR/*Claussen* § 289 Rn 11; MünchKommBilR/*Kleindiek* § 289 HGB Rn 30 f; aus der betriebswirtschaftlichen Literatur *Störk* WP-Handbuch (2019) Abschnitt F Rn 1359.

109 Wenn auch im Schrifttum Einigkeit darüber besteht, dass die alten Berichtsgrundsätze der Wahrheit, Klarheit und Vollständigkeit unverändert für den Lagebericht nach § 289 fortgelten,[197] so wird dies Ergebnis doch auf **verschiedene Begründungsansätze** zurückgeführt. Nach der ersten Ansicht seien die genannten Berichtsgrundsätze aus der Generalnorm des § 264 Abs. 2 herzuleiten, da ihre Einhaltung Voraussetzung dafür sei, dass der Lagebericht ein den tatsächlichen Verhältnissen entsprechendes Lagebild vermittele.[198] Nach einer zweiten Lehre folge der Grundsatz der Klarheit und Übersichtlichkeit für den Lagebericht aus den Grundsätzen ordnungsgemäßer Bilanzierung und Rechenschaftslegung.[199] Ein dritter Begründungsansatz stützt sich schließlich auf den Gedanken, jegliche Informationsvermittlung beruhe auf den Prinzipien der Richtigkeit, Klarheit und Vollständigkeit und damit ebenfalls die Lagebericht-Erstattung.[200]

110 **Stellungnahme**: Aus der Generalklausel des § 264 Abs. 2 lassen sich die Begriffsgrundsätze für den Lagebericht aus Gründen des Unionsrechts nicht herleiten. Schon nach der Regelung in Art. 4 der EU-Bilanzrichtlinie bezieht sich die Zielvorgabe des den tatsächlichen Verhältnissen entsprechenden Lagebildes auf den Jahresabschluss und nicht auf den Lagebericht. Außerdem unterscheidet der Richtlinientext zwischen den Berichtsgrundsätzen der Klarheit und Übersichtlichkeit auf der einen Seite (Art. 4 Abs. 2) und dem wahren Lagebild auf der anderen (Art. 4 Abs. 3). Schließlich folgt aus der Reihenfolge der Rechtssätze das Verständnis des Richtliniengebers, nach dem die Prinzipien der Klarheit und Übersichtlichkeit nicht aus der Vorgabe eines wahren Lagebildes folgen. Konsequent taugt auch nicht § 264 Abs. 2 als normativer Ansatz für die Lageberichts-Grundsätze; hinzu kommt, dass die deutsche Generalklausel nicht auf das unverfälscht wahre Lagebild abzielt, sondern nur auf das Lagebild „unter Beachtung der Grundsätze ordnungsgemäßer Buchführung“. Deshalb liefe ein Rückgriff auf § 264 Abs. 2 Gefahr, auf dem Weg über die so radizierten Lageberichts-Grundsätze jene Informations-verzerrenden Impulse in den Lagebericht hineinzutragen, die das Rechenwerk des deutschen Jahresabschlusses prägen.[201] So wurde im betriebswirtschaftlichen Schrifttum als einer der Berichtsgrundsätze über den Lagebericht der Grundsatz der Vorsicht mit der Forderung präsentiert, einer zu optimistischen Darstellung im Lagebericht durch eine (in Zweifelsfällen) stärkere Gewichtung negativer Angaben vorzubeugen.[202] Das steht im Widerspruch zur Berichtswahrheit (unten Rn 115) und entmündigt den verständigen Adressaten des Lageberichts (oben Rn 65). Letztlich bedarf es des Rückgriffs auf § 264 Abs. 2 auch deshalb nicht, weil das wahre Lagebild dem Lagebericht bereits selbst und unmittelbar in § 289 Abs. 1 vorgegeben ist. – Ebenso wenig sind die Berichtsgrundsätze über den Lagebericht auf dem Weg über die Grundsätze ordnungsgemäßer Bilanzierung und Rechnungslegung zu erschließen; denn über die Grundsätze ordnungsgemäßer Lageberichterstattung (GoL)[203] würde die Primärverantwortung für die Interpretation des § 289 aus den Händen der Juristen, insbesondere der Gerichte in die der fachkundigen Rechnungsleger übergehen. Dafür bedarf es einer Freigabe durch den Gesetzgeber, wie zu DRS 20 (oben Rn 49) geschehen (arg. § 342), die aus rechtsstaatlichen Gründen besondere Voraussetzungen einhalten muss.[204]

---

197 *Biener/Berneke* Bilanzrichtlinien-Gesetz S. 276; KölnKomm-RLR/*Claussen* § 289 HGB, 11; Hachmeister/Kahle/Mock/Schüppen/*Mock*[2] § 289 Rn 16; Baumbach/Hopt/*Merkt*[40] § 289 HGB Rn 1.

198 S. KölnKomm-RLR/*Claussen* § 289 HGB Rn 11.

199 S. ADS § 289 Rn 38, wo aber sowohl die erstgenannte als auch die zweitgenannte Lehre vertreten wird.

200 *Leffson* Die Grundsätze ordnungsmäßiger Buchführung, 7. Aufl. 1987, S. 179; in diese Richtung auch Großkomm/*Pöschke*[6] § 243 HGB Rn 20.

201 Vgl. *Palmes* Lagebericht (2008), S. 241.

202 S. *Baetge/Fischer/Paskert* Lagebericht, S. 25 f; so noch *Baetge/Kirsch/Thiele* Bilanzen[8] S. 798; anders hingegen *Baetge/Kirsch/Thiele* Bilanzen[15] S. 740 ff, wo der Grundsatz der Vorsicht nicht mehr erwähnt wird.

203 *Baetge/Fischer/Paskert* Lagebericht, S. 16 ff.

204 Eingehend dazu *Schwab* BB 1999, 731, 783; s. auch *Hellermann* NZG 2000, 1097, 1102.

b) Die Rechtsgrundlage im allgemeinen Zivilrecht. In Deutschland findet sich die Rechtsgrundlage für die Grundsätze der Lagebericht-Erstattung im allgemeinen Zivilrecht: im auftragsrechtlichen Anspruch des Auftraggebers auf die erforderlichen Nachrichten (**§ 666 BGB**). Danach hat der Auftragnehmer alle dem Auftraggeber unbekannten Informationen zu eröffnen, die diesen in die Lage versetzen, seine Rechte wahrzunehmen, seine Pflichten zu erfüllen und sachgerechte Entscheidungen zu treffen.[205] Um diese Zwecke zu erfüllen, müssen die gewährten Informationen vollständig, richtig, verständlich und nachprüfbar sein.[206] Dies sind die Anforderungen, die nach allgemeinem Zivilrecht an Entscheidungs-notwendige (und nicht bloß -nützliche) Informationen gestellt werden müssen. Konsequent müssen auch die im Lagebericht nach § 289 zu vermittelnden Informationen wahr, klar, vollständig und nachprüfbar sein – letzteres allerdings nur, soweit dies auch nach den besonderen Zukunftsbezügen dieses Berichts möglich ist. So gesehen war im mittlerweile aufgehobenen § 160 Abs. 4 S. 1 AktG 1965 mit dem Postulat nach gewissenhafter und getreuer Rechenschaft nur ein zivilrechtliches Gebot ausformuliert, das letztlich in § 242 BGB wurzelt.[207] Dieser Zuordnung stehen[208] weder der zusätzliche Zukunftsbezug des Lageberichts noch seine Ausrichtung auch auf potentielle stakeholder entgegen. Der Lagebericht hat Rechenschafts- und zugleich weitergehende Informationsfunktion.[209] – Gemeinschaftsrechtliche Sätze, die einer solchen Rückbindung der Lageberichts-Grundsätze ins Zivilrecht entgegenstehen könnten, sind nicht ersichtlich. 111

c) Die Hauptprinzipien der Lagebericht-Erstattung. Mustert man vor diesem zivilrechtlichen Hintergrund die Lageberichts-Grundsätze durch, wie sie sich vor allem im Dialog zwischen Betriebswirtschaftslehre[210] und Prüfungspraxis herausgebildet und nun im Deutschen Rechnungslegungs Standard Nr. 20[211] ihren Niederschlag gefunden haben, so ist zu den dort aufgelisteten Berichtsgrundsätzen der Vollständigkeit, der Richtigkeit sowie der Klarheit und Übersichtlichkeit zu bemerken: 112

Nach dem Grundsatz der **Vollständigkeit** muss der Lagebericht sämtliche Informationen enthalten, die ein verständiger Berichtsleser benötigt, um die wirtschaftliche Gesamtlage der Gesellschaft und ihres Unternehmens beurteilen zu können, ihren Geschäftsverlauf im vergangenen Geschäftsjahr[212] sowie ihre absehbare künftige Entwicklung unter Einschluss der Chancen und Risiken. In dem so ausformulierten Vollständigkeits-Grundsatz stimmen die Vorgaben für die Prüfungspraxis mit den Anforderungen des Rechts überein. Denn eine mit Blick auf die Zielsetzungen des Lageberichts unvollständige Gesamtinformation würde die Entscheidungsgrundlagen des Berichtslesers aushöhlen. Wegen des Zwei-Säulen-Modells der Rechnungslegung (oben Rn 8 ff) bleibt freilich zu betonen, dass die so definierte Gesamtlage der Gesellschaft ohne Rückgriff auf Angaben im Jahresabschluss verständlich sein muss, um vollständig zu sein. Der Lagebericht muss aus sich heraus verständlich sein. Daher dürfen Angaben im Lagebericht nicht deshalb ausgespart bleiben, weil die Information bereits anderweit (etwa im Rahmen der kapitalmarktrechtlichen Berichterstattung nach § 115 WpHG oder Art. 17 MMVO) publiziert worden ist. Schließlich widerspricht es dem Vollständigkeits-Grundsatz, den Lagebericht bloß in 113

---

205 BeckOGK/*Riesenhuber* BGB (Stand: 1.11.2020) § 666 Rn 16.

206 RGZ 100, 150, 151 f; 127, 243, 244 f; MünchKommBGB/*Schäfer*[8] § 666 Rn 23; s. BeckOGK/*Riesenhuber* BGB (Stand: 1.11.2020) § 666 Rn 21: klar und verständlich; s. auch *Druey* Information als Gegenstand des Rechts (1995) S. 243 ff.

207 Ganz in diese Richtung auch schon LG Berlin AG 1997, 183, 185 – Brau und Brunnen.

208 Entgegen *Palmes* Lagebericht (2008), S. 185 f.

209 S. MünchKommHGB/*Lange*[4] § 289 Rn 7 m. w. N.

210 S. etwa *Baetge/Fischer/Paskert* Lagebericht, S. 16 ff; ADS § 289 Rn 29 ff; Beck BilKomm-*Grottel*[12] § 289 Rn 21 ff; *Stobbe* BB 1988, 303, 306.

211 DRS 20.12 ff; vgl. *Baetge/Kirsch/Thiele* Bilanzen[15] S. 741 ff.

212 Dazu können auch besondere Ereignisse wie staatsanwaltliche Ermittlungen gegen die Gesellschaft zählen; vgl. LG Berlin AG 1997, 183, 185 – Brau und Brunnen.

gekürzter Fassung zu veröffentlichen, seine authentische Fassung dagegen auf Abruf oder im Geschäftsbericht zur Verfügung zu stellen.

114 Da der Lagebericht die Entscheidungs-notwendigen Informationen über die wirtschaftliche Gesamtlage der Gesellschaft zu liefern hat, muss er sich auf die **wesentlichen** Aspekte konzentrieren (DRS 20.32) und darf sich nicht in einer unüberschaubaren Vielzahl ungewichteter Einzelpunkte erschöpfen.[213] Der Verzicht auf unwesentliche Details widerspricht nicht dem Vollständigkeitsgebot, ist vielmehr von Sinn und Zweck des Lageberichts gefordert. An welchen Stellen und mit welcher Intensität er in die Einzelheiten gehen muss, hängt von den konkreten Umständen der Gesellschaft, ihren Aktivitäten auf den verschiedenen Märkten einschließlich des Finanzmarktes, dem Geschäftsgang in seinem tatsächlichen Ablauf und von der künftigen Entwicklung samt ihrer absehbaren Chancen und Risiken im Einzelfall, aber auch von der momentanen Situation der Gesellschaft ab; so ist in Krisenzeiten (wie etwa den Corona-bedingten 2020/2021) oder in Zeiten allgemein angespannter Wirtschaftslage eine umfangreichere Berichterstattung erforderlich.[214] – Bei Gesellschaften mit ganz unterschiedlichen Aktivitätsbereichen, insbesondere bei diversifizierten Gesellschaften sind die Einzelbereiche je für sich im Lagebericht darzustellen, wenn sie sich in ihren Erfolgs- und Risikopotentialen deutlich voneinander unterscheiden.[215] Trotz der Ausrichtung an der wirtschaftlichen Gesamtlage darf der Lagebericht die unterschiedlichen Potentiale nicht nivellierend zusammenfassen; auch das wäre eine unvollständige Information für den Berichtsleser.[216] Diese Aufgliederung ist unabhängig davon vorzunehmen, ob in den Jahresabschluss ein Segmentbericht (§ 264 Abs. 1 S. 2 Hs. 2) aufgenommen ist. Sollte dies jedoch geschehen sein, so ist der segmentbezogenen Information dieselbe Segmentabgrenzung zugrunde zu legen wie im Jahresabschluss (DRS 20.27). – Allerdings kommt auch bei der Ausrichtung auf die konkreten Umstände eine solche auf die Informationsinteressen bestimmter Adressaten nicht in Betracht, da rechtlich der Lagebericht nicht von den Bedürfnissen bestimmter Adressaten und Adressatengruppen her konzipiert ist (oben Rn 83).

115 Ebenfalls in Übereinstimmung mit den rechtlichen Anforderungen steht der Grundsatz der **Richtigkeit** (der Wahrheit), wie er auch in DRS 20.19 niedergelegt ist: Die Tatsachenangaben müssen zutreffend und nachprüfbar sein,[217] die Annahmen im Lagebericht müssen plausibel und widerspruchsfrei gegenüber dem Jahresabschluss und den allgemein bekannten Wirtschaftstatsachen sein und schließlich müssen die im Lagebericht gezogenen Folgerungen schlüssig sein. – Aus diesen Einzelanforderungen folgt der Beurteilungsspielraum, welcher der Geschäftsleitung bei der Aufstellung des Lageberichts zukommt (so auch DRS 20.31).[218] Dieser Spielraum widerstreitet jedoch mitnichten dem Richtigkeitspostulat; denn für den Lagebericht kann es keine objektiv-absolute Wahrheit geben.[219]

---

213 Entgegen *Baetge/Kirsch/Thiele* Bilanzen[15] S. 742 hängt die Reduktion auf die wesentlichen Angaben nicht mit einem wie auch immer zu definierenden Wirtschaftlichkeitsgrundsatz zusammen, sondern folgt aus den rechtlich fixierten Zielen des Lageberichts.

214 Zutr. KölnKomm-RLR/*Claussen* § 289 HGB Rn 15; ADS § 289 Rn 41; MünchKommBilR/*Kleindiek* § 289 HGB Rn 34; zum ganzen auch *Sieben* FS Goerdeler, S. 588 f.

215 S. Beck BilKomm-*Grottel*[12] § 289 Rn 29, der dieses Erfordernis aus § 265 Abs. 4 HGB (analog) herleitet; **aA** *Dörner/Bischof* Aufstellung des Lageberichts, S. 379.

216 Zur „Tiefenschärfe" als Teilaspekt der Vollständigkeit: *Druey* Information als Gegenstand des Rechts, S. 244; ähnlich in Bezug auf die Prognoseberichterstattung MünchKommHGB/*Lange*[4] § 289 Rn 83.

217 S. ADS § 289 Rn 43. Unwahr ist eine Angabe etwa, wenn die Geschäftsleitung wider besseres Wissen die Lage der Gesellschaft als auskömmlich kennzeichnet, obwohl diese in einer Krise steckt.

218 Dieser Grundsatz wird als der Management Approach bezeichnet; mehr hierzu *Palmes* Lagebericht (2008), S. 111 ff; vgl. zum Management Approach im Kontext der Rechnungslegung nach IFRS *Kirsch/Koelen/Köhling* KoR 2010, 200.

219 S. *Druey* Information als Gegenstand des Rechts, S. 244; *Baetge/Fischer/Paskert* Lagebericht, S. 17.

Da der Lagebericht Entscheidungs-notwendige Informationen liefern soll, muss er im Interesse der Publizitätsadressaten **klar und übersichtlich** gestaltet werden.[220] Dazu gehört nicht nur ein logischer und nachvollziehbarer Gesamtaufbau des Berichts,[221] sondern auch und vor allem eine deutliche An- und Aussprache, die positive und negative Aspekte klar anspricht und gegeneinander abgrenzt (DRS 20.18/16) sowie die Probleme und Risiken nicht hinter diplomatisch-zarten Andeutungen verbirgt. Was der Gesetzgeber für den Prüfungsbericht fordert, nämlich die gebotene Klarheit (§ 321 Abs. 1 S. 2), gilt in grundsätzlich, wenn auch noch gesteigerter Weise für den an eine Vielzahl von Adressaten gerichteten Lagebericht. Da dieser mit den Berichten der Vorjahre und mit den nachfolgenden vor allem über die prognostischen Berichtsteile verknüpft ist, fordert DRS 20.26 zutreffend einen jahresperiodisch grundsätzlich stetigen Berichtsaufbau.[222] 116

Im betriebswirtschaftlichen Schrifttum werden noch **weitere Berichtsgrundsätze** präsentiert, so der der Informationsabstufung nach Art und Größe des Unternehmens und der Vorsichtsgrundsatz.[223] Während ersterer Teil des Vollständigkeitsgrundsatzes ist (oben Rn 113), widerstreitet letzterer dem Richtigkeitsgrundsatz (oben Rn 115), weil ihm die gefährliche Tendenz entspringt, Tatsachen verzerrt oder gar unzutreffend im Lagebericht anzugeben. Mithin verstößt ein wie auch immer näher konkretisierter Vorsichtsgrundsatz gegen die rechtlichen Anforderungen, die an die Lagebericht-Erstattung zu stellen sind. – Weitere Prinzipien als die genannten Hauptprinzipien der Vollständigkeit, Richtigkeit und Klarheit brauchen aus Rechtsgründen nicht eingehalten zu werden. 117

6. Publizität und Geheimhaltung (§ 286 analog?)

Anders als noch § 160 Abs. 4 S. 2 und 3 AktG 1965[224] für den vormaligen Geschäftsbericht enthält § 289 keine Schutzklausel: weder ein Geheimhaltungsgebot zugunsten der Bundesrepublik oder eines ihrer Länder, noch ein Geheimhaltungswahlrecht zugunsten der Gesellschaft oder eines dieser verbundenen Unternehmen. Dennoch wird auch für den Lagebericht verbreitet vertreten, in ihm könnten unter den aus dem alten Recht überkommenen Voraussetzungen ebenfalls Informationen ausgespart werden.[225] Zur Begründung stützt man sich, soweit rechtliche Argumente ins Feld geführt werden, vor allem auf rechtssystematische Erwägungen: Wenn § 286 für den Anhang das Unterlassen bestimmter Angaben ausdrücklich vorschreibe oder doch (innerhalb gewisser Grenzen und unter bestimmten Voraussetzungen) erlaube, dann wäre es wertungswidersprüchlich, wenn der Gesetzgeber für den Lagebericht die Veröffentlichung derselben Informationen anordnen würde. Deshalb sei § 286 auf den Lagebericht im Grundsatz entsprechend 118

---

220 Hierzu im einzelnen sowie zu möglichen Unterprinzipien (verständlich, genau, übersichtlich, vergleichbar) HdR-EA/*Kajüter* (Stand: Mai 2019), §§ 289, 289a–f HGB Rn 43 ff; s. auch KölnKomm-RLR/*Claussen* § 289 HGB Rn 13; ein Teil dieser Unterprinzipien sind nach dem hier eingenommenen Standpunkt Ausformungen der Vollständigkeit.

221 HdR-EA/*Kajüter* (Stand: Mai 2019), §§ 289, 289a–f HGB Rn 46.

222 *Baetge/Kirsch/Thiele* Bilanzen[15] S. 742 spricht insofern von „Vergleichbarkeit"; wie hier MünchKommBilR/*Kleindiek* § 289 HGB Rn 39.

223 S. (ein wenig relativierend) *Baetge/Fischer/Paskert* Lagebericht, S. 25 f; grundlegend und kritisch *Palmes* Lagebericht (2008), S. 243 ff.

224 S. KölnKommAktG/*Claussen*[1] (1985) § 160 Rn 80 ff; *Kropff* in: Geßler/Hefermehl/Eckardt/Kropff, § 160 AktG Rn 15 ff.

225 ADS § 289 Rn 54 (mit Einschränkungen); *Baetge/Fischer/Paskert* Lagebericht, S. 13 f; KölnKomm-RLR/*Claussen* § 289 Rn 14; Baumbach/Hopt/*Merkt*[40] § 289 HGB Rn 1; *Dörner/Bischof* Aufstellung des Lageberichts, S. 381 ff; *Störk* WP-Handbuch (2019), Abschnitt F, Rn 1364; *Lange* BB 1999, 2447, 1451 ff (mit Einschränkungen); Beck BilKomm-*Grottel*[12] § 289 HGB Rn 38 f (differenzierend und mit Einschränkungen); Beck-HdR/*Kirsch/Köhrmann/Huter* (Stand April 2018) B 500 Rn 66 f; s. auch schon *Kropff* BfuP 1980, 514, 521 f – **AA** (keine Schutzklausel): MünchKommBilR/*Kleindiek* § 289 HGB Rn 54 f; MünchKommHGB/*Lange*[4] § 289 Rn 54 f; *Küting/Hütten* AG 1997, 250, 255.

anzuwenden.[226] – Andere wollen vom Lagebericht eine rechtssystematische Brücke hinüber zum Auskunftsverweigerungsrecht aus § 131 Abs. 3 AktG schlagen.[227]

119 **a) Regelung des Gemeinschaftsrechts.** Für die Frage nach einem Nachteils-vermeidenden Diskretionsschutz ist wegen des Gebots Richtlinien-konformer Auslegung zunächst und vor allem auf das Unionsrecht zurückzugreifen: Ausgangspunkt für die Transformations-Bestimmung des § 286 sind in der EU-Bilanzrichtlinie die Regelungen in Art. 17 Abs. 1 lit. g Unterabs. 2 und Art. 18 Abs. 2; sie beziehen sich auf die Anhangsangaben aus Art. 17 und 18 in bemerkenswert differenziert-zurückhaltender Weise: Für mittlere und große Unternehmen einerseits sowie für große Unternehmen andererseits und für alle Unternehmen von öffentlichem Interesse gleichermaßen ist den Mitgliedstaaten die Wahl eröffnet, ob sie den Unternehmen differenziert erlauben wollen, auf bestimmte Anhangsangaben zu verzichten. Dann aber ist das Unterlassen dieser Angaben im Anhang zu erwähnen. – Damit enthalten schon die Art. 17/18 für den Anhang **keine generelle Schutzklausel** für sämtliche Informationen schlechthin, die der Kapitalgesellschaft zum Nachteil gereichen könnten, sondern bloß eine Schutzklausel für präzise benannte Anhangsangaben und erst recht keine Schutzklausel zugunsten der Mitgliedstaaten, wie sie sich bis 1986 in § 160 Abs. 4 S. 2 AktG 1965 fand.

120 Ebenso wenig lässt sich eine generelle Schutzklausel für den Lagebericht aus der neuen CSR-Schutzklausel in Art. 19a Abs. 1 Unterabs. 4 der EU-Bilanzrichtlinie herleiten. Abgesehen davon, dass die Schutzklausel nach ausdrücklicher Bestimmung nur in Ausnahmefällen in Betracht kommen soll, ist der Kreis möglicher Informationen, die nach mitgliedstaatlichem Entscheid sollen weggelassen werden können, eng begrenzt: Informationen über künftige Entwicklungen oder Belange, über die momentan Verhandlungen geführt werden. Damit scheidet bereits ein Verzicht auf Lageberichtsinformationen zur Vergangenheit und Gegenwart des Unternehmens aus. Schon das steht ebenfalls einer generellen Schutzklausel für den Lagebericht entgegen. – Zu den künftigen Chancen und Risiken im Lagebericht unten Rn 131 ff.

121 In Artt. 17 Abs. 1 lit. g Unterabs. 2, 18 Abs. 2 kommt das **Konzept der EU-Bilanzrichtlinie** zum Ausdruck, das für alle Kapitalgesellschaften geltende Prinzip öffentlicher Rechnungslegung nur eng begrenzt durch Erleichterungen und Freistellungen zu durchbrechen. Oder anders formuliert: Was der Richtliniengeber zur Veröffentlichung vorschreibt, muss veröffentlicht werden – es sei denn, er selbst statuiert hiervon einzelne Ausnahmen. Und diese Ausnahmen beziehen sich, wie die Erwägungsgründe zur Bilanzrichtlinie mehrfach belegen,[228] vor allem anderen auf die Gesellschaften mit geringer wirtschaftlicher und sozialer Bedeutung, also auf die kleinen und kleinsten Gesellschaften. Mit diesem Grundkonzept wäre eine breitflächig wirkende Schutzklausel zugunsten aller Informations-benachteiligten Kapitalgesellschaften schlechthin und zugunsten des Wohls von Mitgliedstaaten schlicht unvereinbar. Denn seine Erwägungsgründe zur Erleichterung und zum Schutz publizitätspflichtiger Kapitalgesellschaften hat der EU-Richtliniengeber in einer Vielzahl einzelner und sehr präzise gesetzter Richtlinienbestimmungen zum Ausdruck gebracht.

122 Für den Lagebericht folgt aus alledem auf der Ebene des Unionsrechts: Was der Richtliniengeber an Erleichterungen und Freistellungen beim Lagebericht hat gewähren wollen, ist in Art. 19 Abs. 3 präzise festgelegt: Wenn ein Mitgliedstaat von der unionsrechtlichen Ermächtigung Gebrauch macht, brauchen die in seinem Gebiet domizilierenden kleinen Kapitalgesellschaften keinen Lagebericht zu erstatten, müssen dann aber über die erworbenen eigenen Aktien im Anhang berichten. Mithin hat der Richtliniengeber sogar bei den kleinen Kapitalgesellschaften noch einmal deren Erleichterungs- und Diskretionsinteresse gezielt gegen die Grundidee der Veröffentlichung aller Unternehmensdaten abgewogen. Vor diesem Regelungshintergrund des Unionsrechts

---

226 Hachmeister/Kahle/Mock/Schüppen/*Mock*^{2} § 289 HGB Rn 31; *Baetge/Fischer/Paskert* Lagebericht S. 13 f.

227 *Dörner/Bischof* Aufstellung des Lageberichts, S. 382; Hachmeister/Kahle/Mock/Schüppen/*Mock*^{2} § 289 HGB Rn 31; **aA** *Lezius* in Ensthaler § 289 Rn 10.

228 S. Erwägungsgründe 10, 11 und 13 der EU-Bilanzrichtlinie.

verbietet sich die Annahme, der (eingegrenzte) Diskretionsschutz für die Anhangsangaben lasse sich auf den Lagebericht nach Art. 19 im Wege des Analogieschlusses übertragen. Erst recht **ausgeschlossen** ist der Gedanke eines **allgemeinen und unbegrenzten Diskretionsschutzes für den Lagebericht**, soweit die Kapitalgesellschaft durch Lageberichts-Informationen einen Nachteil erleiden oder das Wohl der Bundesrepublik oder eines ihrer Länder die Geheimhaltung erfordern könnte. Für eine so weite, rechtlich kaum steuerbare und deshalb in hohem Maße manipulationsanfällige Durchbrechung der Grundprinzipien öffentlicher Rechnungslegung ist im Konzept der Bilanzrichtlinie kein Raum. Hätte der Richtliniengeber sein Konzept so weitgehend zur Disposition der Mitgliedstaaten und der publizitätspflichtigen Gesellschaften stellen wollen, so hätte er dies innerhalb der Allgemeinen Vorschriften in Artt. 4–8 der EU-Bilanzrichtlinie getan; hierfür findet sich dort (und in den Erwägungsgründen) jedoch keinerlei Anhalt.

Allerdings strahlt der später in die EU-Bilanzrichtlinie eingeführte Art. 19a zu den nichtfi- **123**
nanziellen Informationen mit seiner Schutzklausel in Art. 19a Abs. 1 Unterabs. 4 (umgesetzt in § 289e,[229] s. unten § 289e Rn 1 ff) auf den Lagebericht aus, aber begrenzt auf dessen Angaben zur voraussichtlichen Entwicklung des Unternehmens nach Art. 19 Abs. 2 lit. a. Denn es wäre wertungswidersprüchlich, wenn den Unternehmen in der nichtfinanziellen Erklärung (innerhalb der Lageberichterstattung, Art. 19 Abs. 1) die Möglichkeit eröffnet werden könnte, Informationen über die künftige Entwicklung wegzulassen, nicht aber im übrigen Lagebericht. Einer solchen gekünstelten Trennung steht schon der Umstand entgegen, dass die künftige Entwicklung des Unternehmens im Nichtfinanziellen allzumeist mit der im Wirtschaftlich-Finanziellen eng verzahnt ist. Deshalb ist Art. 19a Abs. 1 Unterabs. 4 mit Art. 19 Abs. 2 lit. a in der Weise zu verknüpfen, dass die Unternehmensleitung Lageberichtsinformationen über die künftige Entwicklung aussparen kann, falls diese Informationen der Geschäftslage des Unternehmens ernsthaft schaden würden – dies allerdings bloß dann und auch nur insoweit, wie diese Auslassung nicht eine ausgewogene Lageeinschätzung nach näherer Bestimmung des Art. 19a Abs. 1 Unterabs. 4 verhindert. Hierin kommt der Vorrang, den der Unionsgesetzgeber dem Informationsinteresse der Publizitätsadressaten beimisst, zum Ausdruck. Im unternehmenspraktischen Ergebnis könnte dies letztlich zum Ausfall dieses Verweigerungsrechts führen (unten § 289e Rn 17 ff).

b) Konsequenzen für das deutsche Recht. Nationales Recht, insbesondere Richtlinien-trans- **124**
formierendes Nationalrecht ist Richtlinien-konform auszulegen (Art. 288 Unterabs. 3 AEUV).[230] Da die EU-Bilanzrichtlinie für den Lagebericht die Zurückhaltung von Informationen weder zum Wohl der Mitgliedsstaaten, noch die bei drohenden Nachteilen für die publizitätspflichtige Kapitalgesellschaft gebietet oder auch nur erlaubt, verstößt jede Interpretation des § 289 gegen das vorrangige Unionsrecht, welche eine Einschränkung der vorgegebenen Informationen (über Art. 19a Abs. 1 Unterabs. 4 hinaus, s. oben Rn 123) zur Folge hat. Deshalb verfängt weder das plakative Argument, es könne nicht nach § 289 geboten sein, was nach § 286 verboten ist,[231] noch der Gedanke, der Geschäftsleitung die Möglichkeit zu eröffnen, im Lagebericht all' das hintanzustellen, was sie auf Frage des Aktionärs diesem nach § 131 Abs. 3 AktG verweigern dürfte;[232] diese Bestimmung hat keine Wurzel im Unionsrecht.[233] Konsequent handeln die Mitglieder der Geschäftsleitung nicht pflichtwidrig, insbesondere verstoßen sie nicht gegen ihre Verschwiegen-

---

229 Zu den Voraussetzungen vgl. auch BeckOGK/*Kleindiek* HGB (Stand 15.11.2020) § 289e Rn 7 ff.

230 Allgemein zur Richtlinien-konformen Auslegung s. *Lutter/Bayer/Schmidt* Europäisches Unternehmens- und Kapitalmarktrecht (2018) S. 34 ff.

231 Oben Fn 226.

232 Oben Fn 227.

233 Zwar sieht Art. 31 Abs. 3 der 5. EG- (Struktur-) Richtlinie (s. KOM (72) 887 oder BT-Drucks. 7/363) eine § 131 Abs. 3 AktG grundsätzliche vergleichbare Schutzklausel vor; der Richtlinienvorschlag ist jedoch bis heute nicht vom EU-Ministerrat verabschiedet und mittlerweile durch das System der Corporate Governance Kodizes ersetzt worden (näher *Leyens* ZEuP 2016, 388, 398 f).

heitspflicht, wenn sie im Lagebericht, angehalten durch ihre Verpflichtung aus §§ 264 Abs. 1 S. 2, 289, Informationen darbieten, deren Veröffentlichung ihrer Gesellschaft zum Nachteil oder gar Schaden gereichen kann.

125 **c) Praktische Folgerungen.** Dass es für den Lagebericht keinen generellen Diskretionsschutz gibt, sollte in seinen rechtspraktischen Konsequenzen nicht überbewertet werden. Schon zum Staatsschutz nach § 286 Abs. 1 wurde vor Zeiten darauf hingewiesen, der Regelung dürfe kaum praktische Bedeutung zukommen;[234] und für die Kapitalgesellschaft selbst: Im Regelfall werde es nicht erforderlich sein, zur Lagedarstellung vertrauliche Informationen zu veröffentlichen oder Einzelangaben zu machen, die zu erheblichen Nachteilen für die Gesellschaft führen können.[235] Andererseits zwingt eine schlechte oder auch nur sich verschlechternde Lage der Gesellschaft zur vollständigen und richtigen Darstellung im Lagebericht sogar dann, wenn dadurch die Gefahr einer self-fulfilling prophecy heraufbeschworen wird und die Gesellschaft befürchten muss, dass (so informiert) Gläubiger, Kapitalanleger und andere mehr die in ihrem Interesse gebotenen Reaktionen zum Nachteil der Gesellschaft entfalten werden. Der Lagebericht kennt **keine generelle Schutzklausel** (oben Rn 122). Deshalb muss auch in diesem Falle die Lage der Gesellschaft ungeschminkt gezeichnet und darf sie nicht durch Verallgemeinerungen gestaltend geschönt werden;[236] ebenso wenig kommt eine zeitliche Verschiebung des Lageberichts in Betracht.

126 Im Gesetz findet sich zudem kein Anhalt dafür, Risiken für die Gesellschaft müssten erst dann im Lagebericht aufgedeckt werden, wenn sie nach ihrem Ausmaß oder ihrer Intensität **bestandsgefährdende Dimension** erreichten. Wenn nämlich schon zweifelhaft ist, ob Gesellschaften mit ausdrücklich vermerkter Bestandsgefährdung wirklich eine schlechtere Überlebenschance haben als unvermerkt gefährdete,[237] so stehen jedenfalls dem Diskretionsinteresse der Gesellschaft die nicht minder schutzwürdigen Belange und Interessen der aktuellen und potentiellen Gläubiger, der Kapitalanleger, Arbeitnehmer und sonstiger Publizitätsadressaten an unverfälschter Information über die wirtschaftliche Lage der Gesellschaft gegenüber.[238] Dieser Gegenbelange hatte sich der Gesetzgeber des KonTraG in besonderer Weise mit der Vorgabe in § 289 Abs. 1 Hs. 2 (nun erweitert in § 289 Abs. 1 S. 4) angenommen, im Lagebericht sei auch auf die *Risiken* der künftigen Entwicklung einzugehen[239] Hinzukommt der institutionelle Aspekt: Publizität ist eine der zentralen Grundlagen privatautonom-eigenverantwortlichen Handelns und damit der rechtlich geordneten Wirtschaftsverfassung insgesamt.[240] Ein Bilanzrecht, das es den Kapitalgesellschaften erlauben würde, ihre wirtschaftliche Gesamtlage zu verschleiern oder gar zu schönen, würde seine eigene Legitimität unterminieren.

7. Reaktionen und Sanktionen

127 Sollte die Geschäftsleitung ihren Informationspflichten aus § 289 überhaupt nicht oder zumindest nicht vollständig, richtig und klar (oben Rn 112 ff) nachkommen, so kann dies eine Vielzahl

234 *Biener/Berneke* Bilanzrichtlinien-Gesetz, S. 272.

235 ADS § 289 Rn 54; s. auch schon *Kropff* BFuP 1980, 514, 522 mit konkretem Beispiel.

236 *Lezius* in Ensthaler § 289 Rn 10; verfehlt daher *Dörner/Bischof* Aufstellung des Lageberichts, S. 382 f; gefährlich nachgiebig letzten Endes aber auch *Küting/Hütten* AG 1997, 250, 255 (sub IV aE).

237 Grünbuch der Europäischen Kommission: Rolle, Stellung und Haftung des Abschlussprüfers in der Europäischen Union, abgedruckt ua in: Wirtschaftsprüferkammer-Mitteilungen 1996, 279, 284 (Ziff. 3.19).

238 Überzeugend *Kropff* BFuP 1980, 514, 522.

239 Zutr *Baetge/Schulze* DB 1998, 937, 943.

240 *Nowotny* Funktion der Rechnungslegung im Handels- und Gesellschaftsrecht, 1987, S. 218 f; ausführlich auch *Merkt* Unternehmenspublizität (2001), S. 1 ff; für die USA s. *Hopt* ZGR 1980, 223, 235.

unterschiedlicher Reaktionen und Sanktionen nach Handels- und Gesellschaftsrecht, nach allgemeinem Zivil- und öffentlichem Recht, insbesondere nach Ordnungswidrigkeiten- oder sogar Strafrecht zur Folge haben. Aus dem Bereich des Handelsrechts kommen Reaktionen des Abschlussprüfers in Betracht (unten Rn 128 ff), aus dem des Gesellschaftsrechts stellen sich Fragen zur Abschlussfeststellung und zur Ergebnisverwendung (unten Rn 129 f). Im allgemeinen Zivilrecht geht es um mögliche Schadenersatzansprüche von Gesellschaftern und Dritten (unten Rn 131 ff). Ordnungswidrigkeitenrechtliche und strafrechtliche Sanktionen finden sich fein abgestuft im Handelsgesetzbuch selbst (unten Rn 133 f).

a) Reaktionen des Abschlussprüfers. Das Zentralproblem der deutschen Abschlussprüfung war bis zum KonTraG 1998 die „Erwartungslücke“[241]: Aus dem im Einklang mit den rechtlichen Vorgaben völlig uneingeschränkt erteilten Bestätigungsvermerk des Abschlussprüfers (§ 322) haben viele außenstehende Publizitätsadressaten den unzutreffenden Schluss auf eine fachmännische Überlebensgarantie für die Gesellschaft gezogen („gerad' testiert und schon falliert“). Dieser „Erwartungslücke“ hat das KonTraG vornehmlich mit einer durchgreifenden Reform der Lagebericht-Erstattung zu begegnen versucht[242]: Ausbau des Lageberichts (§ 289 Abs. 1 Hs. 2 a. F.), Ausbau und Verschärfung des Prüfungsauftrags an den Abschlussprüfer in Hinsicht auf die Lageberichte (§ 317 Abs. 2) und vor allem im an die allgemeine Öffentlichkeit gerichteten Bestätigungsvermerk eine gesonderte Prüfer-Äußerung zu den Lageberichten (§ 322 Abs. 3 a. F., jetzt Abs. 6) samt einem eigenen Kommentar des Abschlussprüfers zur Lagedarstellung der Geschäftsleitung; insbesondere muss dieser darauf eingehen, ob die Geschäftsleitung die Risiken der künftigen Entwicklung im Lagebericht zutreffend dargestellt hat (§ 322 Abs. 3 S. 2 a. F., jetzt Abs. 6 S. 2). Damit kommt dem Lagebericht auch im Prüfungsabschnitt des Rechnungslegungsprozesses zentrale Bedeutung zu. Dies bestätigt nicht nur ein weiteres Mal das oben (Rn 8 ff) entwickelte Zwei-Säulen-Modell, sondern wirkt sich zugleich auf die Reaktionen des Abschlussprüfers für den Fall aus, dass die Geschäftsleitung den Lagebericht nicht in Übereinstimmung mit den gesetzlichen Vorgaben aufgestellt haben sollte: 128

Sollte die Geschäftsleitung der Kapitalgesellschaft, obwohl diese *nicht* nach § 264 Abs. 1 S. 4 von der Aufstellung befreit ist, **keinen Lagebericht** aufgestellt haben, so ist der Bestätigungsvermerk nach § 322 Abs. 2 S. 1 Nr. 4 zu versagen, aber auf der Grundlage von Art. 28 Abs. 2 Unterabs. 1 lit. c der EU-Abschlussprüfer-Richtlinie entgegen der 4. Auflage (Rn 95) nicht als solcher zu verweigern. Zwar hat die Unternehmensleitung, die ohne den vorgeschriebenen Lagebericht Rechnung legt, dem Abschlussprüfer keine grundsätzlich prüfungsfähige Unterlage zur Verfügung gestellt. Damit ist der Abschlussprüfer außerstande, sein Prüfungsurteil so, wie in § 317 Abs. 1/2 angelegt, abzugeben. Der wegen des fehlenden Lageberichts versagte und nicht als Bestätigungsvermerk (§ 322 Abs. 4 S. 2) zu bezeichnende Vermerk führt nicht zur Nichtigkeit des Jahresabschlusses nach § 256 Abs. 1 AktG, weil diese Bestimmung den Lagebericht als gegenüber dem Abschluss eigenständigen Teil der Rechnungslegung nicht erfasst.[243] 129

Bei einem unvollständigen, ganz oder teilweise unrichtigen oder undeutlichen, also einem **mangelbehafteten Lagebericht** hängt es von Umfang und Gewicht sowie von den Auswirkungen des oder der Mängel im konkreten Einzelfall ab, ob der Abschlussprüfer dennoch ein uneingeschränktes Testat (ggf. mit Hinweis nach § 322 Abs. 3 S. 2) erteilen kann oder dies (mit Begründung, § 322 Abs. 4 S. 3) einschränken oder gar versagen muss. Zwar steht ein wegen des Lageberichts eingeschränkter oder versagter Vermerk weder der Feststellung des Jahresabschlusses entgegen (oben Rn 129), noch einem nachfolgenden Ergebnisverwendungsbe- 130

241 Zu ihr *Clemm* WPK-Mitteilungen 1995, 65; *Dörner* WPg 1995, 785; aber auch zum jüngsten FISG 2021 hat der *Arbeitskreis Bilanzrecht Hochschullehrer Rechtswissenschaft* BB 2020, 2731,2733 vor der Entstehung einer Erwartungslücke gewarnt.

242 Näher *Böcking/Orth* WPg 1998, 351, 358 f; *Hommelhoff/Mattheus* AG 1998, 248, 258 m. w. N.

243 OLG Dresden AG 2017, 482, 485; Hüffer/Koch AktG[14] § 256 Rn 8.

schluss.[244] In solchen Fällen jedoch muss die Geschäftsleitung damit rechnen, dass sowohl die Abschlussfeststellung als auch die Ergebnisverwendung mit der Begründung angegriffen werden könnten, für diese Entscheidungen habe der mangelhafte Lagebericht eine nur unzureichende Informationsgrundlage im Sinne des § 243 Abs. 4 AktG geliefert.

131 **b) Haftung auf Schadenersatz.** Geschäftsleiter, die ihrer Verpflichtung aus §§ 264 Abs. 1 S. 1, 289 nicht oder nur mangelhaft nachkommen, verletzen ihre Pflicht gegenüber der Gesellschaft und haften dieser ggf. nach § 43 Abs. 2 GmbHG, § 93 Abs. 2 AktG. In einem mehrköpfigen Geschäftsleitungsorgan sind nicht bloß die primär für die Rechnungslegung zuständigen Organmitglieder für den Lagebericht und seinen Inhalt verantwortlich, sondern sämtliche Mitglieder der Geschäftsleitung (oben Rn 87 ff),[245] also auch der Leiter der Produktion oder der der Forschung und Entwicklung. Denn die Rechnungslegung ist seit alters obligatorische Plenaraufgabe der Geschäftsleitung und eines jeden ihrer Mitglieder im öffentlichen Interesse. Das kommt klar im Wortlaut des § 264 Abs. 1 S. 1 („die gesetzlichen Vertreter") zum Ausdruck, ist durch den Bilanzeid verstärkend bestätigt worden (oben Rn 89) und gilt konsequent auch für den Lagebericht.

132 **Gegenüber den Publizitätsadressaten**, also gegenüber den Gesellschaftern und anderen außenstehenden Dritten (Gläubiger, Arbeitnehmer, Allgemeinheit) haften die Geschäftsleiter nach überwiegender,[246] wenn auch vereinzelt bestrittener Ansicht[247] nicht unmittelbar. Zwar dient die publizierte Rechnungslegung (und somit auch der Lagebericht) der Information des Rechtsverkehrs, namentlich der der aktuellen und potentiellen Gesellschaftsgläubiger. Aber die Vorschriften zur Rechnungslegung und zur Publizität erfüllen nicht die Voraussetzungen, die an ein Schutzgesetz im Sinne des § 823 Abs. 2 BGB zu stellen sind[248]: Sie stellen weder die Art ihrer Verletzung hinreichend klar und bestimmt fest, noch den Kreis der von ihnen geschützten Personen. Gerade der letzte Aspekt hat wegen des weiten Dritten-Begriffs im Schutzprogramm des Art. 50 Abs. 2 lit. g AEUV (oben Rn 84) besondere Bedeutung. – Etwas anderes gilt nur dann, wenn ein Geschäftsleiter den Lagebericht einem Gesellschaftsgläubiger **aus konkretem Anlass** mit Blick auf eine konkret anstehende Gläubiger-Disposition aushändigt und jener sodann im (über die bloße Aushändigung hinaus qualifiziert begründeten) **Vertrauen** auf den Inhalt des Lageberichts Vermögensdispositionen trifft, die zum Nachteil des Gesellschaftsgläubigers ausschlagen. In einem solchen Fall kommt neben einer Haftung der Gesellschaft aus culpa in contrahendo (§ 311 Abs. 2 BGB) zusätzlich eine Geschäftsleiter-Eigenhaftung wegen in Anspruch genommenen besonderen persönlichen Vertrauens in Betracht.[249] Daneben kann ein deliktischer Direktanspruch Dritter aus **§ 826 BGB** gegen Geschäftsleiter in Betracht kommen, wenn diese ihren Informationsaufgaben im Lagebericht nachlässig nachkommen und dabei eine

244 So schon zur Vorgängerbestimmung des § 167 AktG 1965 *Kropff* in: Geßler/Hefermehl/Eckardt/Kropff, § 167 AktG Rn 4; daran hat sich unter dem neuen Recht nichts geändert.

245 S. auch Beck BilKomm-*Störk/Schellhorn*[12] § 264 HGB Rn 12; Lutter/Hommelhoff/*Kleindiek*[20] § 42 GmbHG Rn 19; MünchKommHGB/*Reiner*[4] § 264 Rn 19.

246 Vgl. BGHZ 125, 366, 377 ff = NJW 1994, 1801, 1804; Lutter/Hommelhoff/*Kleindiek*[20] § 41 GmbHG Rn 4; *Meyer* in Scholz[12] (2020), § 41 GmbHG Rn 28; *Altmeppen* GmbHG[10] § 41 Rn 12; ohne nähere Begründung *Deussen* in BeckOK GmbHG (Stand: 1.11.2020) § 41 Rn 15.

247 S. MünchKommGmbHG/*Fleischer*[3] § 41 Rn 28 ff m. w. N.; ausführlich *Merkt* Unternehmenspublizität (2001), S. 249 ff.

248 BGHZ 125, 366, 379 = NJW 1994, 1801, 1804 unter Bezugnahme auf BGHZ 40, 306, 307 = NJW 1964, 396, 397; **aA** *Palmes* Lagebericht (2008) S. 257 ff m. w. N.

249 So auch Lutter/Hommelhoff/*Kleindiek*[20] § 41 GmbHG Rn 4; *Deussen* in BeckOK GmbHG (Stand 1.11.2020) § 41 Rn 15; einschränkend Scholz/*Meyer* GmbHG[12] § 41 Rn 25; zu dieser Art der Haftung s. auch Scholz/*Bitter* GmbHG[12] § 64 Rn 376.

Rücksichtslosigkeit offenbaren, die angesichts der Bedeutung, die den Informationen im Lagebericht für die Entscheidungen dieser Dritten beizulegen ist, als gewissenlos erscheinen.[250]

c) Öffentlich-rechtlich Sanktionen. Geschäftsleiter, die trotz Aufstellungs- und Offenlegungspflicht, keinen Lagebericht *publizieren*, können hierzu vom Registergericht durch Festsetzung eines **Ordnungsgeldes** in Höhe von max. 25.000 Euro (in kapitalmarktorientierten Unternehmen 10 Mio. Euro oder 5 % des Jahresumsatzes oder das Doppelte des gezogenen Vorteils) angehalten werden (§ 335 Abs. 1/Abs. 1a S. 1 Nr. 1). Daneben droht den Mitgliedern des Leitungsorgans ein persönliches Ordnungsgeld (§ 335 Abs. 1a S. 2). 133

Mit einer **Ordnungswidrigkeitenbuße** bis zur Höhe von 50.000 Euro (in kapitalmarktorientierten Unternehmen 10 Mio. Euro oder noch höher, § 334 Abs. 1 Nr. 3, Abs. 3/3a) kann ein Geschäftsleiter belegt werden, wenn er bei der *Aufstellung* des Lageberichts (einschließlich der nichtfinanziellen Erklärung, §§ 289b ff) einer Vorgabe über dessen Inhalt nach § 289 nicht nachkommt. 134

Strafbar macht sich der Geschäftsleiter, der die Gesellschaftsverhältnisse im Lagebericht unrichtig wiedergibt oder verschleiert (§ 331 Abs. 1 Nr. 1). Die Strafdrohung schneidet ein: Freiheitsstrafe bis zu drei Jahren oder Geldstrafe bei vorsätzlicher Falschinformation. Mit Blick auf den weit verbreiteten Irrtum über die angebliche Berechtigung, unter bestimmten Voraussetzungen Gesellschafts-nachteilige Informationen im Lagebericht unterlassen zu dürfen (Schutzklausel, oben Rn 118 ff), kommt diesem Straftatbestand herausragende Bedeutung für die Unternehmenspraxis zu. Denn zwar ist § 331 Abs. 1 Nr. 1 nach § 15 StGB Vorsatzdelikt; es genügt jedoch bedingter Vorsatz; immerhin ist beim Einzellagebericht, anders als beim Konzernlagebericht (§ 331 Abs. 2 i. V. m. Abs. 1 Nr. 3), die bloß leichtfertige Falschinformation nicht strafbar. Zu allem Weiteren s. die Erläuterungen zu § 331. 135

Ein unrichtiger **Bilanzeid** (oben Rn 23) wird neuestens verschärft pönalisiert: bei vorsätzlich unrichtiger Versicherung bis zu fünf Jahren Freiheitsstrafe oder Geldstrafe (§ 331a Abs. 1), bei lediglich leichtfertiger Falschinformation bis zu zwei Jahren Freiheitsstrafe oder Geldstrafe (§ 331a Abs. 2). 136

V. Integrierte Lageberichterstattung

Sämtliche in § 289 angesprochenen Angaben sind Pflichtangaben. Unabhängig davon, ob es sich um Angaben nach Abs. 1, 2, 3 oder 4 handelt, muss sich der Lagebericht zu ihnen äußern. Damit ist der nach dem früheren Wortlaut der Absätze 1 und 2 weit verbreitet verfochtenen Unterscheidung zwischen den Pflichtangaben nach Abs. 1 und den Sollensangaben nach Abs. 2 der Boden entzogen. Im Eingangssatz des Abs. 2 hat das BilRUG das bisherige „soll auch eingegangen werden" durch „ist auch einzugehen" ersetzt und ist damit dem Unionsgesetzgeber gefolgt, der in Art. 19 Abs. 2 EU-Bilanzrichtlinie 2013 den aus der 4. Bilanzrichtlinie 1978 überführten Art. 46 Abs. 2 umformuliert hatte: „Der Lagebericht enthält außerdem Angaben zu ...". Die Erwägungsgründe zur Richtlinie 2013 lassen nicht erkennen, was den Unionsgesetzgeber zu dieser Neuformulierung veranlasst hatte. Aber unabhängig davon bringt Art. 19 Abs. 2 der EU-Bilanzrichtlinie nun klar und eindeutig zum Ausdruck, wie der vormalige Art. 46 Abs. 2 entgegen verbreiteter Ansicht[251] immer schon zu verstehen war (dazu 4. Aufl. Rn 104). Mit der Neufassung des § 289 Abs. 2 hat auch der deutsche BilRUG-Gesetzgeber klarstellen wollen, die in dieser 137

250 Insofern kann für die berichtspflichtigen Geschäftsleiter nichts anderes gelten als für die Abschlussprüfer, die mit ihrem Testat deren Berichterstattung bestätigen; zur deliktischen Haftung der Prüfer BGH NZG 2020, 1030.

251 S. KölnKomm-RLR/*Claussen* § 289 HGB, 34; Baumbach/Hopt/*Merkt*[40] § 289 HGB Rn 2. Aus dem früheren Wortlaut wollten ADS § 289, 97 eine Ermächtigung an die Geschäftsleitung herleiten, bei den Berichtsgegenständen nach Abs. 2 vom Bericht abzusehen, wenn die Information mit Nachteilen für die Gesellschaft verbunden sei.

Bestimmung genannten Informationen seien künftig stets im Lagebericht zu liefern, soweit die entsprechenden Umstände vorlägen.[252]

1. Zur verfehlten Praxis konsekutiver Teilberichte

138 Allerdings prägt die vormalige Unterscheidung zwischen den Pflichtangaben des § 289 Abs. 1 und den Sollensangaben nach Abs. 2 unverändert die Praxis der Rechnungslegung und die der Abschlussprüfung, wie namentlich der Standard DRS 20 „Konzernlagebericht" des DRSC erweist. Sie trennt weiterhin zwischen den einzelnen Gegenständen der Lagebericht-Erstattung: Geschäftsverlauf, Lage, wesentliche Risiken der künftigen Entwicklung nach § 289 Abs. 1 sowie voraussichtliche Entwicklung, Forschung und Entwicklung, Zweigniederlassung nach § 289 Abs. 2. Mithin werden die einzelnen Berichtsteile konsekutiv aneinandergereiht und nacheinander mit möglichen Einzelberichtsteilen konkretisiert. Noch weiter die einzelnen Berichtsteile voneinander separierend und gegeneinander abgrenzend spricht man verbreitet vom Wirtschafts-, vom Prognose- und vom Forschungsbericht.[253] Eine solche Strukturierung in konsekutiv angeordneten Berichtsteilen widerspricht dem gesetzlichen Grundkonzept für die Lagebericht-Erstattung. Dazu näher:

139 Im Lagebericht sind der Geschäftsverlauf im vergangenen Geschäftsjahr mitsamt seinen Ergebnissen, die aktuelle Lage der Kapitalgesellschaft (§ 289 Abs. 1 S. 1), ihre voraussichtliche Entwicklung in der Zukunft darzustellen sowie zu beurteilen und zu erläutern (§ 289 Abs. 1 S. 4). Insbesondere dieser Zukunftsbezug des Lageberichts ist, weil für die Publizitätsadressaten als Entscheidungsgrundlage gewichtig bedeutsam, nach den Vorgaben aus § 289 weiter konkretisierend zu untermauern: durch Angabe der wesentlichen Chancen und Risiken mitsamt den ihnen zugrundeliegenden Annahmen des Vorstandes oder der Geschäftsleitung (Abs. 1 S. 4), durch Angabe der Finanzierungsinstrumente und der mit ihnen verbundenen (und im Einzelnen aufgelisteten) Finanzierungsrisiken nach Abs. 2 S. 1 Nr. 1 lit. b, durch Benennung der Ziele und Methoden, mithilfe derer diese Risiken gemanagt werden sollen (§ 289 Abs. 2 S. 1 Nr. 1 lit. a) sowie schließlich durch Angaben zur Forschung und Entwicklung der Kapitalgesellschaft (Abs. 2 S. 1 Nr. 2). Mit alledem soll diese sich samt ihren Ressourcen, Systemen und Aktivitäten, aber auch mit ihrer Position auf den verschiedenen Märkten in eben der Weise den Publizitätsadressaten präsentieren, dass auch und vor allem erkennbar wird, welche Leistungs- und Ertragspotentiale in der Zukunft zur Wirkung gelangen können. Daraus folgt: Schon der europäische Richtliniengeber und in seinem Gefolge dann auch der deutsche Gesetzgeber wollen keine abgesetzt eigenständigen Teilberichte, sondern eine Einbeziehung der Zukunftsaspekte bei jedem einzelnen Gegenstand des Lageberichts, soweit dieser Anlass gibt, zur voraussichtlich künftigen Entwicklung der Kapitalgesellschaft etwas zu verlautbaren. Die Entwicklung muss, soweit tatsächlich geboten, immer wieder und eng mit den Einzelangaben in der Lageberichts-Darstellung verknüpft werden.

140 Den Regelungen zum Lagebericht liegt daher das Konzept einer integrierten Gesamtregelung zur dynamischen Ausrichtung dieses Berichts zugrunde. Sie hat die Vorgabe einer integrierten Darstellung im Lagebericht zur Folge.[254] Deshalb sind die Einzelvorgaben in § 289 **funktional zusammenzufassen** und in dieser Zusammenfassung dann auch zu interpretieren: die Lagedarstellung nach § 289 Abs. 1 S. 1, die voraussichtliche Entwicklung der Kapitalgesellschaft mitsamt ihren wesentlichen Zukunftschancen und –risiken (§ 289 Abs. 1 S. 4), die in den Finanzinstrumenten angelegten Finanzierungsrisiken (§ 289 Abs. 2 S. 1 Nr. 1b) sowie die Forschungs- und Entwicklungsaktivitäten der Gesellschaft (§ 289 Abs. 2 S. 1 Nr. 2). Dagegen würde eine am

---

252 Begr. RegE BilRUG, Bundesrats-Drucks. 23/15, S. 84.

253 Vgl. *Störk* WP-Handbuch, 2019, Abschnitt F Rn 1368 ff, 1381 ff; *Baetge/Kirsch/Thiele* Bilanzen[15] S. 743 f.

254 So auch MünchKommBilR/*Kleindiek* § 289 HGB Rn 74; Hachmeister/Kahle/Mock/Schüppen/*Mock*[2] § 289, Rn 35; MünchKommHGB/*Lange*[4] § 289 Rn 97.

Normtext und seiner Abfolge der Einzelregelungen orientierte Lagedarstellung in mehrfacher Hinsicht Gefahren heraufbeschwören: Zum einen würde Zusammenhängendes, in Einzeldarstellungen zerlegt, zumindest die Lageberichts-Adressaten verwirren, wenn nicht gar zu Informationsverzerrungen führen; und zum anderen und vor allem verwässern zerlegte Einzeldarstellungen den dynamischen Zukunftsbezug des Lageberichts und nehmen ihm damit einen Teil seiner Bedeutung, die ihm innerhalb des Zwei-Säulen-Modells (oben Rn 8 ff) gerade im Interesse der Publizitätsadressaten, namentlich der auf den Kapitalmärkten zukommt. – Seine Fortsetzung hat das Konzept der integrierten Gesamtdarstellung über die §§ 289b ff in der integrierenden Zusammenfassung finanz-wirtschaftlicher Informationen mit nichtfinanziellen im Lagebericht gefunden (unten § 289b Rn 20).

Separate „Chancen- und Risikoberichte“ sowie „Zukunfts-“ oder „Prognoseberichte“ stehen mithin nicht im Einklang mit den unionsrechtlich geprägten (oben Rn 8 ff) Bestimmungen zum Lagebericht in § 289. Vielmehr sind die Chancen- und Risikofaktoren sowie Zukunftselemente in die Lagedarstellung harmonisch zu integrieren.[255] Eine solche Integration ist ebenfalls für die Zweigniederlassung der Gesellschaft (oben Rn 100 ff) sowie für den Bereich Forschung und Entwicklung (§ 289 Abs. 2 S. 1 Nr. 2) angezeigt. Denn gerade mit Blick auf das Leistungs- und Erfolgspotential der Gesellschaft in der Zukunft sind ihre Aktivitäten auf den Feldern Forschung und Entwicklung in aller Regel herausragend bedeutsam; in manchen Wirtschaftszweigen wie etwa der Pharmaindustrie hängt der Wert einer Kapitalgesellschaft und ihres Unternehmens nahezu ausschließlich von jenen Produkten ab, die die Gesellschaft künftig auf den Märkten wird anbieten können. 141

Die über die früher in § 289 Abs. 2 Nr. 1 a. F. angesprochenen Vorgänge von besonderer Bedeutung **nach Geschäftsjahresschluss**, in der Praxis üblich, aber verfehlt (oben Rn 138 ff) als „Nachtragsbericht“ gekennzeichnet, ist nunmehr im Anhang (§ 285 Nr. 33), also innerhalb des Jahresabschlusses zu berichten.[256] 142

2. Die Zukunftselemente innerhalb der Lagedarstellung (Abs. 1 S. 2, Abs. 2 S. 1 Nr. 1)

Der Lagebericht muss Aussagen zur voraussichtlichen Entwicklung der Gesellschaft sowie zu den wesentlichen Chancen und Risiken dieser künftigen Entwicklung (Abs. 1 S. 4) enthalten. Bei den Risiken ist gesondert über jene Risiken zu berichten, die aus bestimmten Finanzinstrumenten herrühren (Abs. 2 S. 1 Nr. 1, unten Rn 147 f). Da die künftige Entwicklung wesentlich von den Planungen und Vorhaben der Geschäftsleitung abhängt, stehen die hierauf bezogenen Aussagen im Lagebericht einer Aktiengesellschaft im engen Zusammenhang mit dem, was der Vorstand dem Aufsichtsrat nach § 90 Abs. 1 Nr. 1 AktG über die beabsichtigte Geschäftspolitik und andere grundsätzliche Fragen der Unternehmensplanung berichtet.[257] Auf eine hinreichende **Kohärenz zwischen Vorstandsbericht und Lagebericht** in diesem Bereich hat der Aufsichtsrat im Rahmen seiner Prüfung der Rechnungslegung (§ 171 Abs. 1 S. 1 AktG) zu achten. Entsprechendes gilt für Gesellschaften mbH.[258] **Inhaltliche Vorgaben** zu den Zukunftselementen im Lagebericht enthält das Gesetz wegen der Gesellschafts-individuellen Vielfalt aus guten Gründen nicht. Darstellungsziel ist es, die Berichtsadressaten über die Marktsituation, über die Leistungs- und Erfolgspotentiale der Gesellschaft sowie über ihren voraussichtlichen Fortbestand oder ihre voraussichtliche Veränderung (hinreichend substantiiert und differenziert) ins Bild zu setzen. Wie die Geschäftsleitung dies Darstellungsziel erreichen will, ist in ihr pflichtge- 143

255 AA MünchKommHGB/*Lange*[4] § 289 Rn 88, der beide Berichtsvarianten zulässt; s. aber Rn 97.

256 Diese Änderung geht auf die EU-Bilanzrichtlinie zurück: MünchKommHGB/*Poelzig*[4] § 285 Rn 476.

257 S. *Hommelhoff* BB 1998, 2567, 2571.

258 Zur Zuständigkeit für die Unternehmenspolitik Lutter/Hommelhoff/*Kleindiek*[20] § 37 GmbHG Rn 8; Scholz/*Uwe H. Schneider/Sven H. Schneider* GmbHG[12] § 37 Rn 11; MünchKommGmbHG/*Stephan/Tieves*[3] § 37 Rn 62 ff; s. auch *Altmeppen* in Roth/Altmeppen § 37 GmbHG, 21 f.

mäßes Ermessen gestellt.[259] Allerdings darf in der Darstellung nicht die Unsicherheit überspielt werden, die mit prognostischen Aussagen stets verbunden ist.[260] Trotz dieser Unsicherheit muss sich die Geschäftsleitung um möglichst realistische Annahmen bemühen und darf sich nicht von bloßen Wunschvorstellungen leiten lassen, darf umgekehrt aber auch nicht jede Aussage zu den Zukunftsaussichten verweigern, falls diese unabsehbar sind. Dann sind Alternativszenarien angezeigt.[261]

144 Integraler Bestandteil der Lageberichts-Aussagen zur voraussichtlich künftigen Entwicklung der Gesellschaft ist die **Einschätzung der Geschäftsleitung**, welche Chancen und Risiken für die Gesellschaft und ihr Unternehmen mit dieser Entwicklung verbunden sein können. Die Bedeutung dieser Vorgaben in § 289 Abs. 1 S. 4 liegt zum ersten darin, dass die Geschäftsleitung diese Chancen und Risiken erfassen muss; insofern ist diese Regelung mit dem Risikofrüherkennungssystem verbunden, das § 91 Abs. 2 AktG allen Aktiengesellschaften verbindlich vorgegeben hat,[262] und in Börsengesellschaften mit deren obligatorischen Risikomanagementsystem (§ 91 Abs. 3 AktG). Zum zweiten zwingt § 289 die Geschäftsleitung, die Chancen und Risiken einzuschätzen und zu bewerten. Und zum dritten schließlich sind die so erfassten und bewerteten Chancen und Risiken gegenüber den Publizitätsadressaten im Lagebericht zu verlautbaren. Die Geschäftsleitung darf also weder zu den Risiken vollständig schweigen, noch sie mit den Chancen der Gesellschaft in der Weise „saldieren", dass die Risiken im Lagebericht fortfallen oder auch nur bagatellisiert werden.[263] Die Chancen und Risiken sind je für sich zu erfassen, zu bewerten und darzustellen (vgl. DRS 20.167).

145 Gerade die Chancen- und Risiko-bezogenen Aussagen im Lagebericht haben für dessen **Adressaten** herausragende Bedeutung: für die Aktionäre und Gesellschafter bei ihren Entscheidungen über die Ergebnisverwendung und darüber, ob sie die Geschicke der Gesellschaft auch künftig denselben Leitern anvertrauen wollen (Entlastung), für die Kapitalanleger bei ihren Kauf- und Verkaufsentscheidungen sowie für die Geschäftspartner und Gläubiger der Gesellschaft bei ihrem Entscheid über die Begründung, Fortsetzung oder den Abbruch der Geschäftsbeziehung. Wegen dieser Zielsetzung der Risiko-Berichterstattung ist deren Gegenstand nicht das allgemeine Risiko unternehmerischer Betätigung; vielmehr kommt es betont auf die spezifischen Chancen und Risiken der konkreten Gesellschaft an: Die Berichtsadressaten sollen erkennen können, ob, wodurch und wie stark die Leistungs- und Erfolgspotentiale dieser Gesellschaft künftig gestärkt oder beeinträchtigt sein könnten. Deshalb muss über **alle Chancen und Risiken** berichtet werden, die wesentlichen Einfluss auf die Vermögens-, Finanz- und Ertragslage der Gesellschaft haben, und bei den Risiken nicht etwa bloß über Bestands-gefährdende.[264]

146 Zum **Zeithorizont** der Zukunftselemente trifft das Gesetz keine ausdrückliche Bestimmung. Vom Zweck der Berichtsaussagen her ist eine Erfassung der Entwicklung samt ihrer Chancen und Risiken bis zur Vorlage des nächsten Lageberichts und damit für das kommende Geschäftsjahr, das bei Vorlage des Berichts an die Publizitätsadressaten zudem schon weit vorangeschritten ist, das Minimum (s. DRS 20.127). Im Übrigen hängt es von der Gesellschaft und den Märkten ab, auf denen sie aktiv ist, für welchen weitergehenden Zeitraum über die voraussichtliche Entwicklung etc. zu berichten ist, damit die Publizitätsadressaten die notwendigen Entscheidungs-

---

259 ADS § 289 Rn 109; ähnlich in Bezug auf den Umfang der Berichterstattung MünchKommHGB/*Lange*[4] § 289 Rn 84.

260 ADS § 289 Rn 105.

261 OLG Frankfurt ZIP 2009, 2440, 2444; *Störk* WP-Handbuch (16. Aufl. 2019), Abschnitt F Rn 1388.

262 Hierzu u. a. *Hommelhoff/Mattheus* in: Dörner/Horvarth/Kagermann (Hrsg.), Praxis des Risikomanagements, 2000, S. 7 ff sowie *Seibert*, FS Bezzenberger (2000) S. 420 ff – jeweils mit Hinweisen auf zahlreiche weitere Veröffentlichungen; zur Erstreckung auf die GmbH s. *Hommelhoff* FS Sandrock (2000) S. 378 ff einerseits und *Altmeppen* ZGR 1999 300 f andererseits. Zum Meinungsstand ausführlich *Drygala/Drygala* ZIP 2000, 300 ff. S. auch die neuere Rechtsprechung hierzu: LG München I NZG 2014, 345.

263 So auch MünchKommHGB/*Lange*[4] § 289 Rn 83; Beck BilKomm-*Grottel*[12] § 315 HGB Rn 134.

264 Zutr Baumbach/Hopt/*Merkt*[40] § 289 HGB Rn 1.

grundlagen (oben Rn 145) erhalten. Das Institut der Wirtschaftsprüfer geht in seinem Rechnungslegungsstandard von einem regelmäßigen Mindestzeitraum von zwei Jahren, gerechnet vom Abschlussstichtag, aus.[265]

3. Finanzinstrumentale Risiken

Gesondert innerhalb der Chancen- und Risikoberichterstattung ist über jene Risiken zu berich- 147
ten, die aus bestimmten Finanzinstrumenten herrühren (§ 289 Abs. 2 S. 1 Nr. 1), sowie dabei auch über die Ziele und Methoden, um diese Risiken zu managen (S. 1 Nr. 1 lit. a). Diese finanzinstrumentalen Risiken sind nach näherer Vorgabe des S. 1 Nr. 1 lit. b aufzugliedern. Auf welche Finanzinstrumente sich die Berichtspflicht erstreckt, bestimmt sich nach Unionsrecht.[266] Allerdings ist über sie nur unter qualifizierten Voraussetzungen zu berichten: Die Gesellschaft muss das Finanzinstrument tatsächlich aktuell oder im Zeitraum der Zukunftsprognose (oben Rn 143) voraussichtlich nutzen;[267] außerdem müssen die mit dem Finanzinstrument verbundenen Risiken für die Beurteilung der Gesellschaftslage oder für die voraussichtliche Entwicklung von Belang sein (§ 289 Abs. 2 S. 1 aE).

Zum Bericht über die finanzinstrumentalen Risiken gehören nach § 289 Abs. 2 S. 1 Nr. 1 lit. a 148
zusätzlich Angaben zu den Zielen des Risikomanagements, welche die Geschäftsleitung verfolgt, und zu den angewandten Methoden. Mit den Zielen informiert die Geschäftsleitung über ihre Risikoneigung, also über ihre Risikofreude oder -aversion beim Einsatz der Finanzinstrumente.[268] Mit den Managementmethoden erhalten die Publizitätsadressaten Aufschluss über die Über- oder Abstandnahme von bestimmten Risiken aus Finanzinstrumenten, über den Einsatz der Steuerungsmechanismen, über die Abwälzung von Risiken auf Dritte und über die angewandten Methoden der Risikoabsicherung.[269]

4. Lageberichtsaussagen zu Forschung und Entwicklung (Abs. 2 Nr. 2)

Über Forschung und Entwicklung haben jene Gesellschaften (integriert in die Lagedarstellung, 149
oben Rn 140) nach § 289 Abs. 2 Nr. 2 zu berichten, die auf solche Aktivitäten angewiesen sind, um mit ihren Produkten, Programmen oder Verfahren auf den Märkten wettbewerbsfähig zu bleiben. Die Berichterstattung über Forschung und Entwicklung ist Teil der Zukunfts-offenen Darstellung, in welcher wirtschaftlichen Lage sich die Gesellschaft mitsamt ihren Leistungs- und Erfolgspotentialen im Wettbewerb befindet.[270] Ohne Bedeutung für die Berichtspflicht ist dabei, ob die Gesellschaft diese notwendigen Aktivitäten mit eigenen Kräften verfolgt oder ob sie sich dabei der Forschungs- und Entwicklungsleistungen anderer (konzernfremder) Unternehmen bedient; in diesem Falle muss auf solche Drittleistungen im Lagebericht hingewiesen

---

265 So auch Baumbach/Hopt/*Merkt*[40] § 289 HGB Rn 1; vgl. aber DRS 20.127, wo als Mindestzeitraum ein Jahr angegeben wurde.

266 So auch Hachmeister/Kahle/Mock/Schüppen/*Mock*[2] § 289 Rn 37; eine eigenständige Definition ist in DRS 20.11 zu finden; vgl. auch MünchKommHGB/*Lange*[4] § 289 Rn 99; s. noch BeckOGK/*Kleindiek* HGB (Stand 15.11.2020) § 289 Rn 113.

267 MünchKommBilR/*Kleindiek* § 289 HGB Rn 83; Hachmeister/Kahle/Mock/Schüppen/*Mock*[2] § 289 Rn 37; aA MünchKommHGB/*Lange*[4] Rn 99 („sofern sie zum Bilanzstichtag verwendet wurden").

268 Beck BilKomm-*Grottel*[12] § 315 HGB Rn 173.

269 Beck BilKomm-*Grottel*[12] § 315 HGB Rn 174 ff; MünchKommBilR/*Kleindiek* § 289 HGB Rn 85.

270 Hierin liegen Sinn und Zweck dieser speziellen Berichterstattungspflicht: ADS § 289 Rn 113; *Baetge/Fischer/Paskert* Lagebericht S. 44 f; MünchKommHGB/*Lange*[4] § 289 Rn 104; Hachmeister/Kahle/Mock/Schüppen/*Mock*[2] § 289 Rn 42; demgegenüber sieht Beck BilKomm-*Grottel*[12] § 315 HGB Rn 186 den Zweck dieser Berichtselemente vor allem darin, den Forschungsaufwand zu kennzeichnen, dessen Ertrag ungewiss ist; beide Aspekte nennt BeckOGK/*Kleindiek* HGB (Stand 15.11.2020) § 289 Rn 120.

werden. – Allein in Gesellschaften, deren ungeschmälerte Wettbewerbsfähigkeit keine Forschungs- oder Entwicklungsaktivitäten erfordert, braucht (selbstverständlich) zu diesem Berichtsgegenstand nichts im Lagebericht verlautbart zu werden. Allerdings ist das Fehlen von Angaben kurz zu begründen, weil die Publizitätsadressaten andernfalls den Eindruck von einem unvollständigen Lagebericht erhalten würden.[271] – Anders hingegen, wenn Forschung und Entwicklung für die Wettbewerbsfähigkeit der Gesellschaft notwendig sind, diese aber dennoch hier nicht selbst oder über Drittleistungen aktiv ist; dann muss die Geschäftsleitung hierauf im Lagebericht eingehen und ihre Untätigkeit begründen.[272] Andernfalls hat der Abschlussprüfer seinen Bestätigungsvermerk einzuschränken.

150 **Inhaltlich** muss zu Forschung und Entwicklung in der Gesellschaft so intensiv berichtet werden, dass sich die Adressaten des Lageberichtes ein treffendes Bild von ihrer wirtschaftlichen Situation und von ihren voraussichtlichen Zukunftsaussichten verschaffen können. Von der Berichtspflicht umfasst sind die Grundlagenforschung ebenso wie die angewandte Forschung und die experimentelle Entwicklung.[273] Dabei sind die Forschungs- und Entwicklungseinrichtungen, die Zahl der Beschäftigten, der Gesamtaufwand und seine Entwicklung, finanzielle Zuschüsse Dritter sowie die globale Ausrichtung der Forschungs- und Entwicklungsaktivitäten mit jener Differenzierung und Tiefe darzustellen, wie sie notwendig sind, um die Zukunftsaussichten der Gesellschaft abschätzen zu können.[274] Einzelne Forschungs- und Entwicklungsvorhaben sind deshalb ebenso wenig berichtspflichtig wie bestimmte Ergebnisse in diesen Bereichen, solange sie noch keinen Niederschlag in Marktaktivitäten der Gesellschaft gefunden haben.[275]

151 Darüber hinaus kommt eine Unterdrückung an sich berichtspflichtiger Gegenstände aus dem Bereich Forschung und Entwicklung (etwa wegen drohender erheblicher Nachteile für die Gesellschaft) nicht in Betracht,[276] weil weder die Bilanzrichtlinie, noch das deutsche Gesetz für den Lagebericht eine allgemeine Unterlassens-Ermächtigung nach dem Vorbild des § 286 kennen (Rn 118 ff).

5. Zweigniederlassungen

152 Zur Berichterstattung über die Zweigniederlassungen der Gesellschaft (Abs. 2 Nr. 3) oben Rn 100 ff.

6. Nichtfinanzielle Leistungsindikatoren (§ 289 Abs. 3)

153 Große Kapitalgesellschaften nach § 267 Abs. 3 einschließlich der kapitalmarktorientierten nach § 264d, also einschließlich aller Börsengesellschaften unabhängig von Bilanzkennzahlen und Zahl ihrer Arbeitnehmer, haben nicht allein über ihre finanziellen, sondern darüber hinaus über ihre nichtfinanziellen Leistungsindikatoren eingehend zu berichten (§ 289 Abs. 3). Zu diesen

---

271 **AA** offenbar Beck BilKomm-*Grottel*[12] § 289 HGB Rn 86.

272 ADS § 289, 112; Beck BilKomm-*Grottel*[12] § 315 HGB Rn 185; Hachmeister/Kahle/Mock/Schüppen/*Mock*[2] § 289 Rn 44; **aA** KölnKomm-RLR/*Claussen* § 289 Rn 44 mit dem Hinweis auf die Interessen des Mittelstandes.

273 Näher *Baetge/Fischer/Paskert* Lagebericht, S. 45; *Kajüter* in: HdR (Stand Mai 2019), §§ 289, 289a–f HGB Rn 153; Beck BilKomm-*Grottel*[12] § 315 HGB Rn 187.

274 Hierzu mit gewissen Nuancierungen im Einzelnen: ADS § 289 Rn 117 f; *Baetge/Fischer/Paskert* Lagebericht, S. 46; *Kuhn* DStR 1993, 491, 493 f; Beck BilKomm-*Grottel*[12] § 315 HGB Rn 189.

275 Ähnlich *Kajüter* in: HdR (Stand Mai 2019), §§ 289, 289a–f HGB Rn 156, der eine Angabe zum Anteil der Ergebnisse am Gesamtumsatz verlangt; diese Einschränkung fehlt bei: *Kuhn* DStR 1993, 491, 494; Beck BilKomm-*Grottel*[12] § 315 HGB 189; KölnKomm-RLR/*Claussen* § 289 Rn 46.

276 So aber *Baetge/Fischer/Paskert* Lagebericht, S. 47; Beck BilKomm-*Grottel*[12] § 315 HGB Rn 190; *Kajüter* in: HdR (Stand Mai 2019), §§ 289, 289a–f HGB Rn 157; *Kuhn* DStR 1993, 491, 492; ADS § 289 Rn 117; KölnKomm-RLR/*Claussen* § 289 Rn 45; BeckOGK/*Kleindiek* HGB (Stand 15.11.2020) § 289 Rn 124.

Indikatoren zählt das Gesetz beispielhaft, mithin nicht abschließend, Umwelt- und Arbeitnehmerbelange. Als weiterer Belang kommt etwa die Reputation der Gesellschaft in Betracht,[277] insbesondere die beim Kunden- und Lieferantenstamm.[278] Die nichtfinanziellen Leistungsindikatoren nach § 289 Abs. 3 stimmen mit denen in der **nichtfinanziellen Erklärung** nach §§ 289b ff überein. Das entbindet die berichtspflichtigen Kapitalgesellschaften nicht von der jeweils eigenständigen, somit weithin doppelten Darstellung; ein ersetzender Verweis auf andere nichtfinanzielle Angaben im Lagebericht kommt nach § 289b Abs. 1 S. 3 nur in Betracht, wenn die nichtfinanzielle Erklärung einen besonderen Abschnitt innerhalb des Lageberichts bildet.[279] Im Übrigen jedoch kommt kein ersetzender Verweis in Betracht. Das folgt zum einen aus dem unabgestimmten Nebeneinander der beiden Berichtspflichten schon in Artt. 19/19a der EU-Bilanzrichtlinie, was im handelsrechtlichen Nebeneinander seine transformierte Entsprechung gefunden hat. Zum anderen und vor allem jedoch ergeben sich zwischen den Berichtspflichten nach § 289 Abs. 3 und denen nach §§ 289b ff einige Unterschiede in der Sache:

Zum ersten erfasst die Verpflichtung aus § 289b nur die großen Kapitalgesellschaften mit 154
Kapitalmarktorientierung, während § 289 Abs. 3 darüber hinaus sämtliche großen Kapitalgesellschaften in die Pflicht nimmt, selbst wenn sie fernab vom Kapitalmarkt agieren. Zum zweiten reicht umgekehrt das Pflichtenprogramm aus § 289c insbesondere mit seiner unternehmenspolitischen Vorgabe aus § 289c Abs. 3 Nr. 1 sogar dann deutlich über das aus § 289 Abs. 3 hinaus, wenn man die Möglichkeit einbezieht, sich dieser Vorgabe ganz oder teilweise mit Begründung zu entziehen (§ 289c Abs. 4).[280] Denn nach § 289 Abs. 3 brauchen die nichtfinanziellen Leistungsindikatoren bloß in die Analyse des Geschäftsverlaufs und der Lage der Gesellschaft einbezogen und unter Bezugnahme auf die im Jahresabschluss ausgewiesenen Beträge und Angaben lediglich erläutert zu werden.[281] Dabei werden zum dritten schließlich der Geschäftsverlauf und die Lage der Gesellschaft in § 289 Abs. 3 **wirtschaftlich-finanziell** gesehen, während Lage und Geschäftsverlauf in der nichtfinanziellen Erklärung nach § 289c Abs. 3 mit Blick auf die **ökosozial-marktwirtschaftliche Ausrichtung** der erfassten Kapitalgesellschaften interpretiert werden müssen (unten Vorbem. § 289b Rn 7, 34 ff). Den Informationen nach § 289 Abs. 3 einerseits und denen nach § 289c andererseits liegt somit ein unterschiedliches Verständnis der Publizitätsadressaten als Ziel zugrunde.[282]

7. Das Kontroll- und Risikomanagementsystem (§ 289 Abs. 4)

Den Börsengesellschaften ist seit dem FISG 2021 die Einrichtung eines Risikomanagementsys- 155
tems verpflichtend vorgegeben (§ 91 Abs. 3 AktG); allen anderen Kapitalgesellschaften, selbst wenn sie (wie etwa eine GmbH, die Schuldverschreibungen emittiert hat) kapitalmarktorientiert sind, bleibt es unbenommen, ob sie ein solches Kontroll- und Risikomanagementsystem einrichten und in dies die Rechnungslegung der Gesellschaft einbeziehen wollen. Allein dann, wenn in der Lageberichts-pflichtigen Kapitalgesellschaft ein solches Rechnungslegungs-bezogenes Kontroll- und Risikomanagementsystem tatsächlich eingerichtet worden ist, müssen kapitalmarktorientierte Gesellschaften über dies nach § 289 Abs. 4 informieren. Sollte ein solches System in der Kapitalgesellschaft nicht existieren, so muss dies im Lagebericht der kapitalmarktori-

277 Begr. RegE BilReG, BT-Drucks. 15/3419, S. 31; MünchKommBilR/*Kleindiek* § 289 HGB Rn 108; MünchKommHGB/*Lange*[4] § 289 Rn 119.

278 MünchKommBilR/*Kleindiek* § 289 HGB Rn 108; s. auch DRS 20.107.

279 Vgl. MünchKommHGB/*Kajüter*[4] §§ 289b-289e Rn 37: der Verweis auf den Lagebericht dürfe nur dann erfolgen, wenn das dortige Darstellungsniveau an § 289c Abs. 3 HGB angepasst wurde. **aA** Hachmeister/Kahle/Mock/Schüppen/*Mock*[2] § 289 Rn 52.

280 *Kleindiek* in: Beck OGK HGB (Stand: 15.11.2020) § 289b Rn 43.

281 *Kleindiek* in: Beck OGK HGB (Stand: 15.11.2020) § 289b Rn 42.

282 Ähnlich *Kleindiek* in: Beck OGK HGB (Stand: 15.11.2020) § 289b Rn 42, 44.

entierten Gesellschaft angegeben, braucht aber nicht begründet zu werden.[283] Denn für die Publizitätsadressaten und ihr Vertrauen in die Rechnungslegung,[284] namentlich für das der Kapitalanleger, ist die Information von einigem Belang, ob ein auf die Rechnungslegung bezogenes Kontroll- und Risikomanagementsystem eingerichtet worden ist oder nicht.

156 Zum **Inhalt** dieser Berichterstattung enthält das Gesetz keine konkretisierenden Vorgaben. Nach DRS 20.K174 soll der Lagebericht zum internen Kontrollsystem die Grundsätze und Verfahren wiedergeben, die darauf abzielen, die Wirksamkeit der Kontrollen im Rechnungslegungsprozess zu sichern; und zum Risikomanagementsystem soll der Lagebericht nach DRS 20.K177 über alle Maßnahmen informieren, die der Identifizierung und Bewertung jener Risiken dienen, die der Rechtmäßigkeit von Jahresabschluss oder Lagebericht entgegenstehen könnten, sowie über alle Maßnahmen zu ihrer Begrenzung, und der Bemessung ihres Einflusses auf den Jahresabschluss. Die Einhaltung dieser Standards hat die Vermutung ordnungsgemäßer Rechnungslegung in diesem Punkt zur Folge (§ 342 Abs. 2). Um insoweit sein Ziel zu erreichen, braucht der Lagebericht das Kontroll- und Risikomanagementsystem den Publizitätsadressaten bloß zu beschreiben; auf deren Einschätzung der Systemeffektivität zielt § 289 Abs. 4 hingegen nicht ab,[285] weil dies die Möglichkeiten eines verständigen Berichtslesers (oben Rn 65) übersteigen würde.

157 Um verdoppelte Informationen zu vermeiden, können die Informationen gemäß § 289 Abs. 4 in die Berichterstattung über die Chancen und Risiken nach § 289 Abs. 2 S. 1 Nr. 1 lit. b eingefügt werden,[286] müssen dort jedoch als Systeminformationen mit Bezug auf den Rechnungslegungsprozess erkennbar sein. Sachliche Unterschiede zwischen den beiden Berichtsvorgaben, die einer Zusammenfassung entgegenstünden (oben Rn 154), bestehen hier nicht.

VI. Freiwillige Zusatzangaben?

158 Verbreitet wird in der Praxis der Rechnungslegung zwischen den Pflichtangaben im Lagebericht und freiwilligen Zusatzangaben unterschieden;[287] zu ihnen zählt man z. B. den Abdruck von Tabellen und Grafiken oder die Darstellung einzelner Sachverhalte.[288] Um die Zusammenfassung von Pflichtangaben zum Jahresabschluss und zum Lagebericht einerseits und von freiwilligen Zusatzangaben andererseits auch terminologisch zu kennzeichnen, wird das einheitliche Druckwerk in der Unternehmenspraxis verbreitet als **„Geschäftsbericht"** benannt.[289] Dieser Unterscheidung zwischen den Pflicht- und den freiwilligen Zusatzangaben soll deshalb Bedeutung zukommen, weil sich weder die gesetzliche Prüfungspflicht aus § 317 Abs. 1 und 2 auf solche Zusatzangaben erstrecke, noch die Veröffentlichungspflicht aus § 325 Abs. 1;[290] denn beide Verpflichtungen sollen nur für den Jahresabschluss und den Lagebericht, aber nicht für darüber Hinausgehendes gelten.

---

283 Begr. RegE BilMoG BT-Drucks. 16/10067, S. 77; Beck BilKomm-*Grottel*[12] § 289 HGB Rn 171.

284 Hierin liegen Sinn und Zweck dieser Angabe, s. Begr. RegE BilMoG BT-Drucks. 16/10067, S. 76; so auch *Kleindiek* in: Beck OGK HGB (Stand: 15.11.2020) § 289 Rn 142, der allerdings als einen weiteren Zweck zusätzlich die Prüfung der Systeme durch die Geschäftsleitung nennt.

285 So auch BeckOGK/*Kleindiek* HGB (Stand 15.11.2020) § 289 Rn 152; Hachmeister/Kahle/Mock/Schüppen/*Mock*[2] § 289 *Rn* 58 verlangt zwar keine Einschätzung der Effektivität, aber sie müsse möglich sein.

286 So schon Begr. RegE BilMoG BT-Drucks. 16/10067, S. 77; Hachmeister/Kahle/Mock/Schüppen/*Mock*[2] § 289 Rn 60.

287 Beck BilKomm-*Grottel*[12] § 289 HGB Rn 10; eingehend Beck-HdR/*Kirsch*/*Köhrmann*/*Huter* (Stand: April 2018) B 510 Rn 352 ff.

288 ADS § 289 Rn 14; *Baetge*/*Fischer*/*Paskert* Lagebericht, S. 49; MünchKommHGB/*Lange*[4] § 289 Rn 20.

289 ADS § 289 Rn 15; Beck BilKomm-*Grottel*[12] § 289 HGB Rn 12; eingehend *Hütten* Geschäftsbericht, passim.

290 So Beck BilKomm-*Grottel*[12] § 289 HGB Rn 10 in Bezug auf die Prüfung; vorsichtiger ADS § 289 Rn 14: „... hat Folgen für ... Prüfung und ... Offenlegung"; so auch MünchKommHGB/*Lange*[4] § 289 Rn 22.

Indes – die Praxis der freiwilligen Zusatzangaben **widerspricht dem Unionsrecht** und dem Gesetz, weil sie die Berichtsadressaten zu verwirren geeignet ist.[291] Die EU-Bilanzrichtlinie kennt allein den Jahresabschluss (Art. 4 Abs. 1) und den Lagebericht (Art. 19), ordnet deren Prüfung in Art. 34 Abs. 1 an und verlangt schließlich die Offenlegung von Jahresabschluss und Lagebericht in näher bestimmten Verfahren (Art. 30). Zu anderen Berichtsgegenständen verhält sich das Unionsrecht nicht; nach seiner Konzeption haben daher die Berichtsadressaten davon auszugehen, dass all' das, was die publizitätspflichtige Gesellschaft letztendlich in Zusammenhang mit Art. 30 veröffentlicht, durch die unionsrechtlichen Bestimmungen zur Rechnungslegung gedeckt und konsequent vom Abschlussprüfer geprüft ist. Mit ungeprüften Zusatzangaben müssen die Publizitätsadressaten nach der Konzeption des Unionsrechts nicht rechnen. Dies gilt in gleicher Weise für die transformierenden Bestimmungen im Handelsgesetzbuch; es ist kein Anhalt dafür ersichtlich, dass der deutsche Gesetzgeber unter Verstoß gegen den Grundsatz unionstreuen Verhaltens vom Konzept der Bilanzrichtlinie hätte abweichen wollen. **159**

Die **drohende Verwirrung der Publizitätsadressaten** kann auch nicht dadurch vermieden werden, dass deutlich zwischen den freiwilligen Zusatzangaben und den Pflichtangaben zum Lagebericht im Text unterschieden[292] oder dass durch den Titel „Geschäftsbericht" (oben Rn 158) auf solche Zusatzangaben hingewiesen oder dass diese erst im Anschluss an den Bestätigungsvermerk des Abschlussprüfers (§ 322)[293] platziert werden. Denn Adressat des Lageberichts ist nicht der fachkundige, sondern bloß der verständige Berichtsleser (oben Rn 65); dessen Erwartungen lassen sich nicht durch Hinweise oder Gestaltungen, die nur Fachkundige erkennen und begreifen können, auf das zutreffende Maß zurückführen. Angesichts globalisierter Kapitalmärkte kommt dem auch deshalb besondere Bedeutung zu, weil die Unterscheidung zwischen gesetzlich vorgegebenen Angaben und freiwilligen Zusatzangaben innerhalb des *einen* Lageberichts die Publizitätsadressaten außerhalb der Europäischen Union verwirren würde. **160**

Alles, was eine Gesellschaft im Zusammenhang mit Jahresabschluss und Lagebericht im selben Druckwerk veröffentlichen will, muss daher einem der gesetzlich vorgegebenen Instrumente der Rechnungslegung zugeschlagen und konsequent durch den Abschlussprüfer geprüft werden.[294] Diesem Ergebnis widerspricht auch nicht das Darstellungsermessen der Geschäftsleitung (s. aber oben Rn 144). Zwar liegt es in ihrer Entscheidung, *ob* sie mit ihrem Bericht über die gesetzlichen Vorgaben hinausgehen will. Sobald sie sich aber dafür entschieden hat, ist sie im *Wie* nicht mehr frei: Das Berichts-Mehr ist in den (prüfungs- und publizitätspflichtigen) Lagebericht aufzunehmen und nicht etwa in eine zusätzliche Verlautbarung außerhalb des Lageberichts, aber im Zusammenhang mit ihm. Hiervon wäre drohende Verwirrung der Publizitätsadressaten zu besorgen (oben Rn 160). **161**

---

291 Auf die Probleme macht ebenso aufmerksam: MünchKommBilR/*Kleindiek* § 289 HGB Rn 152; in wie starkem Maße Verwirrung zu besorgen ist, lässt sich den Praxis-erfahrenen Ausführungen von *Selchert/Erhardt/Fuhr/Greinert* Prüfung des Lageberichts, 2000, S. 48 ff entnehmen, der Monographie „*Hütten* Geschäftsbericht" durchgehend, welchen Bedeutungsverlust der gemeinschaftsrechtlich vorgegebene Lagebericht innerhalb eines umfassenden „Geschäftsberichts" erleidet.

292 ADS § 289 Rn 15:„Deutlich abgegrenzt im prüfungsfreien Teil des Geschäftsberichts"; MünchKommHGB/*Lange*[4] § 289 Rn 22; vgl. DRS 20.20 S. 1.

293 Entgegen dem Wortlaut des § 322 I 1 HGB muss der Bestätigungsvermerk ebenfalls den Lagebericht abdecken, denn der Wortlaut des Vermerks bezieht sich entsprechend dem Prüfungsauftrag aus § 317 II HGB zwingend auch auf den Lagebericht (§ 322 III HGB); folglich muss der Bestätigungsvermerk dem Lagebericht nachfolgen.

294 Anders IDW PS 350 n. F. Rn 15 f und Rn 20 lit. g), wonach die lageberichtsfremden Angaben gar keiner Prüfung unterliegen, falls sie sich klar von den sonstigen Angaben abgrenzen lassen; in sonstigen Fällen bleibt im Ermessen des Abschlussprüfers, ob er diese Angaben prüft, falls sie mit lageberichtstypischen Angaben vermengt wurden.

§ 289a Ergänzende Vorgaben für bestimmte Aktiengesellschaften und Kommanditgesellschaften auf Aktien

[1]Aktiengesellschaften und Kommanditgesellschaften auf Aktien, die einen organisierten Markt im Sinne des § 2 Absatz 7 des Wertpapiererwerbs- und Übernahmegesetzes durch von ihnen ausgegebene stimmberechtigte Aktien in Anspruch nehmen, haben im Lagebericht außerdem anzugeben:

1. **die Zusammensetzung des gezeichneten Kapitals unter gesondertem Ausweis der mit jeder Gattung verbundenen Rechte und Pflichten und des Anteils am Gesellschaftskapital;**
2. **Beschränkungen, die Stimmrechte oder die Übertragung von Aktien betreffen, auch wenn sie sich aus Vereinbarungen zwischen Gesellschaftern ergeben können, soweit sie dem Vorstand der Gesellschaft bekannt sind;**
3. **direkte oder indirekte Beteiligungen am Kapital, die 10 Prozent der Stimmrechte überschreiten;**
4. **die Inhaber von Aktien mit Sonderrechten, die Kontrollbefugnisse verleihen, und eine Beschreibung dieser Sonderrechte;**
5. **die Art der Stimmrechtskontrolle, wenn Arbeitnehmer am Kapital beteiligt sind und ihre Kontrollrechte nicht unmittelbar ausüben;**
6. **die gesetzlichen Vorschriften und Bestimmungen der Satzung über die Ernennung und Abberufung der Mitglieder des Vorstands und über die Änderung der Satzung;**
7. **die Befugnisse des Vorstands insbesondere hinsichtlich der Möglichkeit, Aktien auszugeben oder zurückzukaufen;**
8. **wesentliche Vereinbarungen der Gesellschaft, die unter der Bedingung eines Kontrollwechsels infolge eines Übernahmeangebots stehen, und die hieraus folgenden Wirkungen;**
9. **Entschädigungsvereinbarungen der Gesellschaft, die für den Fall eines Übernahmeangebots mit den Mitgliedern des Vorstands oder mit Arbeitnehmern getroffen sind.**

[2]Die Angaben nach Satz 1 Nummer 1, 3 und 9 können unterbleiben, soweit sie im Anhang zu machen sind. [3]Sind Angaben nach Satz 1 im Anhang zu machen, ist im Lagebericht darauf zu verweisen. [4]Die Angaben nach Satz 1 Nummer 8 können unterbleiben, soweit sie geeignet sind, der Gesellschaft einen erheblichen Nachteil zuzufügen; die Angabepflicht nach anderen gesetzlichen Vorschriften bleibt unberührt.

Schrifttum

Baetge/Brüggemann/Haenelt Erweiterte Offenlegungspflichten in der handelsrechtlichen Lageberichterstattung – Übernahmerechtliche Angaben und Erläuterungen nach § 315 Abs. 4 HGB und E-DRS 23, BB 2007, 1887; *Rabenhorst* Zusätzliche Angabepflichten im Lagebericht durch das Übernahmerichtlinie-Umsetzungsgesetz, WpG 2008, 139; *Sailer* Offenlegung von „Change of Control-Klauseln" im Jahresabschluss, AG 2006, 913; *Seibt/Heiser* Analyse des Übernahmerichtlinie-Umsetzungsgesetzes (Regierungsentwurf), AG 2006, 301.

Übersicht

https://doi.org/10.1515/9783110763935-002

I. Überblick

Mit ihren an bestimmte Kapitalgesellschaften (unten Rn 3 ff) gerichteten Vorgaben übernah- 1
merelevanter Informationen, insbesondere zu deren Beteiligungsstruktur setzt die Vorschrift die an die Mitgliedstaaten gerichteten Vorgaben aus Art. 10 der Richtlinie 2004/25/EG betreffend Übernahmeangebote[1] um.[2] Ursprünglich durch das Übernahmerichtlinie-Umsetzungsgesetz[3] in § 289 Abs. 4 transformiert löste der deutsche Gesetzgeber die übernahmerelevanten Informationsvorgaben im Rahmen des CSR-Richtlinie-Umsetzungsgesetzes (CSR-RUG) (Vorbem. § 289b, Rn 8) aus dem unmittelbaren Zusammenhang mit der Kernvorschrift zum Lagebericht heraus und verselbständigte diese Informationsvorgaben im heutigen § 289a, ohne jedoch, wie die einleitende Passage seines Satzes 1 „im Lagebericht" klarstellt, die materielle Verknüpfung mit diesem aufzuheben. Aber immerhin kommt in der Trennung zwischen § 289 und § 289a mit Recht die Qualifizierung zum Ausdruck, dass dessen übernahmerechtliche Informationen nicht Rechnungslegung bezwecken (unten Rn 2). Zuletzt geändert wurde § 289a im Gefolge des Aktionärsrechterichtlinie-Umsetzungsgesetzes II[4]: Die bisher in § 289a Abs. 2 enthaltenen Vorgaben zur Organvergütung wurden in den eigenständigen Vergütungsbericht (§ 162 AktG) ausgelagert.

Schon die EU-Übernahmerichtlinie 2004/25 war mit ihren Informationsvorgaben aus Art. 10 2
dahin angelegt, bestimmte Kapitalgesellschaften (unten Rn 3 ff) dem Kapitalmarkt und seinen Akteuren als mögliche Übernahmeobjekte zu präsentieren.[5] In ihrer Wirkung zielen die übernahmerelevanten Informationen somit primär darauf ab, den Übernahmemarkt zu stimulieren.[6] Das schließt zugleich und darüber hinaus Informationen dazu ein, auf welche Hindernisse eine geplante Übernahme stoßen könnte. Auf sie allein stellt Erwägungsgrund 18 zur Übernahmerichtlinie ab, wenn er die Offenlegung der Abwehrstrukturen und -mechanismen der Gesellschaft damit begründet, den freien Wertpapierhandel und die freie Stimmrechtsausübung in ihrer Wirkung stärken zu wollen. Treffender dagegen die Begründung des Regierungsentwurfs zum Umsetzungsgesetz: ein umfassendes Bild über die mögliche Zielgesellschaft, ihre Struktur und etwaige Übernahmehindernisse zu vermitteln.[7]

1 RL 2004/25/EG vom 21. April 2004, ABl. L 142/12.

2 Begr. RegE Übernahmerichtlinie-Umsetzungsgesetz, BT-Drucks. 16/1003, S. 24.

3 Gesetz vom 8. Juli 2006, BGBl I S. 1426.

4 Gesetz vom 12. Dezember 2019, BGBl I S. 2637.

5 Zutreffend Begr. zu § 289 IV RegE ÜbUG, BT-Drucks. 16/1003, S. 24: potentielle Bieter sollten in die Lage versetzt werden, ... sich ein umfassendes Bild über die mögliche Zielgesellschaft und ihre Struktur ... zu machen; so auch *Seibt/Heiser* AG 2006, 301, 315.

6 So auch MünchKommHGB/*Kajüter*[4] § 289a Rn 3; ähnlich *Baetge/Brüggemann/Haenelt* BB 2007, 1887, 1888.

7 S. Hachmeister/Kahle/Mock/Schüppen/*Mock*[2] § 289a Rn 2: ein zentrales aktien- und kapitalmarktrechtliches Publikationsinstrument der internen und externen Corporate Governance.

II. Erfasste Gesellschaften und Berichtspflicht

3 Der Kreis der informationspflichtigen Gesellschaften bestimmt sich nach drei Kriterien, die kumulativ erfüllt sein müssen: nach der Rechtsform, der Art der emittierten Wertpapiere und nach dem Ort ihres Handels.

4 Relevante Rechtsformen sind nach § 289a S. 1 Einleitung die **Aktiengesellschaft** und die **Kommanditgesellschaft auf Aktien**, aber nicht die GmbH und zwar selbst dann nicht, wenn sie mit Schuldverschreibungen oder vergleichbaren Wertpapieren auf dem Kapitalmarkt aktiv ist, da diese kein geeignetes Übernahmeinstrument sind.[8] Unbeachtlich ist insofern auch die Möglichkeit der Übernahme einer GmbH mithilfe eines debt equity swaps im Rahmen einer Sanierung. – Neben AG und KGaA ebenfalls erfasst ist nach Art. 61 SE-VO die **SE** mit deutschem Registersitz,[9] da für sie die Vorschriften zum Lagebericht der Aktiengesellschaft gelten und die übernahmerelevanten Informationen des § 289a Teil des Lageberichts sind (oben Rn 1).

5 Um nach § 289a berichtspflichtig zu sein, muss die AG, KGaA oder SE **stimmberechtigte Aktien** ausgegeben haben. Wer ausschließlich mit Schuldverschreibungen oder Vergleichbarem den Kapitalmarkt in Anspruch nimmt, ist ebensowenig berichtspflichtig wie derjenige, der lediglich stimmrechtslose Vorzugsaktien (§§ 139 ff AktG) ausgegeben hat. Denn der unionsrechtlich geregelte Wertpapiererwerb einschließlich der Übernahme bezieht sich allein auf die stimmberechtigten Wertpapiere (§ 1 Abs. 3 WpÜG). Dafür langt die bloß mögliche Entstehung des Stimmrechts nach § 140 Abs. 2 AktG nicht aus.[10]

6 Die stimmberechtigten Aktien der AG, KGaA oder SE müssen auf einem **organisierten Kapitalmarkt** nach § 2 Abs. 7 WpÜG gehandelt werden (§ 289a S. 1 Einleitung), also auf dem regulierten Markt einer Inlandsbörse oder einer Börse im Europäischen Wirtschaftsraum (EU- und EWR-Staaten, § 2 Abs. 8 WpÜG). Damit scheiden in EU-Drittstaaten gehandelte Aktien ebenso aus wie im Freiverkehr gehandelte. Solche Aktien haben nicht die Informationspflicht aus § 289a zur Folge.

7 Wenn die in Rn 3 genannten Voraussetzungen am Geschäftsjahresschluss erfüllt sind (§§ 242 Abs. 2, 264 Abs. 1 S. 1, 289a), hat die AG, KGaA oder SE (oben Rn 4) die übernahmerelevanten Informationen im Lagebericht bereitzustellen, mithin nach Abschluss **jedes Geschäftsjahres aufs Neue**; ein Verweis auf Informationen im Vorjahr genügt nicht. Diese Berichtspflicht besteht unabhängig davon, ob eine Übernahme oder auch nur ein Übernahmeangebot bevorstehen.[11]

III. Die berichtspflichtigen Angaben

8 Die nach dem Katalog des § 289a S. 1 berichtspflichtigen Angaben, die als gesetzliche Mindestangaben freiwillig vermehrt werden können, lassen sich in vier Gruppen kategorisieren[12]: Übertragungsbeschränkungen, Abweichungen vom Grundsatz „one share one vote", Abwehrstrukturen sowie sonstige Attraktivitätsminderungen. Sie sollen den Publizitätsadressaten, insbesondere potentiellen Bietern näheren **Aufschluss über die Zielgesellschaft** und darüber gewähren, mit welchen Schwierigkeiten sie bei ihrem Übernahmeangebot rechnen müssen (oben Rn 2). Für die Angaben in ihren technischen Einzelheiten ist auf praxisorientierte Kommentierungen zu verweisen.[13] Der Vorstand bzw. die persönlich haftenden KGaA-Gesellschafter haben die Angaben

---

8 Ähnlich BeckOGK/*Kleindiek* HGB (Stand 15.11.2020) § 289a Rn 5.

9 BeckOGK/*Kleindiek* HGB (Stand 15.11.2020) § 289a Rn 5.

10 Hachmeister/Kahle/Mock/Schüppen/*Mock*[2] § 289a Rn 8.

11 MünchKommHGB/*Kajüter*[4] § 289a Rn 6; BeckOGK/*Kleindiek* HGB (Stand 15.11.2020) § 289a Rn 5: „jährliche Lageberichterstattung"; Hachmeister/Kahle/Mock/Schüppen/*Mock*[2] § 289a Rn 10.

12 S. schon *Grundmann*, NZG 2005, 122, 126 f.

13 S. z. B. Beck BilKomm-*Grottel*[12] § 289 HGB Rn 25 ff.

nach § 289a der Hauptversammlung vorab schriftlich zu erläutern (§§ 176 Abs. 1 S. 1/2, 283, 278 Abs. 3 AktG).

1. Übertragungsbeschränkungen

Anzugeben sind nach § 289a S. 1 Nr. 2 die Beschränkungen der Stimmrechte oder der Übertragung von Aktien, wie sie sich aus der Satzung der Gesellschaft ergeben können oder aus schuldrechtlichen Abreden unter den Aktionären; also etwa aus einer Vinkulierung nach § 68 Abs. 2 AktG oder aus einem Konsortial- oder Poolvertrag. Über Aktionärsvereinbarungen ist freilich nur dann zu informieren, wenn sie der Geschäftsleitung positiv bekannt sind.[14] Nach ihnen braucht diese sogar dann nicht zu forschen, wenn Anhaltspunkte für ihre Existenz bestehen.[15] Umgekehrt sind die Aktionäre auch nicht verpflichtet, der Gesellschaft ihre Vereinbarung mitzuteilen.[16] Ebensowenig sind die Beschränkung anzugeben, denen Stimmrechte oder Aktienübertragungen von Gesetzes wegen unterworfen sind. Zu informieren ist über die **individuellen Hemmnisse** in der einzelnen Gesellschaft, nicht über die allgemeinen Hemmnisse aus dem Gesetz. Diese muss sich der Erwerbswillige durch fachkundigen Rat erschließen. 9

2. Abweichungen vom Grundsatz „one share one vote"

Nach § 289a S. 1 Nr. 4 sind, sofern Aktien mit Kontrollrechts-relevanten Sonderrechten vorhanden sind, diese ihrem Inhalt nach zu beschreiben; außerdem sind die Inhaber dieser Aktien zu benennen. Diese Angabe bezweckt, Erwerbswillige darüber zu informieren, welche Hindernisse ihnen nach der Übernahme entgegenstehen können, das über die erworbenen Aktien vermittelte Einflusspotential tatsächlich auszuüben. **Kontroll-relevante Sonderrechte** sind daher statutarisch begründete Entsendungsrechte (§ 101 Abs. 2 AktG),[17] aber auch statutarisch hochgesetzte Mehrheiten für Satzungsänderungen (§ 179 Abs. AktG). Sie erschweren dem Erwerbswilligen die Möglichkeit, die Gesellschaft nach der Übernahme auf seine Vorstellungen hin auszurichten; deshalb ist nach § 289a S. 1 Nr. 6 auch über die gesetzlichen und statutarischen Voraussetzungen für Satzungsänderungen zu informieren. Relevante Hemmnisse können überdies aus einem **Beherrschungsvertrag** (§§ 291 Abs. 1, 308 Abs. 1 AktG) herrühren, wenn das herrschende Unternehmen, wie üblich, Aktionär ist.[18] Dass dessen Herrschaftsmacht nicht in der Mitgliedschaft begründet ist, sondern im Unternehmensvertrag wurzelt, verschlägt nichts; dem Erwerbswilligen begegnet das herrschende Unternehmen als Aktionär mit Kontrolle eröffnendem Anteilsbesitz, der die Einflussmöglichkeiten des Erwerbswilligen ganz wesentlich einschränken würde. 10

3. Abwehrinstrumente

§ 289a S. 1 Nr. 7, 8 und 9 erfasst das klassische Instrumentarium, um einen Übernahmeversuch abzuwehren: die Möglichkeit, ein genehmigtes oder bedingtes Kapital (§§ 202 ff, 192 ff AktG) oder eine Wandelschuldverschreibung (§ 221 AktG) mit dem Effekt auszunutzen oder auszugeben, dass dem Erwerbswilligen die Eroberung einer Machtposition erschwert wird. Dem steht die Möglichkeit des Aktienrückkaufs (§ 71 AktG) gleich, wobei es nicht auf den Zweck der Rück- 11

14 BeckOGK/*Kleindiek* HGB (Stand 15.11.2020) § 289a Rn 14.
15 Hachmeister/Kahle/Mock/Schüppen/*Mock*² § 289a Rn 20.
16 Begr. § 289 IV RegE ÜbUG, Bundestags-Drs. 16/1003, S. 25.
17 Hachmeister/Kahle/Mock/Schüppen/*Mock*² § 289a Rn 28; BeckOGK/*Kleindiek* HGB (Stand 15.11.2020) § 289a Rn 19.
18 **AA** Hachmeister/Kahle/Mock/Schüppen/*Mock*² § 289a Rn 28.

erwerbsermächtigung ankommt; entscheidend ist die **Erschwerniswirkung**. Daneben kommen change of control-Klauseln aller Art in Betracht (§ 289a S. 1 Nr. 8)[19] sowie Entschädigungsvereinbarungen zugunsten von Vorstandsmitgliedern oder von Arbeitnehmern der Gesellschaft (§ 289a S. 1 Nr. 9), nicht aber von Mitgliedern des Aufsichtsrats oder eines Beirats. Für den Erwerbswilligen ist dabei vor allem die Höhe der Entschädigung bedeutsam.

4. Attraktivitätskomponenten

12 Für Erwerbswillige hängt die Attraktivität einer möglichen Zielgesellschaft von einer Reihe weiterer Komponenten ab, zu denen § 289a S. 1 Angaben vorgibt. Hierzu zählen die Informationen zur Zusammensetzung des gezeichneten Kapitals ggf. einschließlich unterschiedlicher Aktiengattungen sowie jenes Kapitals, das nicht auf dem geregelten Markt eines Mitgliedsstaats des Europäischen Wirtschaftsraums gehandelt wird (Nr. 1).

13 Weiters ist nach Nr. 3 über Beteiligungen anderer an der Gesellschaft als potentielles Übernahmeziel zu informieren, wenn die Beteiligung 10 % der Stimmrechte überschreitet,[20] weil dies den Aufbau einer kontrollierenden Mehrheit in der Hand des Erwerbswilligen erschweren könnte und dieser zudem Störungen bei der Ausübung seiner Mehrheitsmacht nach der Übernahme befürchten müsste.

14 Für die Machtausübung bedeutsam ist überdies die Möglichkeit, den Vorstand nach der Übernahme auszutauschen, um eine ggf. fundamental veränderte Unternehmenspolitik verfolgen zu lassen. Daher schreibt Nr. 6 die Information der Erwerbswilligen über die gesetzlichen und statutarischen Bestimmungen zur **Besetzung des Vorstands**, also der Bestellung und Abberufung seiner Mitglieder vor.

15 Schließlich ist nach Nr. 5 über die Ausgabe von **Arbeitnehmeraktien** zu informieren, wenn die aus ihnen folgenden Verwaltungsrechte zur Ausübung in einem Aktionärsverein oder in den Händen einer Gewerkschaft z. B. gebündelt sind. Auch ein solches Einflusspotential wird für die Machtausübung Erwerbswilliger nach der Übernahme von Bedeutung sein.

IV. Informationsverweigerung

16 Die in § 289a S. 1 aufgelisteten Angaben sind sämtlich zu erstatten; eine Informationsverweigerung ist ausgeschlossen, mag der durch die Veröffentlichung der Information drohende Nachteil, etwa durch eine aufgedeckte Poolvereinbarung, noch so groß sein. Allein für change of control-Vereinbarungen oder Klauseln nach Nr. 8 kann eine Informationsverweigerung nach Entscheid des Vorstands der berichtspflichtigen Gesellschaft in Betracht kommen (§ 289a S. 4 Hs. 1), es sei denn, auch diese Information ist nach anderer Bestimmung zu gewähren. Der Grund, warum gerade chance of control-Regeln und nicht etwa zugleich Entschädigungsvereinbarungen nach § 289a S. 1 Nr. 9 geheimhaltungswürdig sind, bleibt verschlossen.

17 Die Ausübung des Verweigerungsrechts setzt einen möglichen **Nachteil** erheblichen Ausmaßes **für die Gesellschaft**, nicht für den oder die durch die change of control-Regel Begünstigten voraus. Die Art des Nachteils schränkt das Gesetz nicht ein, so dass ein finanziell-wirtschaftlicher, aber auch ein nichtfinanziell-immaterieller Nachteil in Betracht kommt.[21] An die Erheblichkeit des Nachteils sind besondere Anforderungen zu stellen; das folgt aus der auffälligen Ausnahme dieses Verweigerungsrechts. Der Nachteil muss im Falle der Anga-

---

19 BeckOGK/*Kleindiek* HGB (Stand 15.11.2020) § 289a Rn 25 ff.

20 Mehr hierzu BeckOGK/*Kleindiek* HGB (Stand 15.11.2020) § 289a Rn 15 ff; s. auch Hachmeister/Kahle/Mock/Schüppen/*Mock*[2] § 289a Rn 24 ff.

21 So auch *Rabenhorst* WpG 2008, 139, 143.

be nicht zwingend eintreten, es genügt eine überwiegende Wahrscheinlichkeit seines Eintritts.

Wenn die Gesellschaft ihr Informationsverweigerungsrecht berechtigtermaßen (oben Rn 17) ausübt, kann die Angabe nach Nr. 8 zur Gänze unterbleiben. Zwar formuliert das Gesetz in § 289a S. 4 „soweit" und nicht „wenn", so dass viel für ein nur teilweises Verweigerungsrecht spricht, um dem Ausnahmecharakter dieser Bestimmung Rechnung zu tragen. Aber eine sinnvolle Teilinformation ist nicht vorstellbar; insbesondere würde es dem Ziel einer umfassenden und brauchbaren Information gemäß Nr. 8 widersprechen, lediglich die Existenz einer change of control-Regel zu verlautbaren, ohne jedoch ihren wesentlichen Inhalt und dessen Wirkungen. Für den Fall einer berechtigten Verweigerung schreibt das Gesetz weder vor, diese Tatsache innerhalb der Angaben nach § 289a zu verlautbaren,[22] noch gar die Begründung für die Verweigerung. Für eine Angabe, wie DRS 20.K216 S. 2 sie vorsieht, fehlt die Ermächtigungsgrundlage im Gesetz. Allerdings muss der Vorstand in seiner Erläuterung nach § 176 Abs. 1 S. 2 AktG auf die Informationsverweigerung hinweisen. **18**

V. Prüfungen

1. Abschlussprüfung

Die Angaben nach § 289a S. 1 sind Teil des Lageberichts; sie sind daher zusammen mit den anderen Lageberichtsinformationen Gegenstand der gesetzlichen Abschlussprüfung (§ 317 Abs. 2).[23] Anders als für die nichtfinanzielle Erklärung und für die Angaben in der Erklärung zur Unternehmensführung sieht § 317 Abs. 2 keine Reduktion des Prüfungsumfangs für die Angaben nach § 289a S. 1 vor. Abweichendes folgt auch nicht aus der EU-Abschlussprüfungsverordnung für Börsengesellschaften und andere Unternehmen von öffentlichem Interesse. Ob und inwieweit im Zusatzbericht des Abschlussprüfers an den Prüfungsausschuss/Aufsichtsrat nach Art. 11 APVO über die Angaben nach § 289a S. 1 zu berichten ist, hängt von der Durchführung der Abschlussprüfung und ihren Ergebnissen ab. Entsprechendes gilt für den Bestätigungsvermerk nach Art. 10 APVO. **19**

2. Prüfung durch den Aufsichtsrat

Da der Aufsichtsrat und vorbereitend dessen Prüfungsausschuss (§ 107 Abs. 3 S. 2 AktG) den Lagebericht zu prüfen haben (§ 171 Abs. 1 AktG), unterliegen ebenfalls die Angaben nach § 289a S. 1 als Bestandteil des Lageberichts der Prüfung durch den Aufsichtsrat und dessen Prüfungsausschuss. Dabei können sich diese Stellen nicht mit der Feststellung begnügen, dass die vorgeschriebenen Angaben im Lagebericht enthalten sind. Sie müssen darüber hinaus prüfen, ob sie inhaltlich zutreffen und den gesetzlichen Anforderungen gerecht werden, können sich dafür jedoch auf die Angaben des Abschlussprüfers in dessen Zusatzbericht abstützen, sofern dieser dazu Sachdienliches enthält. Insbesondere hat der Aufsichtsrat ggf. zu prüfen, ob der Vorstand die Angaben zu § 289a S. 1 Nr. 8 zu Recht gemäß § 289a S. 4 verweigert hat. **20**

Ob der Aufsichtsrat in seinem Tätigkeitsbericht an die Hauptversammlung nach § 171 Abs. 2 AktG ausdrücklich auf die Angaben nach § 289a S. 1 und deren Prüfung einzugehen hat, hängt von den Umständen des Einzelfalls ab. So wird auch der Aufsichtsrat diese Angaben ansprechen müssen, falls etwa eine nach Nr. 2 angabepflichtige Konsortialabrede verschwiegen worden ist. **21**

---

22 **AA** *Rabenhorst* WpG 2008, 139, 143; Hachmeister/Kahle/Mock/Schüppen/*Mock*[2] § 289a Rn 47; Beck BilKomm-*Grottel*[12] § 289a Rn 76.

23 Baetge/Kirsch/Thiele/*Böcking*/*Dutzi*/*Gros* (Stand: 1.2.2019) § 289a HGB Rn 13; s. auch IDW PS 350 n. F. Tz. 79 ff.

VI. Publizität

22 Die Angaben nach § 289a S. 1 sind zusammen mit dem Lagebericht im Bundesanzeiger bekanntzumachen (§ 325 Abs. 1 S. 1 Nr. 1/Abs. 2), künftig: über das Unternehmensregister (§ 325 Abs. 1 S. 2 n. F., dazu § 289 Rn 64).[24] Für die Angaben nach Nummer 1, 3 und 9 kommt eine Aufnahme in den Lagebericht und ihre Bekanntmachung über ihn dann nicht zwingend in Betracht, wenn diese Angaben schon im Anhang (§§ 284 f) zu machen sind (§ 289a S. 2); in diesem Fall ist im Lagebericht auf die Anhangsangaben zu verweisen. Auf diesen Wegen wird die Information der Publizitätsadressaten, insbesondere des oder der Erwerbswilligen sichergestellt.

23 Zugunsten der Aktionäre (und damit zugleich zugunsten der Erwerbswilligen unter ihnen) wird der Informationsgehalt der Angaben nach § 289a S. 1 weiter durch die Verpflichtung des Aufsichtsrats gesteigert, diese Angaben in einem **schriftlichen Vorabbericht** zu erläutern (§ 176 Abs. 1 S. 1 AktG). Er ist zusammen mit den anderen Unterlagen der Rechnungslegung vom Moment der Einberufung an in den Geschäftsraum der Gesellschaft den Aktionären zur Einsicht zugänglich zu machen (§§ 176 Abs. 1 S. 1/175 Abs. 2).

VII. Sanktionen

1. Kriminalstrafe und Ordnungswidrigkeiten

24 Die Angaben nach § 289a S. 1 sollen den Publizitätsadressaten ein Bild von den übernahmerechtlichen Verhältnissen der angabepflichtigen Gesellschaft verschaffen. Diese Verhältnisse können durch falsche oder fehlende Angaben unrichtig wiedergegeben oder verschleiert werden. Deshalb kann den Mitgliedern des Vorstands, den persönlich haftenden KGaA-Gesellschaftern und den Mitgliedern des Aufsichtsrats wegen vorsätzlich unrichtiger Darstellung eine Kriminalstrafe nach § 331 Abs. 1 Nr. 1 drohen. Daneben kommt eine Ordnungswidrigkeitenbuße nach § 334 Abs. 1 Nr. 3 im Höchstfall in Millionenhöhe in Betracht (§ 334 Abs. 3 S. 2), gegen die Gesellschaft selbst über § 30 OWiG in der gesteigerten Millionenhöhe nach § 334 Abs. 3a.

2. Zivilrechtliche Haftung

25 Durch falsche oder fehlende Angaben nach § 289a S. 1 wird die Gesellschaft kaum einen ersatzfähigen Schaden erleiden, sehr wohl aber können Dritte, insbesondere der oder die dritten Erwerbswilligen Schaden nehmen. Dann kann ein Direktanspruch der so geschädigten Dritten gegen pflichtwidrig handelnde Mitglieder der Geschäftsleitung und des Aufsichtsrats auf der Grundlage des § 826 BGB in Betracht kommen. Eine Haftung wegen fahrlässiger Schutzgesetzverletzung aus § 823 Abs. 2 BGB scheitert an der fehlenden Zielsetzung des § 289a S. 1, individuelle Erwerbswillige zu schützen.[25]

---

24 Hachmeister/Kahle/Mock/Schüppen/*Mock*[2] § 289a Rn 52.

25 Im Ergebnis so auch *Sailer* AG 2006, 913, 926 mit der Begründung, dass die Außenhaftung im Widerspruch zum § 57 AktG stünde; **aA** Hachmeister/Kahle/Mock/Schüppen/*Mock*[2] § 289a Rn 58.

Vorbemerkungen vor §§ 289b ff HGB

Schrifttum

Asmussen Haftung für CSR, 2020; *Bachmann* CSR-bezogene Vorstands- und Aufsichtsratspflichten und ihre Sanktionierung, ZGR 2018, 231; *Barth* Überarbeitete Stichprobengrundsätze der DPR – mögliche Implikationen für die Praxis, BB 2018, 1259; *Brandt/Althoff* Der epochale Wandel der Corporate Governance-Herausforderungen des Prüfungsausschusses, in: Dutzi u. a. m. (Hrsg.), Festschrift für Hans-Joachim Böcking, 2021, S. 25; *Brinkmann* Zweckadäquanz der Rechnungslegung nach IFRS. Eine Untersuchung aus deutscher Sicht, 2006; *Bueren* Sustainable Finance, ZGR 2019, 813; *Bundle/Schmid/Wegner* Vorstandsvergütung: Status quo, Trends und Herausforderungen, in: Dutzi u. a. m. (Hrsg.), Festschrift für Hans-Joachim Böcking, 2021, S. 45; *Eger* Unternehmensreputation als rechtlicher Parameter. Systematisierung rechtlicher Schutzmechanismen, 2020; *Ekkenga/Schirrmacher/Schneider* Offene Fragen zur rechtlichen Steuerung nachhaltigen Unternehmertums, NJW 2021, 1509; *Eufinger* Die neue CSR-Richtlinie – Erhöhung der Unternehmenstransparenz in Sozial- und Umweltbelangen, EuZW 2015, 424; *Fleischer* Corporate Social Responsibility. Vermessung eines Forschungsfeldes aus rechtlicher Sicht, AG 2017, 509; *Fleischer* Corporate Purpose: Ein Management-Konzept und seine gesellschaftsrechtlichen Implikationen, ZIP 2021, 5; *Fleischer* Corporate Purpose: A Management Concept and its Implications for Company Law, ECFR 2021, 161; *Florstedt* Die wesentlichen Änderungen des ARUG II nach den Empfehlungen des Rechtsausschusses, ZIP 2020, 1; *Gundel* Prüfung der CSR-Berichterstattung durch den Aufsichtsrat – Wie intensiv muss der Aufsichtsrat die Rechtmäßigkeit prüfen?, WPg 2018, 108; *Gutsche/Gratwohl/Fauser* Bewertungsrelevanz von Corporate Social Responsibility (CSR-)Informationen – Eine empirische Analyse, IRZ 2015, 455; *Gutsche/Gratwohl/Schulz* Firm-value effects of CSR disclosure and CSR performance, ZfU 2017, 332; *Habersack* „Corporate Purpose" in: Bachmann u. a. m. (Hrsg), Festschrift für Christine Windbichler, 2020, S. 707; *Häfner/Kiesel/Wirthmann* What do we know about socially responsible investments?, ZfU 2017, 299; *Hell* Grundsatzfragen der Ausgestaltung der nichtfinanziellen Unternehmenspublizität, EuZW 2018, 1015; *Hell* Offenlegung nichtfinanzieller Informationen. Nichtfinanzielle Publizitätspflichten im Spannungsfeld von Informations- und Regulierungsfunktion im europäischen, deutschen und US-amerikanischen Aktien-, Bilanz- und Kapitalmarktrecht, 2020; *Heller* Hin zur Wertoptimierung: Value Balancing Alliance, IDW life 2021, 11; *Hennrichs* CSR-Umsetzung – Neue Pflichten für Aufsichtsräte, NZG 2017, 841; *Hennrichs* Die Grundkonzeption der CSR-Berichterstattung und ausgewählte Problemfelder, ZGR 2018, 206; *Hirte/Frohmann* „Law in the Making"- am Beispiel von Sustainable Finance in: Bachmann u. a. m. (Hrsg), Festschrift für Christine Windbichler, 2020, 1335; *Holzmeier/Burth/Hachmeister* Die nichtfinanzielle Konzernberichterstattung nach dem CSR-Richtlinie-Umsetzungsgesetz, IRZ 2017, 215; *Hommelhoff* Nichtfinanzielle Unternehmensziele im Unionsrecht – Zwanzig Bemerkungen zum Kommissionsvorschlag für die Novellierung der 4. und 7. Bilanzrichtlinie vom April 2013 in: Boemke/Lembke/Linck (Hrsg.), Festschrift für Gerrick Frhr. v. Hoyningen-Huene, 2014, S. 137; *Hommelhoff* Nichtfinanzielle Ziele in Unternehmen von öffentlichen Interesse. –Die Revolution übers Bilanzrecht – in: Bork/Kayser/Kebekus (Hrsg.), Festschrift für Bruno M. Kübler, 2015, S. 291; *Hommelhoff* CSR-Vorstands- und -Aufsichtsratspflichten, NZG 2017, 1361; *Hommelhoff* Rechenschaft des Aufsichtsrats in: Spindler u. a. m.(Hrsg.), Festschrift für Reinhard Marsch-Barner, 2018, S. 261; *Hommelhoff* Verlässliche und vertrauensvolle CSR-Berichterstattung in: Bergmann u. a. m. (Hrsg.), Festschrift für Ulrich Seibert, 2019, S. 371; *Hommelhoff* Vorstandsbezüge und gesteuertes Organverhalten in: Grundmann u. a. m. (Hrsg.), Festschrift für Klaus J. Hopt, 2020, S. 467; *Hommelhoff/Teichmann* Auf dem Weg zur ökosozialen Marktwirtschaft, ACI-Quarterly 2020 III, S. 50; *Hommelhoff* Nachhaltige Unternehmensfinanzierung: ein Meilenstein auf dem Weg zur ökosozialen Marktwirtschaft, in: Dauner-Lieb u. a. m. (Hrsg.), Festschrift für Barbara Grunewald, 2021, S. 389; *Hummel/Pfaff* Die Umsetzung der CSR-Richtlinie in Deutschland – erste empirische Erkenntnisse, in: Dutzi u. a. m. (Hrsg.), Festschrift für Hans-Joachim Böcking, 2021, S. 135; *IDW* Stellungnahme zum Richtlinienvorschlag der Europäischen Kommission „Corporate Sustainability Reporting", https://www.idw.de/blob/130454/5f7f59a723003769fab2c7a200c56855/down-csrd-entwurf-bmjv-data.pdf (abgerufen am 12.6.2021); *Illert/Schneider* ESG-relevante Themen für den Vorstand einer börsennotierten AG, DB 2021, Beilage 2, S. 27; *Interdisziplinärer Arbeitskreis Corporate Governance (AKCG)* Thesen zur Stärkung der Corporate Governance aus Anlass des Wirecard-Falles, DB 2021, 550; *Kajüter* Das CSR-Richtlinie-Umsetzungsgesetz – ein Kompromiss, IRZ 2017, 137; *Kajüter* Berichterstattung über die Achtung der Menschenrechte, in: Dutzi u. a. m. (Hrsg.), Festschrift für Hans-Joachim Böcking, 2021, S. 581; *Köndgen* Sustainable Finance: Wirtschaftsethik – Ökonomik – Regulierung in: Boele-Woelki u. a. m. (Hrsg.), Festschrift für Karsten Schmidt, 2019, Band I, S. 671; *Krajewski* Legitimationsfragen internationaler Rahmenwerke für die CSR-Berichterstattung: Inhalt, Regelgeber und Durchsetzungsmechanismen, ZGR 2018, 271; *Krause* CSR-Berichterstattung über Arbeitnehmerbelange zwischen heteronomen Marktimpulsen und autonomen Lernprozessen in: Bachmann u. a. m. (Hrsg), Festschrift für Christine Windbichler, 2020, 269; *Kumm/Woodtli* Nachhaltigkeitsberichterstattung: Die Umsetzung der Ergänzungen der Bilanzrichtlinie um die Pflicht zu nichtfinanziellen Angaben im RefE eines CSR-RichtlinieUmsetzungsgesetzes, Der Konzern 2016, 218; *Kühnberger* Rechnungslegung und Rechnungslegungspolitik (Teil I), DStR 2018, 755; *Lanfermann* Künftige Ausrichtung der EU-Unternehmensberichterstattung: Gesetzgebungspaket zu Sustainable Finance und „Fitness Check", BB 2018, 1643;

https://doi.org/10.1515/9783110763935-003

Lanfermann EU-Aktionsplan zu Sustainable Finance: Wie weit ist der europäische Gesetzgeber mit der Umsetzung?, BB 2019, 2219; *Lanfermann* Auswirkungen der EU-Taxonomie-Verordnung auf die Unternehmensberichterstattung, BB 2020, 1643; *Lange* Sustainable Finance: Nachhaltigkeit durch Regulierung?, Teil 1: Hintergründe und Entwicklungen, BKR 2020, 216; *Leyens/Simon-Heckroth* Corporate Governance Reporting – Grundsatzfragen, Stand und Fortentwicklung in: Velte u. a. (Hrsg.), Rechnungslegung, Steuern, Corporate Governance, Wirtschaftsprüfung und Controlling, 2018, S. 316; *Leyens* Funktionen und Entwicklungschancen der CSR-Berichterstattung, in: Leyens/Eisenberger/Niemann (Hrsg.), Smart Regulation: Vertrag, Unternehmung und Markt, 2021, S. 75; *Mock* Berichterstattung über Corporate Social Responsibility nach dem CSR-Richtlinie-Umsetzungsgesetz, ZIP 2017, 1195; *Müller-Graff* Europäische Gesellschaftsrechtspolitik auf hoher See des Wettbewerbs. – Der neue Aktionsplan der Europäischen Kommission –, ZHR 177 (2013), 563; *Müller/Stawinoga/Velte* Mögliche Einbettung der neuen nichtfinanziellen Erklärung in die handelsrechtliche Unternehmenspublizität und -prüfung. – Erkenntnisse aus den Stellungnahmen zum Konzeptpapier des BMJV zur nationalen Umsetzung der CSR-Richtlinie –, DB 2015, 2217; *Naumann/Schneiß* Zur inhaltlichen Prüfung von nicht-finanziellen Informationen – Überlegungen zur Übertragung der Grundkonzepte des IDW PS 350 n. F. auf die inhaltliche Prüfung der nichtfinanziellen Erklärung im Rahmen der Lageberichtsprüfung, in: Dutzi u. a. m. (Hrsg.), Festschrift für Hans-Joachim Böcking, 2021, S. 371; *Nietsch* Nachhaltigkeitsberichterstattung im Unternehmensbereich ante portas – der Regierungsentwurf des CSR-Richtlinie-Umsetzungsgesetzes, NZG 2016, 1330; *Nonnenmacher* Sustainable Corporate Governance, in: Dutzi u. a. m. (Hrsg.), Festschrift für Hans-Joachim Böcking, 2021, S. 165 *Parmentier* Die Entwicklung des europäischen Kapitalmarktrechts in den Jahren 2016–2017, EuZW 2018, 53; *Quick/Gauch/Pappert* Nichtfinanzielle Berichterstattung zu den Umweltbelangen in den Geschäftsberichten der DAX-30-Unternehmen, BB 2021, 875; *Rimmelspacher/Schäfer/Schönberger* Das CSR-Richtlinie-Umsetzungsgesetz: Neue Anforderungen an die nichtfinanzielle Berichterstattung und darüber hinaus, KoR 2017, 225; *Roth/Ekkenga* Stewardship und Corporate Governance bei Emission von Green Bonds, AG 2021, 409; *Roth-Mingram* Corporate Social Responsibility in der Sozialen Marktwirtschaft. Mit system- und rechtsvergleichenden Impulsen aus den Vereinigten Staaten von Amerika und der Volksrepublik China, 2017; *Rühmkorf* Corporate Social Responsibility in der Lieferkette: Governance und Verantwortlichkeiten, ZGR 2018, 410; *Schmidt/Schmotz* Aktuelle EU-Aktivitäten: Änderung der Vorgaben zur Unternehmensberichterstattung (in Sicht), DB 2018, 1033; *Schön* Der Zweck der Aktiengesellschaft – geprägt durch europäisches Gesellschaftsrecht?, ZHR 180 (2016), 279; *Schön* Informationspflichten der Unternehmensleitung zwischen Aktionärsinteresse, Kapitalmarktinformation und sozialer Verantwortung in: Boele-Woelki u. a. m. (Hrsg.), Festschrift für Karsten Schmidt, 2019, Band II, S. 391; *Seibt* CSR-Richtlinie-Umsetzungsgesetz: Berichterstattung über nichtfinanzielle Akpekte der Geschäftstätigkeit. – Neues Element des Corporate Reputation Management –, DB 2016, 2707; *Siegel/Stibi* Nachhaltigkeit: Bedeutung für den Berufsstand, IDW life 2021, 8; *J. Simon* Die Legitimation der CSR-Richtlinie in ihren Auswirkungen auf die Unternehmensverfassung der Aktiengesellschaft. Mit rechtsvergleichenden Bezügen zum Vereinigten Königreich, 2019; *Simons* Corporate Social Responsibility und globales Wirtschaftsrecht. – Rechtspolitisches Impulsreferat –, ZGR 2018, 316; *Spießhofer* Die neue europäische Richtlinie über die Offenlegung nichtfinanzieller Informationen – Paradigmenwechsel oder Papiertiger?, NZG 2014, 1281; *Spießhofer* Corporate Social Responsibility – „Indienstnahme" von Unternehmen für gesellschaftspolitische Ausgaben?, VGR (Hrsg.), Gesellschaftsrecht in der Diskussion 2016 (2017) S. 61; *Stingl* Die soziale Verantwortung der Kapitalgesellschaften vor dem Hintergrund der europäischen CSR-Richtlinie, 2020; *Szabó/Sørensen* New EU Directive on the Disclosure of Non-Financial Information (CSR), ECFR 2015, 307; *Velte* Prüfung der nichtfinanziellen Erklärung nach dem CSR-Richtlinie-Umsetzungsgesetz. Neue Erwartungslücke beim Aufsichtsrat?, IRZ 2017, 325; *Velte* Zukunft der nichtfinanziellen Berichterstattung – Das CSR-Richtlinie-Umsetzungsgesetz als Zwischenlösung!?, DB 2017, 2813; *Velte* Prüfung der nichtfinanziellen Erklärung und der Erklärung zur Unternehmensführung durch Aufsichtsrat und Abschlussprüfer, AG 2018, 266; *J. Vetter* Geschäftsleiterpflichten zwischen Legalität und Legitimität. – Muss sich Ethik lohnen? –, ZGR 2018, 338; *Walden* Corporate Social Responsibility: Rechte, Pflichten und Haftung von Vorstand und Aufsichtsrat, NZG 2020, 50; *Weiand/Rölike* ESG – ein neues Rechtsgebiet?, DB 2021, Beilage 2, S. 2; *Wieben* Integration von ESG-Risiken in das Risikomanagement von Unternehmen, WPg 2018, 788; *Wiedmann* Nichtfinanzielle Berichterstattung der DAX-30-Unternehmen zur Achtung der Menschenrechte, BB 2021, 1515.

Übersicht

Mit dem CSR-Richtlinie-Umsetzungsgesetz vom 11. April 2017[1] hat der deutsche Gesetzgeber die EU-CSR-Richtlinie vom 22. Oktober 2014[2] in die handelsrechtlichen Bestimmungen der §§ 289b ff für den Einzelabschluss, der §§ 315b ff für den Konzernabschluss sowie des § 340a Abs. 1a für den Abschluss bestimmter Kreditinstitute und des § 341a Abs. 1a für den bestimmter Versicherungsunternehmen transformiert. Nach diesen Bestimmungen ist der Lagebericht (vor allem der der großen Börsengesellschaften mit mehr als 500 Arbeitnehmern, näher unten § 289b Rn 2 ff) um eine nichtfinanzielle Erklärung zu erweitern (§ 289b Abs. 1 S. 1); in ihr ist auf die Belange u. a. der Umwelt und der Arbeitnehmer (über die bisherige Vorgabe aus § 289 Abs. 3 hinaus; zur Abgrenzung oben § 289, Rn 153 f) nach eingehender Vorgabe des § 289c Abs. 2 einzugehen (CSR-Berichterstattung). Unabhängig von der umstrittenen Frage, ob und inwieweit den erfassten Unternehmen und ihren Geschäftsleitungen mit der CSR-Berichterstattung Unternehmensziele[3] jenseits der wirtschaftlich-finanziellen und neben diesen rechtsverbindlich vorgegeben werden,[4] und unabhängig von der sich rechtspolitisch sowohl auf der europäischen, als auch auf der deutschen Ebene dynamisch fortentwickelnden Antwort auf diese Frage,[5] kommt in der CSR-Berichterstattung jedenfalls ein Verständnis der „Unternehmen von öffentlichem Interesse“ zum Ausdruck, das in diesen einen in mehreren Dimensionen aktiven Wertschöpfer sieht und nicht allein einen wirtschaftlich-finanziellen (näher unten Rn 37 ff). 1

I. Der Weg der Europäischen Union zur nichtfinanziellen Berichterstattung

Die CSR-Richtlinie markiert auf dem Pfad weg von der ausschließlich wirtschaftlich-finanziellen Ausrichtung der „Unternehmen von öffentlichem Interesse“ bloß einen Zwischenstopp; die EU-Kommission schreitet schon jetzt, an ihrem Plan „Sustainable Finance“[6] und seiner schrittweisen Verwirklichung[7] ablesbar, kraftvoll weiter voran, ohne dass über den jüngsten Kommissions-Vorschlag für eine CSR-Richtlinie II (§ 289, Rn 34 ff) hinaus ein **Endziel** zu erkennen wäre.[8] 2

1 BGBl I S. 802; s. dazu *Holzmeier/Burth/Hachmeister* IRZ 2017, 215; *Kajüter* IRZ 2017, 137; *Rimmelspacher/Schäfer/Schönberger* KoR 2017, 225; *Velte* DB 2017, 2813.

2 RL 2014/95/EU, ABl. 2014, L 330/1; zur begleitenden Literatur s. die Überblicke bei Habersack/Verse S. 394 f; *Lutter/Bayer/Schmidt* Europäisches Unternehmens- und Kapitalmarktrecht § 23.10 Fn 38.

3 Zu diesen näher Hüffer/Koch AktG § 76 Rn 28 ff; *Fleischer* in: BeckOGK AktG § 76 Rn 22 ff.

4 Dazu monographisch eingehend *J. Simon* die Legitimation der CSR-Richtlinie in ihren Auswirkungen auf die Unternehmensverfassung der Aktiengesellschaft (2019) S. 101 ff; s. auch *Asmussen* Haftung für CSR (2020) S. 72 ff.

5 S. die Bemerkungen von *Hommelhoff/Teichmann* ACI-Quarterly 2020 III, S. 50 f.

6 KOM (2018), 97 endg.; s. dazu *Köndgen* FS K. Schmidt II (2019) Bd. I S. 671 ff; *Lanfermann* BB 2019, 2219; *Lange* BKR 2020, 216; *Bueren* ZGR 2019, 813.

7 In deren Rahmen wurde die Verordnung (EU) 2020/852 vom 18. Juni 2020 verabschiedet (sog. Taxonomie-Verordnung, ABl. L 198/13); s. dazu *Lanfermann* BB 2020, 1643.

8 S. *Fleischer* ZIP 2021, 5: von Corporate Social Responsibility zum Corporate Purpose. – Zur möglichen Einbeziehung nichtkapitalmarktorientierter Unternehmen *Siegel/Stibi* IDW life 2021, 8, 9.

Aber das kann angesichts des langen Vorlaufs, den die CSR-Berichterstattung genommen hatte, auch nicht verwundern.

1. Die rechtspolitischen Impulse

3 Vor dem Hintergrund der vor allem von anglo-amerikanischen Wissenschaftlern (Bowen, Davis und Friedman) seit der Mitte des vergangenen Jahrhunderts hochstreitig geführten Diskussion um die soziale Verantwortung der Unternehmen und ihrer Leiter im Verhältnis zu den staatlichen Rahmenbedingungen im Sozialen[9] wandte sich die EU-Kommission unter ihrem damaligen Präsidenten *Jacques Delors* erstmals Anfang der neunziger Jahre der sozialen Verantwortung, der Corporate Social Responsibility (CSR) zu. In den danach folgenden zwanzig Jahren beschrieb die Kommission ihre zweimal fundamental veränderte Grundposition zur CSR in einem Grünbuch und in drei Mitteilungen, die letzte unter dem Titel „Eine neue EU-Strategie (2011-2014) für die soziale Verantwortung von Unternehmen" im Jahre 2011.[10] Während die fluktuierende Regulierungspolitik der Kommission zunächst von einem sozialliberalen Ansatz geprägt war,[11] wechselte diese mit ihrer zweiten Mitteilung[12] 2006 hinüber zu einem neoliberalen Ansatz, mit dem es der Kommission vorrangig darum zu tun war, die Wettbewerbsfähigkeit der Unternehmen zu erhöhen, Innovationen zu beflügeln und wirtschaftliches Wachstum zu sichern und zu stärken. Erst mit ihrer dritten Mitteilung von 2011 kehrte die Kommission, getrieben von den Erfahrungen aus der Finanzkrise 2007 und von denen aus der nachwirkenden Eurokrise, in Verwerfung des neoliberalen Ansatzes zurück zum **sozialliberalen Grundverständnis von CSR** und ihren Funktionen und scherte damit in den Geleitzug mit den mittlerweile verabschiedeten Grundsätzen und Leitlinien internationaler Organisationen (UN, OECD) ein.[13]

4 Das sozialliberale Grundkonzept, von dem die Mitteilung 2011 getragen ist, hat der europäische Gesetzgeber in der CSR-Richtlinie 2014/95 normativ konkretisiert, hat dabei freilich, wie mit Recht kritisiert wird,[14] eine gewichtige Folge verschwiegen: Sozial verantwortliches Handeln muss nicht, kann jedoch im Einzelfall den wirtschaftlichen Interessen eines Unternehmens zuwiderlaufen.[15] CSR kann mithin sein finanzielles Jahresergebnis schmälern: Was bedeutet das für die Handlungspflichten der Geschäftsleitung und was für die Ziele der zur CSR-Berichterstattung verpflichteten großen Unternehmen von öffentlichem Interesse?[16] Dies sind Fragen an die Unternehmensverfassung, vornehmlich an die der Aktiengesellschaft, die auf den ersten Blick nicht aus dem Recht der Rechnungslegung heraus zu beantworten sind (s. aber Rn 34 ff).

2. Die CSR-Richtlinie

5 Die CSR-Richtlinie 2014/95/EU, mit der die Bilanzrichtlinie 2013/34/EU mit Blick auf die Angabe nichtfinanzieller Informationen durch bestimmte große Unternehmen und Gruppen geändert

9 Aufschlussreich hierzu der Bericht von *J. Simon* Die Legitimation der CSR-Richtlinie (2019) S. 15 ff m. w. N.; s. auch *Roth-Mingram* Corporate Social Responsibility in der sozialen Marktwirtschaft (2017) S. 61 f, 66 ff m. w. N.; *Asmussen* Haftung für CSR (2020) S. 3 ff; *Krause* FS Windbichler (2020) S. 269, 270 f.

10 KOM (2011) 681 endg; zur Strategiegeschichte eingehend *J. Simon* Die Legitimation der CSR-Richtlinie (2019) S. 43 ff m. w. N.

11 KOM (2001) 366 endg.

12 KOM (2006) 136 endg.

13 Zum Voranstehenden prägnant fokussiert *J. Simon* Die Legitimation der CSR-Richtlinie (2019) S. 62 ff.

14 *J. Simon* Die Legitimation der CSR-Richtlinie (2019) S. 64 ff.

15 Dazu *Hommelhoff* FS Kübler (2015) S. 296 f und *J. Vetter* ZGR 2018, 338, 344 ff, die das sozial verantwortliche Handeln im Normalfall als wirtschaftlich nachteilig ansehen.

16 Dazu zuletzt eingehend *J. Simon* Die Legitimation der CSR-Richtlinie (2019) S. 132 ff m. w. N.

wird, offenbart in ihren Erwägungsgründen bemerkenswert unterschiedliche **Motive des europäischen Gesetzgebers**. Während die Kommission in Erwägungsgrund 1[17] sich damit begnügt, die Sozial- und Umweltberichterstattung der Unternehmen auf ein vergleichbar[18] hohes Niveau anheben zu wollen, holt das Europäische Parlament für seine Motivation ausweislich der in Erwägungsgrund 3 referierten Entschließungen weit aus: So sieht das Parlament in den Informationen zur Nachhaltigkeit, die vornehmlich als soziale und umweltbezogene Faktoren begriffen werden, zum ersten ein Instrument, um Gefahren für die Nachhaltigkeit aufzuzeigen und um das Vertrauen von zwei stakeholder-Gruppen zu stärken: das der Investoren sowie das der Verbraucher, also das der Eigen- und Fremdkapitalgeber sowie das Vertrauen der Endkunden. Zum zweiten sieht das Parlament in der nichtfinanziellen Berichterstattung ein Element, um die langfristige Rentabilität des Unternehmens mit sozialer Gerechtigkeit und Umweltschutz zu verbinden. Den nichtfinanziellen Informationen weist das Parlament drittens die Aufgabe zu, beim Messen zu helfen, wie sich das unternehmerische Geschäftsergebnis auf die (Zivil-)Gesellschaft auswirkt, und überdies dabei, diese Auswirkungen zu überwachen und zu handhaben.

Damit nennen die Erwägungsgründe zur CSR-Richtlinie die **Zivilgesellschaft** als weiteren 6
stakeholder. Dunkel bleibt dabei allerdings die Verknüpfung zwischen der Zivilgesellschaft und den Verbrauchern.[19] Ausweislich Erwägungsgrund 3 will das Parlament mit der Vergleichbarkeit der CSR-Informationen den Verbrauchern den Zugang zu Informationen erleichtern, wie Unternehmen sich (über ihre Aktivitäten?) auf die Gesellschaft auswirken. In der so verlautbarten Motivation des Europäischen Parlaments bleiben zwei Fragen offen: Warum gerade die **Verbraucher** an den zivilgesellschaftlichen Auswirkungen interessiert sein sollten; und warum nicht die Informationsinteressen befriedigt werden sollen, die alle Angehörigen der Zivilgesellschaft an den Auswirkungen der unternehmerischen Tätigkeit haben. Einer verdrängenden Repräsentanz der Zivilgesellschaft und ihrer Angehörigen durch die Verbraucher, denen zwar als Abnehmer der berichtspflichtigen Gesellschaften eine Schlüsselrolle zukommt, fehlt jedoch jede Rechtfertigung.

In der Gemengelage von der Kommission referierter Motive des Europäischen Parlaments 7
droht der fernere Horizont zu verschwimmen, auf den das Parlament mit der CSR-Berichterstattung zusteuert: eine **nachhaltige globale Wirtschaft**; in ihr ist nach Vorstellung des Parlaments langfristige Rentabilität (Value to Business) verbunden mit sozialer Gerechtigkeit und Umweltschutz (Value to Society).[20] Am Horizont erscheint mithin die **ökosoziale Marktwirtschaft**;[21] auf sie sollen die Unternehmen vor allem mithilfe der CSR-Berichterstattung ausgerichtet werden – und zwar nicht allein die in Europa, sondern global die in der ganzen Welt. In der CSR-Berichterstattung weist das Parlament europäischen Unternehmen eine Vorreiterrolle zu; dies gewiss eher als ambitionierter Auftrag, denn als aktuelle Positionsbeschreibung. Aber für die teleologische Interpretation der Richtlinien-Vorgaben zur nichtfinanziellen Erklärung im Lagebericht wird man das Ziel einer nachhaltigen Globalwirtschaft schwerlich heranziehen können; momentan ist diese bloß ein mögliches Ziel der Wirtschaftspolitik, das noch breiter und konkretisierender Umsetzung bedarf.[22]

---

17 ABl. 2014, L 330/1.

18 Zu den Bemühungen der Wirtschaftsprüfer um die Vergleichbarkeit der CSR-Berichterstattung *Siegel/Stibi* IDW life 2021, 8; bessere Vergleichbarkeit ist auch das Ziel des Vorschlags für eine CSR-Richtlinie II, oben § 289, Rn 34.

19 Vgl. in diesem Kontext die Kritik von *Stingl* Die soziale Verantwortung der Kapitalgesellschaften vor dem Hintergrund der europäischen CSR-Richtlinie, 2020, S. 538 f, nach dessen Meinung der europäische Gesetzgeber die Fähigkeit der Verbraucher zur Analyse der Lageberichtsinformationen überschätzt.

20 *Heller* IDW life 2021, 11 f.

21 *Heller*, a. a. O., 12: von der Profitmaximierung hin zur Wertoptimierung.

22 Dazu könnte wohl eine in die CSR-Berichterstattung integrierte Purpose-Berichterstattung einen Beitrag leisten, s. *Fleischer* ZIP 2021, 5, 14.

3. Die Transformation im CSR-Richtlinie-Umsetzungsgesetz

8 In das deutsche Recht ist die CSR-Richtlinie durch das Gesetz zur Stärkung der nichtfinanziellen Berichterstattung der Unternehmen in ihren Lage- und Konzernlageberichten (CSR-RUG) eingeführt worden.[23] Das so umgesetzte deutsche Recht hält sich eng an die Vorgaben aus der europäischen Richtlinie[24] und geht in seinen Einzelregelungen fast ausnahmslos (arg. § 289d S. 2) nicht über diese hinaus (**1:1-Umsetzung**). Damit hat sich der deutsche Gesetzgeber denkbaren Weiterungen verschlossen, wie sie das Bundesjustizministerium noch in seinem Konzeptpapier vom April 2015 zur Diskussion gestellt hatte[25]: keine Ausdehnung auf kleine und mittlere Unternehmen, keine Erstreckung auf die Kunden des Unternehmens und deren Belange sowie keine obligatorische materielle Prüfung der nichtfinanziellen Erklärung durch sachverständige Dritte. Auf dieser Unternehmens-freundlichen Grundlinie hat der deutsche Gesetzgeber zudem alle Wahlrechte, die der europäische den Mitgliedstaaten in der Richtlinie eröffnet, an die Unternehmen als deren Wahlrechte weitergeleitet – so etwa das aus Art. 19a Abs. 4 der Richtlinie, die nichtfinanzielle Erklärung entweder in den Lagebericht zu inkorporieren oder diese außerhalt des Lageberichts in einem separaten Bericht zu erstatten (§ 289b Abs. 3: gesonderter nichtfinanzieller Bericht). Die Freiheiten, die der europäische Gesetzgeber den Unternehmen gewähren wollte, hat der deutsche ihnen nicht vorenthalten. Konsequent hat der HGB-Gesetzgeber von der Möglichkeit des Art. 19a Abs. 6 der Richtlinie keinen Gebrauch gemacht, den Unternehmen eine inhaltliche Überprüfung der nichtfinanziellen Informationen durch Sachverständige zwingend vorzugeben (arg. § 317 Abs. 2 S. 4). Deren Richtigkeit hat allein der Aufsichtsrat zu gewährleisten[26] (näher unten Rn 31 f).

II. Die Ziele nichtfinanzieller Berichterstattung

9 Mit der Vorgabe, über Nichtfinanzielles zu informieren, haben der europäische Gesetzgeber und in seinem Gefolge der deutsche auf dem Weg über den Informationszweck **neue Endziele** gesetzt, die mithilfe der nichtfinanziellen Erklärung oder des gesonderten nichtfinanziellen Berichts angesteuert werden sollen (näher unten Rn 18 ff). Diese neuen Endziele treten zu den überkommenen des Lageberichts hinzu und reichen über diese zumeist hinaus. Das gilt namentlich für die Ansteuerung der zu berichtenden Belange und für die Informations-getriebenen Anreize, den Belangen gerecht zu werden (unten Rn 11 f). Die darin angelegte Gefahr von Zielkonflikten ist in Deutschland dem Vorstand zur Auflösung nach seinem pflichtgemäßen Ermessen überantwortet.[27]

1. Sensibilisierung für Nichtfinanzielles

10 Die zur CSR-Berichterstattung verpflichteten Unternehmen sollen, darauf zielen die §§ 289b ff als erstes ab, für die nichtfinanziellen Belange, die von den konkreten Tätigkeiten des Unternehmens berührt sein können, sensibilisiert werden.[28] In Erfüllung der Pflicht zur CSR-Berichterstattung soll den Mitgliedern von Vorstand und Aufsichtsrat in diesen Unternehmen vor Augen geführt werden, dass dessen Aktivitäten nicht bloß wirtschaftlich-finanziell bedeutsam sind,

---

23 BGBl I (2017) S. 802; dazu u. a. *Mock* ZIP 2017, 1195; *Nietsch* NZG 2016, 1330; *Seibt* DB 2016, 2707.

24 So auch *Kajüter* IRZ 2017, 137; *Velte* IRZ 2017, 325 f; Rechtstatsächliches bei *Hummel/Pfaff* FS Böcking (2021) S. 135 ff.

25 S. den kommentierenden Bericht von *Müller/Stawinoga/Veltz* DB 2015, 2217.

26 Dazu *Hommelhoff* FS Seibert (2019) S. 371, 378.

27 Kritisch hierzu *Fleischer* AG 2017, 509, 522; *ders.* BeckOGK AktG § 76 Rn 34.

28 RegE CSR-RUG, BT-Drucks. 18/9982, S. 31.

sondern darüber hinaus für die in § 289c Abs. 2 genannten Belange und u. U. weitere (vor allem für das Klima, unten Rn 34). Gegenüber diesen nichtfinanziellen Belangen will die CSR-Berichterstattung die Geschäftsleitungen der erfassten großen Unternehmen öffnen; manche formulieren gar, diese Großunternehmen sollten zu sozial verantwortlichem Verhalten (überraschend paternalistisch) *erzogen* werden.[29] Dieser mit der Pflicht zur CSR-Berichterstattung angesteuerten **Öffnung und Sensibilisierung** widerstreitet mitnichten die Freiheit der Unternehmen nach § 289c Abs. 4, auf die Entwicklung und Verfolgung von Belangkonzepten zu verzichten (comply or explain). Denn selbst für eine solche Abstandnahme müssen sich die Leitungsorgane mit dem einzelnen Belang befassen und den Verzicht klar und begründet erläutern.[30] Diese Befassenspflicht gilt unabhängig von der umstrittenen Frage, ob die CSR-Berichterstattung die Unternehmensziele der betroffenen Unternehmen von Gesetzes wegen erweitert.[31]

2. Öffnung und Anreize

11 Über die Öffnung und Sensibilisierung der Verwaltungsorgane (oben Rn 10) hinaus zielt die CSR-Berichterstattungspflicht darauf ab, die erfassten großen Unternehmen zu nachhaltigem und sozialem Verhalten **anzuregen**, sie auf die in § 289c Abs. 2 genannten Belange (und ggf. weitere mehr) und auf deren Verfolgung auszurichten,[32] nicht aber (beim jetzigen Stand des europäischen und des deutschen Rechts) sie zur Verfolgung der Belange rechtlich zu verpflichten.[33] Dem in der CSR-Berichterstattung angelegten Schub (nudging) in Richtung auf nachhaltiges und soziales Verhalten kann sich zwar keines der erfassten Großunternehmen rechtspraktisch entgegenstemmen oder auch nur entziehen. Aber dennoch belässt ihnen der comply or explain-Mechanismus (§ 289c Abs. 4) die Freiheit, sich den in der Berichterstattung angelegten Anreizen (allerdings nur teilweise unten Rn 15) zu versagen – mögen diese Anreize auch durch die Verpflichtung noch weiter verstärkt worden sein, über die wesentlichen Risiken für die Belange und ihre Handhabung in jedem Falle jahresperiodisch zu berichten (§ 289c Abs. 3 Nr. 3 und 4; dazu unten Rn 13 f). Dies sind sämtlich Anreize, die bereits aus der CSR-Berichterstattung als solcher hervorgehen und dieser **Steuerungs- und Lenkungswirkung** verleihen (unten Rn 22).

12 Verstärkt werden diese bereits aus der Berichterstattungspflicht selbst hervorgehenden Anreize noch durch die **Veröffentlichung der nichtfinanziellen Informationen**. Denn erst die publizierte CSR-Berichterstattung kann bei den Publizitätsadressaten Reaktionen hervorrufen, die ihrerseits das Verhalten des berichtspflichtigen Unternehmens beeinflussen. Dieser Kreislauf der Einflussnahmen betrifft zumeist die **Reputation** des berichtspflichtigen Unternehmens[34] bei seinen Arbeitnehmern, Lieferanten, Kunden, Kreditgebern und in der allgemeinen Öffentlich-

29 *Fleischer* AG 2017, 509, 522; *Hennrichs* ZGR 2018, 206, 209; *Müller-Graff* ZHR 177 (2013), 564, 574; s. auch *J. Simon* Die Legitimation der CSR-Richtlinie (2019) S. 71 f; *Simons* ZGR 2018, 316, 319 f.

30 S. dazu auch schon *Hommelhoff* NZG 2017, 1361, 1362; s. zur Befassungspflicht *Walden* NZG 2020, 50, 54 f.

31 Undeutlich insofern *Bachmann* ZGR 2018, 231, 235: Pflicht des Vorstands, CSR-Belange bei der Abwägung einzubeziehen.

32 Vgl. RegE CSR-RUG, BT-Drucks. 18/9982, S. 26, wo von einem Anreiz die Rede ist; s. auch *Krause* FS Windbichler (2020) S. 269, 273 ff.

33 *Bachmann* ZGR 2018, 231, 235; *Fleischer* AG 2017, 509, 522; *Schön* ZHR 180 (2016), 279, 285 ff; *Spießhofer* VGR (Hrsg.), Gesellschaftsrecht in der Diskussion 2016 (2017) S. 61, 70; BeckOGK/*Kleindiek* HGB (Stand 15.11.2020) § 289b Rn 26; anders *Hommelhoff* FS von Hoyningen-Huene (2014) S. 137, 144; vgl. auch (im Ergebnis offen) *Asmussen* Haftung für CSR (2020) S. 72 ff.

34 Zur Reputation *Seibt* DB 2016, 2707, 2708 f; s. auch *Hell* EuZW 2018, 1015, 1017; vgl. ausführliche Analyse der Wechselwirkungen zwischen der Reputation und CSR *Eger* Unternehmensreputation als rechtlicher Parameter (2020) S. 156 ff.

keit. Auf diesem Wege können sich diese „marktlichen“ Anreize[35] auch finanziell im Jahresergebnis des Unternehmens niederschlagen, müssen dies aber nicht.[36] Die zunächst von der EU-Kommission verfolgte Verknüpfung zwischen der finanziell-wirtschaftlichen Dimension mit der nichtfinanziellen hat schon der europäische Richtlinien-Gesetzgeber aufgegeben: „CSR-Informationen sind um ihrer selbst willen“ darzubieten.[37]

3. Die Belangrisiken

13 Abgerundet und noch weitergehend fundiert wird das Sensibilisierungs- und Anreizprogramm (oben Rn 10 ff) durch die Verpflichtung der großen Unternehmen, innerhalb der CSR-Berichterstattung nach § 289c Abs. 3 Nr. 3 und 4 auch über die wesentlichen **Risiken für die Belange** des § 289c Abs. 2 zu berichten, wenn zwei Voraussetzungen erfüllt sind: die Risiken müssen zum einen aus der eigenen Geschäftstätigkeit des Unternehmens herrühren oder aus seinen Geschäftsbeziehungen, ihren Produkten oder Dienstleistungen sowie zum anderen müssen die Risiken sehr wahrscheinlich schwerwiegende Nachteile für die Belange schon jetzt oder in Zukunft zur Folge haben[38] (näher unten § 289c Rn 38 ff). Daneben muss das Unternehmen berichten, wie es diese wesentlichen Risiken handhabt. Für sie gilt das comply or explain-System nicht; § 289c Abs. 4 spart die Nr. 3 und 4 des Abs. 3 aus.

14 Eingebettet in die Berichterstattungspflicht ist die voranstehende Verpflichtung der Unternehmen, die wesentlichen **Belangrisiken** mit dem Ziel zu **handhaben**, dass sich diese Risiken möglichst nicht schwerwiegend nachteilig auf die Belange auswirken. Denn eine ziellose Handhabe wäre ohne Sinn; das gewollt zu haben, wird man dem Gesetzgeber nicht unterstellen können. Damit werden die Belange und ihre Integrität, soweit diese schwerwiegend aus dem eigenen Bereich des Unternehmens oder aus seinen Lieferketten heraus beeinträchtigt werden könnten, der Fürsorge der großen Unternehmen und ihrer Verwaltungsorgane anvertraut. Das ist stimmig für jene Belange, die das Unternehmen in seine Unternehmenspolitik aufnimmt und für die es daher Konzepte entwickelt und verfolgt. Wenn ein Belang so in die Aktivitäten des Unternehmens eingefügt werden soll, ist sein Schutz vor wesentlichen schwerwiegenden Risiken und ihrer Verwirklichung die naheliegende Konsequenz aus dieser Einfügung. Anders hingegen bei (im Rahmen des comply or explain-Mechanismus) nicht übernommenen Belangen: Der Fürsorge des großen Unternehmens sind die Belange des § 289c Abs. 2 im Rahmen seines Aktivitätsbereichs sogar dann unaufgebbar anvertraut, wenn seine Geschäftsleitung ihre Verfolgung und Pflege im Rahmen seiner Unternehmenspolitik rechtswirksam abgelehnt hat. Oder anders gewendet: Ein **Minimum an Belangfürsorge** ist den Großunternehmen in § 289c Abs. 3 Nr. 3 und 4 zwingend auferlegt; auf ihren Minimalschutz im Aktivitätsbereich der Großunternehmen zielt die CSR-Berichterstattung bei Lichte besehen ab.

4. Die Funktion des comply or explain

15 Vor diesem Hintergrund des § 289c Abs. 3 Nr. 3 und 4 (oben Rn 13 f) ist der comply or explain-Mechanismus zu würdigen: Entgegen erstem Anschein gewährt er den betroffenen Großunternehmen keineswegs die Freiheit, sich um einen der Belange aus § 289c Abs. 2 oder gar alle

---

35 *Schön* ZHR 180 (2016), 279, 284 f; *Krause* FS Windbichler (2020), S. 269, 287; *Leyens* in: Leyens/Eisenberger/Niemann (Hrsg.), Smart Regulation: Vertrag, Unternehmung und Markt (2021) S. 75 ff.

36 *J. Simon* Die Legitimation der CSR-Richtlinie (2019) S. 71 f.

37 *J. Simon* a. a. O. S. 77; *Simons* ZGR 2018, 316, 330; *Spießhofer* NZG 2014, 1281, 1282; wohl anderer Ansicht BeckOGK/*Kleindiek* HGB (Stand 15.11.2020) § 289c Rn 49 ff m. w. N.

38 Sog. mehrfacher Wesentlichkeitsvorbehalt, vgl. HdR-EA/*Kajüter* (Stand: Mai 2019), §§ 289, 289a–f HGB Rn 267 f; *Böcking*/*Gros*/*Wirth* in EBJS HGB § 289c Rn 18.

Belange überhaupt **nicht zu kümmern**. Sogar als äußerst robuster Textilimporteur, dem die Herstellung der Ware in Kinderarbeit vollständig gleichgültig ist, ist und bleibt das Großunternehmen als Akteur in der Lieferkette verpflichtet, eigene Vorkehrungen zu treffen, damit unheilbare Entwicklungsstörungen bei Kindern in den Produktionsstätten verhindert oder mindestens gedämpft werden. Mit der Begründung, er könne auf die Produktion in Fernost keinen steuernden Einfluss nehmen und sehe deshalb von der Entwicklung eines dahingehenden Belangkonzepts ab, kann der Textilimporteur zwar seine eigene Politik eingrenzen; seine Verpflichtung jedoch, z. B. über den angedrohten Abbruch der Geschäftsbeziehungen Kinderarbeit entgegenzuwirken, bleibt von der Ablehnung eines dahingehenden Belangkonzepts unberührt. Diese bereits seit 2017 (oben Rn 8) bestehende Verpflichtung hat das Lieferkettengesetz 2021[39] bekräftigt und weiter ausgebaut.

Damit verringert die obligatorische Berichterstattung nach § 289c Abs. 3 Nr. 3 und 4 den Freiraum, den der comply or explain-Mechanismus zu eröffnen scheint, um ein wesentliches Stück. Zusätzlich wird der Zutritt zum verbliebenen Freiraum durch die Verpflichtung vergällt, die Abstandnahme vom Belangkonzept klar und begründet zu erläutern (§ 289c Abs. 4) und damit sehr häufig die Reputation des Unternehmens zu beeinträchtigen, wenn nicht gar zu zerstören. Im Rahmen der CSR-Berichterstattung ist die Freiheit aus dem comply or explain-Mechanismus bloß eine formale, keine inhaltlich effektive. Der europäische Gesetzgeber wird sich den Vorwurf gefallen lassen müssen, seine wahren Regelungsabsichten in der CSR-Berichterstattung versteckt zu haben: in bestimmten Großunternehmen auch die Handlungsprogramme ihrer Verwaltungsorgane auf die Belange des § 289c Abs. 2 effektiv auszurichten. 16

III. Adressaten-bezogene Funktionen der CSR-Berichterstattung

Die unterschiedlichen Funktionen der Rechnungslegung[40] bestimmen sich nach ihren **Adressaten** und danach, zu welchen Zwecken die Adressaten die in die Rechnungslegung eingebetteten Informationen sollen verwenden können. Auf diese Weise sind die Dokumentations-, die Rechenschafts-[41] und die Ausschüttungsbemessungsfunktion herausgearbeitet worden. In gleicher Weise folgen aus den Informations-Interessen der Adressaten die Funktionen der CSR-Berichterstattung.[42] Allerdings folgt aus den Adressaten-bezogenen Funktionen der nichtfinanziellen Erklärung mitnichten eine Interpretation der Informationspflichten des Unternehmens je danach, welche Informationsinteressen die unterschiedlichen Adressaten haben. Diese müssen die nichtfinanziellen Informationen gerade so hinnehmen, wie das Unternehmen sie pflichtgemäß bereitstellt. Denn dessen Informationspflichten sind aus der Perspektive des Unternehmens zu bestimmen (s. oben § 289 Rn 83). 17

1. Anleger-bezogene Funktionen

Mit Blick auf die Kapitalanleger dienen wie die finanziell-wirtschaftlichen ebenfalls die nichtfinanziellen Informationen der **Rechenschaft**: Die Eigenkapitalinvestoren sollen wissen, ob und für welche Belange neben den finanzwirtschaftlichen ihre Finanzbeiträge genutzt wer- 18

39 G vom 16. Juli 2021, BGBl I S. 2959; zum später abgeänderten Regierungsentwurf *Nietsch/Wiedmann* CCZ 2021, 101; *Lutz-Bachmann/Vorbeck/Wengenroth* BB 2021, 906.

40 Hierzu u. a. *Baetge/Kirsch/Thiele* Bilanzen[15] S. 93 ff; *Brinkmann* Zweckadäquanz der Rechnungslegung nach IFRS (2006) S. 23 ff, 38 f; MünchKommBilR/*Kleindiek* § 242 HGB Rn 4 ff.

41 Speziell zur Rechenschaftsfunktion der Rechnungslegung *Kleindiek* ZGR, 1998, 466, 467; *Kühnberger* DStR 2018, 755, 757 f.

42 Die nachfolgenden Darlegungen sind weithin identisch mit den Ausführungen *Hommelhoff* FS Seibert (2019), S. 371, 372 ff.

den sollen und genutzt worden sind. Diese Informationen sind für die Anleger in entgegengesetzten Richtungen bedeutsam: Investoren, die ausschließlich an der Steigerung des finanziellen Unternehmenswerts und an möglichst hohen Ausschüttungen interessiert sind, erfahren, dass ihre Erwartungen durch den Aufwand für jene nichtfinanziellen Belange gedämpft werden, deren Umsetzung das Unternehmen auf seine Fahnen geschrieben und deshalb nicht nach § 289c Abs. 4 HGB „abgewählt“[43] hat. Ein solches Unternehmen präsentiert sich umgekehrt jenen Kapitalanlegern und Vermögensverwaltern, die bewusst auch in Umwelt-, Sozial- und Governance-bezogene, also in ESG-Aktivitäten[44] investieren wollen,[45] als attraktives Zielobjekt.

19 Daher fungieren die nichtfinanziellen Informationen in der Rechnungslegung über die Rechenschaft hinaus als **Entscheidungsgrundlage** für die Kapitalanleger.[46] Um diese Informationen verlässlich darbieten zu können, müssen ihre vielfältigen Grundlagen im Unternehmen hinreichend **dokumentiert** werden. Mit all’ diesen Funktionen schreibt somit die CSR-Berichterstattung die finanzwirtschaftliche Rechnungslegung in den Bereich des Nichtfinanziellen hinein unverändert fort. Allein die Gewinnermittlungs- und Ausschüttungsbemessungsfunktion sprechen die nichtfinanziellen Informationen bloß indirekt an: Die mit den Belangen und ihrer Umsetzung verbundenen Aufwendungen können kurzfristig geringere, allerdings in der CSR-Berichterstattung nicht näher ausgemessene Gewinne erwarten lassen.

2. Gläubiger-bezogene Funktion

20 Dieser Gewinnaspekt (Rn 19) hat ebenfalls für die Gesellschaftsgläubiger als Informationsadressaten Bedeutung. Die korrekte Erfüllung ihrer Zahlungsansprüche hängt zunächst und vor allem davon ab, in welchem Umfang ihre Schuldnerin Erträge erwirtschaftet und wofür diese die Erträge verwendet. Belange-Aufwendungen[47] können sich auf die Fähigkeit des Schuldnerunternehmens auswirken, seinen Verbindlichkeiten korrekt nachzukommen. Deshalb werden die Gläubiger bereits bei der möglichen Begründung ihrer Forderung, erst recht aber während derer Existenz schon im eigenen Interesse mit Sorgfalt ebenfalls die nichtfinanziellen Informationen des Schuldnerunternehmens daraufhin zu würdigen haben, ob und inwieweit dereinst die Befriedigung ihres Zahlungs- oder sonstigen Leistungsanspruchs (auch wegen unzureichender Unternehmensführung) gefährdet sein könnte. Eine aus der CSR-Berichterstattung ersichtlich allzu großzügige Berücksichtigung von Sozialbelangen etwa könnte Gläubiger zu Reaktionen von der Zinserhöhung über eine Nachbesicherung bis hin zur außerordentlichen Kündigung veranlassen. Für die Zahlungs- und sonstigen Gläubiger haben die nichtfinanziellen Informationen somit letztlich die Funktion von **Entscheidungsgrundlagen** – für Anleihegläubiger zunehmend auch unter dem Aspekt, gezielt in „Green Bonds“ investieren zu wollen.[48]

43 Aber sogar solche Anleger nehmen nichtfinanzielle Informationen (z. B. die Zahl der Arbeitsunfälle) in den Blick, weil auch hieraus auf die Qualität der Unternehmensführung rückgeschlossen werden kann.

44 Environmental, social and governance issues; dazu *Parmentier* EuZW 2018, 53, 59 mit Verweis auf den Zwischenbericht der High-Level-Expert Group on sustainable Finance; s. auch *Wieben* WPg 2018, 788; *Weiand/Rölike* DB 2021, Beilage 2, S. 2.

45 Vermögensverwalter berichten von der ausdrücklichen Vorgabe mancher Treugeber, ausschließlich oder im Schwerpunkt ESG-Aktivitäten zu finanzieren; s. auch *Gutsche/Gratwohl/Fauser* IRZ 2015, 455, 456; *Gutsche/Gratwohl/Schulz* ZfU 2017, 332, 333; *Häfner/Kiesel/Wirthmann* ZfU 2017, 299; *Simons* ZGR 2018, 316, 330.

46 Mehr dazu *Illert/Schneider* DB 2021, Beilage 2, S. 27, 29 f.

47 Also Aufwand, der den in § 289c Abs. 2 HGB aufgelisteten und weiteren Belangen zugutekommen soll; ein weiterer Belang ist nach Art. 8 Taxonomie-Verordnung der Klimaschutz, s. oben § 289 Rn 29.

48 Näher *Roth/Ekkenga* AG 2021, 409.

3. Abnehmer-bezogene Funktion

Für die Abnehmer des Unternehmens, seien sie Nutzer seines Endprodukts oder Verwender von Vormaterial, fungieren die nichtfinanziellen Informationen in gleicher Weise als Entscheidungsgrundlage. So mag es dem Endnutzer keineswegs gleichgültig sein, unter welchen Bedingungen das Unternehmen, das ihm seine Produkte anbietet, diese in Billiglohnländern hat herstellen lassen: Nicht alle Mütter kaufen ihren Kindern Turnschuhe, die in Kinderarbeit produziert worden sind. Und Vormateriallieferanten, die erklärtermaßen (und tatsächlich) Umwelt-, Sozial- und Arbeitnehmerbelange respektieren, konfrontieren ihre Abnehmer nicht mit der Gefahr, mit ihren Produkten wegen schwerwiegender Verstöße gegen solche Belange in der Lieferkette[49] unter behördliche Aufsicht etc.[50] und medial hochgeputscht in Verruf zu geraten. Das fließt in die **Entscheidungsfindung** von Abnehmern und Geschäftspartnern des Unternehmens ein. 21

4. Umfeld-bezogene Funktionen

Der Zivilgesellschaft und dem Unternehmens-Umfeld als Adressaten der CSR-Berichterstattung[51] 22 schuldet das Unternehmen schwerlich Rechenschaft über seine nichtfinanziellen Leistungen oder gar Fehlleistungen. Ebensowenig gründen Entscheidungen im Unternehmens-Umfeld (etwa in der politischen Gemeinde der Betriebsstätte) oder in der Zivilgesellschaft, also in der allgemeinen Öffentlichkeit auf der ESG-Konformität des Unternehmens und seines Verhaltens. Ihnen gegenüber verfolgt das europäische und in seiner Umsetzung auch das deutsche Recht einen anderen zusätzlichen Zweck mit der nichtfinanziellen Berichterstattung: Die zu ihr verpflichteten Unternehmen sollen dahin geleitet, sollen dazu angeregt werden, auch die in § 289c Abs. 2 HGB genannten Umwelt-, Arbeitnehmer-, Sozial- und Menschenrechtsbelange etc. im Rahmen ihrer wirtschaftlichen Aktivitäten zu verfolgen (oben Rn 11 f). Mit Blick auf die Zivilgesellschaft und das Unternehmens-Umfeld ist die CSR-Berichterstattung mithin auf die **Anreiz- und Steuerungsfunktion** der Rechnungslegung[52] hin ausgerichtet. Gesellschaft und Umfeld sollen über die nichtfinanziellen Leistungen (oder Fehlleistungen) des Unternehmens informiert, sollen für diese interessiert werden, um sie zum Gegenstand allgemeiner öffentlicher Erörterung zu machen. Es geht um die ESG-Reputation des Unternehmens,[53] deren Gewinn oder Verlust. Vornehmlich auf diesen Wirkmechanismus setzen der europäische und die mitgliedstaatlichen Gesetzgeber, um die von ihnen ausdrücklich benannten (und ggf. weitere, § 289c

---

49 Hierzu Begr. RegE CSR-UG, BT-Drucks. 18/9982, S. 50; Baumbach/Hopt/*Merkt*[40] § 289c HGB Rn 12 f; Hachmeister/Kahle/*Mock*/Schüppen § 289c HGB Rn 59 ff; Beck BilKomm-*Störk/Schäfer/Schönberger*[12] § 289c HGB Rn 48/65 f; eingehend *Rühmkorf* ZGR 2018, 410.

50 Arg. §§ 12 ff, insbesondere § 15 LieferkettenG (oben Fn 39).

51 Der deutsche Gesetzgeber hat die Sozialbelange aus Art. 19a Abs. 1 Unterabs. 1 der Bilanzrichtlinie, Anregungen aus Erwägungsgrund 7 der CSR-Richtlinie aufgreifend, dahin in § 289c Abs. 2 Nr. 3 HGB konkretisiert, sie umfassten beispielsweise Angaben zum Dialog auf kommunaler oder regionaler Ebene oder Maßnahmen des Unternehmens, um den Schutz oder die Entwicklung lokaler Gemeinschaften sicherzustellen, speziell hierzu u. a. *Mock* ZIP 2017, 1195, 1196; *Seibt* DB 2016, 2707, 2708 f; BeckOGK/*Kleindiek* HGB (Stand 15.11.2020) § 289b Rn 36.

52 S. Begr. RegE CSR-UG, BT-Drucks. 18/9982, S. 26: „Durch die neuen Vorgaben für die Berichterstattung kann mittelbar auch das Handeln der Unternehmen beeinflusst und ein Anreiz geschaffen werden, nichtfinanziellen Belangen ... stärkeres Gewicht in der Unternehmensführung beizumessen"; so auch BeckOGK/*Kleindiek* HGB (Stand 15.11.2020) § 289b Rn 27; vgl. auch *Krajewski* ZGR 2018, 271, 278 f; s. auch diese Funktion im Kontext von smart regulation *Leyens* in: Leyens/Eisenberger/Niemann (Hrsg.), Smart Regulation: Vertrag, Unternehmung und Markt, 2021, S. 75, 82 f.

53 Dazu *Eufinger* EuZW 2015, 424; *Mock* ZIP 2017, 1195, 1196; *Seibt* DB 2016, 2707, 2708 f. Sie kann sich auch in der Attraktivität der Aktien niederschlagen; denn nach dem Eindruck mancher Vermögensberater haben Aktien von Unternehmen mit guten ESG-Werten ein besseres Chancen-/Risiko-Profil.

Abs. 2 HGB: zumindest) Belange via Anregung und Steuerung möglichst weitgehend verfolgen und verwirklichen zu lassen (arg. § 289c Abs. 3 Nr. 2/Abs. 4 HGB).[54]

IV. CSR-bezogene Organpflichten

23 Die in der oben beschriebenen Weise angesteuerten Regelungsziele (Rn 9 ff) und die Funktionen der CSR-Berichterstattung in den erfassten Großunternehmen bedürfen der Umsetzung und Konkretisierung in Handlungs-Programmen und -pflichten, die den Vorständen/Geschäftsleitungen dieser Großunternehmen auferlegt sind sowie konsequent ihren Aufsichtsräten oder sonstigen Kontrollorganen.

1. CSR-Pflichten des Vorstands

24 Die Vorgaben zur CSR-Berichterstattung (§§ 289b ff) erweitern die Berichtspflichten des Vorstands/der Geschäftsleitung in bestimmten Großunternehmen quantitativ und qualitativ. Sie haben nicht bloß über Wirtschaftlich-Finanzielles zu berichten, sondern, wie schon für den Lagebericht in § 289 Abs. 3 angelegt, zusätzlich über Nichtfinanzielles. Aber nicht allein das: Eingekapselt in Berichtspflichten finden sich eine ganze Reihe von der Information vorgelagerten sonstigen **Handlungspflichten**. Dabei ist von wenig Bedeutung, ob diese Pflichten die bisher schon nach der Generalklausel der § 93 Abs. 1 S. 1 AktG/§ 43 Abs. 1 GmbHG bestehenden Organpflichten lediglich unterstreichen oder konkretisieren[55] oder ob sie als neue aus der CSR-Berichterstattung hervorgehende Verhaltenspflichten zu qualifizieren sind.[56] Maßgeblich ist vielmehr: Die Vorgaben aus §§ 289b ff erschöpfen sich nicht in erweiterten Berichtspflichten allein.[57]

25 So begründet die Vorgabe aus § 289c Abs. 1, das **Geschäftsmodell** des Unternehmens kurz zu beschreiben, für Vorstände in der Tat keine neue Verhaltenspflicht, weil die Entwicklung eines Geschäftsmodells bereits aus der der künftigen Geschäftspolitik (arg. § 90 Abs. 1 Nr. 1 AktG) folgt. Neu ist insoweit nur, dass über das Geschäftsmodell (s. unten § 289c Rn 24 ff) innerhalb der nichtfinanziellen Erklärung ausdrücklich zu informieren ist.[58] Anders hingegen ist die Rechtslage in der großen kapitalmarktorientierten GmbH. Für sie verweist weder § 52 Abs. 1 GmbHG, noch § 25 Abs. 1 MitbestG, noch § 1 Abs. 1 Nr. 3 DrittelbG auf § 90 Abs. 1 AktG, so dass § 289c Abs. 1 für diese Gesellschaften eigenständige Bedeutung erlangt: Ihre Geschäftsleitungen müssen zumindest ein Geschäftsmodell entwickeln und festsetzen (lassen), um anschließend darüber in der nichtfinanziellen Erklärung zu berichten.

26 Neu ist dagegen gerade für die Vorstände der erfassten Großunternehmen, sich mit den in § 289c Abs. 2 aufgelisteten **Belangen** zu befassen (oben Rn 10). Hierfür steht ihnen kein Ermessen aus §§ 76, 93 Abs. 1 S. AktG zu. Freiheit ist ihnen erst bei der Entscheidung eröffnet, ob, für welchen Belang und inwiefern sie das Unternehmen tatsächlich engagieren wollen.[59] Und ebenso weitet die CSR-Berichtspflicht den **Pflichtenrahmen der Vorstände** und Geschäftsleitungen

54 Diesen Trend nimmt die neueste EU-Initiative „Sustainable Finance" (zu ihr *Lanfermann* BB 2018, 1643; s. auch *Parmentier* EuZW 2018, 53, 59; näher unten Rn 41 ff) auf und verstärkt ihn; er findet seinen Niederschlag in der TaxonomieVO (dazu bereits oben § 289 Rn 29 ff).

55 So *Bachmann* ZGR 2018, 231, 261 – resümierend; s. auch *J. Simon* Die Legitimation der CSR-Richtlinie (2019) S. 169.

56 So *Hommelhoff* NZG 2017, 1361, 1366 – im Resümee.

57 Zur Behandlung von „Green Bonds" *Roth/Ekkenga* AG 2021, 409, 415 f.

58 S. schon *Hommelhoff* NZG 2017, 1361, 1362; **aA** Hachmeister/Kahle/Mock/Schüppen/*Mock*[2] § 289c Rn 7 f, der die Pflicht zur Beschreibung des Geschäftsmodells aus § 289 Abs. 1 S. 1 HGB herleitet.

59 Insoweit zutreffend *Bachmann* ZGR 2018, 231, 237.

noch vor ihren Informationspflichten hinsichtlich der in § 289c Abs. 3 Nr. 3 und 4 genannten Drittrisiken: Diese sind nicht bloß zu erfassen, sondern auch und vor allem im Interesse der jeweiligen Belangträger fürsorglich zu handhaben (oben Rn 14). Schließlich liegt in der Verpflichtung, die tatsächlich in die Unternehmenspolitik aufgenommenen Belange jahresperiodisch zu evaluieren und über ihre Ergebnisse zu berichten (§ 289c Abs. 3 Nr. 2), die Verpflichtung, die Belangkonzepte innerhalb der Unternehmenspolitik ggf. nachzusteuern,[60] solange sich das Unternehmen nicht vom Belangkonzept vollständig löst.[61] Dritte können aus dem Konzept keine eigenen Rechte herleiten.[62]

2. CSR-Pflichten des Aufsichtsrats

Die Vorgaben zur CSR-Berichterstattung strahlen auf sämtliche Aufgabenfelder des Aufsichtsrats aus.[63] Schon bei der **Besetzung der Positionen** im Vorstand und in der Geschäftsleitung der mitbestimmten GmbH mit Kapitalmarktbezug steht der Aufsichtsrat vor der Entscheidung, in welcher Weise und in welchem Ausmaß er für eine ESG-Orientierung des Unternehmens sorgen will: ob ESG-affine oder ESG-averse Unternehmensleiter berufen werden sollen.[64] Anders als nach bisherigem Recht hat der Aufsichtsrat in großen Börsenaktiengesellschaften jedoch nach Inkrafttreten des ARUG II kein Ermessen mehr, ob er über die Besetzung von Vorstandspositionen die Gesellschaft und ihr Unternehmen auf Nachhaltigkeit (also auf ESG-Kriterien) hin ausrichten will; denn nach der Neufassung des § 87 Abs. 1 S. 2 AktG ist die Vergütungsstruktur für sämtliche Vorstandsmitglieder in diesen Börsengesellschaften auf eine nachhaltige und langfristige Entwicklung der Gesellschaft hin auszurichten.[65] Damit gilt die im comply or explain-Mechanismus (§ 289c Abs. 4) wurzelnde rechtliche Entscheidungsfreiheit in ihrer ganzen Weite nur noch für jene großen Unternehmen als Kapitalnachfrager, die nicht Börsenaktiengesellschaften sind. 27

Für die **Bemessung der Vergütung**, die den Mitgliedern des Leitungsorgans in den erfassten Großunternehmen zu gewähren ist, hat die Neuregelung in § 87 Abs. 1 S. 2 AktG ausstrahlende Wirkung: Wenn „nachhaltig" nicht länger als „langfristig" zu interpretieren ist, sondern eigenständig als „ESG"-orientiert, dann schlägt zumindest ab jetzt § 289c Abs. 3 Nr. 5 mit der vorgeschriebenen Angabe zu den bedeutsamsten nichtfinanziellen Leistungsparametern die Brücke von der CSR-Berichterstattung hinüber zur auch ESG-bezogenen Leistungsvergütung des Leitungspersonals.[66] Daraus folgt: In allen erfassten Großunternehmen (und nicht allein in der großen Börsengesellschaft) hat der Aufsichtsrat nichtfinanzielle Leistungen bei der Vergütungsstruktur und bei der Bemessung der tatsächlich erbrachten Leistungen der Leitungsmitglieder zu berücksichtigen, wenn und soweit die nichtfinanziellen Leistungen aus der Unternehmenspolitik der Gesellschaft folgen. Bloß in großen Börsenaktiengesellschaften ist ihre ESG-Orientierung zwingender Bestandteil der Unternehmenspolitik.[67] 28

Über die Belang-Konzepte hat sich der Aufsichtsrat (oder ein von diesem beauftragter Ausschuss) mit dem Vorstand zu **beraten**: darüber, ob ein bestimmter Belang in der Unternehmens- 29

60 S. *Hommelhoff* NZG 2017, 1361, 1363 f.
61 Dazu *J. Simon* Die Legitimation der CSR-Richtlinie (2019) S. 170 f.
62 Zutreffend *Bachmann* ZGR 2018, 231, 234 f.
63 Vgl. die Aufstellung der Kontrollmöglichkeiten des Aufsichtsrats bei *J. Vetter* ZGR 2018, 338, 374 f; s. auch *Roth/Ekkenga* AG 2021, 409, 416 ff; *Brandt/Althoff* FS Böcking, 2021, S. 25 ff.
64 Dazu *Bachmann* ZGR 2018, 231, 243; *Hommelhoff* NZG 2017, 1361, 1364.
65 Zu den damit verbundenen Steuerungsimpulsen *Hommelhoff/Teichmann* ACI-Quarterly 2020 III, S. 50 f; *Florstedt* ZIP 2020, 1, 3; *Hommelhoff* FS Hopt II (2020) S. 467, 475 f. Zum Begriff „nachhaltig" *ders.* FS Hopt II (2020) S. 467, 472; *Fleischer* in BeckOGK AktG (Stand: 1.06.2021) § 87 Rn 33; *Hirte/Frohmann* FS Windbichler (2020) S. 1335.
66 Auf dem Boden des vormaligen Rechts kritisch *Bachmann* ZGR 2018, 231, 243 und *Harbarth* ZGR 2018, 379, 385 ff; Rechtstatsächliches bei *Bundle/Schmid/Wegner* FS Böcking (2021) S. 45, 49 f.
67 Dazu *Hommelhoff* FS Hopt II (2020) S. 467, 472 f.

politik der Gesellschaft verfolgt werden soll ebenso wie über den Inhalt des Belang-Konzepts. Sollte der Vorstand nicht von sich aus hierüber das Gespräch mit dem Aufsichtsrat suchen, so muss dieser (bzw. der Ausschuss) das Gespräch initiieren.[68] Ob und inwieweit die Mitglieder des Überwachungsorgans von ihrem Mitberatungsrecht Gebrauch machen wollen, liegt in ihrem Ermessen; sie dürfen lediglich die Mitwirkung nicht dermaßen intensivieren, dass sie damit die Leitungsautonomie des Vorstands (§ 76 Abs. 1 AktG) beeinträchtigen.

30 Ebenso liegt es im unternehmerischen Ermessen des Aufsichtsrats (bzw. dessen Ausschusses), ob er die Beratung zum förmlichen **Zustimmungsvorbehalt** (§ 111 Abs. 4 S. 2 AktG) hin steigern will. Eine Verpflichtung des Gesamtaufsichtsrats (also nicht bloß des beauftragten Ausschusses), einen Zustimmungsvorbehalt auszubringen, ist regelmäßig dann anzunehmen, wenn ein Belang-Konzept aufzustellen abgelehnt werden soll und dadurch der Gesellschaft ein nicht unbeträchtlicher Reputationsschaden droht.[69] Der Konzeptverzicht bedarf bloß dann nicht der Aufsichtsrats-Zustimmung, wenn der betreffende Belang von den Aktivitäten des Großunternehmens gar nicht berührt wird oder allenfalls äußerst marginal. Dann liegt dem Verzicht keine unternehmerische Entscheidung zugrunde.

31 Soweit der Vorstand die Risiken für die nichtfinanziellen Belange in das Risikomanagementsystem des Großunternehmens einzubeziehen und zu handhaben hat (oben Rn 13 f), unterliegen diese Risiken und ihre Behandlung durch den Vorstand der Aufsichtsratsüberwachung. Diese Aufgabe kann vorbereitend, aber nicht ersetzend einem Aufsichtsratsausschuss nach § 107 Abs. 3 S. 2 AktG übertragen werden.[70] In der Erledigung dieser Aufgabe werden die Überwachungsstellen des Großunternehmens nicht schon von Gesetzes wegen vom **Abschlussprüfer** unterstützt (arg. §§ 317 Abs. 4, 321 Abs. 4 i. V. m. § 91 Abs. 2 AktG), sondern, sofern gewünscht, bloß auf der Grundlage eines zusätzlich mit dem Abschlussprüfer vereinbarten Prüfungsauftrags.

32 Im Rahmen seiner Prüfung der Rechnungslegung hat der Aufsichtsrat auch die nichtfinanzielle Erklärung unabhängig davon auf ihre Recht-, Ordnungs- und Zweckmäßigkeit hin zu prüfen, ob diese Erklärung Bestandteil des Lageberichts ist (§ 171 Abs. 1 S. 1 AktG) oder als gesonderter nichtfinanzieller Bericht erbracht wird (§ 171 Abs. 1 S. 4 AktG). Mit dieser Prüfung fungiert der Aufsichtsrat in den erfassten Großunternehmen als der zentrale **Garant** für die Verlässlichkeit der nichtfinanziellen Informationen, da der Abschlussprüfer nicht deren inhaltliche Richtigkeit überprüft (§ 317 Abs. 2 S. 4), sondern lediglich die Erstattung der nichtfinanziellen Informationen.[71] Ob und inwieweit sich der Aufsichtsrat von dritter Seite unterstützen lassen will, liegt in seinem Ermessen (§ 111 Abs. 2 S. 4 AktG).

V. Das Verständnis vom Unternehmen

33 Für die großen Unternehmen von öffentlichem Interesse folgt aus der CSR-Richtlinie und ihrer Umsetzung in das Recht der Mitgliedstaaten momentan schon ein umfassendes Regulierungsgesamt, in dem CSR-spezifische Berichts-, aber auch Verhaltenspflichten hinsichtlich der normativ fixierten Mindestbelange enthalten sind, die von der zwingenden Belangfürsorge bis zur freigestellten Verfolgung dieser Belange reichen. Dies so komplex angelegte Regulierungsgesamt wird der europäische Gesetzgeber von nun an bis in die nähere Zukunft in Verfolg seines Aktions-

---

68 *Hommelhoff* NZG 2017, 1361, 1365 im Anschluss an GroßkommAktG/*Hopt*/*Roth* § 111 Rn 61 ff.

69 *Hommelhoff* NZG 2017, 1361, 1365; tendenziell deutlich großzügiger *Bachmann* ZGR 2018, 231, 241 f unter Betonung des Aufsichtsrats-Ermessens und seiner Geschäftsordnungsautonomie; ähnlich diesem *J. Simon* Die Legitimation der CSR-Richtlinie (2019) S. 173.

70 *Hommelhoff* NZG 2017, 1361, 1365 m. w. N.; *J. Simon* Die Legitimation der CSR-Richtlinie (2019) S. 174.

71 Näher *Hommelhoff* FS Seibert (2019) S. 371, 376 ff; kritisch zu dieser Gesetzeslage („Erwartungslücke") *Hennrichs* NZG 2017, 841, 845; zu den Grundkonzepten für eine freiwillige Inhaltsprüfung der nichtfinanziellen Erklärung *Naumann*/*Schneiß* FS Böcking (2021) S. 371, 377 ff.

plans **„Sustainable Finance"** (unten Rn 41 ff) um weitere Berichts- und Verhaltenspflichten ergänzen, die er jenen Akteuren auferlegt und zunehmend intensiver auferlegen wird, welche mit dazu beitragen, die Großunternehmen von öffentlichem Interesse mit Finanzmitteln zu versorgen. Mit der TaxonomieVO vom Juni 2020 (oben § 289 Rn 29 ff) hat der europäische Gesetzgeber schon den nächsten Schritt gesetzt und die EU-Kommission mit ihrem Richtlinien-Vorschlag zur Nachhaltigkeitsberichterstattung (oben § 289 Rn 34 ff) einen weiteren. Die sich so in der Union und ihren Mitgliedstaaten entwickelnde Gesetzgebung hat in doppelter Hinsicht Bedeutung für diese Großunternehmen: Zum einen nimmt sie Einfluss auf deren Unternehmensziele (unten Rn 34) und zum anderen lässt sie erkennen, von welchem Bild des Großunternehmens sich die Kommission, der Ministerrat und das Parlament leiten lassen, um die Wirtschaftspraxis auf dies Leitbild auszurichten und mit zunehmender Intensität dann auch zu verpflichten (unten Rn 36).

1. Normierte Unternehmensziele

Der europäische Gesetzgeber will die überkommen auf wirtschaftlich-finanzielle Unternehmensziele im Interesse vornehmlich ihrer Eigenkapitalgeber ausgerichteten Großunternehmen, namentlich die Börsengesellschaften zusätzlich auf **ökologische und soziale Ziele** ausrichten sowie auf weitere Ziele, die als Mindestbelange in § 289c Abs. 2 aufgelistet und durch die Umweltziele des Art. 9 TaxonomieVO, vorzüglich Klimaschutz und Anpassung an den Klimawandel (§ 289 Rn 29 ff), unlängst ergänzt worden sind. Im comply or explain-Mechanismus (§ 289c Abs. 4) stehen die Konzepte für die Belange des § 289c Abs. 2 zwar im begründungsbedürftigen (und durch § 289c Abs. 3 Nr. 3 und 4 eingeschränkten, oben Rn 13 f) Belieben dieser Großunternehmen und ihrer Leitungsorgane; aber der europäische Gesetzgeber geht von der berechtigten Erwartung aus, dass sich die Unternehmen nur in Ausnahmefällen den in den Belangen eingefangenen Zielen nichtfinanzieller Art entziehen, sie also in ihrer großen Vielzahl wirtschaftlich-finanzielle und nichtfinanzielle Unternehmensziele ansteuern werden. 34

Aus diesem Befund ergibt sich indes momentan noch nicht die im Gesetz angelegte **Verpflichtung** für die erfassten Großunternehmen, die normierten nichtfinanziellen Ziele neben wirtschaftlich-finanziellen zu verfolgen. Dem steht die Wertungsoffenheit der §§ 289b ff entgegen; denn sogar dann, wenn die Geschäftsleitung die Belange des § 289c Abs. 2 nach § 289c Abs. 3 Nr. 1 in ihre Unternehmenspolitik aufnimmt, bleibt es ihr unbenommen zu bestimmen, mit welchem jeweiligen Gewicht die nichtfinanziellen und die finanzwirtschaftlichen Ziele verfolgt werden sollen.[72] Daran hat auch die TaxonomieVO (oben § 289 Rn 29 ff) nichts geändert; sie geht in gleicher Weise von der Freiheit der Geschäftsleitungen aus, die in der Verordnung aufgelisteten Unternehmensziele zu verfolgen oder auch nicht. Zwar hegen der europäische Gesetzgeber und in seinem Gefolge die der Mitgliedstaaten die Erwartung, die großen Unternehmen von öffentlichem Interesse würden sich den nichtfinanziellen Belangen und Zielen regelmäßig nicht versperren. Aber über die im obligatorischen Management der Belangrisiken und in der nichtfinanziellen Berichterstattung angelegten Verpflichtungen hinaus hat der europäische Gesetzgeber den Vorständen und Geschäftsführern in großen Unternehmen von öffentlichem Interesse keine Leitungspflichten auferlegt, insbesondere ihnen nicht rechtsverbindlich die Unternehmensleitung auch in Richtung auf die nichtfinanziellen Belange und Ziele vorgegeben. Rechtlich dürfen die in der nichtfinanziellen Berichterstattung angelegten Anreize und Impulse (oben Rn 11 f) nicht mit wirklichen Rechtspflichten in eins gesetzt werden, mag es den betroffenen Geschäftsleitungen noch so schwer fallen, sich tatsächlich den Impulsen zu entziehen.[73] „Faktische" Pflichten sind keine Rechtspflichten. Konsequent hat deshalb der europäische Ge- 35

72 Zutreffend *J. Simon* Die Legitimation der CSR-Richtlinie (2019) S. 164 ff mit weiteren Argumenten; kritisch *Ekkenga/Schirrmacher/Schneider* NJW 2021, 1509, 1510 f.

73 Anders noch *Hommelhoff*, FS von Hoyningen-Huene (2014) S. 137, 139 ff.

setzgeber (bis jetzt jedenfalls) den großen Unternehmen von öffentlichem Interesse keine nichtfinanziellen Unternehmensziele rechtsverbindlich vorgeben.[74]

36 Dieser Befund darf aber nicht den Blick auf das **Leitbild** versperren, das der europäische Gesetzgeber rechtspolitisch Schritt vor Schritt weiter ausfüllt. Seine Rechtsaktsprojekte sind, wie unlängst in der TaxonomieVO (dazu § 289 Rn 29 ff), erneut deutlich geworden ist, zumindest bei den großen Unternehmen von öffentlichem Interesse darauf angelegt, diese aus ihrer bisher mehr oder minder stark einseitigen shareholder-Orientierung herauszulösen und sie zu umfassend stakeholder-orientierten Unternehmen umzuformen. In ihnen sollen die Belange und Interessen aller Stakeholder einschließlich der der Kapitalgeber zum Ausgleich gebracht werden. Die großen Unternehmen als **vieldimensionale Wertschöpfer** sind das offenbare Endziel des europäischen Gesetzgebers; auf dem Weg zu diesem Ziel will er, wie der Aktionsplan „Sustainable Finance“[75] zeigt, nun mit Hilfe der Kapitalanleger weiter voranrücken: Sie sollen dafür gewonnen werden, bevorzugt in solche mehrdimensionalen Wertschöpfer zu investieren – ein weiterer mächtiger Impuls, um die Kapital nachfragenden Unternehmen von öffentlichem Interesse für nichtfinanzielle Unternehmensziele zu öffnen und sie in diese Richtung zu lenken,[76] ohne sie auf diese Ziele gesetzlich zu verpflichten. Mit diesem zielgerichteten Bestreben des europäischen Gesetzgebers harmonisiert von Seiten der Unternehmer her die „Corporate Purpose“-Bewegung großer Unternehmen und Vermögensverwalter.[77]

2. Unternehmen als mehrdimensionale Wertschöpfer

37 Auf diesem Weg zum Unternehmen als mehrdimensionalem Wertschöpfer hat der deutsche Gesetzgeber für alle Börsengesellschaften, also nicht nur für die großen mit mehr als 500 Arbeitnehmern den europäischen Gesetzgeber bei der Umsetzung der Aktionärsrecht-Richtlinie II Ende 2019 überholt: Nach der Neuformulierung des § 87 Abs. 1 S. 2 AktG ist die Vergütungsstruktur für Vorstandsmitglieder in Börsengesellschaften auf eine nachhaltige und langfristige Unternehmensentwicklung hin auszurichten. Mit dem eingeschobenen „langfristig“ bekommt das beibehaltene „nachhaltig“ einen neuen Inhalt. Denn bis zur Änderung des Aktiengesetzes in 2019 wurde „nachhaltig“ als dauerhaft periodenübergreifend, also langfristig interpretiert.[78] Die so verstandene Vorgabe übernimmt nunmehr das **„langfristig“**, so dass für **„nachhaltig“** von einer anderen neuen Vorgabe für die Ausgestaltung der Vorstandsbezüge auszugehen ist. Der Bundestags-Rechtsausschuss, auf den die Textänderung zurückgeht, begründet diese damit, die Gesellschaft solle langfristig auch ökologisch und sozial fortentwickelt werden.[79]

38 Nach § 87 Abs. 1 S. 2 AktG müssen die Aufsichtsräte in Börsengesellschaften von nun an auch die ökologische und soziale Fortentwicklung der Gesellschaft bei der Gestaltung und Bemessung der Vorstandsvergütung berücksichtigen. Neu abgeschlossene oder zur Verlängerung

---

74 HM; siehe nur *Bachmann*, ZGR 2018, 231, 235; *Fleischer*, AG 2017, 509, 522; *Schön* ZHR 180 (2016), 279, 285 ff; vgl. auch *Hommelhoff* FS Grunewald (2021) S. 389, 390 f: „faktischer Zwang“.

75 Vgl. KOM (2018) 97 endg. S. 2 f, 12; zur Entwicklung und zu den Perspektiven *Hommelhoff* FS Grunewald (2021) S. 389 ff; s. auch *Weiand/Rölike* DB 2021, Beilage 2, S. 2, 3.

76 Noch weitergehender sehen *Ekkenga/Schirrmacher/Schneider* NJW 2021, 1509, 1510 hierin eine Ausrichtung auf Gemeinwohl-Ziele.

77 Dazu und zur Verbindung mit CSR und Green Finance *Habersack* FS Windbichler (2020), S. 707, 710 ff auf Grundlage seiner unverändert diskussionsbedürftigen These, „Corporate Purpose“ liege außerhalb des nach § 33 BGB relevanten Unternehmensziels (dort insb. Fn 37); ebenfalls in Richtung auf Entscheidungsfreiheit der Geschäftsleitung argumentiert *Fleischer* ECFR 2021, 161 mit dem Vorschlag, den Nachhaltigkeitsbericht der Unternehmen um ein obligatorisches „purpose reporting“ (im comply-or-explain-Mechanismus?, *Fleischer* ZIP 2021, 5, 14) zu ergänzen (ECFR 2021, S. 185).

78 *Harbarth* ZGR 2018, 379, 385 ff; Spindler/Stilz/*Fleischer* AktG[3] § 87 Rn 27; Hüffer/Koch[13] § 87 AktG Rn 11.

79 Beschlussempfehlung und Bericht des Ausschusses für Recht und Verbraucherschutz zum ARUG II, BT-Drucks. 19/15153, S. 55; dazu auch *Hirte/Frohmann* FS Windbichler (2020) S. 1335 f.

anstehende Vorstandsverträge sind daher ab nun **ökonomisch, ökologisch und sozial** zugleich in ihrem variablen Vergütungsteil auszugestalten.[80] Diese Vorgabe zeichnet der Deutsche Corporate Governance Kodex 2020 (Grundsatz 23 Abs. 3 S. 1) getreulich nach. Allerdings liegt es im unternehmerisch pflichtgemäßen Ermessen des Aufsichtsrats, wie die Vergütungskomponenten gewichtet werden sollen. Der Beitrag der einzelnen Vorstandsmitglieder zur Nachhaltigkeit der Gesellschaft ist nur eine von zahlreichen für deren Vergütung relevanten Komponenten. Dieser Beitrag muss nicht zwingend im Vordergrund stehen, darf aber auch nicht vollständig außer Acht bleiben.

Auf dem Weg über die Vorgaben in § 87 Abs. 1 S. 2 AktG steuert der Gesetzgeber nicht bloß 39
das Entscheidungsermessen des Aufsichtsrats, sondern über diesen zusätzlich das **Verhalten des Vorstands** und das seiner Mitglieder. Über die Langfristigkeit der Unternehmensentwicklung als Bemessungskriterium für die Vorstandsvergütung soll der Vorstand davon abgehalten werden, mit dem Ziel bloß kurzfristig wirksamer Wertsteigerungen ein Strohfeuer zu entzünden.[81] Und über die neu definierte Nachhaltigkeit in der Unternehmensentwicklung (oben Rn 37) wird der Vorstand zu ökologischer und sozialer Unternehmensleitung neben der überkommenen ökonomischen angehalten. Dieser gesetzlich verbindlich auch dem Vorstand und seinen Mitgliedern vorgegebene Dreiklang schränkt seine Eigenverantwortlichkeit (§ 76 Abs. 1 AktG) ein: Er muss die Börsengesellschaft mitsamt ihrem Unternehmen, ihrem Konzern ausgerichtet auf die langfristig kontinuierliche Steigerung des Unternehmens- bzw. Konzernwertes in ökonomischer, ökologischer und sozialer Hinsicht leiten, weil dies das Endziel der gesetzlichen Vergütungsvorgaben ist: Nachhaltigkeit und Langfristigkeit als die normieren **Unternehmensziele** für Börsengesellschaften[82] in Deutschland.

Mit diesem Dreiklang aus Ökonomie, Ökologie und Sozialem ist der deutsche Gesetzgeber 40
für die Börsengesellschaften dem europäischen auf dem Weg zu normierten Unternehmenszielen im Nichtfinanziellen vorausgeeilt. Während der Unionsgesetzgeber unverändert und auf absehbare Zukunft dem Grundkonzept der CSR-Richtlinie festhält, die großen Unternehmen von öffentlichem Interesse durch Transparenz und Publizität anzureizen, nichtfinanzielle Belange und Ziele **aus eigenem Antrieb** in ihre Unternehmenspolitik aufzunehmen, sie aber nicht dazu normativ zu verpflichten, hat der deutsche Gesetzgeber genau diesen Schritt schon gesetzt – wenn auch nicht offen, sondern eher verdeckt über die Vergütungsvorgaben für Vorstandsmitglieder in Börsengesellschaften. Damit überlagert das deutsche Recht in den großen Börsengesellschaften das CSR-Konzept, wie es in den §§ 289b ff seinen Niederschlag gefunden hat: Was hier noch freiwillig ist, ist dort schon zwingend. Damit jedoch steht § 87 Abs. 1 S. 2 AktG mitnichten im Widerspruch zum Unionsrecht. Der CSR-Richtlinie ist an keiner Stelle der Wille des europäischen Gesetzgebers zu entnehmen, Nichtfinanzielles abschließend regeln zu wollen;[83] den Mitgliedstaaten bleibt es daher unbenommen, über das Konzept der CSR-Richtlinie hinauszugehen.

VI. Die Fortsetzung des Weges: sustainable finance

Auf dem Weg zu einer ökosozialen Marktwirtschaft in der Europäischen Union haben die Regu- 41
lierungen des europäischen Gesetzgebers mit der CSR-Berichterstattung und mit der auf die Umweltziele ausgerichteten Berichterstattung nach der TaxonomieVO (dazu oben § 289 Rn 29 ff) bei den Unternehmen und deren wirtschaftlichen Aktivitäten, Produkten und Dienstleistungen

---

80 *Hommelhoff/Teichmann* ACI Quarterly 2020 III, S. 51; s. hierzu auch jüngst/wesentlich vertiefend *Nonnenmacher* FS Böcking (2021) S. 165, 168 ff.

81 *Hommelhoff* FS Hopt II (2020) S. 467, 471 f.

82 Kritisch gegenüber diesem Regulierungsansatz des Gesetzgebers *Schön* FS K. Schmidt II (2019) Bd. II, S. 391, 407 f: eine Orientierung am Publizitätsgesetz wäre sachangemessener gewesen.

83 *Szabó/Sørensen* ECFR 2015, 307, 318.

angesetzt. Diesen Regulierungsansatz will der europäische Gesetzgeber nun um einen zweiten Ansatz mit Macht verstärken: die Finanzierung der Unternehmen und ihrer wirtschaftlichen Tätigkeiten; dies allerdings nicht primär bei ihnen als Kapitalnachfragern, sondern bei all' jenen Akteuren, die auf der Seite der Kapitalgeber dafür sorgen, dass die Unternehmen mit den notwendigen Finanzmitteln versorgt werden: die Institutionellen Investoren und Vermögensverwalter, die Stimmrechtsberater und Ratingagenturen sowie diejenigen, die bei den Endanlegern von Kapital Finanzierungsprodukte vertreiben. Auf diese Akteure auf Seiten der Kapitalgeber will der europäische Gesetzgeber in der Weise regulatorisch einwirken, dass die Ströme der **Unternehmensfinanzierung** bevorzugt in nachhaltige Unternehmensaktivitäten gelenkt werden, also in ökologisch und sozial auskömmliche Aktivitäten.

42 Grundlage dieser europäischen Finanzstrom-Lenkung hin zur Nachhaltigkeit ist der **Aktionsplan** „Finanzierung nachhaltigen Wachstums", den die EU-Kommission im März 2018 vorgelegt hat;[84] ihn hat die neue Kommission in 2019 mit ihrem Megaprojekt „Green deal" übernommen. Aber schon vor diesem Aktionsplan hatte der europäische Gesetzgeber in der Aktionärsrechte-Richtlinie II vom Mai 2017,[85] wenn auch eher verdeckt, den Institutionellen Investoren und Vermögensverwaltern ESG-Vorgaben in Art. 3g Abs. 1 lit. a ARRL II gemacht, um über ihre Mitwirkungspolitik auf nachhaltiges Wirken der kapitalnehmenden Unternehmen hinzuwirken.[86]

43 Nach ihrer Mitteilung „Finanzierung nachhaltigen Wachstums" (oben Rn 42) plant die EU-Kommission insgesamt zehn Maßnahmen:

(1) Einführung eines EU-Klassifikationssystems für nachhaltige Tätigkeiten
(2) Normen und Kennzeichen für umweltfreundliche Finanzprodukte
(3) Förderung von Investitionen in nachhaltige Projekte
(4) Berücksichtigung der Nachhaltigkeit in der Finanzberatung
(5) Entwicklung von Nachhaltigkeitsbenchmarks
(6) Bessere Berücksichtigung der Nachhaltigkeit in Ratings und Marktanalysen
(7) Klärung der Pflichten institutioneller Anleger und Vermögensverwalter
(8) Berücksichtigung der Nachhaltigkeit in den Aufsichtsvorschriften
(9) Stärkung der Vorschriften zur Offenlegung von Nachhaltigkeitsinformationen und zur Rechnungslegung
(10) Förderung einer nachhaltigen Unternehmensführung und Abbau von kurzfristigem Denken auf den Kapitalmärkten

Von diesen Maßnahmen sind mit Blick auf die geltende CSR-Berichterstattung lediglich zwei von Bedeutung: Mit Maßnahme (7) geht es um die Frage, ob die institutionellen Anleger ausdrücklich angehalten werden sollen, Nachhaltigkeitsaspekte in den Entscheidungsprozess für Investitionen einzubeziehen; damit würde der comply or explain-Mechanismus (oben Rn 15 f) im Bereich der nichtfinanziellen Leistungsindikatoren durchbrochen. Mit der Rechnungslegungs-spezifischen Maßnahme 9 geht es vor allem um das Endorsement von IFRS-Standards.[87]

44 Somit bestehen zwischen der (durch die TaxonomieVO erweiterten) CSR-Berichterstattung einerseits und den Rechtsakten und sonstigen Maßnahmen nach dem Aktionsplan „Finanzierung nachhaltigen Wachstums" andererseits nur wenige und überdies bloß schwache Verschränkungen. Dennoch bilden die Unternehmens-bezogenen Berichtsvorgaben und die auf die Kapitalgeber ausgerichteten Maßnahmen des Aktionsplans in ihren intendierten Wirkungen eine funktionale Einheit: Sie sind übereinstimmend auf ökonomisch, ökologisch und soziales

---

84 Mitteilung KOM (2018) 97 endg.; dazu u. a. *Bueren* ZGR 2019, 813; *Köndgen* FS K. Schmidt II (2019) Bd. I S. 671; *M. Lange* BKR 2020, 216, 261.

85 ABl. L 132/1; dazu u. a. *Lutter/Bayer/Schmidt* Europäisches Unternehmens- und Kapitalmarktrecht (6. Aufl. 2018) S. 1183 ff.

86 Dazu *Bueren* ZGR 2019, 813, 846.

87 Kritisch zu den Kommissionserwägungen *Schmidt/Schmotz* DB 2018, 1033, 1038 ff.

Wirtschaften hin angelegt und mithin auf eine **ökosoziale Marktwirtschaft in der Europäischen Union.**[88] Dies ist das Aktionsfeld, auf dem sich im Kreis aller Unternehmen zumindest die kapitalmarktorientierten Großunternehmen bewegen, sie ihr Dasein und ihre erwerbswirtschaftliche Betätigung im Wettbewerb gegenüber der Allgemeinheit legitimieren sollen, ihren Corporate Purpose in seinem Gleichlauf vom Gesellschafts- und Allgemeininteresse[89] (licence to operate).

Zum neuen Kommissions-Vorschlag einer Richtlinie zur **Nachhaltigkeits-Berichterstattung** näher oben § 289 Rn 34 ff. 45

88 Ähnlich *Weiland/Rölike* DB 2021, Beilage 2, S. 2, 4.
89 *Habersack* FS Windbichler (2020) S. 707, 713.

§ 289b Pflicht zur nichtfinanziellen Erklärung; Befreiungen

(1) [1]Eine Kapitalgesellschaft hat ihren Lagebericht um eine nichtfinanzielle Erklärung zu erweitern, wenn sie die folgenden Merkmale erfüllt:
1. die Kapitalgesellschaft erfüllt die Voraussetzungen des § 267 Absatz 3 Satz 1,
2. die Kapitalgesellschaft ist kapitalmarktorientiert im Sinne des § 264d und
3. die Kapitalgesellschaft hat im Jahresdurchschnitt mehr als 500 Arbeitnehmer beschäftigt.

[2]§ 267 Absatz 4 bis 5 ist entsprechend anzuwenden. [3]Wenn die nichtfinanzielle Erklärung einen besonderen Abschnitt des Lageberichts bildet, darf die Kapitalgesellschaft auf die an anderer Stelle im Lagebericht enthaltenen nichtfinanziellen Angaben verweisen.

(2) [1]Eine Kapitalgesellschaft im Sinne des Absatzes 1 ist unbeschadet anderer Befreiungsvorschriften von der Pflicht zur Erweiterung des Lageberichts um eine nichtfinanzielle Erklärung befreit, wenn
1. die Kapitalgesellschaft in den Konzernlagebericht eines Mutterunternehmens einbezogen ist und
2. der Konzernlagebericht nach Nummer 1 nach Maßgabe des nationalen Rechts eines Mitgliedstaats der Europäischen Union oder eines anderen Vertragsstaats des Abkommens über den Europäischen Wirtschaftsraum im Einklang mit der Richtlinie 2013/34/EU aufgestellt wird und eine nichtfinanzielle Konzernerklärung enthält.

[2]Satz 1 gilt entsprechend, wenn das Mutterunternehmen im Sinne von Satz 1 einen gesonderten nichtfinanziellen Konzernbericht nach § 315b Absatz 3 oder nach Maßgabe des nationalen Rechts eines Mitgliedstaats der Europäischen Union oder eines anderen Vertragsstaats des Abkommens über den Europäischen Wirtschaftsraum im Einklang mit der Richtlinie 2013/34/EU erstellt und öffentlich zugänglich macht. [3]Ist eine Kapitalgesellschaft nach Satz 1 oder 2 von der Pflicht zur Erstellung einer nichtfinanziellen Erklärung befreit, hat sie dies in ihrem Lagebericht mit einer Erläuterung anzugeben, welches Mutterunternehmen den Konzernlagebericht oder den gesonderten nichtfinanziellen Konzernbericht öffentlich zugänglich macht und wo der Bericht in deutscher oder englischer Sprache offengelegt oder veröffentlicht ist.

(3) [1]Eine Kapitalgesellschaft im Sinne des Absatzes 1 ist auch dann von der Pflicht zur Erweiterung des Lageberichts um eine nichtfinanzielle Erklärung befreit, wenn die Kapitalgesellschaft für dasselbe Geschäftsjahr einen gesonderten nichtfinanziellen Bericht außerhalb des Lageberichts erstellt und folgende Voraussetzungen erfüllt sind:
1. der gesonderte nichtfinanzielle Bericht erfüllt zumindest die inhaltlichen Vorgaben nach § 289c und
2. die Kapitalgesellschaft macht den gesonderten nichtfinanziellen Bericht öffentlich zugänglich durch
   a) Offenlegung zusammen mit dem Lagebericht nach § 325 oder
   b) Veröffentlichung auf der Internetseite der Kapitalgesellschaft spätestens vier Monate nach dem Abschlussstichtag und mindestens für zehn Jahre, sofern der Lagebericht auf diese Veröffentlichung unter Angabe der Internetseite Bezug nimmt.

[2]Absatz 1 Satz 3 und die §§ 289d und 289e sind auf den gesonderten nichtfinanziellen Bericht entsprechend anzuwenden.

(4) Ist die nichtfinanzielle Erklärung oder der gesonderte nichtfinanzielle Bericht inhaltlich überprüft worden, ist auch die Beurteilung des Prüfungsergebnisses in gleicher Weise wie die nichtfinanzielle Erklärung oder der gesonderte nichtfinanzielle Bericht öffentlich zugänglich zu machen.

https://doi.org/10.1515/9783110763935-004

Schriftum

Zum Schrifttum s. Vorbemerkungen vor §§ 289b ff.

Übersicht

I. Die zur CSR-Berichterstattung verpflichteten Unternehmensträger

1. Kapitalgesellschaften und sonstige Rechtsformen

Die §§ 289b bis 289e regeln in Umsetzung der CSR-Richtlinie der Europäischen Union die CSR- 1
Berichterstattung zu den nichtfinanziellen Aspekten der Aktivitäten bestimmter Unternehmen. Für die Ziele dieser Berichterstattung, ihre Entstehung und Perspektiven s. Vorbemerkungen vor §§ 289b ff. In § 289b werden der Kreis der zur nichtfinanziellen Berichterstattung verpflichteten Gesellschaften (Abs. 1/2) und die Formen bestimmt, in denen dieser Bericht alternativ zu erstatten ist (Abs. 1/3). Außerdem trifft Abs. 4 eine Regelung für den Fall, dass die CSR-Berichterstattung geprüft worden ist.

Nach § 289b Abs. 1 S. 1 sind allein **Kapitalgesellschaften** zur CSR-Berichterstattung ver- 2
pflichtet, nach der Konzeption des Zweiten Abschnitts im Dritten Buch des HGB also Aktien- und Kommanditgesellschaften auf Aktien sowie Gesellschaften mbH, mithin grundsätzlich nicht die **Personenhandelsgesellschaften** oHG und KG, selbst wenn sie groß und kapitalmarktorientiert sind. Auf sie erstreckt das Publizitätsgesetz die CSR-Berichterstattungspflicht nicht (arg. § 5 Abs. 2 PublG).[1] Anders jedoch die Personenhandelsgesellschaften ohne einen persönlich unbeschränkt haftenden Komplementär; für sie ordnet § 264a Abs. 1 über den Ersten Unterabschnitt des Zweiten Abschnitts die CSR-Berichterstattung an, es sei denn, diese Personengesellschaft ist nach näherer Bestimmung des § 264b in einen Konzernabschluss und -lagebericht einbezogen.[2]

1 So auch MünchKommHGB/*Kajüter*[4] §§ 289b-289e Rn 9.
2 BeckOGK/*Kleindiek* HGB (Stand 15.11.2020) § 289b Rn 78.

3 In den Kreis der nach § 289b Abs. 1 CSR-berichtspflichtigen Kapitalgesellschaften fallen **ausländische** aus EU/EWR-Drittstaaten, wenn sie als Inlandsemittent Wertpapiere begeben. Dann müssen sie in ihrem Jahresfinanzbericht u. a. einen HGB-Lagebericht aufstellen (§ 114 Abs. 2 Nr. 2 lit. b WpHG). Bestandteil eines solchen Lageberichts ist der CSR-Bericht (§ 289b Abs. 1) auch dann, wenn der Bericht als gesonderter nichtfinanzieller (§ 289b Abs. 3) erstattet wird.[3] Ausländische Kapitalgesellschaften mit Sitz in einem EU/EWR-Mitgliedstaat berichten nach ihrem (die CSR-Richtlinie umsetzenden) Sitzstaatrecht über nichtfinanzielle Leistungsindikatoren; also trotz ihrer inländischen Wertpapieremission nicht nach HGB (arg. § 114 Abs. 2 Nr. 2 lit. a WpHG).

4 Auf die Regelung zur CSR-Berichterstattung (§§ 289b bis 289e) verweisen überdies § 336 Abs. 2 Nr. 2 für die **Genossenschaft** sowie § 340a Abs. 1a für sämtliche **Kreditinstitute** und § 341a Abs. 1a für sämtliche **Versicherungsunternehmen** jeweils unabhängig von ihrer Rechtsform. Der europäische Gesetzgeber hat über Art. 61 SE-VO und Art. 68 SCE-VO dafür gesorgt, dass ebenfalls die **SE**[4] und die Europäische Genossenschaft (**SCE**)[5] der CSR-Berichterstattungspflicht unterliegen.

2. Größen- und andere Merkmale

5 Zur CSR-Berichterstattung sind freilich nicht sämtliche Kapitalgesellschaften (und ihnen gleichgestellte Rechtsformen) allein schon wegen ihrer Rechtsform verpflichtet, sondern dazu vielmehr erst dann, wenn weitere Merkmale kumulativ erfüllt sind: Größe und Kapitalmarktorientierung. Damit hatte schon der europäische Gesetzgeber die kleinen und mittleren Unternehmen ohne Kapitalmarktzugang von den Belastungen aus der CSR-Berichterstattung freihalten wollen.[6]

6 a) Ob eine Kapitalgesellschaft (oder eine gleichgestellte Rechtsform) **groß** ist, bemisst sich vordringlich nach der Zahl ihrer **Arbeitnehmer**; sie muss im Jahresdurchschnitt mehr als 500 beschäftigen (§ 289b Abs. 1 S. 1 Nr. 3). Zur näheren Bestimmung verweist Abs. 1 S. 2 auf die Vorgaben in § 267 Abs. 4 und 5.

7 Weiteres Größenmerkmal sind nach § 289b Abs. 1 S. Nr. 1 die **Bilanzsumme** (20 Mio. Euro) der Kapitalgesellschaft und ihre **Umsatzerlöse** (40 Mio. Euro). Wenn einer dieser Schwellenwerte (§§ 289b Abs. 1 S. 1 Nr. 1/267 Abs. 3 S. 1) zusätzlich zur Arbeitnehmerzahl 500 überschritten ist, gilt die Gesellschaft als groß im Sinne der CSR-Berichterstattung.

8 b) Obligatorisches Merkmal neben der Größe (Rn 6 f) ist der **Kapitalmarktbezug** der Kapitalgesellschaft; sie muss kapitalmarktorientiert sein (§§ 289b Abs. 1 S. 1 Nr. 2/264d); d. h.: sie muss einen organisierten Markt mit von ihr ausgegebenen Wertpapieren (Aktien oder Inhaberschuldverschreibungen z. B.) in Anspruch nehmen. Dem stellt das Gesetz schon den Antrag gleich, solche Wertpapiere zum Handel am organisierten Markt zuzulassen (§ 264d). Bei den Kreditinstituten und Versicherungsunternehmen unterstellt das Gesetz den Kapitalmarktbezug wegen ihres Tätigkeitsfeldes; § 340a Abs. 1a und § 341a Abs. 1a verzichten daher auf die Kapitalmarktorientierung nach § 264d.

9 c) In gleicher Weise sind Größe und Kapitalmarktbezug kumulative Voraussetzung für die CSR-Berichtspflicht einer **SE** oder einer **SCE**, aber auch die einer **Genossenschaft**; denn § 336 Abs. 2 S. 1 verweist u. a. auf § 289b und damit auf dessen sämtliche Voraussetzungen für eine CSR-Berichterstattung einschließlich Größe und Kapitalmarktbezug der Genossen schaft.

---

3 Hachmeister/Kahle/Mock/Schüppen/*Mock*[2] § 289b Rn 28.

4 BeckOGK/*Kleindiek* HGB (Stand 15.11.2020) § 289b Rn 67.

5 BeckOGK/*Kleindiek* HGB (Stand 15.11.2020) § 289b Rn 68.

6 Vgl. MünchKommHGB/*Kajüter*[4] §§ 289b-289e Rn 13, der darüber hinaus ein Risiko sieht, dass mittelständische Unternehmen mittelbar belastet werden; s. aber nun den CSRD-Vorschlag der EU-Kommission (dazu § 289 Rn 34 ff).

3. Ausnahmen

a) Grundsätze. Eine nachgeordnet in einen **Konzern** eingebundene Kapitalgesellschaft (arg. § 289b Abs. 2 S. 1 Nr. 1) ist von der eigenen CSR-Berichterstattung befreit, wenn sie nach näherer Bestimmung des § 289b Abs. 2 in den Konzernlagebericht ihrer Mutter einbezogen ist. Mit dieser Freistellung erstreckt das Gesetz den Grundgedanken des § 300, den Konzern bilanzrechtlich als Einheitsunternehmen zu behandeln, auf die CSR-Berichterstattung, obwohl das Gesamtbild, das die nichtfinanziellen Leistungsindikatoren in den einzelnen Konzerntöchtern liefern, ein ganz anderes als das des Konzerns sein kann.[7] Vergleichbares kann für die Unternehmenspolitik zu den Aspekten des § 289c Abs. 2 gelten: Während der Gesamtkonzern und die Mutter an seiner Spitze etwa den Sozialbelangen keine sonderliche Bedeutung beimessen und deshalb im comply or explain-Mechanismus (§ 289c Abs. 4) ihre Abstandnahme von einer auf Sozialbelange ausgerichteten Unternehmenspolitik begründen, mag eine Tochtergesellschaft, den besonderen Anforderungen ihres Standorts Rechnung tragend, großes Gewicht den Sozialbelangen in ihrer Unternehmenspolitik beimessen. Das Grundkonzept der CSR-Berichterstattung im Konzern ist darauf angelegt, diese Information aus dem Tochterbereich im Konzernlagebericht untergehen zu lassen. Einer berichtsfreudigen Tochtergeschäftsführung bleibt dann der Weg einer freiwilligen CSR-Berichterstattung (unten Rn 16) über einen eigenen Lagebericht samt nichtfinanzieller Erklärung (§ 289b Abs. 1) oder isoliert über einen gesonderten nichtfinanziellen Bericht (§ 289b Abs. 3). 10

b) Konzernmutter. Die CSR-Berichterstattung im Zusammenhang mit dem Konzernlagebericht kann aber nur die im Lagebericht einer konzernabhängig nachgeordneten Tochter- oder Enkelgesellschaft ersetzen, nicht hingegen die im Lagebericht der Konzernmutter (arg. § 289b Abs. 2 S. 1 Nr. 1). Diese bleibt unabhängig von der Berichterstattung im oder neben dem Konzernlagebericht zur eigenständigen nichtfinanziellen Erklärung im Einzellagebericht der Mutter verpflichtet oder zum separaten nichtfinanziellen Bericht neben dem Einzellagebericht. Das kann zu verdoppelter CSR-Berichterstattung im Mutterlagebericht und im Konzernlagebericht (oder jeweils daneben) führen; damit jedoch wird lediglich die für die Lageberichte im Konzern bestehende Rechtslage (arg. § 264 Abs. 3) konsequent fortgeschrieben. 11

Die Befreiungsmöglichkeit nach § 289b Abs. 2 verdrängt nicht die Befreiung von der CSR-Berichterstattungspflicht nach anderen Vorschriften (§ 289b Abs. 2 S. 1),[8] wie etwa die mittelbare nach § 264 Abs. 3: Wo kein Lagebericht vorgeschrieben ist, kann konsequent auch keine CSR-Berichterstattung im oder im Zusammenhang mit dem Lagebericht vorgegeben sein. 12

c) Weitere Voraussetzungen. Die Befreiung von der CSR-Berichterstattungspflicht folgt nicht allein aus dem Umstand, dass die an sich berichtspflichtige Kapitalgesellschaft in den Konzernlagebericht eines Mutterunternehmens einbezogen ist (§ 289b Abs. 2 S. 1 Nr. 1). Für eine Befreiung müssen weitere Voraussetzungen alternativ erfüllt sein: Entweder ist der Konzernlagebericht nach der nationalen Vorgabe eines EU- oder EWR-Mitgliedstaates im Einklang mit der EU-Bilanzrichtlinie aufgestellt worden und enthält überdies eine **nichtfinanzielle Konzernerklärung** (§ 289b Abs. 2 S. 1 Nr. 2 S. 1), oder die Mutter hat einen gesonderten **nichtfinanziellen Konzernbericht** erstellt, der erneut alternativ entweder die Voraussetzungen des deutschen § 315b Abs. 3 erfüllt oder die nach den nationalen Vorgaben eines EU- oder EWR-Mitgliedstaates im Einklang mit der EU-Bilanzrichtlinie. Weitere Voraussetzung für die nichtfinanzielle Kon- 13

7 Vgl. Hachmeister/Kahle/Mock/Schüppen/*Mock*[2] § 289b Rn 40, der verfehlt davon ausgeht, dass die CSR-Erklärung des Konzerns das Informationsinteresse der Publizitätsadressaten befriedigt.

8 BeckOGK/*Kleindiek* HGB (Stand 15.11.2020) § 289b Rn 78.

zernerklärung ist, dass sie öffentlich zugänglich gemacht wird (§ 289b Abs. 2 S. 1 Nr. 2 S. 2); erst dann ist die Tochtergesellschaft von ihrer Verpflichtung zur CSR-Berichterstattung befreit.

14 Die so **befreite Tochtergesellschaft** hat ihre Publizitätsadressaten über ihre Befreiung in ihrem eigenen Lagebericht mit Erläuterung zu informieren und überdies anzugeben, welche Mutter den befreienden Konzernlagebericht oder nichtfinanziellen Konzernbericht in deutscher oder englischer Sprache aufgestellt oder erstattet hat und wo genau diese nichtfinanziellen Informationen für die Öffentlichkeit zugänglich sind (§ 289b Abs. 2 S. 1 Nr. 2, S. 3).[9]

15 **d) Ausländische Mütter.** Nach diesen Grundsätzen (oben Rn 10/13) ist die deutsche Tochtergesellschaft einer deutschen Konzernmutter von der CSR-Berichterstattungspflicht befreit. Dem stellt § 289b Abs. 2 S. 1 Nr. 2 die grenzüberschreitende Konzernverbindung der deutschen Tochter mit einer Mutter gleich, die ihren Sitz in einem anderen EU- oder EWR-Mitgliedstaat hat. Sollte die Mutter dagegen ihren Sitz außerhalb der EU oder des EWR in einem Drittstaat haben, so ist eine Befreiung der deutschen Tochter zwar nicht rechtsgrundsätzlich ausgeschlossen, die Mutter muss dann aber entweder einen Konzernlagebericht erweitert um eine nichtfinanzielle Erklärung gemäß den Vorgaben der EU-Bilanzrichtlinie aufstellen und veröffentlichen oder die Mutter erstellt einen gesonderten nichtfinanziellen Bericht im Einklang mit den Vorgaben aus der EU-Bilanzrichtlinie und macht diesen öffentlich zugänglich.[10] Diese Drittstaaten-Information ist in deutsch oder englisch abzufassen (oben Rn 14). Hält die Mutter jedoch diese Vorgaben im Zusammenhang mit ihrer Konzernrechnungslegung nicht ein, so muss die deutsche Tochter unbefreit über ihre nichtfinanziellen Leistungsindikatoren nach § 289b Abs. 1 selbst berichten.

4. Freiwillige CSR-Berichterstattung

16 Gesellschaften, die wegen ihrer Rechtsform, der geringen Größe oder wegen der fehlenden Kapitalmarktorientierung nicht der gesetzlichen Pflicht zur CSR-Berichterstattung unterliegen, bleibt es unbenommen, über die nichtfinanziellen Leistungsindikatoren in ihrer Rechnungslegung nach §§ 289b ff zu berichten. Dann müssen sie konsequent in ihrer nichtfinanziellen Erklärung oder in einem gesonderten nichtfinanziellen Bericht den formellen und inhaltlichen Vorgaben in vollem Umfang entsprechen, welche die §§ 289b ff in Umsetzung der EU-Bilanzrichtlinie aufgestellt haben.[11] Außerdem sind diese freiwilligen Angaben entsprechend § 317 Abs. 2 S. 4 vom Abschlussprüfer zu prüfen.[12] Andernfalls könnten solche freihändigen Informationen zu Nichtfinanziellem in formatiertem Gewand die Publizitätsadressaten täuschen und den in dieser Weise informierenden Gesellschaften unverdiente Reputation verschaffen.

II. Formen der CSR-Berichterstattung

17 Die Information über Nichtfinanzielles kann in zwei unterschiedlichen Formaten zusammengestellt und den Publizitätsadressaten übermittelt werden: entweder in Form einer nichtfinanziellen Erklärung innerhalb des Lageberichts (§ 289b Abs. 1) oder in Form eines gesonderten nichtfinanziellen Berichts (§ 289b Abs. 3), der öffentlich zugänglich zu machen ist.[13] In der Wahl des Berichtsformats ist die verpflichtete Kapitalgesellschaft frei; allerdings ist dies Wahlrecht eigentümlich

9 MünchKommHGB/*Kajüter*[4] §§ 289b–289e Rn 16.

10 BeckOGK/*Kleindiek* HGB (Stand 15.11.2020) § 289b Rn 77.

11 Teilweise andere Auffassung Hachmeister/Kahle/Mock/Schüppen/*Mock*[2] § 289b Rn 39, der diese Anforderungen nur dann stellt, wenn die Gesellschaft die freiwilligen Informationen als CSR-Berichterstattung kennzeichnet.

12 **AA** BeckOGK/*Kleindiek* HGB (Stand 15.11.2020) § 289b Rn 46.

13 Zu den Berichtsformen in der Praxis der DAX-Gesellschaften s. *Quick/Gauch/Pappert* BB 2021, 875, 876 f.

ausgestaltet (unten Rn 24 f). An das einmal gewählte Berichtsformat ist die Gesellschaft trotz des Stetigkeitsgrundsatzes (§ 252 Abs. 1 Nr. 6) nicht für alle künftigen Geschäftsjahre gebunden; sie kann mit Begründung auf das andere Berichtsformat hinüber überwechseln (§ 252 Abs. 2).[14]

1. Die nichtfinanzielle Erklärung

18 Worüber im Einzelnen in der nichtfinanziellen Erklärung innerhalb des erweiterten Lageberichts zu informieren ist, bestimmt § 289c detailliert. Umstritten ist, in welcher Art und Weise diese Informationen im Lagebericht dargeboten werden können: einzeln integriert in den Lagebericht an jeweils geeigneten Stellen, als eigenständiger Gliederungspunkt oder als besonderer Abschnitt im Lagebericht (§ 289b Abs. 1 S. 3). Verstreut integrierter Berichterstattung könnte der Einwand entgegenstehen, diese würde es den Publizitätsadressaten verwehren, sich ohne größere Anstrengung einen Gesamtüberblick darüber zu verschaffen, ob, in welche Richtungen und mit welcher Intensität die Kapitalgesellschaft sich gegenüber Nichtfinanziellem geöffnet habe und in der Zukunft öffnen wolle. Deshalb schwäche eine integrierte CSR-Berichterstattung mit ihrer breiten Streuung deren von den Gesetzgebern gewollte Steuerungswirkung (s. Vorbem § 289b Rn 22). Ihr werde am besten ein auf das Nichtfinanzielle konzentrierter besonderer Abschnitt im Lagebericht gerecht.

19 Insoweit ist zu unterscheiden: Konzentriert die Geschäftsleitung die nichtfinanziellen Informationen innerhalb des Lageberichts in einem **besonderen Abschnitt** (§ 289b Abs. 1 S. 3), dann müssen in diesem sämtliche Informationen zu Nichtfinanziellem zusammen gefasst sein. Hierauf müssen sich die Publizitätsadressaten verlassen können. Allerdings braucht die Geschäftsleitung finanzielle Informationen, die sich bereits an anderer Stelle des Lageberichts finden, nicht im besonderen Abschnitt zu wiederholen, um Doppelungen zu vermeiden. Dann muss die Geschäftsleitung jedoch im besonderen Abschnitt auf die andere Fundstelle im Lagebericht verweisen (§ 289b Abs. 1 S. 3). Auf diese Weise stellt das Gesetz sicher, dass die Publizitätsadressaten im besonderen Abschnitt eine vollumfängliche Gesamtinformation zu Nichtfinanziellem erhalten.[15]

20 Ob die Geschäftsleitung im Lagebericht einen besonderen Abschnitt einrichtet, steht in ihrem Belieben (arg. § 289b Abs. 1 S. 3). Wenn sie ihn nicht einrichtet, haben die Publizitätsadressaten keinen Anhalt, sich darauf zu verlassen, die an der einen Stelle im Lagebericht aufgefundene Information zu Nichtfinanziellem sei die einzig einschlägige. Konsequent steht es dann in der Entscheidung der Geschäftsleitung, an welchen Stellen im Lagebericht sie die Einzelinformationen zu Nichtfinanziellem platzieren will; sie kann diese mithin mit anderen Lageberichtsinformationen an geeigneter Stelle **integrieren**. Daraus folgt: Die Geschäftsleitung kann frei entscheiden, ob sie die nichtfinanziellen Einzelinformationen verstreut an den geeigneten Stellen im Lagebericht integriert platzieren oder sämtliche Einzelinformationen (ggf. über Verweise) zusammengefasst in einem besonderen Abschnitt des Lageberichts darbieten will. Freilich wird es sich zur erleichterten Durchdringbarkeit des Lageberichts im Interesse der Publizitätsadressaten empfehlen, den gesonderten Abschnitt markant mit „CSR-" oder „Nachhaltigkeits-Information" zu kennzeichnen.

2. Der gesonderte nichtfinanzielle Bericht

21 Alternativ zur nichtfinanziellen Erklärung im Lagebericht eröffnet § 289b Abs. 3 der Kapitalgesellschaft die Möglichkeit, über die nichtfinanziellen Leistungsindikatoren usw. außerhalb des Lageberichts, aber in funktionaler Verknüpfung mit ihm (arg. § 289b Abs. 2 Nr. 2 lit. a/b) in ei-

14 Ähnlich MünchKommHGB/*Kajüter*[4] §§ 289b–289e Rn 23, der jedoch die Geltung dieses Grundsatzes für die CSR-Erklärung aus DRS 20.26 und nicht aus § 252 Abs. 1 Nr. 6 herleitet.

15 Ähnlich mit dem Hinweis auf die Vereinfachung des Zugriffs durch die Adressaten Hachmeister/Kahle/Mock/Schüppen/*Mock*[2] § 289b Rn 36.

nem gesonderten nichtfinanziellen Bericht zu informieren. Allerdings befürchtet die EU-Kommission eine geringere Verfügbarkeit, Wertigkeit und Verlässlichkeit der nichtfinanziellen Informationen, falls über diese gesondert berichtet wird.[16] Das bestehende Unternehmenswahlrecht ist freilich in besonderer, nicht ungefährlicher Weise (unten Rn 24 f) ausgestaltet.

22 Den **Inhalt des nichtfinanziellen Berichts** bestimmen dieselben Vorgaben aus § 289b Abs. 3 S. 1 Nr. 1. Für den nichtfinanziellen Bericht gilt im Übrigen das bereits für den besonderen Abschnitt Ausgeführte (oben Rn 19): Die Publizitätsadressaten müssen sich darauf verlassen können, im nichtfinanziellen Bericht sämtliche Informationen zu finden, die für das Nichtfinanzielle in dieser Kapitalgesellschaft von unmittelbarem Belang sind. Sollten sich relevante Einzelinformationen an anderer Stelle des Lageberichts finden, so muss die Geschäftsleitung hierauf verweisen, falls sie diese Informationen nicht wiederholen will, um Doppelungen zu vermeiden (arg. § 289b Abs. 3 S. 2 i. V. m. § 289b Abs. 1 S. 3).[17] Der nichtfinanzielle Bericht ist bereits ex lege das Informationsinstrument, über das Nichtfinanzielles vollständig dargeboten wird. Nichtfinanzielle Informationen außerhalb des gesonderten Berichts sind nur dann zulässig, wenn auf sie im gesonderten Bericht verwiesen wird. Für die Exklusivität in den Lagebericht verstreut integrierter Einzelinformationen ist neben dem nichtfinanziellen Bericht kein Raum. Im Interesse der Publizitätsadressaten sollte er deshalb als „CSR-“ oder „Nachhaltigkeitsbericht“ besonders gekennzeichnet werden.

23 Außerdem gelten für den gesonderten nichtfinanziellen Bericht besondere **Publizitätsvorgaben** (§ 289b Abs. 3 S. 1 Nr. 2). Ihre Einhaltung ist nicht Folgepflicht, sondern Voraussetzung für die ersetzende Wirkung eines nichtfinanziellen Berichts (unten Rn 24).[18] Offen gelegt werden muss dieser entweder zusammen mit dem Lagebericht entsprechend § 325 über den elektronischen Bundesanzeiger (§ 289b Abs. 3 S. 1 Nr. 2 lit. a), künftig über das Unternehmensregister (dazu § 289 Rn 64) oder über die eigene Internetseite der Kapitalgesellschaft, auf die ihr Lagebericht konkreten Bezug nehmen muss (§ 289b Abs. 3 S. 1 Nr. 2 lit. b). Erweitert wird die Voraussetzung für die Ersatzwirkung durch zwei zeitliche Vorgaben: Der nichtfinanzielle Bericht muss spätestens vier Monate nach dem Abschlussstichtag (§ 242) auf der Internetseite der Kapitalgesellschaft veröffentlicht und mindestens für zehn Jahre dort einsehbar (§ 289b Abs. 3 S. 1 Nr. 2 lit. b) sein.

3. Wahlrecht und Befreiungskonstruktion

24 Die Vorgaben für den nichtfinanziellen Bericht in § 289b Abs. 3 sind nicht als Rechtspflichten gesetzlich strukturiert, die aus der Wahl der Geschäftsleitung folgen, in dieser Form über Nichtfinanzielles zu informieren. Die Einhaltung dieser Vorgaben ist vielmehr die Voraussetzung dafür, dass die Kapitalgesellschaft von ihrer Verpflichtung befreit wird, eine nichtfinanzielle Erklärung nach § 289b Abs. 3 S. 1 innerhalb des Lageberichts abzugeben (§ 289b Abs. 3 S. 1).[19] Sollte mithin nur eine der Voraussetzungen (oben Rn 23) nicht eingehalten werden, so ist der nichtfinanzielle Bericht nicht bloß fehlerhaft; darüber hinaus entfaltet er **keine Befreiungswirkung**. Falls also die Kapitalgesellschaft z. B. die Viermonatsfrist aus § 289b Abs. 3 S. 1 Nr. 2 lit. b hat verstreichen lassen, muss sie nun eine nichtfinanzielle Erklärung im Lagebericht abgeben. Ohne diese ist der Lagebericht unvollständig.

25 Für die Abschlussprüfung der Rechnungslegung (§§ 316 ff) hat ein solcher wirkungsloser nichtfinanzieller Bericht einschneidende Konsequenzen: Es kann bloß ein **eingeschränkter Be-**

16 Vorschlag für eine Richtlinie KOM (2021) 189 endg., Erwägungsgrund 47.
17 BeckOGK/*Kleindiek* HGB (Stand 15.11.2020) § 289b Rn 87.
18 So auch Hachmeister/Kahle/Mock/Schüppen/*Mock*[2] § 289b Rn 54.
19 So auch BeckOGK/*Kleindiek* HGB (Stand 15.11.2020) § 289b Rn 84, 86 ff.

stätigungsvermerk (§ 322 Abs. 2 S. 1 Nr. 2/Abs. 4) erteilt werden.[20] Für die kapitalmarktorientierte Kapitalgesellschaft hat dieser Umstand auf dem Kapitalmarkt einen empfindlichen Reputationsverlust unabhängig davon zur Folge, welches Gewicht die Kapitalanleger im konkreten Fall den nichtfinanziellen Informationen beimessen.

III. Prüfung der CSR-Berichterstattung

Für die Publizitätsadressaten der Rechnungslegung sind die Informationen zu den nichtfinanziellen Leistungsindikatoren der Kapitalgesellschaft nach dem Grundkonzept der EU-Bilanzrechtlinie, dem der deutsche Gesetzgeber in den §§ 289b ff gefolgt ist, nicht weniger bedeutsam als die Informationen zum Finanz-Wirtschaftlichen im Lagebericht. Deshalb müssen die Publizitätsadressaten, namentlich die Kapitalanleger, sich auf die CSR-Berichterstattung der Kapitalgesellschaft ebenso verlassen können wie auf die finanz-wirtschaftlichen Angaben; auch insoweit ist das **Adressatenvertrauen** in die nichtfinanziellen Informationen, welche die Geschäftsleitung der Kapitalgesellschaft bereitzustellen hat, zu schützen.[21] Diese Aufgabe fällt in erster Linie dem Gesamtaufsichtsrat (unten Rn 28) zu – wohl vorbereitet durch dessen Prüfungsausschuss und (nach dem Grundkonzept des Gesetzes) nur schwach durch den Abschlussprüfer (unten Rn 30). 26

1. Die Prüfung durch den Aufsichtsrat und dessen Unterstützung

Die CSR-Berichterstattung der Kapitalgesellschaft hat deren Aufsichtsrat zu prüfen. Sollte jene als nichtfinanzielle Erklärung innerhalb des Lageberichts formatiert sein (oben Rn 18 ff), so folgt die **Prüfungspflicht** bereits aus der Aufgabenzuweisung in § 171 Abs. 1 S. 1 AktG: Die Prüfung des Lageberichts ist ebenfalls auf die nichtfinanzielle Erklärung als integralem Bestandteil des Lageberichts zu erstrecken. Sollten dagegen die nichtfinanziellen Informationen in einem gesonderten nichtfinanziellen Bericht (oben Rn 21 ff) dargeboten werden, so ergibt sich die Prüfungspflicht des Aufsichtsrats aus der speziellen Aufgabenzuweisung in § 171 Abs. 1 S. 4 AktG. 27

a) Prüfung durch den Gesamtaufsichtsrat: Dieser hat die CSR-Berichterstattung (egal, ob als nichtfinanzielle Erklärung formatiert oder als nichtfinanzieller Bericht) mit eben der Intensität und nach eben jenen Maßstäben zu prüfen, mit denen er den Lagebericht insgesamt zu prüfen hat.[22] Für die Aufsichtsratsprüfung des Lageberichts mitsamt seinen finanz-wirtschaftlichen und nichtfinanziellen Informationen gilt ein **einheitlicher Prüfungsmaßstab**; nicht mehr, aber auch nicht weniger[23] (s. aber auch unten Rn 29 aE). Der Aufsichtsrat braucht mithin die CSR-Berichterstattung nicht mit eben der Intensität und nach eben jenen Maßstäben zu prüfen, die dem Abschlussprüfer für dessen Prüfung der finanzwirtschaftlichen Rechnungslegung vorgegeben sind.[24] 28

b) Vorprüfung durch den Prüfungsausschuss: Der (seit dem FISG 2021[25] für alle Börsengesellschaften ohnedies obligatorische) Prüfungsausschuss hat die CSR-Berichterstattung, dem 29

---

20 Vgl. Hachmeister/Kahle/Mock/Schüppen/*Mock*[2] § 289b Rn 84, der von einer Pflicht zur Versagung des Bestätigungsvermerks ausgeht.

21 *Hommelhoff*, FS Seibert 2019, S. 371 ff.

22 *Hommelhoff*, FS Seibert, S. 381.

23 Zutreffend *Gundel* WPg 2018, 108, 110 ff; *Velte* AG 2018, 266, 271.

24 So auch MünchKommHGB/*Kajüter*[4] §§ 289b–289e Rn 67.

25 Gesetz vom 3. Juni 2021, BGBl. I S. 1534.

Gesamtaufsichtsrat **in Vorbereitung** zuarbeitend (§ 107 Abs. 3 S. 2 AktG), formell und materiell-inhaltlich zu prüfen. Dabei dürfen sich die Ausschussmitglieder nicht mit einer bloßen Plausibilitätskontrolle begnügen, die sich in ihrer aufmerksamen Gegenlese der CSR-Berichterstattung erschöpft[26] – dies sogar dann nicht, wenn der Abschlussprüfer auf der Grundlage einer Zusatzvereinbarung (unten Rn 32) jene geprüft und hierüber im Prüfungsbericht (§ 321) dem Prüfungsausschuss berichtet hat. Allerdings gestattet eine intensive Eigenprüfung der CSR-Berichterstattung durch den Prüfungsausschuss und die hinreichend aussagekräftige Information über sie an den Gesamtaufsichtsrat diesem, sich mit einer bloßen Plausibilitätskontrolle zu begnügen.[27]

30 **c) Begrenzte CSR-Prüfung durch den Abschlussprüfer:** Trotz der Bedeutung, welche die Gesetzgeber der CSR-Berichterstattung und ihrer Verlässlichkeit für die Publizitätsadressaten beimessen (oben Rn 26), ordnet § 317 Abs. 2 S. 4 bloß eine beschränkte Prüfung der CSR-Berichterstattung durch den Abschlussprüfer an: Dieser hat lediglich zu prüfen, ob die nichtfinanzielle Erklärung (§ 289b Abs. 1) oder der nichtfinanzielle Bericht (§ 289b Abs. 3) vorgelegt wurde. Mithin ist die CSR-Berichterstattung nach der Vorgabe des Gesetzes **nicht inhaltlich** vom Abschlussprüfer zu prüfen. Diese Zurückhaltung schon des europäischen Gesetzgebers ist nachvollziehbar: Die Belange von der Umwelt (§ 289c Abs. 2 Nr. 1) bis zur Korruptionsbekämpfung (§ 289c Abs. 2 Nr. 5) sind sämtlich so weit vom überkommenen Aufgabenfeld der Abschlussprüfer, von der Prüfung der finanzwirtschaftlichen Rechnungslegung, entfernt, dass der europäische Gesetzgeber (und diesem folgend der deutsche) nicht ohne Weiteres die Befähigung der Abschlussprüfer unterstellen durften, ebenfalls die nichtfinanziellen Informationen aus eigenem Sachverstand und aus eigener Erfahrung heraus mit der gebotenen Verantwortlichkeit zu prüfen.[28] Damit sind der Aufsichtsrat und sein Prüfungsausschuss von Gesetzes wegen die wesentlichen Garanten für die Verlässlichkeit der CSR-Berichterstattung.[29] Sollten sie sich dieser Aufgabe, wie verbreitet offenbar in der Praxis, nicht gewachsen fühlen, so steht es bereits dem Prüfungsausschuss frei, sich fachkundiger Hilfe auf der Grundlage eines eigenständigen Auftrags zu versichern (unten Rn 32). – Der Vorschlag für eine CSR-Richtlinie II (oben § 289 Rn 34 ff) sieht in seinem Art. 34 Abs. 1 Unterabs. 2 n. F. der Bilanzrichtlinie nun doch eine Prüfung der Nachhaltigkeitsangaben durch den Abschlussprüfer mit allerdings begrenzter Sicherheit vor und gewährt in einem Mitgliedstaatenwahlrecht nach Art. 34 Abs. 3 n. F. der Bilanzrichtlinie diesen überdies die Möglichkeit, den prüfungspflichtigen Unternehmen die Prüfung durch bestimmte unabhängige Drittanbieter anstelle des Abschlussprüfers zu erlauben.[30]

31 Der **beschränkte Prüfungsauftrag** aus § 317 Abs. 2 S. 4 verpflichtet den Abschlussprüfer einer jeden Börsengesellschaft (und der anderen verpflichteten Unternehmensträger, oben Rn 2 ff) zu prüfen, ob der Träger wegen Rechtsform, Größe, Kapitalmarktorientierung oder Tätigkeitsbereich zur CSR-Berichterstattung verpflichtet oder von ihr als konzernabhängige Gesellschaft befreit ist (oben Rn 10 ff). Sollte nach der Überzeugung des Abschlussprüfers eine solche Berichterstattungspflicht bestehen, muss er das von der Geschäftsleitung gewählte Format in den Blick nehmen und prüfen, ob eine nichtfinanzielle Erklärung tatsächlich erstattet worden ist oder ein nichtfinanzieller Bericht. Zwar ist deren jeweiliger Inhalt nicht vom Abschlussprüfer zu prüfen, sehr wohl aber, ob die vom § 289c vorgegebenen **Bestandteile** der nichtfinanziellen

26 *Hommelhoff* FS Seibert (2019) S. 371, 381; vgl. hierzu auch *Interdisziplinärer Arbeitskreis Corporate Governance* DB 2021, 550, 551.

27 *Hommelhoff* FS Seibert (2019) S. 371, 381.

28 *Hommelhoff* FS Seibert (2019) S. 371, 377; teilweise kritisch BeckOGK/*Kleindiek* HGB (Stand 15.11.2020) § 289b Rn 95 ff.

29 Eingehend *Hommelhoff* FS Seibert (2019) S. 371, 378 f, 381.

30 Dazu näher *IDW* Stellungnahme zum Richtlinienvorschlag der Europäischen Kommission „Corporate Sustainability Reporting", S. 8 f.

Erklärung/des gesonderten Berichts vorliegen.[31] Die Kennzeichnung eines völlig unzulänglichen Textes als „nichtfinanzielle Erklärung" oder „nichtfinanzieller Bericht" darf nicht zu einem uneingeschränkten Testat (§ 322 Abs. 2 S. 1 Nr. 1) führen. Schwierig ist die Abschlussprüfung einer verstreut in den Lagebericht integrierten nichtfinanziellen Erklärung (oben Rn 19); bei ihr muss sich der Prüfer Gewissheit verschaffen, dass die verstreuten Informationen zusammengelesen in ungefähr die inhaltlichen Vorgaben aus § 289c ausfüllen. Hat die Geschäftsleitung dagegen einen nichtfinanziellen Bericht erstattet (§ 289b Abs. 3), so muss sich der Abschlussprüfer eine hinreichend gefestigte Gewissheit darüber verschaffen, dass dieser Bericht innerhalb der Viermonatsfrist (§ 289b Abs. 3 S. 1 Nr. 2 i. V. m. §§ 325 Abs. 1a/4, 289b Abs. 3 S. 1 Nr. 2 lit. b) öffentlich zugänglich gemacht bzw. zur Veröffentlichung beim elektronischen Bundesanzeiger (künftig beim Unternehmensregister, dazu § 289 Rn 64) eingereicht werden wird. Andernfalls wird eine nichtfinanzielle Erklärung (§ 289b Abs. 1) abgegeben werden müssen (oben Rn 24 f); bei ihrem Fehlen muss der Abschlussprüfer das Testat einschränken (§ 322 Abs. 2 S. 1 Nr. 2).

2. Sachverständige Inhaltsprüfung

Die eingeschränkte Abschlussprüfung der CSR-Berichterstattung (oben Rn 30 f) liefert dem Prüfungsausschuss und dem Gesamtaufsichtsrat konsequent bloß begrenzte Unterstützung für die Wahrnehmung ihrer Aufgabe, die nichtfinanziellen Informationen zu prüfen (oben Rn 27 ff). Den Inhalt der nichtfinanziellen Erklärung bzw. des Berichtes müssen allein sie prüfen, können sich jedoch auf der Grundlage eines Auftrags (selbstverständlich) zusätzliche sachverständige Hilfe erschließen. Wessen Hilfe sich die Überwachungsstellen versichern wollen, liegt entgegen dem scheinbar anderen Wortlaut des § 111 Abs. 2 S. 4 AktG[32] in deren Belieben; es kann dies der Abschlussprüfer sein, dem ein Zusatzauftrag erteilt wird, aber auch jeder andere **Sachverständige**, etwa ein solcher auf dem Gebiet der Umweltbelange oder auf dem der Menschenrechte. Falls diese Hilfestellung jedoch mit einer Prüfung verbunden und das Prüfungsergebnis nach § 289b Abs. 4 verlautbart werden soll, so sind an den Prüfer und seine Prüfung besondere Anforderungen zu stellen (unten Rn 35). 32

Frei sind Aufsichtsrat und Prüfungsausschuss überdies in der **Ausgestaltung des Auftrags**: worauf sich die sachverständige Unterstützung und ggf. Prüfung erstrecken und mit welcher Intensität die Prüfung durchgeführt werden soll. Notwendig ist dabei lediglich, dass die nach § 289b Abs. 4 verlautbarten Prüfungsergebnisse den ggf. begrenzten Umfang oder die eingeschränkte Prüfungsintensität eindeutig verlautbaren. – Zur künftig möglichen Prüfungsintensität nach dem Vorschlag für eine CSR-Richtlinie II oben Rn 30. 33

3. Publizität des Ergebnisses der freiwilligen Zusatzprüfung

Sollte die Zusatzprüfung durch den Abschlussprüfer den Inhalt der nichtfinanziellen Erklärung oder des nichtfinanziellen Berichts in vollem Umfang umfasst haben, so muss auch dieses Prüfungsergebnis ebenso über den elektronischen Bundesanzeiger (künftig über das Unternehmensregister, oben § 289 Rn 64) oder (beim nichtfinanziellen Bericht) über die Internetseite der Kapitalgesellschaft öffentlich zugänglich gemacht werden (§ 289b Abs. 4). Einen Verzicht auf 34

31 AA MünchKommHGB/*Kajüter*[4] §§ 289b–289e Rn 64, der den Abschlussprüfer für verpflichtet hält, die CSR-Erklärung auf Unstimmigkeiten mit dem Lagebericht und Jahresabschluss und den während der Prüfung gewonnenen Kenntnissen zu überprüfen; s. auch BeckOGK/*Kleindiek* HGB (Stand 15.11.2020) § 289b Rn 93, dessen Meinung nach der Abschlussprüfer zum „kritischen Lesen" der CSR-Erklärung verpflichtet sei.

32 Dazu *Hommelhoff* FS Seibert (2019) S. 377 f; zu den Grundkonzepten einer solchen freiwilligen Inhaltsprüfung *Naumann/Schneiß* FS Böcking (2021) S. 371, 377 ff.

diese Bekanntgabe sieht das Gesetz nicht vor.[33] Es will die Vertrauensgrundlage für die CSR-Berichterstattung verstärken, wenn eine solche Inhaltsprüfung durch einen Vertrauenswürdigen, den Abschlussprüfer, stattgefunden hat. Um kein ungerechtfertigtes Vertrauen hervorzurufen, muss es daher eindeutig im **publizierten Prüfungsergebnis** verlautbart werden, falls die Inhaltsprüfung (vereinbarungsgemäß) nur mit verminderter Intensität durchgeführt worden ist.[34]

35 Für Vertrauen bei den Publizitätsadressaten kann aber auch ein **anderer Sachverständiger** als der Abschlussprüfer mit seiner Prüfung der CSR-Berichterstattung sorgen, insbesondere mit der zu bestimmten Aspekten dieser Berichterstattung – etwa zu denen zur Umwelt oder zum Klima im Zusammenhang mit den Aktivitäten der Kapitalgesellschaft. Auch solche Prüfungsergebnisse sind grundsätzlich publizitätsfähig; § 289b Abs. 2 schließt sie nicht aus. Allerdings müssen für eine solche vertrauensschaffende Veröffentlichung bestimmte Voraussetzungen sowohl in der Person des Prüfers erfüllt sein als auch in der Art und Weise der Prüfungsdurchführung. Die Publizitätsadressaten dürfen in den Grundlagen ihres Vertrauens nicht getäuscht werden. Der **Prüfer** muss, einem Wirtschaftsprüfer vergleichbar (§ 43 Abs. 1 WPO), unabhängig, gewissenhaft, verschwiegen, eigenverantwortlich und unparteiisch prüfen und über seine Prüfung berichten. Und zur **Durchführung der Prüfung** gehören, ebenfalls in Anklang an die Wirtschaftsprüferordnung die kritische Grundhaltung des Sachverständigen, die ihn dazu anhält, die Angaben der Geschäftsleitung zu hinterfragen und auf Gegebenheiten zu achten, die auf eine falsche Darstellung der Geschäftsleitung hindeuten könnten (arg. § 43 Abs. 4 WPO). Auf diese Weise zustande gekommene und präzise umrissene Prüfungsergebnisse eines sonstigen Sachverständigen sind publizitätswürdig und dürfen in entsprechender Anwendung des § 289b Abs. 4 zusammen mit der CSR-Berichterstattung der Kapitalgesellschaft öffentlich zugänglich gemacht werden, damit die Publizitätsadressaten von diesen Prüfungsergebnissen Kenntnis erlangen können.

IV. Publizität der CSR-Berichterstattung

36 Für die Publizität der CSR-Berichterstattung eröffnet das Gesetz zwei Kanäle: ihre Veröffentlichung im Lagebericht oder zusammen mit diesem über den elektronischen Bundesanzeiger (§§ 325, 289b Abs. 3 S. 1 Nr. 2 lit. a), künftig über das Unternehmensregister (oben § 289 Rn 64) einerseits und die Veröffentlichung auf der Internetseite der Kapitalgesellschaft andererseits (§ 289b Abs. 3 S. 1 Nr. 2 lit. a). Zu deren **Wahl** stehen diese beiden Publizitätskanäle allerdings nur für den nichtfinanziellen Bericht (arg. § 289b Abs. 3 S. 1 Nr. 2), nicht hingegen für die nichtfinanzielle Erklärung nach § 289b Abs. 1.[35] Für diese ist die Veröffentlichung über den elektronischen Bundesanzeiger/das Unternehmensregister obligatorisch. Sollte die Geschäftsleitung für den nichtfinanziellen Bericht den Weg über die Internetseite wählen, so muss im Lagebericht der Kapitalgesellschaft in eben der Weise präzise auf die Internetseite Bezug genommen werden, dass alle Publizitätsadressaten ohne Schwierigkeit Zugang zu ihr finden (§ 289b Abs. 3 S. 1 Nr. 2 lit. b).

V. Durchsetzung der Berichterstattungspflicht

37 Sofern die Geschäftsleitung eines Unternehmensträgers, insbesondere die einer Börsengesellschaft zur CSR-Berichterstattung verpflichtet ist, sorgt die Rechtsordnung zugleich mit ihrem

33 Kritisch Hachmeister/Kahle/Mock/Schüppen/*Mock*[2] § 289b Rn 61, der in dieser Verpflichtung eine Privilegierung der Unternehmen sieht, die keine externe Prüfung durchgeführt haben.

34 Näher BeckOGK/*Kleindiek* HGB (Stand 15.11.2020) § 289b Rn 101.

35 MünchKommHGB/*Kajüter*[4] §§ 289b–289e Rn 24.

gesellschaftsrechtlichen, aufsichtsbehördlichen und sanktionsrechtlichen Instrumentarium dafür, dass die Geschäftsleitung dieser ihrer Verpflichtung auch tatsächlich nachkommt.

1. Durchsetzung innerhalb der Gesellschaft

a) Aufsichtsrat. Innerhalb einer Börsengesellschaft hat deren Aufsichtsrat, vorbereitend unterstützt durch den Abschlussprüfer in begrenztem Ausmaß (oben Rn 30 f) und den Prüfungsausschuss (oben Rn 29), im Rahmen seines umfassenden Überwachungsauftrags (§ 111 Abs. 1 AktG) die Einhaltung auch dieser Informationspflicht zu prüfen (arg. § 171 Abs. 1 S. 4 AktG) und mit dem ihm zur Verfügung stehenden Instrumentarium (bis hin zum Widerruf aus wichtigem Grund aus § 84 Abs. 3 AktG) für deren Erfüllung zu sorgen.[36] Über die Wahrnehmung auch dieser **Überwachungs- und Prüfungspflicht** hat der Aufsichtsrat der Hauptversammlung zu berichten. 38

b) Hauptversammlung und Aktionäre. Eine Geschäftsleitung, die ihrer Verpflichtung zur CSR-Berichterstattung nicht oder nur unzureichend nachkommt, muss damit rechnen, dass ihrer **Entlastung** (§ 120 AktG) schon in der Beratung dieses Beschlussantrags in der Hauptversammlung widersprochen und ihr deshalb die Entlastung schlussendlich versagt wird. Mit alledem kann ein nicht unbeträchtlicher Reputationsverlust namentlich bei ESG-sensiblen Kapitalanlegern, institutionellen Investoren und Vermögensverwaltern verbunden sein. 39

Noch vor der Entlastung eröffnet das **Votum zum Vergütungssystem** (§ 120a AktG) der Hauptversammlung die Möglichkeit, auf die Einhaltung zumindest der CSR-Berichterstattungspflicht hinzuwirken,[37] wenn nicht sogar weitergehend in Umsetzung der bindenden Vorgabe aus § 87 Abs. 1 S. 2 AktG („nachhaltige und langfristige Entwicklung der Gesellschaft") auf eine grundsätzlich CSR-affine Unternehmensleitung.[38] 40

In der Hauptversammlung können einzelne Aktionäre zur CSR-Berichterstattung und zu ihrer rechtskonformen Ausgestaltung gemäß § 131 Abs. 1 AktG nachfragen und ggf. wegen unzureichender Information **Anfechtungsklage** (§ 243 Abs. 4 AktG) erheben. Eine solche Klage mag sich im konkreten Einzelfall aber auch schon damit begründen lassen, die vorgeschriebene CSR-Berichterstattung habe vollständig gefehlt oder sei in so hohem Maße unzureichend gewesen, dass die Aktionäre sich nur unzureichend auf die Entlastung der Verwaltungsorgane Vorstand und Aufsichtsrat hätten vorbereiten können. 41

2. Aufsichtsbehördliches

Börsengesellschaften unterliegen mit ihrer Rechnungslegung einschließlich der CSR-Berichterstattung behördlicher Aufsicht durch die **BaFin** im Wege ihrer Anlassprüfungen (in der Regel auf Veranlassung der DPR, §§ 107 Abs. 1 S. 2, 108 Abs. 1 WpHG) und der Deutschen Prüfstelle Rechnungslegung (DPR) im Wege der Stichprobenprüfung[39] (§ 342b Abs. 2 S. 3 Nr. 3 HGB) mit ggf. nachgeschalteter Übernahme durch die BaFin (§§ 107 f WpHG). Die CSR-Berichterstattung ist aus dieser behördlichen Aufsicht mitnichten deshalb ausgenommen, weil der Abschlussprüfer sie nach dem Gesetz nicht inhaltlich prüft (oben Rn 30) oder weil der nichtfinanzielle Bericht 42

---

36 So auch *Bachmann* ZGR 2018, 231, 240 f; vgl. auch *Walden* NZG 2020, 50, 54. Grundlegend hierzu *J. Simon* Die Legitimation der CSR-Richtlinie (2019) S. 171 ff.

37 Allerdings hat der Beschluss keine Außenwirkung, s. BeckOGK/*Hoffmann* AktG (Stand: 19.10.2020) § 120a Rn 24.

38 Hierzu *Hommelhoff* FS Hopt II (2020) S. 467, 475 f.

39 S. näher zu den Auswahlkriterien für die Stichprobenprüfung *Barth* BB 2018, 1259.

nicht ausdrücklich im Aufgabenprogramm der Aufsichtsbehörde aufscheint.[40] Denn dieses Programm bezieht sich auf die Rechnungslegung und nicht auf die Abschlussprüfung; außerdem ist die CSR-Berichterstattung materiell Teil der Berichterstattung zur Lage der Gesellschaft unabhängig davon, ob über Nichtfinanzielles innerhalb oder gesondert außerhalb des Lageberichts informiert wird.[41] Daher haben BaFin und (bis Ende 2021) auch die DPR ihr aufsichtsrechtliches Instrumentarium einzusetzen, um die CSR-Berichterstattungspflicht in Börsengesellschaften durchzusetzen und Pflichtverstöße in diesem Bereich abzuwehren.

43 Mit Abschaffung der zweistufigen Rechnungslegungs-Kontrolle durch das FISG (oben § 289 Rn 53) liegt diese nunmehr auch hinsichtlich der Nachhaltigkeits-Informationen ab 2022 allein bei der BaFin.

3. Persönliche Sanktionen

44 Bei einer CSR-Berichterstattung und ihrer Veröffentlichung im Widerspruch zu den gesetzlichen Vorgaben sind die Mitglieder des Geschäftsleitungsorgans je nach ihrem konkreten Fehlverhalten persönlich mit Ordnungsgeld (§ 335), Bußgeld (§ 334 Abs. 1 Nr. 3) oder sogar Kriminalstrafe (§ 331 Abs. 1 Nr. 1/§ 331a, vgl. oben § 289 Rn 23) bedroht.[42]

---

40 Teilweise aA: MünchKommHGB/*Kajüter*[4] §§ 289b–289e Rn 68, der den Prüfungsumfang der DPR und BaFin auf formelle Gesichtspunkte beschränkt; *Bachmann* ZGR 2018, 231, 245. Vgl. hierzu umfassend und kritisch BeckOGK/*Kleindiek* HGB (Stand 15.11.2020) § 289b Rn 55 ff.

41 Zur Rechtslage vor der FISG-Reform *Hommelhoff* FS Seibert (2019) S. 371, 379 f.

42 Mehr dazu MünchKommHGB/*Kajüter*[4] §§ 289b–289e Rn 69.

§ 289c Inhalt der nichtfinanziellen Erklärung

(1) In der nichtfinanziellen Erklärung im Sinne des § 289b ist das Geschäftsmodell der Kapitalgesellschaft kurz zu beschreiben.

(2) Die nichtfinanzielle Erklärung bezieht sich darüber hinaus zumindest auf folgende Aspekte:

1. Umweltbelange, wobei sich die Angaben beispielsweise auf Treibhausgasemissionen, den Wasserverbrauch, die Luftverschmutzung, die Nutzung von erneuerbaren und nicht erneuerbaren Energien oder den Schutz der biologischen Vielfalt beziehen können,
2. Arbeitnehmerbelange, wobei sich die Angaben beispielsweise auf die Maßnahmen, die zur Gewährleistung der Geschlechtergleichstellung ergriffen wurden, die Arbeitsbedingungen, die Umsetzung der grundlegenden Übereinkommen der Internationalen Arbeitsorganisation, die Achtung der Rechte der Arbeitnehmerinnen und Arbeitnehmer, informiert und konsultiert zu werden, den sozialen Dialog, die Achtung der Rechte der Gewerkschaften, den Gesundheitsschutz oder die Sicherheit am Arbeitsplatz beziehen können,
3. Sozialbelange, wobei sich die Angaben beispielsweise auf den Dialog auf kommunaler oder regionaler Ebene oder auf die zur Sicherstellung des Schutzes und der Entwicklung lokaler Gemeinschaften ergriffenen Maßnahmen beziehen können,
4. die Achtung der Menschenrechte, wobei sich die Angaben beispielsweise auf die Vermeidung von Menschenrechtsverletzungen beziehen können, und
5. die Bekämpfung von Korruption und Bestechung, wobei sich die Angaben beispielsweise auf die bestehenden Instrumente zur Bekämpfung von Korruption und Bestechung beziehen können.

(3) Zu den in Absatz 2 genannten Aspekten sind in der nichtfinanziellen Erklärung jeweils diejenigen Angaben zu machen, die für das Verständnis des Geschäftsverlaufs, des Geschäftsergebnisses, der Lage der Kapitalgesellschaft sowie der Auswirkungen ihrer Tätigkeit auf die in Absatz 2 genannten Aspekte erforderlich sind, einschließlich

1. einer Beschreibung der von der Kapitalgesellschaft verfolgten Konzepte, einschließlich der von der Kapitalgesellschaft angewandten Due-Diligence-Prozesse,
2. der Ergebnisse der Konzepte nach Nummer 1,
3. der wesentlichen Risiken, die mit der eigenen Geschäftstätigkeit der Kapitalgesellschaft verknüpft sind und die sehr wahrscheinlich schwerwiegende negative Auswirkungen auf die in Absatz 2 genannten Aspekte haben oder haben werden, sowie die Handhabung dieser Risiken durch die Kapitalgesellschaft,
4. der wesentlichen Risiken, die mit den Geschäftsbeziehungen der Kapitalgesellschaft, ihren Produkten und Dienstleistungen verknüpft sind und die sehr wahrscheinlich schwerwiegende negative Auswirkungen auf die in Absatz 2 genannten Aspekte haben oder haben werden, soweit die Angaben von Bedeutung sind und die Berichterstattung über diese Risiken verhältnismäßig ist, sowie die Handhabung dieser Risiken durch die Kapitalgesellschaft,
5. der bedeutsamsten nichtfinanziellen Leistungsindikatoren, die für die Geschäftstätigkeit der Kapitalgesellschaft von Bedeutung sind,
6. soweit es für das Verständnis erforderlich ist, Hinweisen auf im Jahresabschluss ausgewiesene Beträge und zusätzliche Erläuterungen dazu.

(4) Wenn die Kapitalgesellschaft in Bezug auf einen oder mehrere der in Absatz 2 genannten Aspekte kein Konzept verfolgt, hat sie dies anstelle der auf den jeweiligen Aspekt bezogenen Angaben nach Absatz 3 Nummer 1 und 2 in der nichtfinanziellen Erklärung klar und begründet zu erläutern.

https://doi.org/10.1515/9783110763935-005

Schrifttum

Zum Schrifttum s. Vorbemerkungen vor §§ 289b ff

Übersicht

I. Die Grundstruktur des Erklärungsinhalts

1 Im Rahmen der CSR-Berichterstattung gibt § 289c in Umsetzung des Art. 19a Abs. 1 der EU-Bilanzrichtlinie, eingeführt durch die Änderungsrichtlinie 2014/95 (CSR-Richtlinie), den Inhalt der nichtfinanziellen Erklärung bzw. des gesonderten finanziellen Berichts in seinen Einzelheiten vor. Für die vom Unionsgesetzgeber der nichtfinanziellen Erklärung zugewiesenen Funktionen (Vorb. vor §§ 289b ff Rn 17 ff) kommt den gesetzlichen Vorgaben zu deren Inhalt wesentliches Gewicht zu. Denn auch mithilfe dieser Erklärung soll ausweislich des Erwägungsgrundes 3 zur CSR-Richtlinie der Übergang zu einer nachhaltigen Globalwirtschaft bewältigt werden, in dem langfristige Rentabilität zusammen mit sozialer Gerechtigkeit und Umweltschutz verbunden werden. Mit ihrem normativ vorgegebenen Inhalt fungiert die nichtfinanzielle Erklärung mithin als ein wesentliches Instrument der Gesetzgebung auf dem Weg zur **ökosozialen Marktwirtschaft** (oben Vorb. vor §§ 289b ff Rn 44).

2 Im Mittelpunkt der nichtfinanziellen Erklärung stehen schon nach der Vorgabe aus Art. 19a Abs. 1 der CSR-Richtlinie die fünf ausdrücklich benannten Mindestbelange von denen der Umwelt bis hin zur Bekämpfung von Korruption und Bestechung (§ 289c Abs. 2, unten Rn 7 ff). Diese Belange sind allerdings in der Erklärung nicht isoliert als solche zu beschreiben, sondern, wie Erwägungsgrund 6 zur CSR-Richtlinie erläutert, jeweils innerhalb der Konzepte, Konzeptergebnisse und Risiken, die als Bildteile zu einem **Gesamtbild** zusammenzufügen sind, das den tatsächlichen Verhältnissen entspricht (Erwägungsgrund 5). Ebenfalls eingefügt werden müssen

die Mindestbelange in das Geschäftsmodell (§ 289c Abs. 1)[1] und in die nichtfinanziellen Leistungsindikatoren (§ 289c Abs. 3 Nr. 5). Diese Erweiterung folgt aus Art. 19a Abs. 1 der CSR-Richtlinie; sie ordnet sowohl das Geschäftsmodell in lit. a, als auch die Leistungsindikatoren in lit. e den Konzepten etc. in lit. b ff gleich.

So eingebettet in das Geschäftsmodell, die Konzepte usf. sind die fünf normierten Mindestbelange im Zusammenhang mit dem Geschäftsverlauf, den Geschäftsergebnissen des Unternehmens, seiner Lage sowie mit den Auswirkungen seiner Tätigkeit auf die Zivilgesellschaft (Erwägungsgrund 3 der CSR-Richtlinie) zu analysieren und zu würdigen. Denn mithilfe aller Informationen in der nichtfinanziellen Erklärung will der Unionsgesetzgeber, die Geschäftsergebnisse[2] von Unternehmen und ihre Auswirkungen auf die Gesellschaft messen, überwachen und handhaben lassen (Erwägungsgrund 3). Damit zielen die nichtfinanziellen Informationen darauf ab, den Geschäftsverlauf, der zu bestimmten Ergebnissen mit Blick auf die Mindestbelange geführt hat, ebenso zu beeinflussen wie die Lage des Unternehmens und die aktuellen und vorhersehbaren Auswirkungen der Geschäftstätigkeit auf die einzelnen Mindestbelange (Erwägungsgrund 7) und auf die Allgemeinheit. Oder um das Regelungskonzept des Unionsgesetzgebers auf den Punkt zu bringen: **Steuerung der unternehmerischen Geschäftstätigkeit**, soweit es die Mindestbelange betrifft, über die Information der Publizitätsadressaten.[3] Geschäftsverlauf etc. benennen das Ziel der Beeinflussung und dienen entgegen der herrschenden Lehre mitnichten dazu, den Kreis der nichtfinanziellen Informationen zu reduzieren.[4] Das will nun auch der Vorschlag für eine Richtlinie zur Nachhaltigkeits-Berichterstattung (oben § 289 Rn 34 ff) klarstellen (Art. 19a Abs. 1 EU-Bilanzrichtlinie n. F.).[5] 3

Um diese unionsrechtlich für den Inhalt der nichtfinanziellen Erklärung vorgegebene Struktur am **Beispiel** eines Unternehmens zu verdeutlichen, das für die Herstellung seiner Waren in hohem Maße, aber durchaus innerhalb des gesetzten Rechts umweltrelevante Ressourcen verbraucht. Wenn die Geschäftsleitung dieses Unternehmens beschließt, die Herstellung über mehrere Jahre hinweg auf nachdrücklich Ressourcen-schonende Verfahren umzustellen, um sich den stakeholdern des Unternehmens als ausgeprägt umweltaktives präsentieren zu können, dann findet diese Neuausrichtung in der nichtfinanziellen Erklärung mehrfachen Niederschlag: zunächst im dahingehenden Konzept der Gesellschaft als Teil ihrer Unternehmenspolitik (§ 289c Abs. 3 Nr. 1) und konsequent zuvor schon (unten Rn 24) in ihrem Geschäftsmodell (§ 289c Abs. 1), zu Beginn der Neuausrichtung allerdings noch nicht bei den Konzeptergebnissen (§ 289c Abs. 3 Nr. 2) und wohl auch nicht bei den Risiken mit Negativauswirkung (§ 289c Abs. 3 Nr. 4), eher dagegen schon bei den nichtfinanziellen Leistungsindikatoren (§ 289c Abs. 3 Nr. 5). Mit Blick auf den Geschäftsverlauf etc. (§ 289c Abs. 3 vor Nr. 1) wird die nichtfinanzielle Erklärung die Publizitätsadressaten im Rahmen des Konzepts (Unternehmenspolitik) darüber informieren, wie weit die Gesellschaft in Umsetzung ihres Konzepts mit der Produktionsumstellung vorangekommen und ob es ihr schon mit diesen ersten Schritten gelungen ist, sich den Ruf eines umweltfreundlichen Unternehmens (Lage der Kapitalgesellschaft) zu verschaffen. Von den konkreten Fortschritten in der Produktionsumstellung hängt es dann ab, ob in der nichtfinanzi- 4

---

1 Vgl. *EU-Kommission* Leitlinien für die Berichterstattung über nichtfinanzielle Informationen: Nachtrag zur klimabezogenen Berichterstattung, ABl. 2019/C 209/9.

2 Im Gesetzestext ist zwar nur vom Ergebnis die Rede, aber aus dem Kontext kann man schließen, dass dort das Geschäftsergebnis gemeint war.

3 So auch BeckOGK/*Kleindiek* HGB (Stand 15.11.2020) § 289b Rn 27.

4 In diesem Sinne auch: *Hennrichs* ZGR 2018, 206, 212 ff; *J. Simon* Die Legitimation der CSR-Richtlinie (2019) S. 76; zum gleichen Ergebnis kommt auch im Rahmen seiner grundlegenden Analyse *Stingl* Die soziale Verantwortung der Kapitalgesellschaften vor dem Hintergrund der europäischen CSR-Richtlinie (2020) S. 522 ff. **AA**: Beck BilKomm-*Störk/Schäfer/Schönberger*[12] § 289c HGB Rn 30 ff; BeckOGK/*Kleindiek* HGB (Stand 15.11.2020) § 289b Rn 49 ff; Baumbach/Hopt/*Merkt*[40] § 289c HGB Rn 9; MünchKommHGB/*Kajüter*[4] §§ 289b–289e Rn 28; *Leyens/Simon-Heckroth* in: Velte u. a. (Hrsg.), Rechnungslegung, Steuern, Corporate Governance, Wirtschaftsprüfung und Controlling (2018), S. 316, 320; *Hell* Offenlegung nichtfinanzieller Informationen, 2020, S. 145 ff.

5 Dazu *Lanfermann/Scheid* DB 2021, 1213, 1214 f.

ellen Erklärung über ihre Auswirkungen auf die Umweltbelange (§ 289c Abs. 3 vor 1) und über den Gesetzeswortlaut hinaus auf die Zivilgesellschaft (Erwägungsgrund 3 zu Art. 19a der CSR-Richtlinie) zu berichten ist.

5 Diese vom Unionsrecht der nichtfinanziellen Erklärung vorgegebene **Inhaltsstruktur** hat in der Architektur des umsetzenden § 289c lediglich eingeschränkten Niederschlag gefunden. So stellt § 289c Abs. 1 zwar mit Recht das Geschäftsmodell voran, hätte dann aber sogleich mit den Konzepten, Konzeptergebnissen etc. fortfahren sollen, statt sie weit abgesetzt in Abs. 3 zu platzieren. Damit wird der Zusammenhang zerrissen, in den Art. 19a Abs. 1 Unterabs. 1 lit. a bis e diese einzelnen Bildteile (oben Rn 2) stellt.[6] Diese Bildteile sind mit den Mindestbelangen zu füllen; diese Vorgabe des Unionsrechts verdunkelt das „darüber hinaus" in § 289c Abs. 2, das auf eine konsekutive Darstellung hindeutet. Erneut Verständnis-erschwerend wirkt das ebenfalls konsekutive „einschließlich" in § 289c Abs. 3, mit dem die Konzepte usf. als Bildteile mit dem Geschäftsverlauf etc. verknüpft werden. Allerdings ist damit bloß das sinnverstellende „einschließlich" aus Art. 19a der CSR-Richtlinie transformiert worden. Diese scheinbar konsekutive Aneinanderreihung versperrt den Weg zur engen Verzahnung der drei **Kernelemente der nichtfinanziellen Erklärung** miteinander: der Mindestbelange zum ersten, der Bildteile Geschäftsmodell, Konzepte etc. zum zweiten sowie des Geschäftsverlaufs usf. zum dritten. Die zu ihnen jeweils in der nichtfinanziellen Erklärung zu erstattenden Angaben sind miteinander verflochten.[7] Allein mit einer solchen kohärenten Berichterstattung können die verpflichteten Gesellschaften den Publizitätsadressaten eben das liefern, was das Unionsrecht ihnen liefern will: ein **Gesamtbild** der Konzepte, Ergebnisse und Risiken etc. im jeweiligen Unternehmen (Erwägungsgrund 5 zur CSR-Richtlinie).

6 Für die **Anwendung** des § 289c in der Unternehmenspraxis folgt aus dem Voranstehenden für die nichtfinanzielle Erklärung: Das Geschäftsmodell und die Konzepte sind jeweils (auch) mit Blick auf die fünf Mindestbelange zu entwickeln, die Konzeptergebnisse und Risiken entsprechend bezogen auf die Mindestbelange zu analysieren und zu würdigen etc. Sodann sind diese innerhalb des Geschäftsmodells, der Konzepte usw. verflochtenen Informationen jeweils mit Blick auf den Geschäftsverlauf, die Geschäftsergebnisse etc. mit dem Ziel so zu prüfen und zu beurteilen, dass die Publizitätsadressaten ein Gesamtbild vom Nichtfinanziellen in der individuellen Gesellschaft gewinnen und dies verstehen können.

II. Die normierten und sonstigen Belange

7 Im rechtspolitischen Programm schon des Unionsgesetzgebers (und in seinem Gefolge des deutschen) sind es die in § 289c Abs. 2 normierten Mindestbelange, über welche die Marktwirtschaft im europäischen Binnenmarkt ökosozial ausgerichtet werden soll (s. Vorb. vor §§ 289b ff Rn 44).[8] Der Katalog der Belange[9] ist bereits im geltenden Recht („zumindest", § 289c Abs. 2 vor Nr. 1) auf Erweiterung durch die berichtspflichtigen Gesellschaften hin angelegt (unten Rn 16 f); in Betracht kommt namentlich der **Klimaschutz**, der zwar in Nr. 1 über die Treibhausgasemissionen und die Luftverschmutzung im Rahmen der Umweltbelange bereits angesprochen ist, aber in seiner umfassenden Gesamtbedeutung, wie sie Art. 9 der TaxonomieVO 2019/2088 unterstreicht, mit den erläuternden Teilaspekten zu § 289c Abs. 2 Nr. 1 bloß sektoral erfasst wird. Wie überhaupt damit gerechnet werden kann, dass in der bevorstehenden Reform der CSR-Richtlinie (s. Vorschlag Artt. 19a Abs. 4/19b Abs. 2 Unterabs. 2 lit. a Bilanzrichtlinie n. F., § 289 Rn 34 ff) die

6 Vgl. Beck BilKomm-*Störk/Schäfer/Schönberger*[12] § 289c HGB Rn 16, die allerdings die Verknüpfung zwischen der Beschreibung des Geschäftsmodells und den Belangen übersehen haben.
7 *EU-Kommission* Leitlinien für die Berichterstattung über nichtfinanzielle Informationen, ABl. 2017/C 215/9.
8 *Hommelhoff* FS Grunewald (2021) S. 389, 397 f.
9 Zu den Arten der Angaben Hachmeister/Kahle/Mock/Schüppen/*Mock*[2] § 289c Rn 12 ff.

Umweltziele aus Art. 9 TaxonomieVO sämtlich Niederschlag in einem erweiterten Katalog der Mindestbelange finden werden.

1. Umweltbelange

Wie schon die von Erwägungsgrund 7 der CSR-Richtlinie inspirierten Erläuterungen in § 289c Abs. 2 Nr. 1 zeigen, geht es bei den Umweltbelangen um die aktuellen und vorhersehbaren Auswirkungen der unternehmerischen Aktivitäten auf das **natürliche Umfeld** des Unternehmens im weitesten Sinne, insbesondere auf Boden, Wasser und Luft; aber auch, wie Erwägungsgrund 7 erläutert, um die Auswirkungen auf Gesundheit und Sicherheit der von der Geschäftstätigkeit des Unternehmens betroffenen **Kreaturen** sowie schließlich um den Einsatz erneuerbarer oder nichterneuerbarer **Energien.**[10] Allerdings sind diese umweltbezogenen Aspekte nicht sämtlich und abstrakt in der nichtfinanziellen Erklärung anzusprechen, sondern nur dann und insoweit, wie sie für das individuelle Unternehmen mitsamt seinen konkreten Aktivitäten bedeutsam sind und daher als Gegenstand des Geschäftsmodells, seiner Konzepte oder des Risikoberichts in Betracht kommen.[11] 8

2. Arbeitnehmerbelange

Die Vielzahl möglicher Aspekte, unter denen die Belange der Arbeitnehmer in der berichtspflichtigen Gesellschaft von dieser und ihren Aktivitäten betroffen sein können, listet § 289c Abs. 2 Nr. 2 (keineswegs abschließend, s. etwa neuestens § 2 Abs. 2 Nrn. 4 bis 8 Lieferkettengesetz, Vorb. vor §§ 289b ff Fn 39) auf. Wenn und soweit jeder einzelne der dort genannten Aspekte bedeutsam ist, muss er für die nichtfinanzielle Erklärung aufgegriffen und an geeigneter Stelle in dieser (Geschäftsmodell, Konzepte etc.) angesprochen werden. Allerdings wird es bei manchen Aspekten genügen, im Zusammenhang mit dem Geschäftsmodell kurz und knapp darauf hinzuweisen, dass die **geltenden Vorschriften** zum Gesundheits- und Arbeitsschutz (selbstverständlich) eingehalten werden. Dagegen werden global aktive Gesellschaften im Kontext ihrer Unternehmenspolitik (Konzepte, unten Rn 19 ff) darauf einzugehen haben, ob und wie sie die grundlegenden **Übereinkommen der Internationalen Arbeitsorganisation** umsetzen wollen oder auch nicht[12] (comply or explain, unten Rn 29 ff). 9

Die Begründung zum Entwurf eines CSR-Richtlinie-Umsetzungsgesetzes[13] nennt über die in § 289b Abs. 2 Nr. 2 aufgelisteten Einzelaspekte noch weitere: Angaben zur Personalplanung im Hinblick auf benötigte Fachkräfte, zu Krankheitsquoten, Unfall- und Fluktuationsraten. Mit diesen Einzelaspekten muss sich die CSR-berichtspflichtige Geschäftsleitung nicht befassen, kann dies aber in Ausübung ihres unternehmerischen Ermessens, wenn sie es für angezeigt hält, um sich über ein entsprechend ausgestaltetes Konzept etwa den Publizitätsadressaten gegenüber als ausgeprägt **soziales Unternehmen** zu präsentieren. Die zusätzlich in der Gesetzesbegründung benannten Teilaspekte sind daher lediglich Anregungen für die berichtspflichtigen Gesellschaften, keine (im comply or explain-Mechanismus abstreifbaren) Verpflichtungen; in die Normierung des § 289c Abs. 2 Nr. 2 haben diese Teilaspekte keine Aufnahme gefunden. Die Befassungspflicht auf sie zu erstrecken, verbietet das Gebot der Rechtssicherheit. 10

---

10 Mehr zu der klimabezogenen Berichterstattung: Art. 9 TaxonomieVO (oben § 289 Rn 29 ff); *EU-Kommission* Leitlinien für die Berichterstattung über nichtfinanzielle Informationen: Nachtrag zur klimabezogenen Berichterstattung, ABl. 2019/C 209/1 ff.

11 Ähnlich MünchKommHGB/*Kajüter*[4] §§ 289b–289e Rn 39.

12 Zur Einbeziehung der Belange von Arbeitnehmern in der Lieferkette *Krause* FS Windbichler (2020) S. 269, 277 ff.

13 Begr. RegE CSR-RL-UG, BT-Drucks. 18/9982, S. 48.

3. Sozialbelange

11 Mit Angaben zu den Sozialbelangen (§ 289c Abs. 2 Nr. 3) äußert sich die Gesellschaft dazu, wie ihre Geschäftsleitung das Unternehmen mitsamt seiner Geschäftstätigkeit lokal, regional und darüber hinaus in sein **Umfeld** eingebunden hat und künftig einbinden will. Die näheren Erläuterungen im HGB entsprechen den Erwägungen 7 zur CSR-Richtlinie. Sie sind nicht allein auf den Informationsaustausch zwischen den Unternehmensangehörigen einerseits und den politischen und zivilgesellschaftlichen Repräsentanten der Gemeinschaften vor Ort andererseits beschränkt, sondern sehen in der berichtspflichtigen Gesellschaft darüber hinaus einen Akteur, der mit gezielten Maßnahmen solche Gemeinschaften schützt und zu deren weiterer Entwicklung beiträgt. Unter solchen Maßnahmen wird man etwa den Erhalt einer Produktionsstätte an einem Standort begreifen müssen, der ohne diese Stätte wegen ohnedies schon hoher Arbeitslosigkeit wirtschaftlich und sozial verwüstet würde. In der nichtfinanziellen Erklärung könnte der (vorübergehende oder andauernde) Verzicht auf weit entfernte Produktionsstandorte mit deutlich niedrigeren Gestehungskosten seinen Ausdruck im Geschäftsmodell und im korrespondierenden Konzept innerhalb der Unternehmenspolitik finden.

4. Menschenrechte

12 Mit den Angaben der berichtspflichtigen Gesellschaft zu den Menschenrechten und ihrer Achtung zielen der europäische und der deutsche Gesetzgeber darauf ab, diese Unternehmen für den Schutz der Menschenrechte,[14] wo auch immer auf der Welt, zu aktivieren.[15] Denn die Berichtsvorgabe in § 289c Abs. 2 Nr. 4 enthält, wie schon Art. 19a Abs. 1 der CSR-Richtlinie, keinerlei geographische Eingrenzung mit der Folge, dass nach der gesetzlichen Vorgabe die Achtung der **Menschenrechte überall** dort berichtsrelevant wird, wo sich die Geschäftstätigkeit der berichtspflichtigen Gesellschaft unmittelbar oder mittelbar niederschlägt. Daher kann die (im comply or explain-Mechanismus scheinbar abstreifbare, unten Rn 30 ff) Berichtspflicht aus einer Zweigniederlassung im Ausland ebenso herrühren wie aus einer nachgeordneten Tochter- oder Enkelgesellschaft dort oder aus einer Geschäftsverbindung innerhalb der Lieferkette.

13 Zu den Menschenrechten und ihrer Achtung (dazu neuestens Lieferkettengesetz 2021, Vorb. vor §§ 289b ff Fn 39) muss sich jede Gesellschaft innerhalb ihrer nichtfinanziellen Erklärung stets verhalten[16]: Im Kontext ihres Geschäftsmodells und ihrer Unternehmenspolitik (Konzept) hat sie entweder in Anwendung des comply or explain-Mechanismus (§ 289c Abs. 4) zu begründen, warum in ihrem Geschäftsbereich die Menschenrechte und ihre Achtung keine Rolle spielen (unten Rn 31), oder begründen, warum für sie trotz Relevanz kein Konzept verfolgt werden soll.[17] Oder die Gesellschaft nimmt die Achtung der Menschenrechte wie regelmäßig in ihre Unternehmenspolitik schon deshalb auf, um Reputationsverluste bei den stakeholdern zu vermeiden. Auf diesen Bereich der nichtfinanziellen Erklärung werden sich NGO's und andere Aktivisten in nächster Zukunft gewiss konzentrieren.

---

14 Zu dem Problem, welcher Menschenrechtskatalog maßgeblich ist, s. *Mock* ZIP 2017, 1195, 1198; Hachmeister/Kahle/Mock/Schüppen/*Mock*² § 289c Rn 34.

15 Zu der Reichweite dieses Schutzes Hachmeister/Kahle/Mock/Schüppen/*Mock*² § 289c Rn 34; mit Blick auf die tatsächliche Berichterstattung der Unternehmen kritisch gegenüber den Eingrenzungen der Berichterstattungspflicht im Gesetz *Kajüter* FS Böcking (2021) S. 581, 589 f.

16 Zu den Einzelheiten der Berichterstattung zu den Menschenrechten *Wiedmann* BB 2021, 1515.

17 Zur tatsächlichen Berichterstattung der DAX30-Unternehmen *Wiedmann* BB 2021, 1515, 1519.

5. Bestechung und Korruption

Korruption sowie aktive und passive Bestechung sind weltweit verboten und nach nationalem deutschen Recht seit 2002 kriminalisiert[18] (§ 299 StGB). Welche Bedeutung diesem Verbot in der Unternehmenspraxis zukommt, hat der Siemens-Falls in mehrfacher Hinsicht verdeutlicht. Wenn der Unionsgesetzgeber die Bekämpfung von Korruption und Bestechung zum Inhalt der nichtfinanziellen Erklärung macht (Art. 19a Abs. 1 Bilanzrichtlinie), will er auf diesem Weg einen weiteren Impuls etablieren, um die Geschäftsleitungen zu **rechtskonformem Verhalten** zu veranlassen. Darüber kann sogar der comply or explain-Mechanismus (§ 289c Abs. 4) nicht hinwegtäuschen. Denn eine Geschäftsleitung, die öffentlich erklärt, Korruption und Bestechung seien für sie ohne jede Bedeutung, würde mit dieser Begründung ihr pflichtwidriges Verhalten manifest werden lassen. 14

Deshalb zielt die normative Vorgabe dieser Angabe darauf ab, die Bekämpfung von Korruption und Bestechung zum expliziten Teil der Unternehmenspolitik (Konzept, unten Rn 19 ff) avancieren zu lassen und kohärent zum Bestandteil des Geschäftsmodells (unten Rn 24). In CSR-berichterstattungspflichtigen Gesellschaften sorgen der europäische und der deutsche Gesetzgeber dafür, dass die Bekämpfungsaufgabe von der **Geschäftsleitung** selbst wahrgenommen wird und rechtlich vorgespurt auch wahrgenommen werden sollte. Zwar ist schon nach allgemeinem Gesellschaftsrecht die Legalitätskontrollpflicht „Chefsache“; aber als Bestandteil des Geschäftsmodells und der Unternehmenspolitik wird die Legalitätskontrolle hinsichtlich Korruption und Bestechung auf dem Weg über die nichtfinanzielle Erklärung noch weiter hochgezont. 15

6. Weitere Belange

Die in § 289c Abs. 2 aufgelisteten Belange sind jene, die nach dem ausdrücklichen Gesetzeswortlaut in der nichtfinanziellen Erklärung „zumindest“ anzusprechen sind. Damit bleibt es der Geschäftsleitung der berichtspflichtigen Gesellschaft unbenommen, über zusätzliche Belange freiwillig zu berichten, die nach Überzeugung der Geschäftsleitung erforderlich sind, um den Publizitätsadressaten ein **zutreffendes Gesamtbild** von all' jenen nichtfinanziellen Belangen zu verschaffen, die für das konkrete Unternehmen bedeutsam sind und deshalb etwa Eingang in dessen Geschäftsmodell und Unternehmenspolitik gefunden haben.[19] So mag etwa die Geschäftsleitung einer berichtspflichtigen Pharmagesellschaft sich entschieden haben, einen in afrikanischen Entwicklungsländern dringend benötigten Impfstoff weiter zu produzieren, obwohl die damit erzielbaren Erträge weit hinter jenen Erträgen zurückbleiben, die die Geschäftsleitung mit anderen Produkten auf anderen Märkten erzielen will und kann. Über solche speziellen Kundenbelange und ihre Berücksichtigung innerhalb der Geschäftstätigkeit in der nichtfinanziellen Erklärung zu berichten, ist der berichtspflichtigen Gesellschaft nicht verwehrt. 16

Eine andere Frage ist die, ob die Geschäftsleitung zu einer solchen erweiterten Berichterstattung **verpflichtet** ist. Das ist anzunehmen, wenn der Bericht über einen solch' sonstigen Belang notwendig ist, um den Publizitätsadressaten ein zutreffendes Gesamtbild von den nichtfinanziellen Komponenten in der Geschäftstätigkeit dieser konkreten Gesellschaft zu verschaffen – also dann, wenn sie tatsächlich mit Blick auf einen solchen sonstigen Belang aktiv ist oder auch nur in nächster Zeit tätig werden will und dies deshalb auch zum Gegenstand ihrer 17

18 Mehr dazu *Randt* BB 2002, 2252; zur Erweiterung der Strafbarkeit im Jahr 2015 s. *Kappel/Junkers* NZWiSt 2016, 382; MünchKommStGB/*Krick*[3] § 299 Rn 113 ff; vgl. die Gesetzesbegründung: BT-Drucks. 14/8998, S. 9 f; aus der Rechtsprechung BGH NJW 2009, 89.

19 So auch Hachmeister/Kahle/Mock/Schüppen/*Mock*[2] § 289c Rn 9.

Unternehmenspolitik gemacht hat[20] (DRS 20.B66). Unter diesen (oder anderen vergleichbaren) Voraussetzungen folgt die Pflicht zur Behandlung solcher sonstigen Belange in der nichtfinanziellen Erklärung aus dem Ziel des Gesetzes, die Publizitätsadressaten über die nichtfinanziellen Aspekte der Geschäftstätigkeit, die diese individuelle Gesellschaft entfaltet, und deren entsprechende Lage zu informieren. Grund für eine so erweiterte Berichtspflicht sind daher mitnichten von außen an die Gesellschaft herangetragene CSR-Berichtsgrundsätze und Standards der CSR-Berichterstattung.[21]

III. Belangbezogene Unternehmenspolitik

18 Nach den Vorgaben aus Art. 19a der EU-Bilanzrichtlinie zur Architektur der nichtfinanziellen Erklärung müssen die Belange des § 289c Abs. 2 in die Erklärungsbestandteile nach § 289c Abs. 3 an geeigneter Stelle aufgenommen werden (oben Rn 6), stehen mithin nicht isoliert je für sich. Regelmäßig werden die Belange ihren Niederschlag in den Konzepten nach § 289c Abs. 3 Nr. 1 finden; sei es, weil sie aufgenommen worden sind oder die Geschäftsleitung ihre Aufnahme mit Begründung verweigert hat (§ 289c Abs. 4). Niederschlag können die Belange aber auch noch in anderen Bestandteilen der nichtfinanziellen Erklärung finden – etwa bei den Konzeptergebnissen (§ 289c Abs. 3 Nr. 2), vor allem aber bei den Belangrisiken (§ 289c Abs. 3 Nr. 3/4); die Befassung mit diesen kann die Geschäftsleitung nicht im comply or explain-Mechanismus verweigern (arg. § 289c Abs. 4; dazu unten Rn 29 ff und Vorb. vor §§ 289b ff Rn 15 f).

1. Belangkonzepte als Bestandteil der Unternehmenspolitik

19 Den berichtspflichtigen Gesellschaften gibt § 289c Abs. 3 Nr. 1 auf, zu den einzelnen Belangen nach § 289c Abs. 2 jeweils das Konzept zu beschreiben, das die Gesellschaft tatsächlich verfolgt und/oder künftig verfolgen will. Es geht also mit den Konzepten in der nichtfinanziellen Erklärung um die **nichtfinanziellen Ziele**, über welche die Publizitätsadressaten der Rechnungslegung informiert werden sollen.[22] Solche Ziele, darauf hin ist diese Komponente der CSR-Berichterstattung angelegt, müssen in die jeweilige Geschäftspolitik der berichtspflichtigen Gesellschaft (§ 90 Abs. 1 Nr. 1 AktG) unter Berücksichtigung der sonstigen Komponenten ihrer Geschäftspolitik in deren jeweiliger Individualität kohärent eingefügt werden[23] (dazu schon Vorb. vor §§ 289b ff Rn 26).

20 **a) Die Zuständigkeit der Geschäftsleitung.** Mit der rechtsqualitativen Zuordnung der Belangkonzepte zur Geschäfts- und Unternehmenspolitik der berichtspflichtigen Gesellschaft ordnet § 289c die nichtfinanziellen Belange zugleich dem Verantwortungs- und **Entscheidungsbereich der Geschäftsleitung** zu, in Börsengesellschaft also dem des Vorstands.[24] Die Belange des § 289c Abs. 2 sind „Chefsache" und dürfen nach dem Konzept bereits der Art. 19a Abs. 1 der

---

20 Ähnlich BeckOGK/*Kleindiek* HGB (Stand 15.11.2020) § 289c Rn 27: „Ggf. kann (...) auf weitere Aspekte (...) einzugehen sein"; s. auch MünchKommHGB/*Kajüter*⁴ §§ 289b–289e Rn 34; ähnlich *Kumm*/*Woodtli* Der Konzern 2016, 218, 221 f, die darin eine prinzipien-orientierte Ausgestaltung der Berichtspflicht sehen; wohl anderer Ansicht Hachmeister/Kahle/Mock/Schüppen/*Mock*² § 289c Rn 9 und Rn 74. Vgl. *EU-Kommission* Leitlinien für die Berichterstattung über nichtfinanzielle Informationen, ABl. 2017/C 217/17 f, wo die zusätzliche Berichterstattung über Lieferketten und Mineralien aus Konfliktgebieten erwartet wird, soweit jene „relevant und verhältnismäßig" ist.

21 Insoweit ist Hachmeister/Kahle/Mock/Schüppen/*Mock*² § 289c Rn 74 unter diesem Aspekt zuzustimmen.

22 BeckOGK/*Kleindiek* HGB (Stand 15.11.2020) § 289c Rn 69.

23 *Hommelhoff* NZG 2017, 1361, 1363; wohl anderer Ansicht *Bachmann* ZGR 2018, 231, 238 f, der die Pflichten aus §§ 289b ff als bloße Berichtspflichten der Rechnungslegung zuordnet.

24 So auch *J. Vetter* ZGR 2018, 338, 364 ff, der eine ungeschriebene Kompetenz der Hauptversammlung ablehnt.

EU-Bilanzrichtlinie keiner nachgeordneten Entscheidungsinstanz zum Letztentscheid übertragen oder auch nur überlassen werden. Zugewiesen werden darf ihr bloß die Umsetzung und Ausführung der von der Geschäftsleitung festgesetzten Unternehmenspolitik zu den nichtfinanziellen Belangen.[25] Diese ist es auch, die in Ausnutzung des comply or explain-Mechanismus (§ 289c Abs. 4) allein darüber befindet, ob ein bestimmter Belang nicht in die Unternehmenspolitik aufgenommen werden soll. Dann aber ist ebenfalls die Geschäftsleitung dafür zuständig, diesen unternehmenspolitischen Verzicht, wie vorgeschrieben, mit Begründung zu erläutern.

b) Die Beteiligung des Aufsichtsrats an Nichtfinanziellem. In die nichtfinanzielle Unternehmenspolitik bindet § 289c Abs. 3 Nr. 1 konsequent überdies den Aufsichtsrat der berichtspflichtigen Gesellschaft ein. Er ist aufgerufen, zumindest im Jahresrhythmus (arg. § 90 Abs. 2 Nr. 1 AktG) mit der Geschäftsleitung auch über die nichtfinanziellen Komponenten der Unternehmenspolitik, niedergelegt in den einzelnen Belang-Konzepten, zu beraten, insbesondere dann, wenn die Geschäftsleitung einen der Belange nicht innerhalb der Unternehmenspolitik verfolgen will, obwohl der Belang, objektiv betrachtet, durchaus Bedeutung für die Geschäftstätigkeit hat oder erlangen könnte.[26] Ob der Aufsichtsrat dann die von der Geschäftsleitung beabsichtigte Unternehmenspolitik insoweit seinem Zustimmungsvorbehalt unterstellen sollte (§ 111 Abs. 4 S. 2 AktG), um die Zustimmung anschließend wegen drohenden Reputationsverlustes zu versagen, liegt im unternehmerischen Ermessen des Aufsichtsrats (§§ 116 S. 1/93 Abs. 1 S. 2 AktG) und hängt von den konkreten Umständen des Einzelfalls ab.[27] 21

In Verfolg der auch nichtfinanzielle Komponenten umfassenden Unternehmenspolitik kann die **Finanzierung der Belangkonzepte** sich sowohl im Jahresabschluss, als auch im Vorschlag über die Verwendung des Bilanzgewinns (§ 58 Abs. 2/3 AktG) niederschlagen. An diesen mitunternehmerischen Entscheidungen ist der Aufsichtsrat regelmäßig beteiligt (§§ 172, 58 Abs. 2 AktG) und trägt auf diesem Weg dann die nichtfinanzielle Unternehmenspolitik der Geschäftsleitung mit. Daneben und vor allem jedoch hat der Aufsichtsrat in Erfüllung seiner zentralen **Überwachungsaufgabe** (§ 111 Abs. 1 AktG) zu prüfen, ob, auf welche Weise und mit welchen Ergebnissen die Geschäftsleitung ihre selbst festgelegten Belangkonzepte innerhalb der Unternehmenspolitik verfolgt.[28] Insofern ist die allgemeine Überwachungsaufgabe mit der besonderen verschränkt, den Lagebericht samt nichtfinanzieller Erklärung bzw. nichtfinanziellem Bericht zu prüfen (§ 171 Abs. 2 AktG). Auch hierüber hat der Aufsichtsrat der Hauptversammlung zu berichten[29] (§ 171 Abs. 2 AktG; zur Verkoppelung zwischen Nichtfinanziellem in der Unternehmenspolitik und **Besetzung** der Geschäftsleiter-Positionen unten Rn 28). 22

2. Due-Diligence-Prozesse

Als integralen Bestandteil der einzelnen Belangkonzepte gibt § 289c Abs. 3 Nr. 1 die auf sie jeweils angewandten Due-Diligence-Prozesse und deren Beschreibung in der nichtfinanziellen Erklärung vor. Auf diese Weise sollen die Publizitätsadressaten darüber informiert werden, mithilfe welcher **Verfahren** die im jeweiligen Belangkonzept niedergelegten Ziele erreicht werden sollen, welche Stelle innerhalb des Unternehmens hierfür hauptverantwortlich ist, welche Res- 23

25 *Hommelhoff* NZG 2017, 1361, 1362; so auch *Bachmann* ZGR 2018, 231, 239.

26 Ähnlich *J. Vetter* ZGR 2019, 338, 375: „eine proaktive Information des Aufsichtsrats".

27 So auch *Bachmann* ZGR 2018, 231, 241; vgl. aber auch *Hommelhoff* NZG 2017, 1361, 1365, wonach die Abstandnahme von einem Belangkonzept wegen der Risiken für die Reputation für zustimmungspflichtig zu erklären ist.

28 Zur Überwachung der Unternehmenspolitik allgemein *Lutter/Krieger/Verse* Rechte und Pflichten des Aufsichtsrats[7] § 3 Rn 65; MünchKommAktG/*Habersack*[5] § 111 Rn 18 ff.

29 Zum Aufsichtsratsbericht s. *Hommelhoff* FS Marsch-Barner (2018), S. 261; s. auch BeckOGK/*Euler/Klein* AktG (Stand: 1.2.2021) § 171 Rn 76 ff.

sourcen und Finanzmittel zur Zielerreichung eingesetzt werden sollen, ob Unterstützung Dritter notwendig sein wird, wie Fortschritte auf dem Weg zur Zielerreichung gemessen und das Verfahren, sofern notwendig, nachgesteuert werden soll etc.[30] Den Publizitätsadressaten ist somit näherer Aufschluss über die Umsetzung der nichtfinanziellen Unternehmenspolitik hinsichtlich der einzelnen Belange nach § 289c Abs. 2 zu verschaffen.

3. Geschäftsmodell und Unternehmenspolitik

24 **a) Zur Kohärenz zwischen Politik und Modell.** Schon Art. 19a Abs. 1 lit. a der EU-Bilanzrichtlinie stellt den Belangkonzepten das Geschäftsmodell voran: zunächst sind das Geschäftsmodell zu beschreiben und sodann die Konzepte. So ist ebenfalls § 289c strukturiert: Nach Abs. 1 sind das Geschäftsmodell der Kapitalgesellschaft kurz zu beschreiben und nach Abs. 3 Nr. 1 die jeweils verfolgten Konzepte. Allerdings verdunkelt der zwischen diesen beiden Absätzen platzierte Abs. 2 mit den fünf breit beschriebenen Belangen die engen Zusammenhänge zwischen dem Geschäftsmodell auf der einen Seite und den nichtfinanziellen Belangen auf der anderen. Denn in der Unternehmenspolitik samt all' ihrer Auffächerungen[31] schlägt sich nieder, wie das Geschäftsmodell in der laufenden Geschäftstätigkeit der Gesellschaft verfolgt und verwirklicht werden soll; und umgekehrt muss sich jede Komponente der Unternehmenspolitik in das Geschäftsmodell einfügen. Beide, Geschäftsmodell und Unternehmenspolitik, werden in einem einheitlichen **Prozess mehrfacher gegenseitiger Abstimmung und Abgleichung** entwickelt, kohärent festgesetzt und fortgeschrieben. Das gilt ebenso für die Belangkonzepte und die nichtfinanziellen Aspekte des Geschäftsmodells.

25 **b) Modellinhalt.** Nach den Vorstellungen der EU-Kommission[32] soll das Geschäftsmodell die Publizitätsadressaten darüber unterrichten, was das Unternehmen tut, wie es dabei vorgeht und welchen Zweck (besser: welche Zwecke) es verfolgt. Im Zentrum des Geschäftsmodells steht der statutarische Unternehmensgegenstand der Kapitalgesellschaft (§ 23 Abs. 3 Nr. 2 AktG/§ 3 Abs. 2 Nr. 2 GmbHG), erweitert um Informationen darüber, wie ihr Unternehmen durch seine Geschäftstätigkeit die genutzten Ressourcen (Vormaterial, Finanzmittel, „Humankapital“, geistiges Eigentum und natürliche Ressourcen, also Input) umwandelt in die jeweiligen Ergebnisse (Output),[33] wie es mit seinen Produkten oder Dienstleistungen langfristig Wert (besser: Werte) schöpft und bewahrt.

26 Die Beschreibung des Geschäftsmodells ist obligatorischer Bestandteil der CSR-Berichterstattung; deshalb kommen schon im Geschäftsmodell (und nicht erst in der Unternehmenspolitik) den **nichtfinanziellen Aspekten** besondere Bedeutung zu:[34] Sie dürfen in der Beschreibung des Modells nicht untergehen;[35] auf ihre Formulierung ist nicht zuletzt deshalb große Sorgfalt zu verwenden, weil bereits nach Unionsrecht das Geschäftsmodell „kurz“ zu beschreiben ist. Das verlangt nach einer angemessenen Verdichtung der nichtfinanziellen Aspekte inner-

---

30 Dazu *EU-Kommission* Leitlinien für die Berichterstattung über nichtfinanzielle Informationen, ABl. 2017/C 215/11.

31 Zur Unternehmenspolitik („strategisches Management“) aus betriebswirtschaftlicher Perspektive s. *Thommen u. a.* Allgemeine Betriebswirtschaftslehre[9] (2020), S. 580 ff; *Bardmann* Grundlagen der Allgemeinen Betriebswirtschaftslehre[3] S. 107 ff.

32 *EU-Kommission* Leitlinien für die Berichterstattung über nichtfinanzielle Informationen, ABl. 2017/C 215/10.

33 Mit dieser Beschreibung lehnt sich die EU-Kommission, Leitlinien, a. a. O., offenbar an das Modell des „integrated reporting“ an.

34 Diese Verknüpfung zwischen den Belangen und dem Geschäftsmodell fehlt in DRS 20.37.

35 **AA** Hachmeister/Kahle/Mock/Schüppen/*Mock*[2] § 289c Rn 7; Beck BilKomm-*Störk/Schäfer/Schönberger*[12] § 289c HGB Rn 17. Kritisch zu einem so weiten Verständnis BeckOGK/*Kleindiek* HGB (Stand 15.11.2020) § 289c Rn 20.

halb des Gesamttextes zum Geschäftsmodell. Dabei sind die **Ergebnisse des Wertschöpfungsprozesses** einschließlich seiner nichtfinanziellen (Output) von besonderem Gewicht.

c) Belangverzicht. Freilich braucht es nicht schon bei der Beschreibung des Geschäftsmodells begründet zu werden, falls einer der Mindestbelange nicht verfolgt werden soll; nach der Vorgabe des § 289c Abs. 4 hat dies zusammen mit den Konzepten zu geschehen, also im Zusammenhang mit der Unternehmenspolitik. Dahingehende Negativ-Aussagen sind bei der Modellbeschreibung nicht geboten. 27

d) Leiterbesetzung und Geschäftsmodell: Auf die Ausrichtung des Geschäftsmodells auch auf Nichtfinanzielles nimmt der Aufsichtsrat vermittels seiner Kompetenz, die Positionen in der Geschäftsleitung zu besetzen (§ 84 AktG/§ 31 MitbestG) und die Bezüge der Vorstandsmitglieder initiativ zu bestimmen (§§ 87 Abs. 1 S. 3, 87a, 120a AktG), gewichtigen Einfluss. Der Aufsichtsrat legt durch die Auswahl der Organmitglieder für die Geschäftsleitung fest, ob diese für nichtfinanzielle Belange aufgeschlossen agieren soll oder betont avers gegenüber Nichtfinanziellem. Das hat er zusätzlich durch die Gestaltung der individuellen Vorstandsbezüge abzusichern, die nach der bindenden Vorgabe aus § 87 Abs. 1 S. 3 AktG in Börsengesellschaften auf deren langfristige und nachhaltige Entwicklung hin angelegt sein müssen[36] (oben Vorb. vor §§ 289b ff Rn 27 f). Deshalb kommt in deutschen Börsengesellschaften ein betont nichtfinanziell-averser Vorstand schon aus Rechtsgründen nicht in Betracht; Raum für eine solche Geschäftsleitung ist allein (zumindest theoretisch) in kapitalmarktorientierten Gesellschaften mbH. 28

IV. Die Disponibilität einzelner Belangpolitiken (comply or explain)

Die Verfolgung der Belangkonzepte (§ 289c Abs. 2/Abs. 3 Nr. 1) ist rein rechtlich gesehen in das freie Belieben der zur CSR-Berichterstattung verpflichteten Kapitalgesellschaften gestellt (§ 289c Abs. 4). Das Gesetz belässt ihnen sogar (zumindest theoretisch) die Freiheit, sich sämtlichen Mindestbelangen zu versagen. Nichtfinanzielles findet sich dann konsequent nicht im (unverändert zu beschreibenden) Geschäftsmodell, und auch zu den Konzeptergebnissen (§ 289c Abs. 3 Nr. 2) gibt es ebensowenig etwas zu berichten wie zu nichtfinanziellen Leistungsindikatoren (§ 289c Abs. 3 Nr. 5).[37] Allein die *Belangrisiken* nach § 289c Abs. 3 Nr. 3/4 bleiben zu prüfen, ggf. zu handhaben und zu berichten. Dem kann sich die berichtspflichtige Kapitalgesellschaft nicht entziehen (arg. § 289c Abs. 4). Entsprechend knapp fallen die nichtfinanzielle Erklärung und der nichtfinanzielle Bericht bei einer Generalverweigerung aus, ohne dass sich jedoch die Kapitalgesellschaft ihrer CSR-Berichterstattung vollständig entziehen könnte. Eine die Generalverweigerung plakativ signalisierende Mindestinformation der Publizitätsadressaten ist unvermeidlich (zur erläuternden Begründung der Abstandnahme unten Rn 30 ff). 29

1. Begründung der Abstandnahme

Sofern eine CSR-berichtspflichtige Kapitalgesellschaft zu einem der in § 289c Abs. 2 aufgelisteten Belange kein Konzept entwickeln will, hat sie diese ihre Abstandnahme klar und begründet in der nichtfinanziellen Erklärung zu erläutern (§ 289c Abs. 4). Diese **Erläuterung** tritt an die Stelle des nach § 289c Abs. 3 Nr. 1 vorgesehenen Konzeptes und der Konzeptergebnisse, über 30

36 Zur damit verbundenen Steuerungswirkung *Hommelhoff* FS Hopt II (2020) S. 467, 471 ff.

37 **AA** MünchKommHGB/*Kajüter*[4] §§ 289b–289e Rn 46, wonach alle Angaben gem. § 289c Abs. 3 Nr. 3-6 stets zu machen seien; so auch BeckOGK/*Kleindiek* HGB (Stand 15.11.2020) § 289c Rn 136; DRS 20.B91.

die nach § 289c Abs. 3 Nr. 2 informiert werden soll. In der unionsrechtlichen Vorgabe des Art. 19a Abs. 1 Unterabs. 2 der EU-Bilanzrichtlinie lautet die Passage zur Abstandnahme und ihrer Erläuterung noch prägnanter: „... enthält die nichtfinanzielle Erklärung eine klare und begründete Erläuterung, warum dies der Fall ist", warum also das Unternehmen zu dem jeweiligen Belang kein Konzept verfolgt. Schon der Unionsgesetzgeber hat sich demnach nicht mit einer bloßen Begründung für die Abstandnahme begnügt, sondern verlangt von der Kapitalgesellschaft, die Abstandnahme mit Argumenten zu erläutern. Überdies muss diese Erläuterung „klar", mithin verständlich für die Publizitätsadressaten sein: Diese sollen für den Standpunkt, den die Geschäftsleitung zu dem Belang eingenommen hat, gewonnen werden. Nach dem Regelungsansatz der CSR-Richtlinie und ihr folgend nach dem des § 289c Abs. 4 ist die begründete Erläuterung auf Argumenten-unterlegte **Überzeugung der Publizitätsadressaten** hin angelegt: auf die der Anleger, Arbeitnehmer, Gläubiger, Kunden und vor allem auf die Überzeugung der Allgemeinheit.

31 In deren Augen muss die Abstandnahme **sachlich gerechtfertigt** sein. Deshalb stellt § 289c Abs. 4 es der Geschäftsleitung keineswegs in deren freies Belieben, für die Belangkonzepte kein Konzept mit der Begründung zu verfolgen, Soziales oder die Menschenrechte interessierten die Gesellschaft nicht. Blanke Verweigerung ist keine auf Überzeugung ausgerichtete Begründung. So gesehen, kommt eine Abstandnahme von bestimmten Belangkonzepten lediglich dann in Betracht, wenn die Geschäftstätigkeit der Gesellschaft einen der in § 289c Abs. 2 genannten Belange nicht berührt – so vielleicht in einem Kreditinstitut, das ausschließlich in Gebieten tätig ist, in denen die Achtung der Menschenrechte außer jedem Zweifel steht, oder in einem Dienstleistungsunternehmen, dessen Arbeitnehmer soweit in der Fläche verstreut tätig sind, dass sie auf ihren Beschäftigungsort keinerlei prägende Auswirkung entfalten. Solche Kapitalgesellschaften mögen mit auf Überzeugung hin angelegter Begründung erläutern können, warum sie kein Konzept zur Achtung der Menschenrechte verfolgen bzw. kein Konzept zu den Sozialbelangen.

32 Daraus folgt im Umkehrschluss: Das Gebot sachlicher Rechtfertigung für die Abstandnahme verwehrt es den CSR-berichtspflichtigen Kapitalgesellschaften in aller Regel, sich der Verfolgung der Belangkonzepte (§ 289c Abs. 2/3 Nr. 1) zu entziehen. Das gilt sogar für jenes Versicherungsunternehmen, das mit Sorgfalt prüfen muss, ob mit seiner Transportversicherung Risiken aufgefangen werden, die mit Produkten verbunden sind, die aus unzulässiger Kinderarbeit herrühren. So gesehen, sind es die qualitativen Anforderungen, die Unions- und nationales Recht an die begründete Erläuterung zur Abstandnahme stellen; sie führen dazu, dass die berichtspflichtigen Kapitalgesellschaften die **Belangkonzepte** sämtlich letzten Endes doch entwickeln und **verfolgen müssen**. Bei den CSR-Belangen eröffnet der comply or explain-Mechanismus bloß eine **scheinbare Entscheidungsfreiheit**.[38] Der faktische Zwang wegen drohenden Reputationsverlustes kommt lediglich verstärkend noch dazu.

2. Die Steuerungseffekte der Konzeptvorgaben

33 Vor dem Hintergrund der so sachlich zu rechtfertigenden Abstandnahme (oben Rn 31 f) wird das **Regulierungskonzept** deutlich, das der Unionsgesetzgeber mit der CSR-Richtlinie verfolgt. Er sieht in den großen Börsengesellschaften (und in den ihnen gleichgestellten Unternehmen von öffentlichem Interesse, PIE) jene Wirtschaftseinheiten, die wegen ihrer Größe sowie wegen ihrer Finanzierungsmöglichkeiten (bzw. wegen ihres Betätigungsbereichs) neben den finanziellwirtschaftlichen Zielen auch die in § 289c Abs. 2 genannten nichtfinanziellen Ziele verfolgen sollten. Zu diesem erweiterten Zielkatalog will der Unionsgesetzgeber diese Unternehmen hin-

38 **AA** *Simons* ZGR 2018, 316, 319: „*Freiwilligkeits*postulat".

lenken.[39] Als **Steuerungsmittel** setzt er jedoch nicht das Instrument rechtlicher Verhaltenspflichten ein, sondern das von **Information und Transparenz**, wobei die Informationspflichten auf nichtfinanzielle Ziele ausgerichtet werden, denen sich die berichtspflichtigen Gesellschaften (und Unternehmen) in aller Regel aus Rechtsgründen nicht entziehen können. Aus dieser Perspektive betrachtet, kann von „soft law" und „nudging" nicht wirklich die Rede sein. In den Steuerungseffekten bleibt der Regulierungsansatz der CSR-Berichterstattung nicht weit hinter dem anderen Ansatz offen ausformulierter Handlungspflichten mit Zielvorgabe zurück.

V. Die Resultate der Belangpolitiken

Verstärkt wird der in den Belangkonzepten angelegte Effekt, das Verhalten der Geschäftsleitung 34 zu steuern (oben Rn 33), durch die zusätzliche Vorgabe, über die in Umsetzung und Verfolg der jeweiligen Belange erzielten Ergebnisse in der nichtfinanziellen Erklärung jährlich zu berichten (§ 289c Abs. 3 Nr. 2). An den innerhalb des Geschäftsjahres erzielten Belangergebnissen, etwa an der Reduktion des CO_2-Ausstoßes, im Unternehmen können die **Publizitätsadressaten** nicht bloß die Erfolge ablesen, welche die Geschäftsleitung im Bereich des jeweiligen Belangs tatsächlich im vergangen Geschäftsjahr erzielt hat, sondern weitergehend, ob die Geschäftsleitung die im jeweiligen Konzept niedergelegte Unternehmenspolitik wirklich ernst genommen und kein täuschendes „green washing" betrieben hat.

1. Verschränkungen

Auf diese Weise wirkt die Verpflichtung, zu den je ausformulierten Belangkonzepten deren Er- 35 gebnisse präsentieren zu müssen, dahin **präventiv**, dass die Geschäftsleitung die Belangkonzepte möglichst erfolgversprechend gestaltet und Belangkonzepte nicht „ins Blaue hinein" formuliert. Die in der nichtfinanziellen Erklärung verlautbarten Ergebnisse und ihre Entstehung schlagen sich zugleich während des Geschäftsverlaufs in der Gesamtheit der Geschäftsergebnisse und in der Lage der berichtspflichtigen Gesellschaft (zu dieser Verknüpfung oben Rn 6) nieder – etwa dahin, dass die Gesellschaft einen bemerkenswerten Anteil ihrer verfügbaren Liquidität dafür verwendet hat, den Status eines CO_2-freien Unternehmens zu erlangen, was seine Attraktivität für bestimmte Kundenkreise erheblich gesteigert hat.

2. Ergebnisse und Ergebnisanalyse

Über die Ergebnisse, die im Bereich der einzelnen Belangkonzepte, also in Umsetzung der jeweili- 36 gen Unternehmenspolitik (oben Rn 19) erzielt worden sind, ist in der nichtfinanziellen Erklärung unabhängig davon zu berichten, ob sie sich zugleich auf die finanzwirtschaftlichen Ergebnisse des Unternehmens ausgewirkt haben. Der Bericht über die Konzeptergebnisse soll die Publizitätsadressaten, unter ihnen auch und vor allem die Kapitalanleger der Börsengesellschaft, in die Lage versetzen, die **Erfolge oder Misserfolge der Geschäftsleitung** zu erkennen, zu verstehen und (im Rahmen der Corporate Governance) zu überwachen[40] – etwa durch eine verweigerte Entlastung (§ 120 AktG). Wegen dieses Ziels der Ergebnisinformationen kann sich die Geschäftsleitung nicht damit begnügen, die Ergebnisse bloß umfassend wiederzugeben; darüber hinaus hat sie die Belangergebnisse anhand der eigenen Leistungsindikatoren[41] (§ 289c Abs. 3 Nr. 5, unten Rn 43 f) zu

39 So auch in Bezug auf comply or explain-Mechanismus *Hennrichs* ZGR 2018, 206, 209; *Simons* ZGR 2018, 316, 319; Beck-HdR/*Kirsch*/*Köhrmann*/*Huter* B 510 (Stand: April 2018) Rn 289.
40 Vgl. *EU-Kommission* Leitlinien für die Berichterstattung über nichtfinanzielle Informationen, ABl. 2017/C 215/12.
41 Ähnlich BeckOGK/*Kleindiek* HGB (Stand 15.11.2020) § 289c Rn 76.

analysieren und dahin zu **bewerten**, welche Fortschritte in Umsetzung der jeweiligen Belangkonzepte erreicht worden sind. Das mag eine Analyse mit einschließen, in welchem Verhältnis die finanziellen und nichtfinanziellen Ergebnisse zueinander stehen und wie sich dies Verhältnis im Verlauf des Geschäftsjahrs gesteuert verändert hat; diese Analyse sollte den Publizitätsadressaten konsequent in der nichtfinanziellen Erklärung erläutert werden.[42] Auch hinsichtlich der nichtfinanziellen Tätigkeitsergebnisse sollen die Publizitätsadressaten die **Stärken und Schwächen** der CSR-berichtspflichtigen Kapitalgesellschaft erkennen können.

3. Nichtfinanzielle Ergebnisse und Unternehmenslage

37 Nicht anders als die finanzwirtschaftlichen Ergebnisse der Gesellschaft prägen ebenfalls die nichtfinanziellen Ergebnisse die Gesamtlage des Unternehmens mit. Die CSR-Richtlinie (und in ihrer Fortschreibung die TaxonomieVO, oben § 289 Rn 29 ff) verstehen die große Börsengesellschaft (und die anderen Unternehmen von öffentlichem Interesse) als **multidimensional aktive Wirtschaftseinheit**, die in ihrem Wertschöpfungsprozess ebenso viele Ergebnisse schafft, wie sie für diesen Prozess unterschiedliche Ressourcen nutzt und verbraucht (oben § 289 Rn 27; s. auch Vorb. vor §§ 289b ff Rn 36 ff). Daher hat die Geschäftsleitung nach der Vorgabe des § 289c Abs. 3 vor Nr. 1, die im Licht des Art. 19a Abs. 1 der EU-Bilanzrichtlinie zu interpretieren ist, die nichtfinanziellen Ergebnisse so mit der Lage der Gesellschaft zu verknüpfen, dass die Publizitätsadressaten die Börsengesellschaft als mehrdimensional aktives Unternehmen erkennen und verstehen können, das an seinen finanzwirtschaftlichen und nichtfinanziellen Erfolgen gleichermaßen gemessen werden soll. Auf die so zu interpretierende Gesamtlage der CSR-berichtspflichtigen Kapitalgesellschaft ist dann der Geschäftsverlauf mit Blick auf die nichtfinanziellen Belange zurückzubinden, aber auch wie sich die Geschäftstätigkeit insgesamt auf diese Belange ausgewirkt hat. In den Zusammenhang mit der Auswirkung auf die Belange sind die anderen Informationen zu den Risiken nach § 289c Abs. 3 Nr. 3/4 und zu ihrer Handhabung zu stellen (unten Rn 38 ff). Geschäftsverlauf und Auswirkungen liefern zusammen mit den Ergebnissen jene **Zusatzinformationen**, welche die Publizitätsadressaten benötigen, um die Gesamtlage der berichtspflichtigen Kapitalgesellschaft als mehrdimensional aktive Wirtschaftseinheit zu verstehen.

VI. Die Belangrisiken

1. Zur Wirkrichtung der Risiken

38 Nach dem Wortlaut des Art. 19a Abs. 1 Unterabs. 1 lit. d der EU-Bilanzrichtlinie sind in die nichtfinanzielle Erklärung zudem die wesentlichen Risiken im Zusammenhang mit den Belangen aufzunehmen, die (u. a.) negative Auswirkungen auf diese Bereiche haben. Mit dieser Formulierung lässt die Richtlinie nicht eindeutig erkennen, wer der Risiko-Generator ist und wer die Nachteile erleidet: Ist es die Kapitalgesellschaft, die Risiken generiert, die sich nachteilig auf die Belange der Umwelt, der Arbeitnehmer etc. auswirken können;[43] oder sind es deren Belange, welche die Kapitalgesellschaft negativ infizieren können (z. B. Menschenrechtsverletzungen, die den Ruf

---

42 S. zum Ganzen *EU-Kommission* Leitlinien für die Berichterstattung über nichtfinanzielle Informationen, ABl. 2017/C 215/12.

43 So BeckOGK/*Kleindiek* HGB (Stand 15.11.2020) § 289c Rn 84, wo er sich auf die Gesetzesbegründung beruft, vgl. Begr. RegE CSR-RL-UG, BT-Drucks. 18/9982, S. 50; so auch Baumbach/Hopt/*Merkt*[40] § 289c HGB Rn 12; Beck Bil-Komm-*Störk*/*Schäfer*/*Schönberger*[12] § 289c Rn 55; Hachmeister/Kahle/Mock/Schüppen/*Mock*[2] § 289c Rn 57; so wohl auch *Rauch*/*Weigt* KoR 2018, 119, 121.

der Gesellschaft ramponieren);[44] oder sollte die Richtlinie gar beide **Wirkrichtungen** erfassen[45]: dafür spricht das Richtungs-offene „im Zusammenhang mit diesen Belangen".

Über wesentliche Risiken, welche die Gesellschaft läuft, hat deren Geschäftsleitung bereits im Lagebericht nach § 289 Abs. 1 S. 4 (in Umsetzung des Art. 19 Abs. 1 Unterabs. 1 der EU-Bilanzrichtlinie) unabhängig davon zu berichten, woher die Risiken stammen. Sie können mithin auch aus einem nach § 289c Abs. 2 zu berichtenden Belang herrühren – so das Risiko des Reputationsverlustes aus Menschenrechtsverletzungen, seien diese eigene oder die von Vormateriallieferanten aus der Lieferkette. Daraus folgt in systematischer Interpretation der Bilanzrichtlinie (in der Fassung, die diese durch die CSR-Richtlinie gefunden hat): In der nichtfinanziellen Erklärung ist über all' jene Risiken zu berichten, denen die in § 289c Abs. 2 genannten Belange ausgesetzt sind, wenn diese aus der Geschäftstätigkeit der berichtspflichtigen Kapitalgesellschaft herrühren. So sieht es offensichtlich § 289c Abs. 3 Nr. 3/4, wenn dort ausdrücklich die negativen Auswirkungen auf die in Abs. 2 genannten Belange angesprochen werden. Die Wirkrichtung der Risiken muss somit von der Gesellschaft als Risiko-Generator zu den **Belangen als Risiko-Opfer** weisen, damit über sie in der nichtfinanziellen Erklärung zu berichten ist.[46] 39

2. Die relevanten Belangrisiken

In die nichtfinanzielle Erklärung sind nicht sämtliche Geschäftstätigkeits-generierten Belangrisiken schlechthin aufzunehmen, sondern eingegrenzt lediglich **wesentliche**, die überdies mit hoher Wahrscheinlichkeit schwerwiegende **negative Auswirkungen** auf den jeweiligen Belang haben oder in der Zukunft haben werden. Der Belang muss also mit drohender tiefer Beeinträchtigung hochgefährdet sein (§ 289c Abs. 3 Nr. 3). 40

Den Kreis der so eingegrenzten Risiken reduziert § 289c Abs. 3 Nr. 4 noch weitergehend, wenn das Risiko aus den Geschäftsbeziehungen der berichtspflichtigen Kapitalgesellschaft herrührt oder aus ihren Produkten oder Dienstleistungen.[47] Dann muss die Information (offenbar für zumindest einige Publizitätsadressaten) bedeutsam sein und die Berichterstattung über diese Belangrisiken zudem verhältnismäßig. Worin der Sinn dieser schon in Art. 19a Abs. 1 Unterabs. 1 lit. d der Bilanzrichtlinie enthaltenen Zusatzeinschränkung liegen sollte, bleibt dunkel.[48] Wenn der Unionsgesetzgeber, dem es mit der CSR-Berichterstattung um die Förderung der nichtfinanziellen Belange auf dem Weg zur ökosozialen Marktwirtschaft geht (s. Vorb. vor §§ 289b ff Rn 44), die schwerwiegenden Belangrisiken mit Gefährdungspotential ausdrücklich in der nichtfinanziellen Erklärung aufgeführt wissen will, dann ist ein Abgleich mit dem Diskretionsinteresse der CSR-berichtspflichtigen Kapitalgesellschaft nicht rechtspraktisch vorstellbar. Daher muss insoweit von einem **rechtspolitischen Formelkompromiss** ohne Regelungsgehalt ausgegangen werden. Dafür spricht auch das unverständliche „relevant" im Richtlinientext. Andernfalls stünde diese Zusatzeinschränkung in perplexem Widerspruch zum eigentlichen Regelungsanliegen, wie es die Richtlinie mit der Risikoinformation in der nichtfinanziellen Erklärung verfolgt. 41

44 Eher in diesem Sinne MünchKommHGB/*Kajüter*[4] §§ 289b–289e Rn 49; so auch *EU-Kommission* Leitlinien für die Berichterstattung über nichtfinanzielle Informationen, ABl. 2017/C 215/13: Risiken des Unternehmens.

45 So *EU-Kommission*: Leitlinien für die Berichterstattung über nichtfinanzielle Informationen: Nachtrag zur klimabezogenen Berichterstattung, ABl. 2019/C 209/11; für das kommende Recht bestätigt in Art. 19a Abs. 1 n. F. des Vorschlags für eine CSR-Richtlinie II (oben § 289 Rn 34 ff).

46 So auch: s. Fn 43; **aA** s. Fn 44.

47 Vgl. Beck BilKomm-*Störk/Schäfer/Schönberger*[12] § 289c Rn 65 f: „Spezialregelung".

48 Vgl. DRS 20.280, wo beispielsweise als Abwägungskriterien die Schwere der Schadenseintrittswahrscheinlichkeit, die Kosten der Informationsbeschaffung und der Nutzen für die Adressaten genannt wurden.

3. Risiko-Handhabung

42 Die Vorgaben aus § 289c Abs. 3 Nr. 3/4 begnügen sich nicht mit einer Information über die Belangrisiken; weitergehend fordern sie im Einklang mit Art. 19a Abs. 1 Unterabs. 1 lit. d der Bilanzrichtlinie Angaben in der nichtfinanziellen Erklärung darüber, wie die berichtspflichtige Kapitalgesellschaft diese Risiken handhabt. Dieser **Handhabung** und dem Bericht darüber kann sich die Geschäftsleitung nicht im Wege des comply or explain-Mechanismus entziehen (arg. § 289c Abs. 4/Art. 19a Abs. 1 Unterabs. 2 EU-Bilanzrichtlinie). In dieser Berichtsvorgabe liegt eingebettet eine Verhaltenspflicht der Geschäftsleitung mit Steuerungseffekt: Sie muss sich aktiv darum bemühen, die Belange aus § 289c Abs. 2 vor schwerwiegenden Nachteilen aus der Geschäftstätigkeit der Kapitalgesellschaft zu **schützen**; die Belange sind der Geschäftsleitung im Aktivitätsradius ihrer Gesellschaft anvertraut (dazu schon oben Vorb. vor §§ 289 ff Rn 13 f).

VII. Nichtfinanzielle Leistungsindikatoren

43 Nichtfinanzielle Leistungsindikatoren, die nach § 289c Abs. 3 Nr. 5 obligatorischer Bestandteil der nichtfinanziellen Erklärung sind, liefern den von der Geschäftsleitung der CSR-berichtspflichtigen Kapitalgesellschaft selbst festgelegten **Maßstab**, um deren Erfolg (oder Misserfolg) bei der Umsetzung der jeweiligen Belangkonzepte, also der auf sie bezogenen Unternehmenspolitik (oben Rn 19 ff) zu messen und zu bewerten.[49] Für die *einen* Publizitätsadressaten dienen die Leistungsindikatoren als gewichtiges Element innerhalb ihrer Entscheidungsgrundlagen; so für die Anteilseigner bei ihren Entscheiden zur Entlastung (§ 120 AktG), zum Vergütungssystem (§ 120a Abs. 1 AktG) und zum Vergütungsbericht (§§ 162, 120a Abs. 4 AktG). *Anderen* Publizitätsadressaten können die anhand der nichtfinanziellen Leistungsindikatoren beurteilten Geschäftsergebnisse Anlass bieten, auf die Geschäftsleitung lenkenden Druck auszuüben; so etwa bestimmten NGO's als Teil der Allgemeinheit, falls die Gesellschaft, gemessen am Leistungsindikator „CO_2-Reduktion", hinter den in Aussicht gestellten Werten oder gar hinter denen vergleichbarer Unternehmen zurückbleibt. So gesehen können daher Leistungsindikatoren nicht nur ein unternehmensinternes, sondern zugleich ein unternehmensexternes Instrument der Unternehmenssteuerung sein.

44 Mit Blick auf diese externen Funktionen haben schon der Unionsgesetzgeber und im Rahmen der Richtlinientransformation der deutsche nicht die Angabe sämtlicher in der Gesellschaft praktizierter Leistungsindikatoren verlangt, sondern lediglich die Aufnahme der wichtigsten (Art. 19a Abs. 1 Bilanzrichtlinie) bzw. der **bedeutsamsten** (§ 289c Abs. 3 Nr. 5). Kleinteiliges eignet sich nicht zur effektiven Außensteuerung.[50] Deshalb sollten die nichtfinanziellen Leistungsindikatoren überdies möglichst einfach zu handhaben sein. Hierfür eignen sich quantitative Indikatoren sehr viel besser als qualitativ-verbale, zumal quantitative den Vergleich mit den Leistungen anderer berichtspflichtiger Gesellschaften erleichtern, insbesondere mit denen desselben Tätigkeitsfeldes. Nicht selten wird sich deshalb ein Mix aus allgemeinen, feldspezifischen und unternehmensspezifischen Leistungsindikatoren anbieten; dieser sollte allerdings in der nichtfinanziellen Erklärung noch näher erläutert werden.[51]

---

49 Zu möglichen Verknüpfungen zwischen den einzelnen Belangen und den auf sie bezogenen Leistungsindikatoren vgl. die Beispiele in *EU-Kommission* Leitlinien für die Berichterstattung über nichtfinanzielle Informationen, ABl. 2017/C 215/15 ff.

50 Ähnlich MünchKommHGB/*Kajüter*[4] §§ 289b–289e Rn 55.

51 Zum Ganzen: *EU-Kommission* Leitlinien für die Berichterstattung über nichtfinanzielle Informationen, ABl. 2017/C 215/13.

VIII. Nichtfinanzielle Erklärung und Jahresabschluss

Als Teil der umfassenden Unternehmenspolitik (oben Rn 24) prägen die nichtfinanziellen Belangkonzepte und ihre Verwirklichung die Gesamtlage der CSR-berichtspflichtigen Kapitalgesellschaft und die Gesamtheit ihrer Geschäftsergebnisse mit (oben Rn 37). Zwischen den finanzwirtschaftlichen und den nichtfinanziellen Aspekten der Geschäftstätigkeit bestehen vielfältige, wenn auch unternehmensindividuell unterschiedlich intensive **Verknüpfungen**. Nichtfinanzielle Aktivitäten finden daher allzumeist ihren Niederschlag ebenfalls im Rechenwerk des Jahresabschlusses, also in der Bilanz sowie in der Gewinn- und Verlustrechnung der Gesellschaft. Daher gibt § 289c Abs. 3 Nr. 6 vor, in der nichtfinanziellen Erklärung auf im Jahresabschluss ausgewiesene Beträge hinzuweisen, wenn dies für die nichtfinanziellen Belange und deren Verfolgung in der Geschäftstätigkeit der Gesellschaft relevant und für das Verständnis der Publizitätsadressaten erforderlich ist; ggf. sind diese Verknüpfungen zusätzlich zu erläutern. 45

Den Adressaten soll offenbar verdeutlicht werden, dass und wie sich die nichtfinanziellen Belange als Bestandteile der Unternehmenspolitik auch auf die Vermögens-, Finanz- und Ertragslage der Kapitalgesellschaft (§ 264 Abs. 2 S. 1) auswirken. Das hat für alle Publizitätsadressaten, namentlich für die Kapitalanleger Bedeutung, aber gleichfalls für die Geschäftsleitung. Sie wird auch durch diese spezielle Information dazu angehalten, zwischen den nichtfinanziellen und den finanzwirtschaftlichen Belangen immer wieder den rechten **Ausgleich** zu finden. 46

IX. Durchsetzung der nichtfinanziellen Berichterstattung

S. hierzu die Ausführungen § 289b Rn 37 ff. 47

§ 289d Nutzung von Rahmenwerken

[1]Die Kapitalgesellschaft kann für die Erstellung der nichtfinanziellen Erklärung nationale, europäische oder internationale Rahmenwerke nutzen. [2]In der Erklärung ist anzugeben, ob die Kapitalgesellschaft für die Erstellung der nichtfinanziellen Erklärung ein Rahmenwerk genutzt hat und, wenn dies der Fall ist, welches Rahmenwerk genutzt wurde, sowie andernfalls, warum kein Rahmenwerk genutzt wurde.

Schrifttum

Zum Schrifttum s. Vorbemerkungen vor §§ 289b ff

Übersicht

I. Richtlinien-Umsetzung und -Ergänzung

1 Die Bestimmung behandelt die Nutzung von nationalen, unionsbasierten oder internationalen Rahmenwerken im Zusammenhang mit der CSR-Berichterstattung. § 289d S. 1 setzt Art. 19a Abs. 1 Unterabs. 5 der Bilanzrichtlinie in deutsches Recht um, ebenso S. 2 Hs. 1 mit der Verpflichtung der CSR-berichtspflichtigen Gesellschaft zur Angabe, welches Rahmenwerk, falls tatsächlich herangezogen, für die Berichterstattung genutzt wurde. Mit dieser Angabepflicht will der europäische Gesetzgeber auf **Vergleichbarkeit** auch in der CSR-Berichterstattung hinwirken.[1]

2 Mit der Vorgabe in § 289d S. 2 Hs. 2 ist der deutsche Gesetzgeber über die Richtlinien-Vorgaben hinausgegangen und hat für den Einsatz von CSR-Rahmenwerken den **comply or explain-Mechanismus** aktiviert:[2] Die berichtspflichtige Gesellschaft hat zu begründen, warum sie im Zusammenhang mit ihrer CSR-Berichterstattung keines der zur Verfügung stehenden Rahmenwerke genutzt hat. Mit dieser Begründungspflicht zielt der deutsche Gesetzgeber darauf ab, dass sich das Leitungsorgan der berichtspflichtigen Gesellschaft mit den in Betracht kommenden Rahmenwerken beschäftigt und prüft, ob sie genutzt werden sollen oder warum nicht. Offenbar sollen die Gesellschaften über diesen Weg der Incentivierung mit dazu beitragen, die Vergleichbarkeit der CSR-Berichterstattung der verpflichteten Gesellschaften auf längere Sicht zu steigern.

3 Ob die Angabepflichten aus Art. 19a Abs. 1 Unterabs. 5/§ 289d der rechte Weg sind, um zu einer vergleichbaren und daher verlässlichen CSR-Berichterstattung der zu ihr verpflichteten Gesellschaften zu gelangen, scheint rechtspolitisch zweifelhaft; erreichen lässt sich dies Ziel wohl nur über **verbindliche Standards** zu Form und Inhalt der Berichterstattung, wie sie für den Bereich „Klima" momentan mit den Durchführungsverordnungen der EU-Kommission im Gefolge der TaxonomieVO (s. oben § 289 Rn 29 ff) entwickelt werden und nach dem Vorschlag für eine CSR-Richtlinie II (oben § 289 Rn 34 ff) in Kommissions-Standards für ESG-Angaben ihren die Rahmenwerke ersetzenden Niederschlag finden sollen.

---

1 Ähnlich: Bericht des Ausschusses für Recht und Verbraucherschutz, BT-Drucks. 18/11450, S. 45.

2 Zum Zweck dieser Regelung s. Bericht des Ausschusses für Recht und Verbraucherschutz, BT-Drucks. 18/11450, S. 45; vgl. MünchKommHGB/*Kajüter*[4] §§ 289b–289e Rn 58: „apply-or-explain".

https://doi.org/10.1515/9783110763935-006

II. Nutzungsfreiheiten

Die zur CSR-Berichterstattung verpflichteten Gesellschaften sind keineswegs gezwungen, eines der zur Verfügung stehenden Rahmenwerke zu nutzen. Insoweit eröffnet ihnen § 289d S. 1 im Anschluss an Art. 19a Abs. 1 Unterabs. 5 Bilanzrichtlinie volle **Entscheidungsfreiheit**. Sie sind gleichfalls frei darin, welches Rahmenwerk sie allein oder zusammen mit anderen Rahmenwerken nutzen wollen. Ebenso bleibt es ihnen unbenommen, ob sie ein Rahmenwerk in vollem Umfang nutzen wollen oder nur teilweise (zur dann bestehenden Pflicht zur Kennzeichnung unten Rn 8). Möglich ist konsequent die Teilnutzung mehrerer Rahmenwerke.[3] 4

Sollte sich eine berichtspflichtige Gesellschaft entschließen, ihre nichtfinanzielle Erklärung oder ihren Bericht selbst (ggf. unter Rückgriff auf die Leitlinien der EU-Kommission) an den Vorgaben aus § 289c auszurichten, so steht ihr frei, sich dafür von einem oder mehreren Rahmenwerken bloß **anregen** zu lassen, ohne das Rahmenwerk zu nutzen. In diesem Falle kommt eine Nutzungserklärung nach § 289d S. 2 nicht in Betracht 5

III. Nutzung von Rahmenwerken

Den Kreis möglicher Rahmenwerke zieht § 289d S. 1 denkbar weit. In Betracht kommen deutsche, europäische oder internationale Rahmenwerke. An ihren Schöpfer stellt das Gesetz keine Anforderungen; ebensowenig an ein bestimmtes Qualitätsniveau oder an ihre Akkreditierung (durch wen?) oder auch nur allgemeine Anerkennung. Offen lässt § 289d S. 1 schließlich das Spektrum der im Rahmenwerk erfassten nichtfinanziellen Informationen. Dieses mag alle in § 289c Abs. 2 angesprochenen Belange erfassen oder auch nur einen Belang, z. B. den der Arbeitnehmer (§ 289c Abs. 2 Nr. 2). 6

Da der **Kreis** der Rahmenwerke **denkbar weit** gezogen ist, kommen der Deutsche Nachhaltigkeitskodex (DNK) ebenso in Betracht wie die klimabezogenen Empfehlungen der Task force on Climate-related Financial Disclosures (TCFD) oder die UN-Leitprinzipien für Unternehmen und Menschenrechte.[4] Als sektorspezifisches Rahmenwerk ist die Grundsatzerklärung der Internationalen Arbeitsorganisation (ILO) zu multinationalen Unternehmen und zur Sozialpolitik zu nennen.[5] In der Praxis der DAX-Gesellschaften werden zumeist die Standards der Global Reporting Initiative (GRI) genutzt.[6] 7

Wenn die Gesellschaft für ihre CSR-Berichterstattung ein Rahmenwerk nutzt, so hat sie in ihrer **Nutzungserklärung** nach § 289d S. 2 dies Werk nach Autor (Organisation) und Namen des Rahmenwerks so genau zu benennen, dass die Publizitätsadressaten sich Zugang zu diesem Rahmenwerk verschaffen können. Sollte ein genutztes Rahmenwerk lediglich einen Teil der nichtfinanziellen Erklärung oder des Berichts abdecken, so ist dies genau in der Erklärung zu kennzeichnen, damit die Publizitätsadressaten die Verbindung zwischen dem konkreten Erklärungsteil und dem Rahmenwerk ohne weiteres erkennen können. 8

Die Nutzung des Rahmenwerks braucht **nicht begründet** zu werden; auch nicht in der Form, dass die Nichtnutzung anderer möglicher Rahmenwerke begründet werden muss. 9

Mit der Nutzung eines Rahmenwerks ist nicht gewährleistet, dass die berichtspflichtige Gesellschaft damit **alle Anforderungen** aus § 289c erfüllt. Deren Vorstand bleibt deshalb gehalten, ggf. aufwendig prüfen zu lassen, welche Informationen über das genutzte Rahmenwerk und seine Anwendung hinaus zusätzlich in die nichtfinanzielle Erklärung bzw. in den Bericht noch aufzunehmen sind.[7] Diese Aufgabe ist vor allem deshalb herausfordernd, da die zur Verfügung 10

3 So auch MünchKommHGB/*Kajüter*[4] §§ 289b–289e Rn 60; DRS 20.300.
4 S. die Auflistung bei BeckOGK/*Kleindiek* HGB (Stand 15.11.2020) § 289d Rn 9f m. w. N.
5 Dazu *Spießhofer* NZG 2014, 1281, 1285; *Krajewski* ZGR 2018, 271, 288 ff.
6 *Quick/Gauch/Pappert* BB 2021, 875, 878; BeckOGK/*Kleindiek* HGB (Stand 15.11.2020) § 289d Rn 16.
7 So auch MünchKommHGB/*Kajüter*[4] §§ 289b–289e Rn 60.

stehenden Rahmenwerke sämtlich nicht auf die Anforderungen aus § 289c zugeschnitten sind. Selbst bei einer sorgfältigen Überprüfung verbleibt der berichtspflichtigen Gesellschaft das Risiko, doch nicht alle gesetzlichen Vorgaben erfüllt zu haben (zu den rechtlichen Konsequenzen unten Rn 13 ff). Daher wird der Vorstand dies **Restrisiko** abzuwägen haben gegen den Reputationsgewinn, den die Nutzung eines Rahmenwerks wie der GRI-Standards (oben Rn 7) oder des DNK (oben Rn 7) mit sich bringen kann.

IV. Nichtnutzung und Begründungspflicht

11 Falls die CSR-berichtspflichtige Gesellschaft für die Darbietung ihrer nichtfinanziellen Erklärung oder ihres Berichts überhaupt **kein Rahmenwerk** genutzt hat, muss sie nach § 289d S. 2 diese Nichtnutzung **begründen.** Zwar stellt der Gesetzestext an den Inhalt dieser Begründung keine Anforderungen; sie aber folgen aus Sinn und Zweck einer solchen Begründung: Die Publizitätsadressaten sollen mit sachbezogenen, rationalen und am Unternehmenswohl orientierten Argumenten[8] davon überzeugt werden, dass der Vorstand aus wohl erwogenen Gründen davon abgesehen hat, eines der zur Verfügung stehenden Rahmenwerke zu nutzen. Das wird in der Erklärung zur Nichtnutzung nach § 289d S. 2 als erstes auf eine Zusammenstellung der für die individuelle Gesellschaft relevanten Rahmenwerke hinauslaufen und sodann auf substantiierte Darlegungen zu den einzelnen dieser aufgelisteten Rahmenwerke, warum sie für die Gesellschaft und deren nichtfinanzielle Erklärung nicht in Betracht kommen. Dagegen würde die pauschale Erklärung, kein Rahmenwerk passe für die Gesellschaft oder es solle das Restrisiko informationeller Verkürzung (oben Rn 10) vermieden werden, den Anforderungen nicht gerecht, die § 289d S. 2 an die Nichtnutzungs-Begründung stellt.

12 Diesen im Einzelfall gewiss nicht immer leicht zu erfüllenden Anforderungen an die Nichtnutzungs-Begründung kann sich die CSR-berichtspflichtige Gesellschaft relativ unaufwendig dadurch entziehen, dass sie *ein* sektorales Rahmenwerk nutzt, z. B. die ILO-Grundsatzerklärung zur Sozialpolitik (oben Rn 7); dann muss der Vorstand zwar prüfen (lassen), ob und inwieweit der Erklärungsinhalt nach § 289c Abs. 2 Nr. 2 und 3 abgedeckt ist oder ergänzt werden muss. Im Übrigen jedoch braucht der Vorstand für eine Nichtnutzungs-Begründung keine Aktivitäten zu entfalten.

V. Reaktionen und Sanktionen

13 Die Angaben der berichtspflichtigen Gesellschaft zur Nutzung oder Nichtnutzung von Rahmenwerken sind Bestandteil der nichtfinanziellen Erklärung (§ 289d S. 2) oder des nichtfinanziellen Berichts. Zwar werden sie nicht vom Abschlussprüfer geprüft (arg. § 317 Abs. 2 S. 4); aber dieser Umstand entzieht diese Angaben nicht dem **Enforcement** durch die Deutsche Prüfstelle Rechnungslegung (§ 342b[9]) und (ab 2022 allein (§ 289, Rn 53) durch) die Bundesanstalt für Finanzdienstleistungen (in der Regel auf Veranlassung der DPR, §§ 107 Abs. 1 S. 2, 108 Abs. 1 WpHG). Denn die fehlende Abschlussprüfung nach dem Gesetz schließt die nichtfinanzielle Erklärung keineswegs aus dem Enforcement aus.[10] Näher zur Abschlussprüfung und Enforcement oben § 289b Rn 67 ff.

14 Fehlende oder fehlerhafte Erklärungen nach § 289d S. 2 sind gemäß § 334 Abs. 1 Nr. 3 als **Ordnungswidrigkeit** mit Geldbußen der Vorstands- und Aufsichtsratsmitglieder in Höhe von

8 Vgl. BGHZ 220, 36 Rn 39, wo der BGH diese Anforderungen an die Abstandnahme nach § 161 AktG stellt.
9 S. auch § 108 WpHG.
10 *Hommelhoff* FS Seibert (2019) S. 371, 379 f.

bis zu zwei Mio. Euro (§ 334 Abs. 3 S. 2) bedroht; der Gesellschaft droht eine Geldbuße von bis zu zehn Mio. Euro oder 5 Prozent des jährlichen Gesamtumsatzes (§ 334 Abs. 3a/§ 30 OWiG).[11]

Eine **Strafbarkeit** der Organmitglieder nach § 331 Abs. 1 Nr. 1 ist ausgeschlossen, da eine fehlende oder fehlerhafte Nutzungs- oder Nichtnutzungserklärung nicht die Verhältnisse in der CSR-berichtspflichtigen Gesellschaft unrichtig wiedergibt oder verschleiert.[12] 15

11 Hachmeister/Kahle/Mock/Schüppen/*Mock*² § 289d Rn 19.
12 Hachmeister/Kahle/Mock/Schüppen/*Mock*² § 289d Rn 19.

§ 289e Weglassen nachteiliger Angaben

(1) Die Kapitalgesellschaft muss in die nichtfinanzielle Erklärung ausnahmsweise keine Angaben zu künftigen Entwicklungen oder Belangen, über die Verhandlungen geführt werden, aufnehmen, wenn

1. die Angaben nach vernünftiger kaufmännischer Beurteilung der Mitglieder des vertretungsberechtigten Organs der Kapitalgesellschaft geeignet sind, der Kapitalgesellschaft einen erheblichen Nachteil zuzufügen, und

2. das Weglassen der Angaben ein den tatsächlichen Verhältnissen entsprechendes und ausgewogenes Verständnis des Geschäftsverlaufs, des Geschäftsergebnisses, der Lage der Kapitalgesellschaft und der Auswirkungen ihrer Tätigkeit nicht verhindert.

(2) Macht eine Kapitalgesellschaft von Absatz 1 Gebrauch und entfallen die Gründe für die Nichtaufnahme der Angaben nach der Veröffentlichung der nichtfinanziellen Erklärung, sind die Angaben in die darauf folgende nichtfinanzielle Erklärung aufzunehmen.

Schrifttum

Zum Schrifttum s. Vorbemerkungen vor §§ 289b ff

Übersicht

I. Überblick

1 Die Vorschrift eröffnet der nach § 289b zur CSR-Berichterstattung verpflichteten Kapitalgesellschaft die Möglichkeit, ausnahmsweise den Publizitätsadressaten bestimmte nichtfinanzielle **Informationen** zu **verweigern**, wenn dies nach pflichtgemäßer Einschätzung der Geschäftsleitung im Geheimhaltungsinteresse der Gesellschaft geboten ist.

2 Während die Bestimmung in ihrem Abs. 1 die Voraussetzungen für die Informationsverweigerung und die Entscheidungszuständigkeiten regelt, ordnet Abs. 2 die Nachinformation für den Fall an, dass der Verweigerungsgrund nachträglich wegfällt.

3 Mit der Bestimmung hat der deutsche Gesetzgeber vom Staatenwahlrecht Gebrauch gemacht, das ihm Art. 19a Abs. 1 Unterabs. 4 der EU-Bilanzrichtlinie in der Fassung der CSR-Richtlinie 2014/95/EU gewährt.[1] Dessen Vorgaben bestimmen daher nach dem Gebot der richtlinienkonformen Auslegung die Interpretation der Tatbestandsmerkmale in § 289e.

---

1 MünchKommHGB/*Kajüter*[4] §§ 289b–289e Rn 61; BeckOGK/*Kleindiek* HGB (Stand 15.11.2020) § 289e Rn 3.

https://doi.org/10.1515/9783110763935-007

II. Unternehmenswahlrecht

Die Bestimmung eröffnet der CSR-berichtspflichtigen Kapitalgesellschaft ein Unternehmenswahlrecht: Sie kann die Informationen (unten Rn 5) verweigern, muss dies aber nicht.[2] Dies Unternehmenswahlrecht ist bereits in Art. 19a Abs. 1 Unterabs. 4 der EU-Bilanzrichtlinie („gestatten") angelegt; trotz des leicht missverständlichen § 289e Abs. 1 („muss .... keine") ist davon auszugehen, dass der deutsche Gesetzgeber von der ihm eingeräumten Gestaltungsfreiheit Gebrauch gemacht hat. Deshalb kann die Börsengesellschaft auch auf die Informationsverweigerung **verzichten** und über mehr berichten, als sie müsste. 4

1. Geschäftsleitungs-Kompetenz

Innerhalb der Kapitalgesellschaft entscheidet die Geschäftsleitung[3] über die Wahrnehmung des Unternehmenswahlrechts (oben Rn 4), in der Börsengesellschaft somit deren Vorstand (§ 77 Abs. 1 AktG), in der berichtspflichtigen GmbH (oben § 289b Rn 2 ff) deren Geschäftsführer; sie können jedoch von den Gesellschaftern zur Informationsverweigerung angewiesen werden (§ 37 GmbHG). Mittelbar ist die Entscheidungszuständigkeit der Geschäftsleitung überdies in § 289c Abs. 1 Nr. 1 angesprochen. 5

Sie hat über die Informationsverweigerung **plenar** zu entscheiden und kann die Entscheidung nicht einem Mitglied der Geschäftsleitung, etwa dem Finanzvorstand zur abschließenden Erledigung übertragen. Nach Art. 19a Abs. 1 Unterabs. 4 der EU-Bilanzrichtlinie beruht der Verweigerungsentscheid auf der Einschätzung *der*, also aller Mitglieder des Leitungsorgans. 6

2. Aufsichtsrats-Mitwirkung

Zur Mitwirkung des Aufsichtsrats am Verweigerungsentscheid der Geschäftsleitung (oben Rn 5) verhält sich § 289e nicht, obwohl Art. 19a Abs. 1 Unterabs. 4 Bilanzrichtlinie neben den Mitgliedern der Verwaltungs- und Leitungsorgane kumulativ die der Aufsichtsorgane nennt. Das könnte für eine im Unionsrecht wurzelnde Zustimmungskompetenz des Aufsichtsrats von Gesetzes wegen sprechen.[4] Allerdings verknüpft schon die Richtlinie die Zuständigkeit der Gesellschaftsorgane mit ihren Zuständigkeiten nach dem jeweiligen Recht der Mitgliedstaaten.[5] Für den Aufsichtsrat folgt daraus: Die Entscheidungszuständigkeit nach § 289e ist eine **Annexkompetenz** zur Zuständigkeit für die Rechnungslegung über den Lagebericht. Über ihn befindet allein die Geschäftsleitung, aber nicht der Aufsichtsrat (oben § 289 Rn 90). Folglich kann dieser nur dann über die Informationsverweigerung mitentscheiden, wenn er nach § 111 Abs. 4 S. 2 AktG zur Zustimmung hierüber berufen ist. 7

III. Der Tatbestand der Informationsverweigerung und ihre Rechtsfolge

§ 289e Abs. 1 regelt drei Komplexe: die Gegenstände der Informationsverweigerung, sodann deren Voraussetzungen sowie schließlich die Grenzen der Verweigerung 8

2 Hachmeister/Kahle/Mock/Schüppen/*Mock*[2] § 289e Rn 9; Baumbach/Hopt/*Merkt*[40] § 289e HGB Rn 1.

3 BeckOGK/*Kleindiek* HGB (Stand 15.11.2020) § 289e Rn 5.

4 Als naheliegender sieht eine solche Auslegung *Stingl* Die soziale Verantwortung der Kapitalgesellschaften nach der europäischen CSR-Richtlinie (2020) S. 532 Fn 2023 aE an.

5 Hachmeister/Kahle/Mock/Schüppen/*Mock*[2] § 289e Rn 16.

1. Die Informationsgegenstände

9 Verweigern kann die an sich berichtspflichtige Kapitalgesellschaft zum einen Angaben über die **künftige Entwicklung**. Im Rahmen der CSR-Rechnungslegung schlägt dies Tatbestandsmerkmal die Brücke hinüber zu den Belangkonzepten nach § 289c Abs. 3 Nr. 1, die als Teil der Unternehmenspolitik der Kapitalgesellschaft (dazu § 289c Rn 19) deren beabsichtigte Geschäftspolitik und Unternehmensplanung (§ 90 Abs. 1 S. 1 Nr. 1 AktG) mitprägen. Das einschränkende Merkmal der „laufenden Verhandlungen" in § 289e Abs. 1 spielt für die künftigen Entwicklungen keine Rolle.[6]

10 Damit sind künftige Entwicklungen für die Verweigerungsmöglichkeit nach § 289e allein dann relevant, wenn sie ihren Niederschlag in einem Belangkonzept gefunden haben. Sollte dagegen die Kapitalgesellschaft schon die Aufstellung eines bestimmten Belangkonzeptes im **comply or explain-Mechanismus** (§ 289c Abs. 4) verweigert haben, so braucht sie die zu diesem Belang relevanten Informationen nicht nach § 289e zu verweigern.

11 Als Gegenstand einer Informationsverweigerung nach § 289e kommen darüber hinaus die **Zukunftsrisiken** nach § 289c Abs. 3 Nr. 3 und 4 als Teilaspekte der künftigen Entwicklungen in Betracht.[7]

12 Möglicher Gegenstand einer Informationsverweigerung sind aber auch schon die **Belange** selbst, bevor sie in einem Konzept ihren Niederschlag gefunden haben; also etwa die Umweltbelange als solche. Dies allerdings nur dann, wenn sie aktuell Gegenstand von **Verhandlungen** sind (§ 289e Abs. 1); z. B. wenn ein Kraftwerksbetreiber mit der Genehmigungsbehörde über die vorzeitige Abschaltung von Kohlekesseln zur CO^2-Reduktion verhandelt, bevor er dies in seiner Unternehmenspolitik verankert.

2. Der erhebliche Nachteil

13 Voraussetzung für eine nach § 289e Abs. 1 berechtigte Informationsverweigerung sind erhebliche Nachteile, die der Kapitalgesellschaft drohen müssen, wenn die Angaben zu relevanten Informationsgegenständen (oben Rn 9 ff) über die CSR-Rechnungslegung bekannt würden. Solche erheblichen Nachteile können **wirtschaftlich-finanzieller Art** sein, etwa die Gefährdung der Marktstellung, aber auch **immaterieller**, etwa ein einschneidender Ansehensverlust. Nachteil im Sinne des § 289e Abs. 1 muss nicht zwingend ein Vermögensschaden sein. Der Geschäftslage der Gesellschaft müssen ernsthafte Beeinträchtigungen drohen (Art. 19a Abs. 1 Unterabs. 4 Bilanzrichtlinie); zu dieser Lage zählen in der ökonomisch, ökologisch und sozial ausgerichteten Rechnungslegung (oben Vorb. vor §§ 289b ff Rn 7, 34 ff) ebenfalls solche immateriellen Nachteile für die Kapitalgesellschaft.

14 Allerdings muss der Nachteil erheblich sein, ein **größeres Gewicht** aufweisen. An die Erheblichkeit sind strenge Anforderungen[8] schon deshalb zu stellen, weil die Informationsverweigerung nach der ausdrücklichen Formulierung des § 289e nur ausnahmsweise berechtigt ist (Art. 19a Abs. 1 Unterabs. 4 Bilanzrichtlinie: in Ausnahmefällen). Die zur CSR-Rechnungslegung verpflichteten Gesellschaften sollen sich nicht allzu leicht ihrer Informationspflichten entledigen können. Da der Abschlussprüfer als Wächter der Rechtmäßigkeit ausfällt (§ 317 Abs. 2 S. 4), ist es vor allem Aufgabe **des Aufsichtsrats**, auf die Einhaltung der strengen Anforderungen für eine berechtigte Informationsverweigerung zu achten.

---

6 **AA** BeckOGK/*Kleindiek* HGB (Stand 15.11.2020) § 289e Rn 8.

7 **AA** Hachmeister/Kahle/Mock/Schüppen/*Mock*[2] § 289e Rn 10, der auf die Entstehung und nicht auf die Realisierung der Risiken abstellt; ähnlich *Kumm*/*Woodtli* Der Konzern 2016, 218, 223 mit Hinweis auf die Notwendigkeit einer engen Auslegung von Ausnahmetatbeständen.

8 Vgl. die Versuche, das Kriterium des erheblichen Nachteils an das Kapitalmarktrecht anzupassen, bei Hachmeister/Kahle/Mock/Schüppen/*Mock*[2] § 289e Rn 12.

Der erhebliche Nachteil, der der Kapitalgesellschaft drohen muss, bestimmt sich nicht rein objektiv, sondern nach der Vorgabe des § 289e Abs. 1 subjektiv danach, ob das Geschäftsleitungsorgan in der Gesamtheit seiner Mitglieder (oben Rn 6) einen Nachteil von größerem Gewicht befürchtet.[9] Maßgeblich ist mithin deren **Prognose**. Zu einer solchen Einschätzung müssen freilich nicht alle Mitglieder des Leitungsorgans ohne Ausnahme gelangen; eine Vetoposition einzelner für die Annahme eines wesentlichen Nachteils im Rahmen der Beurteilung ist dem Gesetz (und auch der EU-Bilanzrichtlinie) nicht zu entnehmen. Die Beurteilung des erheblichen Nachteils und die Wahrnehmung der Verweigerungsoption des § 289e unterliegen demselben Entscheid des Leitungsorgans nach §§ 77 AktG/37 GmbHG. 15

Die Annahme eines erheblichen Nachteils steht nicht im Belieben des Geschäftsleitungsorgans, sondern muss **kaufmännischer Vernunft** entsprechen. Belassen ist der Geschäftsleitung mithin der Beurteilungsspielraum, der seine Grenze jedoch beim Unvertretbaren findet, nicht erst bei schlechthin Unvertretbarem. Eine so weit hinausgeschobene Grenze würde dem Ausnahmecharakter der Möglichkeit nicht gerecht, Angaben nach Rn 9 ff zu verweigern. 16

3. Grenzen der Verweigerung

Sogar dann, wenn die Information und ihre Bekanntgabe der Kapitalgesellschaft einen erheblichen Nachteil zufügen würden, ist deren Verweigerung nach § 289e Abs. 1 Nr. 2 ausgeschlossen. Die Verweigerung der Information darf ein den tatsächlichen Verhältnissen entsprechendes und ausgewogenes Verständnis der Publizitätsadressaten nicht verhindern. Deren **Gesamtbild** muss trotz der Informationsverweigerung im Wesentlichen **stimmig** bleiben.[10] 17

Das Gesetz listet im Einzelnen auf, worauf sich das Verständnis der Publizitätsadressaten bezieht: auf den Geschäftsverlauf, das Geschäftsergebnis, die Lage der Kapitalgesellschaft und auf die Auswirkungen ihrer Tätigkeit. Sollte die Informationsverweigerung auch nur eines dieser Verständniselemente beeinträchtigen, entfällt die Berechtigung zur Verweigerung. 18

Die in § 289e Abs. 1 Nr. 2 genannte Lage der Kapitalgesellschaft ist im Rahmen der CSR-Rechnungslegung deren wirtschaftlich-finanzielle *und* deren nichtfinanzielle Lage. Deshalb sind Situationen schwer vorstellbar, in denen die Verweigerung Belang-bezogener Informationen das Verständnis der Publizitätsadressaten nicht beeinträchtigt. Das Verweigerungsrecht könnte damit auf unternehmenspraktischen Leerlauf hin angelegt sein. 19

4. Rechtsfolge

Falls die Voraussetzungen für die Informationsverweigerung (oben Rn 9 ff/13 ff) erfüllt sind und die Grenzen der Verweigerung (oben Rn 17 ff) eingehalten werden können, darf (oben Rn 4) die Kapitalgesellschaft die Information verweigern. Damit hat es dann sein Bewenden. Die Kapitalgesellschaft ist nicht verpflichtet, in ihrer nichtfinanziellen Erklärung (§ 289b Abs. 1) oder in ihrem nichtfinanziellen Bericht (§ 289b Abs. 3) darüber zu informieren, dass sie von ihrem Verweigerungsrecht Gebrauch gemacht hat; erst recht braucht sie ihre **Verweigerung nicht zu begründen.** Die Informationsverweigerung nach § 289e Abs. 1 unterliegt nicht dem comply or explain-Mechanismus.[11] 20

---

9 Hachmeister/Kahle/Mock/Schüppen/*Mock*² § 289e Rn 13.

10 Baumbach/Hopt/*Merkt*⁴⁰ § 289e HGB Rn 1.

11 BeckOGK/*Kleindiek* HGB (Stand 15.11.2020) § 289e Rn 12.

IV. Nachinformation

21 Sollten die Gründe, die die Kapitalgesellschaft zur Informationsverweigerung berechtigt hatten, **nachträglich wegfallen**, dann sind die verweigerten Informationen nach § 289e Abs. 2 in der auf den Wegfall nachfolgenden nichtfinanziellen Erklärung oder in dem nicht finanziellen Bericht nachzuliefern. In dieser schon nach Art. 19a Abs. 1 Unterabs. 4 Bilanzrichtlinie vorgegebenen Nachinformationspflicht kommt der hohe Stellenwert zum Ausdruck, den der europäische und in seinem Gefolge der deutsche Gesetzgeber der nichtfinanziellen Informationen für die Publizitätsadressaten beimisst.

22 Daneben kommt der Nachinformationspflicht eine **Steuerungsfunktion** zu: Die Geschäftsleitung soll davon abgehalten werden, allzu schnell zum Ergebnis zu gelangen, die Voraussetzungen für eine berechtigte Informationsverweigerung seien erfüllt.[12] Daher ist ein Wegfall im Sinne des § 289e Abs. 2 auch in dem Fall anzunehmen, dass sich im Nachhinein das Fehlen der Verweigerungsvoraussetzungen herausstellt.

23 Ein nachträglicher Wegfall kommt in erster Linie dann in Betracht, wenn der zunächst zu recht angenommene erhebliche Nachteil im Nachhinein entfällt. Dem ist über den Wortlaut des § 289e Abs. 2 hinaus mit Blick auf den Sinn und Zweck der Nachinformationspflicht (oben Rn 21/22) der Fall gleichzustellen, dass sich die Annahme, das Verständnis der Publizitätsadressaten werde unter keinem der in § 289e Abs. 1 Nr. 2 genannten Aspekte beeinträchtigt (oben Rn 17 ff), im Nachhinein als verfehlt herausstellt, weil sich die relevanten Verhältnisse nach der Veröffentlichung der nichtfinanziellen Erklärung/des nichtfinanziellen Berichts verändert haben.

24 Der **Zeitpunkt des Wegfalls** ist für die Entstehung der Nachinformationspflicht ohne Belang.[13] Daher können die Voraussetzungen für die Informationsverweigerung noch Jahre später entfallen; das Gesetz zieht **keine Zeitgrenze**. Die Nachinformationspflicht lebt erst dann nicht auf, wenn die damaligen, aber verweigerten Angaben für das Verständnis des Geschäftsverlaufs etc. eindeutig keinerlei Bedeutung mehr haben.

25 **Platziert** werden müssen die Nachinformationen in der dem Wegfall nachfolgenden nichtfinanziellen Erklärung/nichtfinanziellem Bericht an der jeweils zugehörigen Stelle, also entweder beim jeweiligen Belangkonzept (§ 289c Abs. 3 Nr. 1) oder beim jeweiligen Risiko nach § 289c Abs. 3 Nr. 3 oder 4. Dabei ist die Tatsache der Nachinformation einschließlich des Geschäftsjahres, auf die sich die nachgeholten Angaben beziehen, deutlich erkennbar zu verlautbaren.

V. Sanktionen

26 Bei unberechtigt verweigerten Informationen, die zur unrichtigen Wiedergabe der Verhältnisse der Kapitalgesellschaft oder zu ihrer Verschleierung führen, kommt **Strafbarkeit** der Vorstands- und Aufsichtsratsmitglieder wegen vorsätzlich unrichtiger Darstellung nach § 331 Abs. 1 Nr. 1 in Betracht.[14] Ein Verstoß gegen die Nachinformationspflicht aus § 289e Abs. 2 kann gegen Vorstands- und Aufsichtsratsmitglieder mit einer **Ordnungswidrigkeitenbuße**[15] im Höchstfall in Millionenhöhe geahndet werden (§ 334 Abs. 1 Nr. 3/Abs. 3 S. 2), gegen die Gesellschaft selbst über § 30 OWiG in der gesteigerten Millionenhöhe nach § 334 Abs. 3a.

---

12 Baumbach/Hopt/*Merkt*[40] § 289e HGB Rn 1; Hachmeister/Kahle/Mock/Schüppen/*Mock*[2] § 289e Rn 17; *Kumm/Woodtli* Der Konzern 2016, 218, 223.

13 Hachmeister/Kahle/Mock/Schüppen/*Mock*[2] § 289e Rn 19.

14 Hachmeister/Kahle/Mock/Schüppen/*Mock*[2] § 289e Rn 21.

15 Hachmeister/Kahle/Mock/Schüppen/*Mock*[2] § 289e Rn 21.

§ 289f Erklärung zur Unternehmensführung

(1) [1]Börsennotierte Aktiengesellschaften sowie Aktiengesellschaften, die ausschließlich andere Wertpapiere als Aktien zum Handel an einem organisierten Markt im Sinn des § 2 Absatz 11 des Wertpapierhandelsgesetzes ausgegeben haben und deren ausgegebene Aktien auf eigene Veranlassung über ein multilaterales Handelssystem im Sinn des § 2 Absatz 8 Satz 1 Nummer 8 des Wertpapierhandelsgesetzes gehandelt werden, haben eine Erklärung zur Unternehmensführung in ihren Lagebericht aufzunehmen, die dort einen gesonderten Abschnitt bildet. [2]Sie kann auch auf der Internetseite der Gesellschaft öffentlich zugänglich gemacht werden. [3]In diesem Fall ist in den Lagebericht eine Bezugnahme aufzunehmen, welche die Angabe der Internetseite enthält.

(2) In die Erklärung zur Unternehmensführung sind aufzunehmen

1. die Erklärung gemäß § 161 des Aktiengesetzes;

1a. eine Bezugnahme auf die Internetseite der Gesellschaft, auf der der Vergütungsbericht über das letzte Geschäftsjahr und der Vermerk des Abschlussprüfers gemäß § 162 des Aktiengesetzes, das geltende Vergütungssystem gemäß § 87a Absatz 1 und 2 Satz 1 des Aktiengesetzes und der letzte Vergütungsbeschluss gemäß § 113 Absatz 3 des Aktiengesetzes öffentlich zugänglich gemacht werden;

2. relevante Angaben zu Unternehmensführungspraktiken, die über die gesetzlichen Anforderungen hinaus angewandt werden, nebst Hinweis, wo sie öffentlich zugänglich sind;

3. eine Beschreibung der Arbeitsweise von Vorstand und Aufsichtsrat sowie der Zusammensetzung und Arbeitsweise von deren Ausschüssen; sind die Informationen auf der Internetseite der Gesellschaft öffentlich zugänglich, kann darauf verwiesen werden;

4. bei Aktiengesellschaften im Sinne des Absatzes 1, die nach § 76 Absatz 4 und § 111 Absatz 5 des Aktiengesetzes verpflichtet sind, Zielgrößen für den Frauenanteil und Fristen für deren Erreichung festzulegen und die Festlegung der Zielgröße Null zu begründen, die vorgeschriebenen Festlegungen und Begründungen und die Angabe, ob die festgelegten Zielgrößen während des Bezugszeitraums erreicht worden sind, und, wenn nicht, Angaben zu den Gründen;

5. bei börsennotierten Aktiengesellschaften, die nach § 96 Absatz 2 und 3 des Aktiengesetzes bei der Besetzung des Aufsichtsrats jeweils einen Mindestanteil an Frauen und Männern einzuhalten haben, die Angabe, ob die Gesellschaft im Bezugszeitraum den Mindestanteil eingehalten hat, und, wenn nicht, Angaben zu den Gründen; bei börsennotierten Europäischen Gesellschaften (SE) tritt an die Stelle des § 96 Absatz 2 und 3 des Aktiengesetzes § 17 Absatz 2 oder § 24 Absatz 3 des SE-Ausführungsgesetzes;

5a. bei börsennotierten Aktiengesellschaften, die nach § 76 Absatz 3a des Aktiengesetzes mindestens eine Frau und mindestens einen Mann als Vorstandsmitglied bestellen müssen, die Angabe, ob die Gesellschaft im Bezugszeitraum diese Vorgabe eingehalten hat, und, wenn nicht, Angaben zu den Gründen; bei börsennotierten Europäischen Gesellschaften (SE) tritt an die Stelle des § 76 Absatz 3a des Aktiengesetzes § 16 Absatz 2 oder § 40 Absatz 1a des SE-Ausführungsgesetzes;

6. bei Aktiengesellschaften im Sinne des Absatzes 1, die nach § 267 Absatz 3 Satz 1 und Absatz 4 bis 5 große Kapitalgesellschaften sind, eine Beschreibung des Diversitätskonzepts, das im Hinblick auf die Zusammensetzung des vertretungsberechtigten Organs und des Aufsichtsrats in Bezug auf Aspekte wie beispielsweise Alter, Geschlecht, Bildungs- oder Berufshintergrund verfolgt wird, sowie der Ziele dieses Diversitätskonzepts, der Art und Weise seiner Umsetzung und der im Geschäftsjahr erreichten Ergebnisse.

https://doi.org/10.1515/9783110763935-008

(3) Auf börsennotierte Kommanditgesellschaften auf Aktien sind die Absätze 1 und 2 entsprechend anzuwenden.

(4) [1]Andere Unternehmen, deren Vertretungsorgan und Aufsichtsrat nach § 36 oder § 52 des Gesetzes betreffend die Gesellschaften mit beschränkter Haftung oder nach § 76 Absatz 4 des Aktiengesetzes, auch in Verbindung mit § 188 Absatz 1 Satz 2 des Versicherungsaufsichtsgesetzes, oder nach § 111 Absatz 5 des Aktiengesetzes, auch in Verbindung mit § 189 Absatz 3 Satz 1 des Versicherungsaufsichtsgesetzes, verpflichtet sind, Zielgrößen für den Frauenanteil und Fristen für deren Erreichung festzulegen, haben in ihrem Lagebericht als gesonderten Abschnitt eine Erklärung zur Unternehmensführung mit den Festlegungen und Angaben nach Absatz 2 Nummer 4 aufzunehmen; Absatz 1 Satz 2 und 3 gilt entsprechend. [2]Gesellschaften, die nicht zur Offenlegung eines Lageberichts verpflichtet sind, haben eine Erklärung mit den Festlegungen und Angaben nach Absatz 2 Nummer 4 zu erstellen und gemäß Absatz 1 Satz 2 zu veröffentlichen. [3]Sie können diese Pflicht auch durch Offenlegung eines unter Berücksichtigung von Satz 1 erstellten Lageberichts erfüllen.

(5) Wenn eine Gesellschaft nach Absatz 2 Nummer 6, auch in Verbindung mit Absatz 3, kein Diversitätskonzept verfolgt, hat sie dies in der Erklärung zur Unternehmensführung zu erläutern.

Schrifttum

Arbeitskreis Corporate Governance Reporting der Schmalenbach-Gesellschaft für Betriebswirtschaft e.V. (AK „Corporate Governance Reporting") Weiterentwicklung der Unternehmensberichterstattung, DB 2016, 2130; *AK „Corporate Governance Reporting"* Diversity Reporting als Bestandteil des Corporate Governance Reportings, in: Betriebswirtschaftliche Implikationen der digitalen Transformation, ZfbF-Sonderheft 72/17, Krause/Pellens (Hrsg.), 2018, S. 355; *AK „Corporate Governance Reporting"* Weiterentwicklung der Unternehmensberichterstattung – Überlegungen zur Reform des Corporate Governance Reportings und zur Einführung einer Mustergliederung –, DB 2018, 2125; *AK „Corporate Governance Reporting"* Weiterentwicklung der Unternehmensberichterstattung – Gemeinsame Berichterstattung zur Corporate Governance durch Vorstand und Aufsichtsrat (§ 289f HGB, Grundsatz 17 DCGK-E) –, DB 2019, 317; *AK „Corporate Governance Reporting"* Weiterentwicklung der Unternehmensberichterstattung – Leitlinien zur Struktur der (Konzern-)Erklärung zur Unternehmensführung –, DB 2020, 2025; *Bachmann* Die Erklärung zur Unternehmensführung (Corporate Governance Statement), ZIP 2020, 1517; Beck-online.Großkommentar HGB, Stand 15.11.2020; *Bischof/Selch* Neuerungen für den Lagebericht nach dem Regierungsentwurf eines Bilanzmodernisierungsgesetzes (BilMoG), WPg 2008, 1021, 1026; *Böcking/Eibelshäuser* Die Erklärung zur Unternehmensführung nach BilMoG (§ 289a HGB), DK 2009, 563, 567. *Strieder* Erweiterung der Lageberichterstattung nach dem BilMoG, BB 2009, 1002; *Hell* Offenlegungspflichten nichtfinanzieller Informationen, 2020; *Hommelhoff* Von der Entwicklung zur Unternehmensführung zum Corporate Governance Bericht – zugleich Bemerkungen zum Schmalenbach-Reportingvorschlag –, in: Praxis und Lehre im Wirtschaftsrecht – 10 Jahre Österberg Seminare, Priester/Heppe/Westermann (Hrsg.), 2018, S. 185; *Hommelhoff* Verlässliche und vertrauensvolle CSR-Berichterstattung in: Bergmann u. a. m. (Hrsg.), Festschrift für Ulrich Seibert, 2019, S. 371; *Kocher* Ungeklärte Fragen der Erklärung zur Unternehmensführung nach § 289a HGB, DStR 2010, 1034; *Kremer u. a. m.* Kommentar zum Deutschen Corporate Governance Kodex, 8. Aufl., 2021; *Kuthe/Geiser* Die neue Corporate Governance Erklärung – Neuerung des BilMoG in § 289a HGB-RE –, NZG 2008, 172; *Leyens* Die Mitunterzeichnung der Erklärung zur Unternehmensführung durch den Aufsichtsrat (§ 289f HGB) – Betriebswirtschaftliche Forderung und rechtsdogmatische Ausfüllung –, in: Grunewald/Koch/Tielmann (Hrsg.), Festschrift für Eberhard Vetter, 2019, S. 397; *Redenius-Hövermann* Zur Frauenquote im Vorstand, ZIP 2021, 1365; *Röhm-Kottmann/Gundel* Frauenquote und Zielgrößen für den Frauenanteil – Berichtspflichten in der Erklärung zur Unternehmensführung, WPg 2015, 1110; *Schäfer/Rimmelspacher* Änderungen im (Konzern-)Lagebericht inkl. der Erklärung zur Unternehmensführung durch das BilRUG, DB 2015, Beilage 5 zu Heft Nr. 36, S. 57; *Seibt* Frauen in Leitungsorganen und Führungspositionen – RegE zum Zweiten Führungspositionen-Gesetz, DB 2021, 438; *J. Simon* Die Legitimation der CSR-Richtlinie in ihren Auswirkungen auf die Unternehmensverfassung der Aktiengesellschaft, 2019; *E. Vetter* Der Vergütungsbericht nach § 162 AktG als gemeinsames Corporate Governance-Reporting von Vorstand und Aufsichtsrat, in: Hoffmann-Becking/Hommelhoff (Hrsg.), Festschrift für Gerd Krieger, 2020, S. 1045.

Übersicht

I. Überblick

Nach den rechtspolitischen Vorstellungen des Unionsgesetzgebers sind die Publizitätsadressaten über die finanziellen und nichtfinanziellen Aspekte der Börsengesellschaften hinaus in deren Lagebericht auch über wesentliche Einzelheiten ihrer tatsächlichen Unternehmensverfassung (**Corporate Governance**) und der Vielfalt in ihren Verwaltungsorganen Vorstand und Aufsichtsrat zu informieren. Diese Informationen sind konzentriert in einem gesonderten Abschnitt des Lageberichts darzubieten, der Erklärung zur Unternehmensführung; diese kann auch außerhalb des Lageberichts über die Internetseite der berichtspflichtigen Gesellschaft publiziert werden. Die Erklärung dient über die Information der Publizitätsadressaten hinaus nach dem Willen des Unionsgesetzgebers auch dazu, die Corporate Governance in den Börsengesellschaften zu verbessern.[1] 1

Als Informationsinstrument hat sich überdies der deutsche Gesetzgeber die **Erklärung zur Unternehmensführung** zunutze gemacht, um die **Frauenförderung** in den Unternehmen öffentlich zu verlautbaren. Zudem soll durch die Publizität der Fördermechanismen öffentlicher Druck auf die einzelnen Gesellschaften ausgeübt werden, um die Fördervorgaben des Gesetzgebers effektiv durchzusetzen.[2] Deshalb haben nicht allein Börsengesellschaften über die Frauenförderung in ihrer Erklärung zur Unternehmensführung zu berichten, sondern sämtliche zur Frauenförderung verpflichteten Gesellschaften; ggf. haben sie nur deshalb eine Erklärung, wenn auch mit eingeschränktem Inhalt, zu veröffentlichen. 2

---

1 Erwägungsgrund 1 Änderungsrichtlinie 2006/46 v. 14.6.2006, RL 2006/46/EG, ABl. L 224/1; BeckOGK/*Kleindiek* HGB (Stand 15.11.2020) § 289f Rn 6.

2 Vgl. Begr. RegE FüPoG, BT-Drucks. 18/3784 S. 132.

II. Entstehungsgeschichte

3 Die Erklärung zur Unternehmensführung beruht in ihrer Einführung und in wesentlichen Teilen ihrer Gestaltungsvorgaben auf Unionsrecht. Dies Berichtinstrument und seinen Regulierungsansatz (unten Rn 15) hat dann auch der deutsche Gesetzgeber genutzt, um sein rechtspolitisches Programm der Frauenförderung abzurunden, zuletzt im Führungspositionengesetz II von 2021.[3]

1. Impulse des Unionsrechts

4 **a) Unternehmensführungspraktiken.** Ihren Ausgang hat die Erklärung zur Unternehmensführung in Art. 46a der Bilanzrichtlinie 1978[4] (jetzt Art. 20 der EU-Bilanzrichtlinie 2013[5]), eingeführt durch die Änderungsrichtlinie 2006/46 vom 14. Juni 2006,[6] genommen. Nach ihrem Erwägungsgrund 10 sollten den Aktionären als Publizitätsadressaten leicht zugängliche Schlüsselinformationen zu den tatsächlich angewandten Unternehmensführungspraktiken gegeben werden. Darüber hinaus wollte der europäische Gesetzgeber den Gesellschaften die Möglichkeit eröffnen, eine Analyse ökologischer und sozialer Aspekte vorzulegen, sofern diese notwendig sind, um die Entwicklung der Gesellschaft sowie ihre Leistung und Lage zu beurteilen.[7] – Die Änderungsrichtlinie 2006 war mithin die Geburtsstätte der **Corporate Governance-Berichterstattung** in der Europäischen Union; diese war von Anbeginn auf eine **ESG-Berichterstattung** hin angelegt. Durch das BilMoG vom 29. Mai 2009[8] wurden die europäischen Vorgaben zunächst in § 289a HGB umgesetzt.

5 **b) Besetzungsdiversität.** Mit der Änderungsrichtlinie 2014/95 vom 22. Oktober 2014,[9] der sog. CSR-Richtlinie, etablierte der Unionsgesetzgeber einen zweiten Informationskomplex neben den Corporate Governance-Informationen: die diverse Zusammensetzung der Verwaltungsorgane (Berichterstattung zur Besetzungsdiversität). Nach Art. 20 Abs. 1 lit. g EU-Bilanzrichtlinie sind die Gesellschaften gehalten, ein Diversitätskonzept mitsamt seinen Zielen zu entwickeln und in der Erklärung zur Unternehmensführung zu beschreiben. Zugleich sollen die Gesellschaften in dieser Erklärung berichten, auf welche Art und Weise sie ihr jeweiliges Diversitätskonzept umgesetzt und welche Ergebnisse sie dabei erzielt haben. Als Diversitätskriterien zählt die Richtlinie beispielhaft Alter, Geschlecht sowie Berufs- und Bildungshintergrund auf. Allerdings will die Richtlinie die Gesellschaften mitnichten auf ein Diversitätskonzept verpflichten lassen.[10] Sie sollen sich dieser Vorgabe durch begründete Erklärung, also im **comply or explain-Mechanismus** entziehen können (Art. 20 Abs. 1 lit. g S. 2 Bilanzrichtlinie). Im Zuge des CSR-Richtlinie-Umsetzungsgesetz[11] in deutsches Recht verschob sich die Erklärung zur Unternehmensführung schließlich in § 289f HGB und die Beschreibung des Diversitätskonzepts (dazu unten Rn 45 ff) wurde angefügt.

6 Ausweislich Erwägungsgrund 18 der Änderungsrichtlinie 2014/95 zielt der Unionsgesetzgeber mit dieser Vorgabe für den Inhalt der Erklärung zur Unternehmensführung darauf ab, die **Arbeit** in Leitungs- und in Überwachungsorganen dieser Gesellschaften zu **verbessern.** Die Vielfalt im Sachverstand der Organmitglieder und in ihren Auffassungen erleichtere ein gutes Verständnis

3 BGBl I S. 3311.
4 RL 78/660/EWG, ABl. L 222/11.
5 RL 2013/34/EU, ABl. L 182/19.
6 RL 2006/46/EG, ABl. L 224/1.
7 Erwägungsgrund 10 Änderungsrichtlinie 2006/46.
8 BGBl. 2009 I S. 1102.
9 RL 2014/95/EU, ABl. L 330/1.
10 Vgl. auch *J. Simon* Die Legitimation der CSR-Richtlinie (2019) S. 99 f.
11 Vom 11. April 2017, BGBl. 2017 I S. 802.

der organisatorischen und geschäftlichen Angelegenheiten im Unternehmen und wirke „Gruppendenken“ entgegen. Offenbar auf die Organmitglieder mit Überwachungsfunktion bezogen unterstreicht Erwägungsgrund 18, Diversität versetze diese in die Lage, Entscheidungen der Geschäftsleitung konstruktiv zu hinterfragen und dennoch für innovative Ideen aufgeschlossener zu sein.[12] Der Unionsgesetzgeber ist überzeugt: Vielfalt trägt zu einer erfolgreichen Unternehmensführung ebenso bei wie zu einer wirksamen Kontrolle, im dualistischen System somit zu einer effektiven Überwachung des Vorstands. – Mit diesen Erwägungen verbindet der Unionsgesetzgeber die **Besetzungsdiversität** mit der **Corporate Governance**.

c) CSRD-Vorschlag. Der Kommissionsvorschlag für eine CSR-Richtlinie II (dazu § 289 Rn 34 ff) 7
enthält zur Erklärung zur Unternehmensführung nichts Substantielles: In Art. 20 Abs. 1 lit. g S. 1 Bilanzrichtlinie soll unter den Vielfältigkeitskriterien (oben Rn 5) das Geschlecht auf jeden Fall angesprochen werden, um seiner (rechtspolitischen) Bedeutung gerecht zu werden, und in einem neuen Art. 20 Abs. 1 Unterabs. 2 soll den Gesellschaften die Möglichkeit eröffnet werden, die auf die Nachhaltigkeit bezogenen Angaben zur Rolle des Leitungs- und des Überwachungsorgans, zu den Unternehmensrisiken und ihrer Behandlung sowie zu den bedeutsamsten Leistungskriterien statt in der Erklärung zur Unternehmensführung in der nichtfinanziellen Erklärung (dazu § 289b Rn 18), künftig Nachhaltigkeits-Erklärung (s. oben § 289 Rn 34), zu erstatten.

2. Deutsche Komplettierungen

a) Frauenförderung. In Ergänzung der unionsrechtlichen Vorgaben für die Erklärung zur Un- 8
ternehmensführung (oben Rn 4 ff) hat der deutsche Gesetzgeber noch vor der Transformation der CSR-Richtlinie mit ihrem Diversitätskonzept (oben Rn 5), aber durchaus in Kenntnis dieser Richtlinie die Erklärung zur Unternehmensführung mit originär deutschen Zusatzangaben durch das Führungspositionengesetz 2015[13] angereichert. Diese beziehen sich sämtlich auf die – ebenfalls durch das Führungspositionengesetz 2015 eingeführte – Frauenförderung in bestimmten Gesellschaften: mindestens 30 Prozent Frauen in den Aufsichtsräten, Zielgrößen für die weibliche Repräsentanz in Aufsichtsräten und Vorständen sowie auf den beiden Führungsebenen unterhalb des Vorstands (dazu unten Rn 50 ff). Außerdem ist in der Erklärung zur Unternehmensführung über die Ergebnisse der vorgeschriebenen Fördermaßnahmen zu berichten und ggf. über die Gründe für ausgebliebene Erfolge.

b) Druck über die Allgemeinheit. Auf diesen Regulierungsansatz in der Erklärung zur Unter- 9
nehmensführung hat der deutsche Gesetzgeber erneut im Führungspositionengesetz II[14] von 2021 zugegriffen und ihn für die **Vorstandsbesetzung** mit mindestens einer Frau nach § 76 Abs. 3a AktG sowie für die Begründungsbedürftigkeit einer etwaigen Zielgröße Null fruchtbar gemacht.

Die Berichtspflichten zur Frauenförderung nach § 289f knüpfen an die im Aktien-, GmbH- 10
und SE-Ausführungsgesetz niedergelegten Besetzungs- und Zielgrößen-Pflichten an und sollen diese **verstärken**, da der Gesetzgeber offenbar annimmt, dass die Durchsetzungsmechanismen des Gesellschaftsrechts, wie etwa die Unwirksamkeit nach §§ 76 Abs. 3a S. 2/96 Abs. 2 S. 6 AktG,

12 So auch die Hoffnung des nationalen Gesetzgebers hinsichtlich des Führungspositionengesetzes, Begr. RegE FüPoG, BT-Drucks. 18/3784 S. 46; dazu unten Rn 9 f.

13 BGBl. 2015 I S. 642.

14 Oben Fn. 3.

allein nicht ausreichen werden, um die Förderziele zu erreichen. Über die Angaben in der Erklärung zur Unternehmensführung und ihre obligatorische Veröffentlichung (unten Rn 52) wird die **Allgemeinheit** informiert. Von ihr erwartet der deutsche Gesetzgeber, ganz im Einklang mit dem europäischen Regulierungsmechanismus (dazu Vorb. vor §§ 289b ff Rn 11 f), Druck auf die zur Berichterstattung verpflichteten Gesellschaften, falls diese ihren Frauenförderpflichten nicht oder nur unzureichend nachkommen.[15]

3. Das Gesamtprogramm der Erklärung zur Unternehmensführung

11 So aus Vorgaben des europäischen und des deutschen Rechts zusammengesetzt, verbinden sich diese zu einem regulierenden Gesamtprogramm für die Erklärung zur Unternehmensführung, das diesem Berichterstattungs-Instrument im Kreis der Erklärungen in allen EU-Mitgliedstaaten einen eigenständigen Charakter verleiht. Die Vorgaben zur Organbesetzung und zu den Zielgrößen nach deutschem Recht sind Bestandteile des europäischen Diversitätskonzepts und materialisieren dies prägend mit Blick auf die **Frauenförderung.** Da Diversität nach der Vorstellung des Unionsgesetzgebers mit der Corporate Governance der Gesellschaften verbunden ist (oben Rn 6), stehen die deutschen Vorgaben zur Frauenförderung, in der Erklärung zur Unternehmensführung gegenüber der allgemeinen Öffentlichkeit verlautbart, in direktem **Zusammenhang mit der Corporate Governance** der Gesellschaften. In ihre Leitung und Überwachung sollen die spezifischen Impulse einfließen, die aus der Beteiligung von Frauen an der Erledigung der jeweiligen Organaufgaben herrühren.

12 Fragt sich, ob der deutsche Gesetzgeber mit seiner spezifischen Ausgestaltung der Erklärung zur Unternehmensführung dem Ziel des europäischen Richtliniengebers zuwider handelt, dies Informationsinstrument in den EU-Mitgliedstaaten anzugleichen und **vergleichbar** zu machen. Das ist nicht anzunehmen. Zum ersten sind die Berichtsvorgaben zur Frauenförderung lediglich dahin angelegt, die europäischen Vorgaben zur Diversität konkretisierend zu ergänzen; das verbietet das Unionsrecht nicht, weil in Art. 20 EU-Bilanzrichtlinie kein regulatorisches Höchstprogramm niedergelegt ist. Zum zweiten lässt der Kommissionsvorschlag zur Fortschreibung des Art. 20 (oben Rn 7) erkennen, dass auch im europäischen Recht der Frauenförderung ein hoher Stellenwert zukommt, der in der Erklärung zur Unternehmensführung Ausdruck finden sollte. Daher könnten die deutschen Ergänzungen dieser Erklärung als Blaupause qualifiziert werden, an denen sich der Unionsgesetzgeber oder die in den Mitgliedstaaten, wenn sie wollen, orientieren mögen.

4. Reformvorschläge

13 Innerhalb der Unternehmensberichterstattung fungiert die Erklärung zur Unternehmensführung als zentrales Instrument, um die Publizitätsadressaten über die Corporate Governance in der berichtspflichtigen Gesellschaft zu informieren – dies freilich nicht allein. **Weitere Berichtsvorgaben** mit Bezug zur Corporate Governance finden sich in den Bestimmungen zum Anhang und zum Lagebericht, in den aktiengesetzlichen Regelungen zum Vergütungssystem und -bericht sowie zu den Geschäften mit nahestehenden Personen, aber auch in den Empfehlungen des Deutschen Corporate Governance Kodex.[16] Der aus der Vielzahl der zumeist unabgestimmten Berichtsvorgaben gewebte informationelle Flickenteppich erschwert den Publizitätsadressaten den Einblick in die Corporate Governance der Gesellschaft und belastet sie überdies mit erhebli-

---

15 Vgl. Begr. RegE FüPoG, BT-Drucks. 18/3784 S. 132: „Für die Außendarstellung ist die Frauenpolitik ein wichtiges Kriterium, anhand dessen die Unternehmen fortan konkurrieren und sich messen lassen müssen."

16 Dazu *AK „Corporate Governance Reporting"* DB 2016, 2130 – Dreizehn Thesen zur Weiterentwicklung des Corporate Governance Reportings; *Hommelhoff* in: Praxis und Lehre im Wirtschaftsrecht (2018) S. 185, 186.

chem Aufwand, um ein einigermaßen verlässliches Bild der Leitungs- und Kontrollstrukturen in der Gesellschaft zu gewinnen. Schließlich erschwert der Flickenteppich den Vergleich zwischen den Corporate Governance-Systemen in verschiedenen Gesellschaften.

Deshalb haben Unternehmenspraktiker und Wissenschaftler der Betriebswirtschaft und der Rechtswissenschaft dem deutschen Gesetzgeber vorgeschlagen, alle Corporate Governance-relevanten Informationen der Gesellschaft in einem konzeptionell geschlossenen Dokument zu bündeln, dafür die Erklärung zur Unternehmensführung zu nutzen und diese zu einem umfassenden **Corporate Governance-Bericht** auszubauen.[17] Für einen solchen Bericht liegt mittlerweile ein Vorschlag zu seiner Struktur und zu seinem Inhalt in der Form von Leitlinien vor.[18] Diese greifen sowohl die gesetzlichen Vorgaben für die Erklärung zur Unternehmensführung auf, als auch die sonstigen Vorgaben des HGB und des Aktiengesetzes in einem transparenten Gesamtsystem. Ob der deutsche Gesetzgeber diesen innovativen Vorschlag aufgreifen wird, lässt sich momentan (Juni 2021) nicht absehen. 14

III. Berichtszwecke und Berichtsadressaten

Als Teil des Lageberichts (§ 289f Abs. 1 S. 1) dient die Erklärung zur Unternehmensführung mitsamt ihren Einzelangaben dazu, die Publizitätsadressaten zu informieren. Allerdings ist der **Informationszweck** als solcher zu unspezifisch; denn mit der Information streben der europäische und in seinem Gefolge der deutsche Gesetzgeber Zwecke und Ziele hinter der Information an.[19] Auf diese **Endziele und -zwecke** ist gleichfalls die Erklärung zur Unternehmensführung ausgerichtet: 15

1. Berichtszwecke

Über die Schlüsselinformationen zu den Unternehmensführungspraktiken, die der Unionsgesetzgeber mit der Einführung der Erklärung zur Unternehmensführung bereitstellen lassen wollte (oben Rn 4), sollte den Aktionären, so wird man Erwägungsgrund 10 zur Richtlinie 2006/46 interpretieren können, eine Grundlage zur Verfügung gestellt werden, um die Lage ihrer Gesellschaft, ihre Leistungen und ihre Entwicklung beurteilen zu können: Worauf sind die Erfolge (oder Misserfolge) der Gesellschaft zurückzuführen, und wie werden die Praktiken der Unternehmensleitung und -kontrolle sich auf die künftige Entwicklung der Gesellschaft auswirken?[20] Mit Blick auf die Aktionäre, die aktuellen und die potentiellen, dient die Erklärung zur Unternehmensführung mithin zum einen der Rechenschaft und zum anderen der Entscheidung, ob man am Engagement festhalten, dies ausbauen oder abstoßen will. Damit hat die Erklärung zur Unternehmensführung sowohl **Rechenschafts**- als auch **Entscheidungsfindungsfunktion.**[21] 16

Mit der Vorgabe des (allerdings nach § 289f Abs. 5 nicht bindenden) Diversitätskonzepts (§ 289f Abs. 2 Nr. 6) hat schon der Unionsgesetzgeber die Erklärung zur Unternehmensführung instrumentalisieren wollen, um das Verhalten in den Gesellschaften zu steuern und zu lenken.[22] Wie in Erwägungsgrund 18 zur Richtlinie 2014/95 (oben Rn 6) klar zum Ausdruck gebracht, will der 17

17 *AK „Corporate Governance Reporting“* DB 2016, 2130, 2131 – Dreizehn Thesen zur Weiterentwicklung des Corporate Governance Reportings; zustimmend *Hommelhoff* in: Praxis und Lehre im Wirtschaftsrecht (2018) S. 185, 196 ff.

18 *AK „Corporate Governance Reporting“* DB 2020, 2025, 2027 ff.

19 Hinsichtlich der CSR-Berichterstattung *Hommelhoff* FS Seibert (2019) S. 371, 372 ff; eingehend *Hell* Offenlegung nichtfinanzieller Informationen (2020) S. 93 ff.

20 *Bischof/Selch* WPg 2008, 1021, 1026.

21 So schon *Hommelhoff* in: Praxis und Lehre im Wirtschaftsrecht (2018) S. 185, 190 ff.

22 Vgl. *J. Simon* Die Legitimation der CSR-Richtlinie (2019) S. 99; *Hell* Offenlegung nichtfinanzieller Informationen (2020) S. 205.

Unionsgesetzgeber die Gesellschaften veranlassen, über eine diverse Zusammensetzung ihres Leitungs- und ihres Kontrollorgans die Aufgabenerledigung in diesen Gremien weiter zu verbessern. Dem Unionsgesetzgeber geht es um Verhaltenssteuerung durch Berichtsvorgaben.[23] Auf diese **Steuerungsfunktion** der Erklärung zur Unternehmensführung setzt in gleicher Weise der deutsche Gesetzgeber mit seinen Berichtsvorgaben zur Frauenförderung (§ 289f Abs. 2 Nr. 4/5).[24] Sie sollen, wie der Gesetzgeber offen erklärt, die Unternehmen unter Druck setzen, sich selbst ambitionierte Zielgrößen in Form von Endzielen (zu setzen), die einer „paritätischen Besetzung nahekommen, oder in der Form von kurzen Umsetzungsfristen".[25]

2. Berichtsadressaten

18 Die Funktionen der Erklärung zur Unternehmensführung und ihre Adressaten sind aufs Engste miteinander verknüpft. So begründet das vom Unionsgesetzgeber angezielte Aktionariat (oben Rn 4) die Rechenschaftsfunktion der Erklärung. Umgekehrt erlaubt ihre Funktion als Entscheidungsgrundlage Schlüsse auf ihre Adressaten; das sind neben den Aktionären in ihrer Eigenschaft als **Kapitalanleger** alle anderen stakeholder, die u. a. auf Grundlage der Corporate Governance-bezogenen Informationen in der Erklärung zur Unternehmensführung Entscheidungen fällen oder fällen könnten: die **Kunden** der Gesellschaft und ihre **Arbeitnehmer**, **Lieferanten** und **Kreditgeber**.[26] Auf der Ebene des Aktionariats sind aber auch die Finanzintermediäre in den Blick zu nehmen: die **Vermögensverwalter**, **Stimmrechtsberater** und **Ratingagenturen** – letztere zugleich als Unterstützer der Gesellschaftsgläubiger.

19 Mit Blick auf die Steuerungsfunktion der Erklärung zur Unternehmensführung und auf das in ihr von den Gesetzgebern bewusst angelegte Druckpotential (oben Rn 17) sind zu ihren Adressaten die allgemeine Öffentlichkeit, die **Zivilgesellschaft** zu zählen;[27] das muss, um spürbaren Druck auf die Gesellschaften ausüben zu können, die Medien mit einbeziehen. Als gewichtigen Part der Zivilgesellschaft sieht die EU-Kommission ausweislich der Begründung zum Vorschlag für eine CSR-Richtlinie II (oben § 289, Rn 34 ff) **Nichtregierungsorganisationen.** Angesichts der Bedeutung, die den von § 289f angesprochenen Gesellschaften (dazu unten Rn 24 ff) zukommt, wird man als Adressaten der Erklärung zur Unternehmensführung schließlich auch öffentliche Stellen in den Blick nehmen müssen: die **Parlamente**, **Verwaltungen** und **Regierungen** auf Kommunal-, Landes- und Bundesebene.

3. Die Erklärung zur Unternehmensführung und der Lagebericht im konzeptionellen Vergleich

20 Schon im Hinblick auf die Zwecke der Erklärung zur Unternehmensführung (oben Rn 16 f) und auf ihre Berichtsadressaten (oben Rn 18 f) begegnet diese Erklärung als Teil des Lageberichts **konzeptionellem Zweifel.** Mit der Rechenschaftslegung als Zweck der klassischen Finanzberichterstattung im Lagebericht, so wird angemahnt,[28] habe die Erklärung zur Unternehmensführung mitsamt

23 *Hommelhoff* in: Praxis und Lehre im Wirtschaftsrecht (2018) S. 185, 194; im Anschluss daran BeckOGK/*Kleindiek* HGB (Stand 15.11.2020) § 289f Rn 12.

24 MünchKommHGB/*Kajüter*[4] § 289f HGB Rn 3; BeckOGK/*Kleindiek* HGB (Stand 15.11.2020) § 289f Rn 10.

25 Begr. RegE FüPoG, BT-Drucks. 18/3784, S. 46.

26 Mit Blick auf den Adressatenkreis der CSR-Berichterstattungspflichten BeckOGK/*Kleindiek* HGB (Stand 15.11.2020) § 289 Rn 17.

27 BeckOGK/*Kleindiek* HGB (Stand 15.11.2020) § 289 Rn 17.

28 BeckOGK/*Kleindiek* HGB (Stand 15.11.2020) § 289f Rn 5; Hachmeister/Kahle/Mock/Schüppen/*Mock*[2] § 289f HGB Rn 2.

ihrer Steuerungsfunktion nichts zu tun;[29] insbesondere mit der Eingliederung der auf Frauenförderung hin angelegten Berichtspflichten in die Erklärung habe der deutsche Gesetzgeber die Lageberichterstattung in Dienst genommen, um explizit gleichstellungspolitische Ziele zu verfolgen.[30]

Dem ist bloß eingeschränkt zuzustimmen. Denn insbesondere mit der nichtfinanziellen Erklärung als Teil des Lageberichts wurde dessen Funktion als klassisches Instrument der Finanzberichterstattung aufgeweitet zu der eines Instruments, in dem Gesellschaften als **mehrdimensionale Wertschöpfer** ihre ebenso mehrdimensionalen Ergebnisse präsentieren (dazu Vorb. vor §§ 289b ff Rn 37 ff). In dies erweiterte Informationskonzept fügt sich die Erklärung zur Unternehmensführung mit ihren Corporate Governance-bezogenen Informationen und mit denen zum Diversitätskonzept bruchlos ein. Insofern ist für die Erklärung keine Systemunstimmigkeit zu beklagen. 21

Trotzdem sind die **deutschen Zusatzangaben**, die auf Frauenförderung und ihre mittelbare Durchsetzung hin abzielen, in der Tat systemunstimmig. Denn sie sind nicht primär daraufhin angelegt, die Arbeit in Vorstand und Aufsichtsrat zu optimieren, sondern auf Gleichstellung. Verbesserung der Gremienarbeit ist dabei allenfalls ein nachgeordneter Reflex. Gleichstellung wird sich schwerlich als zentraler Aspekt der Corporate Governance verorten lassen. Öffentlicher Druck hätte deshalb (insbesondere mit Blick auf § 289f Abs. 4) außerhalb der Erklärung zur Unternehmensführung aktiviert werden sollen. 22

IV. Anwendungsbereich und Organzuständigkeiten

Das Informationsinstrument „Erklärung zur Unternehmensführung“ ist mit unterschiedlichem Erklärungsinhalt einer verwirrenden Vielfalt von Gesellschaften vorgegeben. Diese **Vielfalt** beruht zum einen darauf, dass der deutsche Gesetzgeber dies unionsrechtlich vorgegebene Informationsinstrument genutzt hat, um seine Politik der Frauenförderung zu stärken (oben Rn 8 ff). Zum anderen korrespondiert die Vielfalt der Gesellschaften mit den jeweiligen Erklärungsinhalten, die § 289f differenziert vorgibt. 23

1. Erfasste Gesellschaften

Im Zentrum der **unionsrechtlichen Vorgaben** steht die Berichtspflicht aller **börsennotierten Aktiengesellschaften**, deren Aktien an einem regulierten Markt gehandelt werden (§ 289f Abs. 1 S. 1). Diesen Börsengesellschaften sind Aktiengesellschaften gleichgestellt, die mit anderen Wertpapieren als mit Aktien wie z. B. mit Schuldverschreibungen auf dem organisierten Kapitalmarkt aktiv sind (§ 289f Abs. 1 S. 1), sowie Kommanditgesellschaften auf Aktien (§ 289f Abs. 3) und die Europäischen Gesellschaften (Art. 61 SE-VO), sofern sie kapitalmarktaktiv sind. 24

Innerhalb dieser Gruppe der Aktiengesellschaften im weiteren Sinne benennt § 289f Abs. 2 Nr. 6 aufgrund unionsrechtlicher Vorgaben noch die Untergruppe der **großen kapitalmarktaktiven Gesellschaften**. Wer zu dieser Gruppe zählt, bemisst sich nach den Größenkriterien des § 267 Abs. 3 S. 1, die in § 267 Abs. 4 bis 5 näher bestimmt werden. 25

Der deutsche Gesetzgeber hat die unionsrechtlich vorgegebene Kategorie der börsennotierten Aktiengesellschaften und ihnen nach § 289f Abs. 3 gleichgestellten Gesellschaften genutzt, um mit dieser Kategorie von Gesellschaften die Zielgrößen nach §§ 76 Abs. 4 und 111 Abs. 5 AktG zu verbinden (§ 289f Abs. 2 Nr. 4). 26

Auf genuin deutschem Recht beruht die Untergruppe jener börsennotierten Aktiengesellschaften im weiteren Sinne (oben Rn 24), die gleichzeitig der Mitbestimmung nach § 1 Abs. 1 27

---

29 Zur Verbindung zwischen der Lageberichterstattung samt Erklärung zur Unternehmensführung und dem Vergütungsbericht nach § 162 AktG *E. Vetter* FS Krieger (2020) S. 1045, 1060.

30 BeckOGK/*Kleindiek* HGB (Stand 15.11.2020) § 289f Rn 11.

MitbestG unterliegen (§ 289f Abs. 2 Nr. 5). Für sie gelten die Vorgaben aus §§ 76 Abs. 3a, 4, 96 Abs. 2, 111 Abs. 5 AktG (näher unten Rn 50 ff). Zu dieser Untergruppe zählen nicht jene Aktiengesellschaften, die nicht mit Aktien kapitalmarktaktiv sind, sondern nur mit anderen Wertpapieren; das bedeutet freilich nicht Freistellung von der Berichtspflicht nach § 289f Abs. 1 S. 1.

28 In einer dritten Kategorie sind nach § 289f Abs. 4 zur Aufstellung einer (inhaltlich beschränkten) Erklärung zur Unternehmensführung alle **mitbestimmten Aktiengesellschaften** unabhängig von ihrer Börsennotierung oder ihrem sonstigen Kapitalmarktauftritt verpflichtet, die nach §§ 76 Abs. 4 und 111 Abs. 5 AktG gehalten sind, frauenfördernde Zielgrößen für die beiden Führungsebenen unterhalb des Vorstands festzusetzen. Gleiches gilt für **mitbestimmte Gesellschaften mbH**, die nach § 36 GmbHG Zielgrößen festzulegen haben, sowie sogar für Gesellschaften mit einem Aufsichtsrat nach dem **Drittelbeteiligungsgesetz**, der nach § 52 Abs. 2 GmbHG verpflichtet ist (§ 289f Abs. 4).

2. Erklärungsgegenstände

29 Der Pflichtinhalt der Erklärung zur Unternehmensführung konzentriert sich auf vier Berichtsgegenstände in § 289f Abs. 2: auf die **Corporate Governance-Informationen** nach Nr. 1, 2 und 3, auf die Angaben zur **Organvergütung** nach Nr. 1a und auf die **Diversitätsinformationen** nach Nr. 6, letztere allerdings unter dem Vorbehalt einer begründeten Konzeptverweigerung (§ 289f Abs. 5). Diese Berichtsgegenstände beruhen auf Vorgaben des Unionsrechts; auf deutscher Regelung dagegen die Berichtsvorgaben zur **Frauenförderung** nach Nr. 4, 5 und 5a. Obwohl § 289f (anders als § 289c Abs. 2) keine ausdrückliche Öffnung enthält, bleiben den berichtspflichtigen Gesellschaften freiwillige Zusatzangaben unbenommen, solange diese nicht die Pflichtangaben und ihre Erkennbarkeit verdunkeln.

30 Die **Corporate Governance-relevanten Informationen** sowie die Angaben zur Organvergütung müssen die Erklärung zur Unternehmensführung sämtlicher Aktiengesellschaften im weiteren Sinne (oben Rn 24) enthalten. In die Erklärung aller großen kapitalmarktaktiven Gesellschaften nach Rn 25 ist zusätzlich das Diversitätskonzept mit den näheren Angaben nach § 289f Abs. 2 Nr. 6 aufzunehmen, es sei denn, sie machten im Einzelfall von der Möglichkeit des comply or explain-Mechanismus (§ 289f Abs. 5) Gebrauch.

31 Die **Informationen zur Frauenförderung** müssen alle Aktiengesellschaften nach Rn 27 sowie nach Rn 28 alle dort genannten Gesellschaften in ihrer Erklärung zur Unternehmensführung darbieten. Bei den Börsengesellschaften, die der Mitbestimmung unterliegen, sind die Förderinformationen nach § 289f Abs. 2 Nr. 4, 5 und 5a zusätzlich zu den Corporate Governance-Informationen sowie zu den Vergütungsinformationen bereitzustellen, ggf. auch zusätzlich zum Diversitätskonzept. In mitbestimmten Gesellschaften mbH und Aktiengesellschaften, die weder mit Aktien, noch mit anderen Wertpapieren auf dem Kapitalmarkt auftreten, beschränkt sich der Inhalt der Erklärung zur Unternehmensführung auf die Angaben zur Frauenförderung, es sei denn, einzelne Gesellschaften lieferten freiwillig ein Mehr an Informationen (oben Rn 28).

3. Organzuständigkeiten

32 Die Erklärung zur Unternehmensführung ist Teil der Lageberichterstattung sogar dann, wenn jene außerhalb des Lageberichts auf der Internetseite der Gesellschaft publiziert wird (§ 289f Abs. 1).[31] Daher ist es Aufgabe des **Vorstands** in den Aktiengesellschaften und der **Geschäftsführer** in den berichtspflichtigen Gesellschaften mbH (Rn 28), die Erklärung zur Unternehmens-

31 Beck BilKomm-*Grottel*[12] § 289f HGB, Rn 35; BeckOGK/*Kleindiek* HGB (Stand 15.11.2020) § 289f Rn 33; Großkomm/*E. Vetter*[5] § 171 AktG, Rn 70; *Bachmann* ZIP 2010, 1517, 1521; **aA** *Kocher* DStR 2010, 1034.

führung zu verfassen und zu publizieren (arg. §§ 264 Abs. 1 S. 1/325 Abs. 1 S. 1).[32] Für den rechtskonformen Erklärungsinhalt und seine Gestaltung tragen sie die Verantwortung. Das aber gilt nicht für jene Informationen in der Erklärung zur Unternehmensführung, die dem Aufgabenbereich des **Aufsichtsrats** entstammen, wie etwa die Arbeitsweise des Aufsichtsrats und die seiner Ausschüsse sowie deren Beschreibung (§ 289f Abs. 2 Nr. 3) oder die Nichteinhaltung gesetzlicher Mindestanteile bei der Aufsichtsratsbesetzung und der Gründe hierfür (§ 289f Abs. 2 Nr. 5). Der Verantwortung des Aufsichtsrats in der Sache muss seine **Berichtsverantwortung** entsprechen. Deshalb müssen die Mitglieder beider Organe, also Geschäftsleitung und Aufsichtsrat, die Erklärung zur Unternehmensführung unterzeichnen.[33]

V. Corporate Governance-Informationen

In der Auflistung der in der Erklärung zur Unternehmensführung anzusprechenden Punkte be- **33**
fassen sich in § 289f Abs. 2 die Nummern 1 (Entsprechenserklärung), 2 (Unternehmensführungspraktiken) und 3 (Arbeitsweise der Organe) mit Teilaspekten der Corporate Governance in den berichtspflichtigen Gesellschaften (oben Rn 24). Welche **Einzelinformationen zu den Teilaspekten** bereitzustellen sind, legt § 289f Abs. 2 näher fest. Daneben finden sich Corporate Governance-relevante Informationsvorgaben in § 289 Abs. 1/4 für den Lagebericht (Kontroll- und Risikomanagementsystem) sowie für den Anhang in § 285 Nr. 9/10 (Organmitglieder und ihre Bezüge) und in § 285 Nr. 21 (Beziehungen mit nahestehenden Personen und die Geschäfte mit diesen).[34] Mit dem Ziel, die Corporate Governance-Berichterstattung im Hinblick auf die Struktur der Erklärung zur Unternehmensführung und auf ihren Inhalt zu vereinheitlichen, schlägt der Arbeitskreis „Corporate Governance Reporting" Leitlinien zur inhaltlichen Strukturierung der Erklärung vor. Sie sollen deren Transparenz erhöhen und das Vertrauen der stakeholder in die Unternehmensberichterstattung steigern helfen.[35] Allerdings geht dieser Vorschlag, wie der Arbeitskreis einräumt, über die Anforderungen des Gesetzes hinaus.

1. Entsprechenserklärung (§ 289f Abs. 2 Nr. 1)

Gemäß § 161 Abs. 1 AktG haben Vorstand und Aufsichtsrat aller Aktiengesellschaften nach Rn 24 **34**
sich zu den Empfehlungen im Deutschen Corporate Governance Kodex jährlich zu erklären – nämlich ob sie diesen entsprechen oder nicht und, falls nicht, aus welchen Gründen. Diese Organerklärung ist in die umfassendere Erklärung zur Unternehmensführung aufzunehmen (§ 289f Abs. 2 Nr. 1) und tritt neben die Information im Anhang nach § 285 Nr. 16.[36] Im Anhang sind die Publizitätsadressaten mithin über die Existenz der Corporate Governance-Erklärung nach § 161 AktG zu informieren und zusätzlich darüber, wo diese Erklärung im Gesamtsystem der Unternehmensberichterstattung aufzufinden ist. In welcher Weise die Gesellschaft die Kodexempfehlungen, denen entsprochen wird und werden soll, tatsächlich umsetzt, braucht nicht dargelegt zu werden.

---

32 Beck BilKomm-*Grottel*[12] § 289f HGB, Rn 35; BeckOGK/*Kleindiek* HGB (Stand 15.11.2020) § 289f Rn 30; MünchKommHGB/*Kajüter*[4] HGB § 289f Rn 14; *Bachmann* ZIP 2010, 1517, 1521 f; *Kocher* DStR 2010, 1034.

33 **AA** *Leyens* FS E. Vetter (2019) S. 397, welcher de lege lata keine Verpflichtung, aber eine Berechtigung zur Mitunterzeichnung annimmt; für eine Doppelzuständigkeit de lege lata *AK „Corporate Governance-Reporting"* DB 2019, 317; für eine bloß intern wirkendes Pflichtrecht zur Mitwirkung an der EzU dagegen BeckOGK/*Kleindiek* HGB (Stand 15.11.2020) § 289f Rn 30; MünchKommHGB/*Kajüter*[4] HGB § 289f Rn 14; *Böcking/Eibelshäuser* DK 2009, 563, 567; *Kocher* DStR 2010, 1034.

34 *AK „Corporate Governance Reporting"* DB 2020, 2025, 2026.

35 *AK „Corporate Governance Reporting"* DB 2020, 2025, 2027.

36 BeckOGK/*Kleindiek* HGB (Stand 15.11.2020) § 289f Rn 41.

2. Unternehmensführungspraktiken (§ 289f Abs. 2 Nr. 2)

35 Zu informieren ist nach § 289f Abs. 2 Nr. 2 über die Praktiken, welche in der berichtspflichtigen Gesellschaft zur Unternehmensführung tatsächlich angewandt werden. Der Sinngehalt dieses unbestimmten Rechtsbegriffs „Unternehmensführungspraktiken" ist zum einen rechtssystematisch aus seiner Verbindung mit den gesetzlichen Anforderungen an die Unternehmensführung herzuleiten und zum anderen aus dem Informationszweck der Erklärung zur Unternehmensführung (oben Rn 16): die Publizitätsadressaten zur Einschätzung zu befähigen, worauf die Erfolge (oder Misserfolge) der Gesellschaft im vergangenen Geschäftsjahr zurückzuführen sind, und wie sich diese Erfolgs- (oder Misserfolgs-)faktoren auf die künftige Entwicklung der Gesellschaft auswirken könnten. Der Erfolg (oder Misserfolg) der Gesellschaft beruht primär auf der Unternehmensleitung durch den Vorstand, aber auch darauf, wie der Aufsichtsrat seine Aufgaben wahrgenommen hat, vornehmlich die der Beratung und Überwachung.[37] Folglich geht es in § 289f Abs. 2 Nr. 2 nicht allein um die Unternehmensführungspraktiken, die der Vorstand angewandt hat, sondern ebenfalls um die des Aufsichtsrats.

36 Dem **Vorstand** ist die eigenverantwortliche Leitung der Gesellschaft und ihres Unternehmens gesetzlich vorgegeben (§ 76 Abs. 1 AktG). Konsequent geht es bei den Praktiken der Unternehmensführung um die Information der Publizitätsadressaten darüber, wie der Vorstand im mehrdimensional ausgerichteten Unternehmen (dazu Vorb. vor §§ 289b ff Rn 37 f) die Freiheit zu eigenverantwortlichem Handeln genutzt hat, um die (zumeist wenigstens teilweise) widerstreitenden stakeholder-Interessen zum Ausgleich zu bringen: ob er sich nahezu ausschließlich an den Erwartungen der shareholder orientiert hat oder ob er auch den Belangen der Kunden, der Arbeitnehmer, der Umwelt und/oder der Zivilgesellschaft Rechnung zu tragen versucht hat. Dafür können ethische Standards sowie Arbeits- und Sozialstandards, aber auch Richtlinien zur Nachhaltigkeit innerhalb der Gesellschaft bedeutsam sein.[38] Über sie ist dann in der Erklärung zur Unternehmensführung nach § 289f Abs. 2 Nr. 2 zu berichten. Denn sie gehen über die gesetzliche Vorgabe des § 76 Abs. 1 AktG hinaus und sind für die Information der Publizitätsadressaten von großer Bedeutung.

37 Entsprechendes (zu Rn 36) gilt für die Angaben des **Aufsichtsrats** zu den von ihm tatsächlich angewandten Praktiken der Unternehmensführung – namentlich für die Information der Publizitätsadressaten, dass er bei Erledigung seiner Beratungs- und Mitentscheidungsaufgaben die Vorstandsentscheidungen (vor allem die zur Unternehmenspolitik und Strategie) im Wesentlichen mitgetragen hat; falls ausnahmsweise nicht, ist hierüber schon in der Erklärung zur Unternehmensführung und zusätzlich im Bericht an die Hauptversammlung (§ 171 Abs. 2 AktG) klar und eindeutig zu berichten. Vor allem aber sind die Publizitätsadressaten ggf. darüber zu informieren, wie der Aufsichtsrat in verantwortlicher Erfüllung seiner Besetzungskompetenz (§ 84 AktG) für eine mehrdimensionale Ausrichtung des Unternehmens (dazu Vorb. vor §§ 289b ff Rn 37) gesorgt hat.

38 Sollten den Führungspraktiken des Vorstands und des Aufsichtsrats ausformulierte **Standards** oder **Leitlinien** (unabhängig von ihrer Herkunft) zugrunde liegen, so muss die Erklärung zur Unternehmensführung nach § 289f Abs. 2 Nr. 2 einen Hinweis enthalten, wo diese Standards oder Leitlinien öffentlich zugänglich sind. Das schließt, wie aus Art. 20 Abs. 1 S. 2 lit. a S. 3 Bilanzrichtlinie folgt, die Verpflichtung der Gesellschaft ein, interne Standards oder Leitlinien zu publizieren.[39]

---

37 So i. E. auch Hachmeister/Kahle/Mock/Schüppen/*Mock*[2] § 289f HGB, Rn 29.
38 Begr. RegE BilMoG; BT-Drucks. 16/10067, S. 78.
39 I.E. so auch MünchKommHGB/*Kajüter*[4] HGB § 289f Rn 24.

3. Arbeitsweise der Organe (§ 289f Abs. 2 Nr. 3)

In den nach Rn 24 berichtspflichtigen Gesellschaften und ihren Organen fungiert als Grundlage der Zusammenarbeit unter den Organmitgliedern in aller Regel eine **Geschäftsordnung**, wenn auch weder für den Vorstand, noch für den Aufsichtsrat der Erlass einer Geschäftsordnung gesetzlich vorgeschrieben ist. Sie regiert die Arbeitsweise der Organe, und deshalb muss über den wesentlichen Inhalt der jeweiligen Geschäftsordnungen in der Erklärung zur Unternehmensführung, ggf. mit Erläuterung informiert werden.[40] Eine vollständige Übernahme der Geschäftsordnungen ist für die nach Maßgabe des § 289f Abs. 2 Nr. 3 verlangten Beschreibung der Arbeitsweise der Organe nicht notwendig. Sehr wohl ist aber über das **Kontroll- und Risikomanagementsystem** und über das **Compliance-System** sowie darüber zu berichten, in welcher Weise der Vorstand in die Systemprozesse kontrollierend und anleitend eingeschaltet ist. Zusätzlich sollte die Erklärung zur Unternehmensführung über die **Strukturierung des Vorstands** informieren: Funktional-, Divisional-, Regional- oder Matrixstruktur; ebenfalls ggf. über die Einrichtung von produkt- oder projektbezogenen Führungskreisen. Bei global dislozierten Vorstandsressorts (zB das in den USA ansässige Vorstandsmitglied eines deutschen Unternehmens) sind Angaben über das Zusammenwirken im Gesamtvorstand angezeigt. 39

Für den Aufsichtsrat und seine Arbeitsweise ergeben sich die spezifischen Angaben insbesondere aus den Kommissions-Empfehlungen zur Zusammensetzung des Aufsichtsrats,[41] auf welche die Gesetzesbegründung für das BilMoG[42] klar Bezug nimmt.[43] So sind zunächst die **Anforderungsprofile** an seine Organmitglieder hoch bedeutsam und sollten den Publizitätsadressaten zur Kenntnis gegeben werden und zudem, dass und inwieweit diesen Anforderungen tatsächlich entsprochen wird.[44] Gesondert von der Entsprechungserklärung nach § 161 AktG (oben Rn 34) sollte überdies in der Erklärung zur Unternehmensführung zur **Unabhängigkeit der Aufsichtsratsmitglieder** ein Überblick gegeben werden, namentlich dazu, wie das Unabhängigkeitspostulat in die Besetzungspolitik des Aufsichtsrats tatsächlich eingeflossen ist.[45] Von Belang sind schließlich die Zahl der Plenarsitzungen im vergangenen Geschäftsjahr[46] sowie die Maßnahmen der Selbstevaluierung[47] und der Fortbildung des Gesamtaufsichtsrats und seiner Mitglieder. Weitere Berichtsgegenstände können sich aus den individuellen Besonderheiten der Gesellschaft und ihrer aktuellen Lage ergeben. 40

Zur Zusammensetzung und Arbeitsweise der **Aufsichtsratsausschüsse** (§ 289f Abs. 2 Nr. 3) sollte deren tatsächliche Einrichtung unabhängig von der Entsprechenserklärung nach § 161 AktG (oben Rn 34) in der Erklärung zur Unternehmensführung verlautbart werden sowie deren jeweilige (vorbereitende oder ersetzende, arg. § 107 Abs. 3 S. 7 AktG) Aufgabenzuweisung.[48] Genannt werden sollten zudem die Größe des jeweiligen Ausschusses, seine Zusammensetzung aus Anteilseigner- und Arbeitnehmervertretern, ggf. die besondere Expertise einzelner Ausschussmitglieder sowie die Person des Ausschussvorsitzenden.[49] Berichtet werden sollte 41

---

40 BeckOGK/*Kleindiek* HGB (Stand 15.11.2020) § 289f Rn 65; MünchKommHGB/*Kajüter*[4] § 289f HGB Rn 25 f; Beck BilKomm-*Grottel*[12] § 289f HGB Rn 70; Hachmeister/Kahle/Mock/Schüppen/*Mock*[2] § 289f HGB, Rn 29.

41 *Kommission* Empfehlungen der Kommission v. 15.2.2005 zu den Aufgaben von nicht geschäftsführenden Direktoren/Aufsichtsratsmitgliedern/börsennotierter Gesellschaften sowie zu den Ausschüssen des Verwaltungs-/Aufsichtsrats, ABl. L 52/51 ff.

42 Begr. RegE BilMoG, BT-Drucks. 16/10067, 78.

43 Hachmeister/Kahle/Mock/Schüppen/*Mock*[2] § 289f HGB, Rn 36.

44 Art. 11 der Kommissions-Empfehlung.

45 Art. 4 der Kommissions-Empfehlung.

46 *Strieder* BB 2009, 1002, 1005 f.

47 Art. 8 der Kommissions-Empfehlung; in konsequenter Fortführung von D. 13 DCGK 2019 auch BeckOGK/*Kleindiek* HGB (Stand 15.11.2020) § 289f Rn 65.

48 Dazu näher BeckOGK/*Kleindiek* HGB (Stand 15.11.2020) § 289f Rn 66; EBJS/*Böcking*/*Gros*/*Worret*[4] HGB § 289f Rn 22; MünchKommHGB/*Kajüter*[4] HGB § 289f Rn 27.

49 EBJS/*Böcking*/*Gros*/*Worret*[4] HGB § 289f Rn 22.

schließlich über die Zahl der jeweiligen Ausschusssitzungen im Geschäftsjahr sowie über das Zusammenwirken der einzelnen Ausschüsse mit dem Aufsichtsratsplenum (arg. § 107 Abs. 3 S. 8 AktG).[50] Sollte aus begründetem Anlass ein Sonderausschuss eingerichtet sein, so ist hierüber, sein Wirken und dessen Ergebnisse intensiver zu informieren.

VI. Informationen zur Organvergütung (§ 289f Abs. 2 Nr. 1a)

42 Zur Vergütung der Organmitglieder im Vorstand und Aufsichtsrat enthält § 289f Abs. 2 Nr. 1a keine inhaltlichen Vorgaben für die Erklärung zur Unternehmensführung, sondern schreibt lediglich einen Hinweis auf die Internetseite der Gesellschaft vor, auf der die relevanten Vergütungsinformationen öffentlich zugänglich sind: der Vergütungsbericht über das vergangene Geschäftsjahr samt Vermerk des Abschlussprüfers über seine bloße Prüferdurchsicht (§ 162 AktG), das in der Gesellschaft geltende Vergütungssystem (§§ 87a Abs. 1/120a Abs. 1 AktG) sowie für die Aufsichtsratsvergütung der letzte Bewilligungsbeschluss der Hauptversammlung nach § 113 Abs. 3 AktG.

VII. Diversitätsinformationen

43 Große Aktiengesellschaften im weiteren Sinne (oben Rn 25) haben in ihrer Erklärung zur Unternehmensführung ein in seinem Inhalt gesetzlich vorgeprägtes Diversitätskonzept (§ 289f Abs. 2 Nr. 6) samt der mit ihm verfolgten Ziele zu beschreiben, müssen also ein solches Konzept entwickeln und festsetzen lassen, es sei denn, sie verweigerten sich dem mit Begründung (§ 289f Abs. 5). Falls die Gesellschaft jedoch ein Diversitätskonzept verfolgt, ist in der Erklärung über die Art und Weise zu informieren, in der das Konzept **umgesetzt** wird und welche **Ergebnisse** dabei im Geschäftsjahr erreicht worden sind. Mit der Vorgabe eines Diversitätskonzepts zielte schon der Unionsgesetzgeber auf verbesserte Arbeit im Vorstand und Aufsichtsrat ab (oben Rn 6/16). Erst mit Annahme des CSR II-Richtlinienvorschlags, der das Geschlecht zum *obligatorischen* Besetzungskriterium erhebt, könnte die Frauenförderung als weiteres **Ziel** der Konzeptvorgabe hinzutreten.

44 Das vom europäischen Gesetzgeber im Rahmen der CSR-Richtlinie geforderte Diversitätskonzept wurde vom deutschen Gesetzgeber durch das CSR-RL-UG von 2017 in chronologischer Abfolge in Nummer 6 hinter die durch das FüPoG von 2015 etablierten Nummern 4 und 5 zu Geschlechterzielgrößen und -mindestbesetzungen in den Führungsgremien angefügt. In systematischer Hinsicht steht das Diversitätskonzept als **allgemeiner Teil der Diversitäts- und Frauenförderung** indes vor den Angaben zu Zielgrößen und Mindestbesetzungen, welche das Konzept erst im Besonderen ausformen. Im Zuge der Umsetzung der CSR II-Richtlinienvorschlags sollte der deutsche Gesetzgeber dieser Systematik durch eine Neustrukturierung des § 289f Abs. 2 Ausdruck verleihen und das Diversitätskonzept an den Anfang der Diversitätsinformationen stellen.

1. Diversität und Diversitätskonzept (§ 289f Abs. 2 Nr. 6)

45 **a) Vielfalt.** Was der Unionsgesetzgeber und ihm folgend der deutsche unter vielfältiger Zusammensetzung von Vorstand und Aufsichtsrat versteht, erschließt der Beispielskatalog des § 289f Abs. 2 Nr. 6. Allerdings stehen die dort genannten Aspekte nicht isoliert je für sich, sondern sind für die einzelne Gesellschaft vom Ziel dieser Berichtsvorgabe her zu entwickeln, die Arbeit

50 Vgl. *Strieder* BB 2009, 1002, 1005 f.

in den Gremien, also deren jeweilige Aufgabenerledigung zu optimieren (oben Rn 39).[51] Ausgangspunkt für die **vielfältige Zusammensetzung** sind daher die in der Gesellschaft konkret jetzt und in der überschaubaren Zukunft anstehenden Aufgaben und die daraus folgenden Anforderungen an die Besetzung der jeweiligen Organpositionen im Einzelnen und in ihrer Gesamtheit. Die Diversität nach § 289f Abs. 2 Nr. 6 steht mithin in enger Verbindung zur Auswahl nach § 84 Abs. 1 AktG und nach § 124 Abs. 3 S. 1 Var. 2 AktG. Die dabei zu berücksichtigenden individuellen Kenntnisse, Befähigungen und Erfahrungen sind sodann nach den Vorgaben für die Erklärung zur Unternehmensführung mit Blick auf die Zusammensetzung des Gesamtgremiums durch weitere Eigenschaften einzelner Organmitglieder so vielfältig anzureichern, dass die Arbeitsprozesse im jeweiligen Gremium in ihrem Ablauf optimiert werden. Dazu gehört eine Gremienbesetzung, die auf eine (in Grenzen) **kontroverse Beratung und Entscheidungsfindung** hin angelegt ist: wegen unterschiedlichen Alters, unterschiedlicher kultureller und beruflicher Vorprägungen oder wegen unterschiedlichen Geschlechts etc.[52] Das schließt eine **kritische Grundhaltung** der Organmitglieder gepaart mit der Bereitschaft, im Gremium **konstruktiv** zusammenzuwirken, für den Aufsichtsrat, aber mit Blick auf die Pflicht zu gegenseitiger Kontrolle ebenfalls für den Vorstand mit ein.

Gremiendiversität (oben Rn 45) fordert die für die Besetzung und Zusammensetzung der **46**
Gremien verantwortlichen Stellen nachdrücklich heraus. In den zur Erklärung zur Unternehmensführung verpflichteten Aktiengesellschaften ist das der Aufsichtsrat sowohl für seine eigene Zusammensetzung als auch für die des Vorstands; in der monistischen SE ist der Verwaltungsrat für den Vorschlag zur Bestellung seiner Mitglieder an die Hauptversammlung (Art. 43 Abs. 3 SE-VO/§ 124 Abs. 3 S. 1 AktG) wesentlich mitverantwortlich. Um dem Gewicht dieser Herausforderung gerecht zu werden, gibt § 289f Abs. 2 Nr. 6 als Professionalisierungsschub vor, für die Zusammensetzung der Gremien ein **Gesamtkonzept** zu entwickeln und festzusetzen;[53] die Forderung nach Vielfalt isoliert und ad hoc zu erfüllen, genügt also nicht. Mit dem Diversitätskonzept als Element der Professionalisierung ergänzt diese Berichtsvorgabe für die Erklärung zur Unternehmensführung die in den zu ihr verpflichteten Gesellschaften regelmäßig in deren Aufsichtsrat eingerichtete Personalausschüsse/Präsidien und Nominierungsausschüsse.

Mit der Vorgabe in § 289f Abs. 2 Nr. 6, auch die **Ziele** des Diversitätskonzepts zu beschrei- **47**
ben, will das Gesetz mitnichten die berichtspflichtigen Gesellschaften veranlassen, das gesetzliche Ziel optimierter Gremienarbeit (oben Rn 45) zu wiederholen.[54] Vielmehr geht es darum, die Konsequenzen dieses Gesetzesziels für die konkrete Gesellschaft zu beschreiben, also etwa wie den Besonderheiten eines großen Absatzmarktes in Ostasien durch die Gremienbesetzung Rechnung getragen werden soll oder den Herausforderungen eines jungen, betont ökologisch orientierten Kundenkreises.[55] Zu beschreiben sind aber auch weitere Ziele der einzelnen Gesellschaft neben dem gesetzlichen Optimierungsziel – so z. B. die Frauenförderung.[56]

---

51 Vgl. grundlegend *AK „Corporate Governance Reporting"* ZfbF-Sonderheft 72/17, 355; im Anschluss daran MünchKommHGB/*Kajüter*[4] § 289f HGB Rn 36.

52 Die Leitlinien der EU-Kommission für die Berichterstattung über nichtfinanzielle Informationen (ABl. 2017 C 215/19 f vom 5.7.2017) nennen als Diversitätsmerkmale weiterhin die geografische Herkunft, internationale Erfahrung, Sachkenntnis zu Nachhaltigkeitsthemen sowie sozio-ökonomische Hintergründe.

53 Für Vorstand und Aufsichtsrat ist jeweils ein eigenes Konzept oder alternativ ein Gesamtkonzept für beide Gremien zu erarbeiten; ein Konzept ausschließlich für Vorstand *oder* Aufsichtsrat genügt dagegen nicht, auch wenn das Gesetz von der Beschreibung „des" Diversitätskonzepts im Singular spricht, MünchKommHGB/*Kajüter*[4] § 289f Rn 38; Beck BilKomm-*Grottel*[12] § 289f HGB Rn 104.

54 **AA** MünchKommHGB/*Kajüter*[4] § 289f HGB Rn 40, der die Beschreibung des Allgemeinziels „Steigerung der Entscheidungsqualität" genügen lassen möchte; ähnlich Hachmeister/Kahle/Mock/Schüppen/*Mock*[2] § 289f HGB, Rn 51.

55 **AA** BeckOGK/*Kleindiek* HGB (Stand 15.11.2020) § 289f Rn 91, welcher in Anlehnung an EU-Leitlinien 2017 (ABl. 2017 C 215/20) unter „Ziele" konkrete Diversitätskennzahlen (Quoten) versteht; ebenso Beck BilKomm-*Grottel*[12] § 289f HGB Rn 104, welcher quantitativ oder qualitativ messbare Zielsetzungen verlangt.

56 So auch Beck BilKomm-*Grottel*[12] § 289f HGB Rn 104.

48 **b) Konzeptumsetzung.** Zur Art und Weise der Konzeptumsetzung ist in der Erklärung zur Unternehmensführung zu berichten, auf welche Diversitätsaspekte besonderes Gewicht gelegt wird. Zu informieren ist überdies, in welcher Reihenfolge bestimmte Aspekte im Konzept im Rahmen der Nachfolgeplanung für Vorstand oder Aufsichtsrat verwirklicht werden sollen. Schließlich sind die Publizitätsadressaten darüber ins Bild zu setzen, ob und inwieweit das Diversitätskonzept im **Ergebnis** (nicht) verwirklicht werden konnte und ggf. aus welchen Gründen nicht.[57]

49 **c) Begründete Verweigerung.** Nach dem Wortlaut des § 289f Abs. 5 braucht eine Gesellschaft ein solches Diversitätskonzept nicht zwingend aufzustellen, sondern kann sich dieser Verpflichtung mit Begründung in der Erklärung zur Unternehmensführung entziehen (**comply or explain**). Aber diese Entscheidungsfreiheit ist in aller Regel eine bloß scheinbare. Denn das Diversitätskonzept zielt auf professionelle Optimierung der Gremienarbeit ab (oben Rn 45 f); darauf hinzuwirken ist auch unabhängig von der Vorgabe aus § 289f Abs. 2 Nr. 6 Organpflicht, namentlich die des Aufsichtsrats (§§ 116, 93 Abs. 1 S. 1 AktG). Deshalb ist ein Verzicht auf das Diversitätskonzept allenfalls in seltenen Ausnahmefällen denkbar – etwa dann, wenn in einiger Zeit weder im Vorstand, noch im Aufsichtsrat Positionen zur Wiederbesetzung frei werden. Dann kann ohne Pflichtverstoß mit entsprechender Erläuterung von einem Diversitätskonzept abgesehen werden.

2. Mindestbesetzung und Zielgrößen (§ 289f Abs. 2 Nr. 4, 5 und 5a)

50 Kapitalgesellschaften, die nach § 289f Abs. 2 Nr. 6 gehalten (Rn 43) oder freiwillig ein Diversitätskonzept aufstellen und in der Erklärung zur Unternehmensführung publizieren, können in diesem Konzept zusätzlich die **Mindestanteile an Frauen und Männern** im Aufsichtsrat angeben, wozu sie § 289f Abs. 2 Nr. 5 anhält, und die Zielgrößen für den Frauenanteil in den beiden Führungsebenen unterhalb des Vorstands sowie für diesen selbst, über die nach § 289f Abs. 2 Nr. 4 zu informieren ist. Mit dieser Zusatzpflicht sind die Gesellschaften nach Rn 31 belegt; sie können die Angaben zur Mindestbesetzung und zu den Zielgrößen in das Diversitätskonzept als sie umfassenden allgemeinen Teil der Diversitätsinformationen integrieren oder aber auch diese Informationen separiert vom Diversitätskonzept neben diesem in der Erklärung zur Unternehmensführung liefern. Beide Varianten sind indes klar und übersichtlich zu gestalten (arg. § 243 Abs. 2).

51 Systemunstimmig (vgl. oben Rn 44) gehen Teile des Schrifttums im Anschluss an DRS 20.K231j umgekehrt davon aus, dass für das Diversitätskonzept auf solche Angaben verwiesen werden kann, die bereits im Zusammenhang mit Zielgrößen und Mindestbesetzung nach Nr. 4 und 5 gemacht wurden.[58] Unbedenklich ist dagegen der von der Gesetzesbegründung zum CSR-RL-UmsetzungsG[59] vorgesehene Verweis auf solche Diversitätsangaben, die bereits im Zusammenhang mit Unternehmensführungspraktiken nach Nummer 2 dargelegt wurden, da das Diversitätskonzept in systematischer Hinsicht seinerseits Unternehmensführungspraktiken nur speziell ausformt.

52 Unabhängig davon, ob sie ein Diversitätskonzept aufzustellen haben oder nicht, müssen alle Gesellschaften nach Rn 28 in der Erklärung zur Unternehmensführung gemäß § 289f Abs. 2

57 Beck BilKomm-*Grottel*[12] § 289f HGB Rn 111; MünchKommHGB/*Kajüter*[4] § 289f Rn 41, welcher allerdings die Angabe von Gründen für die Zielverfehlung als nicht zwingend erachtet.

58 Beck BilKomm-*Grottel*[12] § 289f Rn 103; BeckOGK/*Kleindiek* HGB (Stand 15.11.2020) § 289f Rn 93, MünchKommHGB/*Kajüter*[4] § 289f Rn 38.

59 BegrRegE CSR-RL-UG, BT-Ds 18/9982, S. 54, im Anschluss daran auch Beck BilKomm-*Grottel*[12] § 289f HGB Rn 103; BeckOGK/*Kleindiek* HGB (Stand 15.11.2020) § 289f Rn 93; MünchKommHGB/*Kajüter*[4] § 289f Rn 38.

Nr. 4/Abs. 4 ihre **Zielgrößen** für den Frauenanteil in Geschäftsleitung und Aufsichtsrat (§§ 111 Abs. 5 AktG/52 Abs. 2 GmbHG) sowie in den beiden Führungsebenen unterhalb der Geschäftsleitung (§§ 76 Abs. 4 AktG/36 GmbHG) verlautbaren sowie eine etwaige Zielgröße Null begründen (§§ 76 Abs. 4 S. 3/111 Abs. 5 S. 3 AktG). Darüber hinaus müssen jene Aktien- und Kommanditgesellschaften auf Aktien sowie Europäischen Gesellschaften (SE) mit Börsennotierung, die nach § 96 Abs. 2/3 AktG ihren **Aufsichtsrat** zu mindestens 30 Prozent mit Frauen zu besetzen haben, in ihrer Erklärung zur Unternehmensführung informieren, ob sie diese gesetzlichen Besetzungsvorgaben erfüllt haben (§ 289f Abs. 2 Nr. 5). Sollte dies nicht der Fall sein, so haben diese Gesellschaften ihr Säumen in der Erklärung zu begründen. Gleiches gilt für die Vorstandsbesetzung mit mindestens einer Frau nach § 76 Abs. 3a AktG (§ 289f Abs. 2 Nr. 5a).[60] Auch diese Zwangsinformationen an die Publizitätsadressaten sollen über den Druck aus der allgemeinen Öffentlichkeit das Instrumentarium der Frauenförderung in seiner rechtspraktischen Effektivität **stimulieren** (oben Rn 50).[61]

Gesellschaften, die nach Rn 50 über ihre Frauenförderung zu berichten haben, aber als **kleine Gesellschaften** (§ 267 Abs. 1) von der Verpflichtung befreit sind, einen Lagebericht aufzustellen (§ 264 Abs. 1 S. 4), müssen dennoch in einer auf die Angaben **zur Frauenförderung beschränkten Erklärung** zur Unternehmensführung informieren und diese über die Internetseite der Gesellschaft (§ 289f Abs. 1 S. 2) publizieren (§ 289f Abs. 4 S. 2). Sogar den kleinen Gesellschaften gegenüber will das Gesetz die Publizität der Frauenförderung als stimulierendes Druckmittel (oben Rn 50) genutzt wissen.[62] Obwohl ebenfalls zur Frauenförderung verpflichtete **Konzerntochtergesellschaften** gemäß § 264 Abs. 3 von der Verpflichtung zur Abgabe einer Erklärung zur Unternehmensführung nach dem Wortlaut dieser Bestimmung („dieses Unterabschnitts") befreit sind, müssen sie in systematischer Stringenz ebenso wie kleine Gesellschaften eine auf diese Förderung beschränkte Erklärung zur Unternehmensführung per Internet veröffentlichen.[63] Insoweit offenbart § 289f Abs. 4 S. 2 ein Redaktionsversehen.[64] 53

VIII. Prüfungen

1. Abschlussprüfung

Innerhalb der Abschlussprüfung der Unternehmensberichterstattung, insbesondere der des Lageberichts, unterliegt die Erklärung zur Unternehmensführung, nicht anders als die nichtfinanzielle Erklärung (dazu § 289b, Rn 30), nach § 317 Abs. 2 S. 6 lediglich eingeschränkter Überprüfung; zu prüfen ist nur, ob die nach § 289f Abs. 2 den berichtspflichtigen Gesellschaften vorgegebenen Angaben gemacht worden sind. Eine inhaltliche Überprüfung der Erklärungsinformationen durch den Abschlussprüfer schreibt das Gesetz nicht vor.[65] Dem Aufsichtsrat bleibt es freilich unbenommen, eine Inhaltsprüfung mit dem Abschlussprüfer als Zusatzprüfung zu vereinbaren. Die isolierte Erklärung zur Unternehmensführung in Konzerntochtergesellschaften (oben Rn 53) ist konsequent ebenfalls in den Grenzen des § 317 Abs. 2 S. 6 prüfungsbedürftig. 54

60 Vgl. zu den Einzelheiten *Seibt* DB 2021, 438, 441 ff.

61 Empirische Daten für einen nur eingeschränkt wirkenden öffentlichen Druck liefert *Redenius-Hövermann* ZIP 2021, 1365, 1377.

62 Dazu ausdrücklich Begr. RegE FüPoG, BT-Drucks. 18/3784, S. 133.

63 **AA** Beck BilKomm-*Grottel*[12] § 289f HGB Rn 21; *Röhm-Kottmann/Gundel* WPg 2015, 1110, 1114, welche die Konzerntochtergesellschaften streng am Wortlaut des § 264 Abs. 3 von der Veröffentlichungspflicht befreit sehen wollen.

64 Näher BeckOGK/*Kleindiek* HGB (Stand 15.11.2020) § 289f Rn 101.

65 Überschießend insofern Beck BilKomm-*Grottel*[12] § 289f HGB Rn 121; MünchKommHGB/*Kajüter*[4] § 289f Rn 42 welche unter Verweis auf IDW PS 202 Tz 10a; IDW PH 9.3510.1 Tz 11 bzw. IDW PS 350 nF Rn 16 S. 6 i. V. m. ISA 720 (Revised) Tz. D1.2 verlangen, dass die EzU als zusätzliche Information kritisch zu lesen und Unstimmigkeiten den gesetzlichen Vertretern zur Korrektur vorzulegen sind; kritisch dazu BeckOGK/*Kleindiek* HGB (Stand 15.11.2020) § 289f Rn 18.

2. Aufsichtsratsprüfung

55 Trotz der bloß eingeschränkten Überprüfung der Erklärung zur Unternehmensführung durch den Abschlussprüfer (oben Rn 54) unterliegt diese der uneingeschränkten, also auch inhaltlichen Überprüfung durch den Aufsichtsrat.[66] Zwar erstreckt § 171 Abs. 1 AktG dessen Prüfungspflicht nicht über den Lagebericht hinaus ausdrücklich auf die Erklärung zur Unternehmensführung, wie dies in § 171 Abs. 1 S. 4 AktG für die nichtfinanzielle Erklärung geschehen ist. Insbesondere aus der Gleichstellung dieser beiden Erklärungen in § 317 Abs. 2 S. 4 und 6 einerseits sowie aus der unterschiedlichen Sanktionierung des § 289f in § 334 Abs. 1 Nr. 3 und in § 331 Abs. 1 Nr. 1 andererseits könnte man das Schweigen des § 171 Abs. 1 AktG so verstehen, der Gesetzgeber habe den Aufsichtsrat absichtlich nicht zur Prüfung der Erklärung zur Unternehmensführung anhalten wollen. Aber dafür finden sich kein Anhalt und kein rechtfertigender Grund. Im Gegenteil: nach § 111 Abs. 1 AktG hat der Aufsichtsrat den Vorstand u. a. dahin zu überwachen, dass dieser seinen Rechtspflichten nachkommt. Zu ihnen zählt die Informationspflicht nach § 289 f.[67] Konsequent erstreckt sich die Prüfungspflicht des Aufsichtsrats auf die Erklärung zur Unternehmensführung unabhängig davon, ob sie in den Lagebericht nach § 289f Abs. 1 S. 1 inkorporiert ist und zusammen mit diesem publiziert oder nach § 289f Abs. 1 S. 2 separiert über die Internetseite der Gesellschaft öffentlich zugänglich gemacht wird.[68]

56 Auf die Angaben der Gesellschaft in ihrer Erklärung zur Unternehmensführung müssen sich die Publizitätsadressaten, nicht anders als auf alle anderen gesetzlich vorgegebenen Informationen zur Unternehmensberichterstattung verlassen können. Die Erklärung muss sowohl in ihrer Grundstruktur als auch in ihrem Berichtsinhalt verlässlich sein. Als Garant dieser **Verlässlichkeit**, soweit es um vom Vorstand zu verantwortende Angaben geht (oben Rn 32), fungiert allein der Aufsichtsrat, da der Abschlussprüfer die Erklärung zur Unternehmensführung bloß eingeschränkt prüft (oben Rn 54). Damit fällt dessen Vorarbeit zur Unterstützung des Aufsichtsrats aus, sodass dieser vor der Entscheidung steht, ob und inwieweit er sich vom Abschlussprüfer auf der Grundlage eines privatautonomen **Zusatzauftrags** unterstützen lassen will. Denn insbesondere unzutreffende oder auch nur unzureichende Angaben zum Diversitätskonzept oder zur Frauenförderung (§ 289f Abs. 2 Nr. 4 bis 6) können das öffentliche Ansehen der Gesellschaft, ihre Reputation bei Kunden, Lieferanten und Kreditgebern nachdrücklich beeinträchtigen, ganz abgesehen von der drohenden Geldbuße gegen Aufsichtsratsmitglieder persönlich (§ 334 Abs. 1 Nr. 3, unten Rn 58).

IX. Publizität

57 Als Bestandteil des Lageberichts (§ 289f Abs. 1 S. 1) ist die Erklärung zur Unternehmensführung über den elektronischen Bundesanzeiger (§ 325 Abs. 1 S. 1 Nr. 1), künftig über das Unternehmensregister (dazu § 289 Rn 64), den Publizitätsadressaten zur Kenntnisnahme zu geben. Sollte die Gesellschaft von der Möglichkeit aus § 289f Abs. 1 S. 2 Gebrauch machen, die Erklärung separat über ihre Internetseite öffentlich zugänglich zu machen, so kann der Lagebericht ohne die Angaben nach § 289f Abs. 2 publiziert werden. In ihn ist dann jedoch ein Hinweis auf die Internetseite der Gesellschaft aufzunehmen, dass sich dort die Erklärung zur Unternehmensführung findet (§ 289f Abs. 1 S. 3).

---

66 Vgl. die hM Beck BilKomm-*Grottel*[12] § 289f HGB Rn 35; GroßkommAktG/*E. Vetter*[5] § 171 AktG Rn 70; Hachmeister/Kahle/Mock/Schüppen/*Mock*[2] § 289f HGB Rn 58; KölnKomm-AktG/*Ekkenga*[3] § 171 AktG Rn 27; MünchKommHGB/*Kajüter*[4] § 289f HGB Rn 14; *Bachmann* ZIP 2010, 1517, 1521; **aA** MünchKommAktG/*Hennrichs/Pöschke*[4] § 171 AktG, Rn 59; *Kocher* DStR 2010, 1034.

67 So auch GroßkommAktG/*E. Vetter*[5] § 171 AktG, Rn 70; Hachmeister/Kahle/Mock/Schüppen/*Mock*[2] § 289f HGB, Rn 58.

68 Ausdrücklich GroßkommAktG/*E. Vetter*[5] § 171 AktG Rn 70; *Bachmann* ZIP 2010, 1517, 1521.

X. Sanktionen und Reaktionen

Falls die Erklärung zur Unternehmensführung gar nicht, unvollständig oder fehlerhaft abgegeben wird, droht den Mitgliedern der Geschäftsleitung und denen des Aufsichtsrats eine **Ordnungswidrigkeitenbuße** von bis zu fünfzigtausend Euro (§ 334 Abs. 1 Nr. 3/Abs. 3), den Organmitgliedern in börsennotierten Gesellschaften sogar von bis zu zwei Millionen Euro. Daneben kommt eine Geldbuße gegen die börsennotiere Gesellschaft selbst (§ 30 OWiG) von bis zu zehn Millionen Euro in Betracht (§ 334 Abs. 3a). Eine **Straftat** nach § 331 Abs. 1 Nr. 1 scheidet aus, da dem Tatbestand die notwendige Bestimmtheit ermangelt.[69] Denn entgegen dem eindeutigen Wortlaut des § 334 Abs. 1 Nr. 3 spricht § 331 Abs. 1 Nr. 1 allein die nichtfinanzielle Erklärung ausdrücklich an, aber nicht die Erklärung zur Unternehmensführung. Dies mag dem Umstand geschuldet sein, dass die Erklärung zur Unternehmensführung vor der Etablierung der nichtfinanziellen Erklärung als materieller Teil des Tatbestandsmerkmals „Lagebericht" subsumiert werden konnte und bei der Ergänzung der Norm im Zuge des CSR-Richtlinie-Umsetzungsgesetzes schlicht vergessen wurde. Die (naheliegende) extensive Interpretation kommt bei einem Straftatbestand dennoch nicht in Betracht. 58

Eine rechtswidrige Erklärung zur Unternehmensführung kann, je nach **Schwere des Pflichtverstoßes**, Anlass geben, den Mitgliedern von Vorstand und Aufsichtsrat die **Entlastung** (§ 120 AktG) zu versagen.[70] Dagegen wird sich ein Schadenersatzanspruch der Gesellschaft aus § 93 Abs. 2/§ 116 AktG schwerlich belegen lassen.[71] 59

69 Dies übersehend und daher für eine Strafbarkeit aus § 331 Nr. 1 BeckOGK/*Kleindiek* HGB (Stand 15.11.2020) § 289f Rn 103; MünchKommHGB/*Kajüter*[4] § 289f Rn 43; Hachmeister/Kahle/Mock/Schüppen/*Mock*[2] § 289f HGB Rn 67.

70 So auch Beck BilKomm-*Grottel*[12] § 289f HGB Rn 136; bei vollständig oder teilweise fehlender Erklärung sowie inhaltlichen Fehlern wesentlicher Angaben wird darüber hinaus eine Anfechtbarkeit des Entlastungsbeschlusses angenommen, BeckOGK/*Kleindiek* HGB (Stand 15.11.2020) § 289f Rn 105; MünchKommHGB/*Kajüter*[4] § 289f Rn 45; *Bachmann* ZIP 2010, 1517, 1526.

71 BeckOGK/*Kleindiek* HGB (Stand 15.11.2020) § 289f Rn 105; Beck BilKomm-*Grottel*[12] § 289f HGB Rn 134; *Bachmann* ZIP 2010, 1517, 1526; *Kocher* DStR 2010, 1034, 1037; *Kuthe*/*Geiser* NZG 2008, 172, 175.

ZWEITER UNTERABSCHNITT **Konzernabschluss und Konzernlagebericht**

NEUNTER TITEL **Konzernlagebericht**

§ 315 Inhalt des Konzernlageberichts

(1) [1]Im Konzernlagebericht sind der Geschäftsverlauf einschließlich des Geschäftsergebnisses und die Lage des Konzerns so darzustellen, dass ein den tatsächlichen Verhältnissen entsprechendes Bild vermittelt wird. [2]Er hat eine ausgewogene und umfassende, dem Umfang und der Komplexität der Geschäftstätigkeit entsprechende Analyse des Geschäftsverlaufs und der Lage des Konzerns zu enthalten. [3]In die Analyse sind die für die Geschäftstätigkeit bedeutsamsten finanziellen Leistungsindikatoren einzubeziehen und unter Bezugnahme auf die im Konzernabschluss ausgewiesenen Beträge und Angaben zu erläutern. [4]Ferner ist im Konzernlagebericht die voraussichtliche Entwicklung mit ihren wesentlichen Chancen und Risiken zu beurteilen und zu erläutern; zugrunde liegende Annahmen sind anzugeben. [5]Die Mitglieder des vertretungsberechtigten Organs eines Mutterunternehmens, das als Inlandsemittent (§ 2 Absatz 14 des Wertpapierhandelsgesetzes) Wertpapiere (§ 2 Absatz 1 des Wertpapierhandelsgesetzes) begibt und keine Kapitalgesellschaft im Sinne des § 327a ist, haben in einer dem Konzernlagebericht beizufügenden schriftlichen Erklärung zu versichern, dass im Konzernlagebericht nach bestem Wissen der Geschäftsverlauf einschließlich des Geschäftsergebnisses und die Lage des Konzerns so dargestellt sind, dass ein den tatsächlichen Verhältnissen entsprechendes Bild vermittelt wird und dass die wesentlichen Chancen und Risiken im Sinne des Satzes 4 beschrieben sind.

(2) [1]Im Konzernlagebericht ist auch einzugehen auf:

1. a) die Risikomanagementziele und -methoden des Konzerns einschließlich seiner Methoden zur Absicherung aller wichtigen Arten von Transaktionen, die im Rahmen der Bilanzierung von Sicherungsgeschäften erfasst werden, sowie
   b) die Preisänderungs-, Ausfall- und Liquiditätsrisiken sowie die Risiken aus Zahlungsstromschwankungen, denen der Konzern ausgesetzt ist,

   jeweils in Bezug auf die Verwendung von Finanzinstrumenten durch den Konzern und sofern dies für die Beurteilung der Lage oder der voraussichtlichen Entwicklung von Belang ist;
2. den Bereich Forschung und Entwicklung des Konzerns und
3. für das Verständnis der Lage des Konzerns wesentliche Zweigniederlassungen der insgesamt in den Konzernabschluss einbezogenen Unternehmen.

[2]Ist das Mutterunternehmen eine Aktiengesellschaft, hat es im Konzernlagebericht auf die nach § 160 Absatz 1 Nummer 2 des Aktiengesetzes im Anhang zu machenden Angaben zu verweisen.

(3) Absatz 1 Satz 3 gilt entsprechend für nichtfinanzielle Leistungsindikatoren, wie Informationen über Umwelt- und Arbeitnehmerbelange, soweit sie für das Verständnis des Geschäftsverlaufs oder der Lage des Konzerns von Bedeutung sind.

(4) Ist das Mutterunternehmen oder ein in den Konzernabschluss einbezogenes Tochterunternehmen kapitalmarktorientiert im Sinne des § 264d, ist im Konzernlagebericht auch auf die wesentlichen Merkmale des internen Kontroll- und Risikomanagementsystems im Hinblick auf den Konzernrechnungslegungsprozess einzugehen.

(5) § 298 Absatz 2 über die Zusammenfassung von Konzernanhang und Anhang ist entsprechend anzuwenden.

https://doi.org/10.1515/9783110763935-009

Schrifttum

Zum Schrifttum s. § 289

Übersicht

I. Allgemeines

1 Falls ein Unternehmen als Konzernglied in einen Konzern eingebunden ist, sei es als herrschendes Mutterunternehmen oder als abhängige Tochter- oder Enkelgesellschaft, so bestimmen sich die Lage dieses Unternehmens und dessen Geschäftsverlauf einschließlich des Geschäftsergebnisses nicht allein nach den Verhältnissen und Ereignissen dieses Unternehmens. Vielmehr nehmen auf seine Lage und den Geschäftsverlauf ebenfalls die Verhältnisse und Ereignisse in den anderen konzernverbundenen Unternehmen Einfluss. Um ein zutreffendes Lage- und Verlaufsbild gewinnen zu können, brauchen die Publizitätsadressaten deshalb **zusätzliche Informationen über den Konzern**, in den das Unternehmen eingebunden ist; diese liefert die Konzernrechnungslegung, die sich aus Konzernabschluss und Konzernlagebericht zusammensetzt (§ 290 Abs. 1).

2 Zur Aufstellung eines Konzernlageberichts sind **Mutterunternehmen** in der Rechtsform einer **Kapitalgesellschaft** verpflichtet (§ 290 Abs. 1), daneben Mutterunternehmen in einer Rechtsform des § 3 Abs. 1 PublG, wenn sie die Schwelle des § 11 PublG erreichen, sowie Kreditinstitute nach § 340i und Versicherungsunternehmen nach § 341i.

3 Konzeptionell betrachtet das (nach den Vorgaben des Art. 29 der EU-Bilanzrichtlinie transformierte) Recht der Konzernrechnungslegung den Konzern als umfassende **Wirtschaftseinheit**, die sich aus den einzelnen Konzernunternehmen gesamthaft zusammensetzt und diesen gegenüber eigenständig ist.[1] Daher hat der Konzern als eigenständiges Wirtschaftssubjekt durch die Geschäftsleitung des Mutterunternehmens (§ 291 Abs. 1 S. 1) jahresperiodisch über die Vermögens-, Finanz- und Ertragslage des Konzerns im Konzernabschluss sowie über seine Lage einschließlich des vergangenen Geschäftsverlaufs und der voraussehbar zukünftigen Entwicklung (oben § 289 Rn 58 f) im Konzernlagebericht zu informieren (Einheitstheorie arg. § 297 Abs. 3 S. 1). Zur Beschaffung der notwendigen Informationen nimmt § 294 Abs. 3 die Tochterunternehmen in die Pflicht.[2] – Von dieser Verpflichtung zur Aufstellung eines Konzernlageberichts ist die Konzernmutter, allerdings **befreit**, wenn sie ausschließlich über Tochterunternehmen herrscht, deren Einbezug in die Konzernrechnungslegung sie nach § 296 verweigern könnte (§ 290 Abs. 5). – Den einheitlichen Verantwortungsbereich der Mutter im Konzern nach dem Lieferkettengesetz (oben Vorb. vor §§ 289b ff Fn 39) bestimmt dessen § 2 Abs. 6 S. 3 eigenständig.

1 MünchKommHGB/*Fülbier/Pellens*[4] § 315 Rn 23; Hachmeister/Kahle/Mock/Schüppen/*Dobler*[2] § 315 Rn 1.
2 Zum Vorschlag eines umfassenden Konzerninformationsanspruchs *Schockenhoff* NZG 2020, 1001.

II. Das Recht des Lageberichts als Fundament der Konzernlageberichterstattung

4 Die Einzelvorgaben zum Konzernlagebericht in § 315 entsprechen ganz weithin denen des § 289 für den Lagebericht in der Einzelrechnungslegung. Mithin baut das Recht des Konzernlageberichts auf dem des Lageberichts auf; nicht etwa ist dessen Recht aus dem des Konzernlageberichts abgeleitet heruntergebrochen worden.[3] Deshalb widerspricht der DRS 20 „Konzernlagebericht" (s. oben § 289 Rn 48) dem gesetzlichen Regulierungskonzept, wenn er empfiehlt, diesen Standard mitsamt seinen Einzelregelungen auf den Lagebericht nach § 289 entsprechend anzuwenden (DRS 20.2); allerdings führt dieser „Gegenstrom" zu keinen erkennbaren Fehlanwendungen beim Recht des Lageberichts.

1. Das Zwei-Säulen-Modell

5 Wenn aber das Recht des Konzernlageberichts auf dem des Lageberichts aufbaut (Rn 3), so liegt ebenfalls der Konzernrechnungslegung das Regelungskonzept des „Zwei-Säulen-Modells" zugrunde (oben § 289 Rn 8 ff): Jahresabschluss und Lagebericht bilden innerhalb der Konzernrechnungslegung zwei Säulen mit jeweils in sich abgeschlossener Gesamtinformation, die jeweils unabhängig von der in der anderen Säule darzubieten ist. Konsequent gelten die oben § 289 Rn 74 ff für die Adressaten der Lageberichterstattung und ihren Funktionen entwickelten Überlegungen, namentlich die zur inhaltlichen Ausgestaltung des Lageberichts (oben § 289 Rn 78 ff) und die zu den Informations-Interessen der Allgemeinheit (dazu § 289 Rn 84 f) in gleicher Weise für den Konzernlagebericht.

2. Regelungsparallelen und Ausnahmen

6 Von den Berichtsvorgaben in § 289 weichen die des § 315 bloß vereinzelt und marginal ab. Lediglich zu den Zweigniederlassungen im Konzern (§ 315 Abs. 2 Satz 1 Nr. 3), den eigenen Aktien (§ 315 Abs. 2 Satz 2) sowie zu den kapitalmarktorientierten Gesellschaften im Konzern (§ 315 Abs. 4) bedarf es ergänzender Erläuterungen im Kontext des § 315. Für alle weiteren Einzelheiten dieser Bestimmung kann auf die Kommentierung zu § 289 verwiesen werden; einer parallelen Kommentierung des Konzernlageberichts zu der des Lageberichts bedarf es nicht.

III. Der Konsolidierungskreis

7 Im Konzernabschluss ist über die Vermögens-, Finanz- und Ertragslage des Konzerns zu informieren, im Konzernlagebericht über dessen Lage, Geschäftsverlauf und dessen voraussehbare Entwicklung in der Zukunft. Trotz des je eigenständigen Informationsgehaltes dieser beiden Berichtsinstrumente nach dem Zwei-Säulen-Modell (oben Rn 4) müssen diese Instrumente dennoch im Gegenstand ihrer jeweiligen Information übereinstimmen. Andernfalls sind Intransparenz und Verwirrung der Publizitätsadressaten zu besorgen. Deshalb sind im Konzernlagebericht **sämtliche Gesellschaften** und Unternehmen zu berücksichtigen, die die Geschäftsleitung des Mutterunternehmens in den Konzernabschluss aufgenommen hat, also neben der Mutter selbst alle **Tochtergesellschaften** (§ 294 Abs. 1) und die **assoziierten Unternehmen** nach § 311 Abs. 1, **Gemeinschaftsunternehmen** dann, wenn die Mutter von ihrem Wahlrecht aus § 310 Abs. 1 Gebrauch gemacht hat. Umgekehrt darf ein Tochterunternehmen nicht im Konzernlage-

3 Prägnant MünchKommHGB/*Fülbier/Pellens*[4] § 315 Rn 4: „In der gesetzlichen Konzeption orientiert sich der Konzernlagebericht unter Berücksichtigung der konzernspezifischen Besonderheiten am Lagebericht der Kapitalgesellschaft".

bericht berücksichtigt werden, wenn die Muttergeschäftsleitung eine Verzichtsoption aus § 296 genutzt und bestimmte Töchter nicht in den Konzernabschluss einbezogen hat.[4] Auch insoweit darf es zu keinen informatorischen Divergenzen zwischen Jahresabschluss und Lagebericht im Widerspruch zum Einklangsgebot (§ 317 Abs. 2 S. 1) kommen.

IV. Spezifika des Konzernlageberichts

Nur mit wenigen Regelungen weicht das Recht des Konzernlageberichts vom grundlegenden Recht des Lageberichts ab (oben Rn 5): 8

1. Zweigniederlassungen im Konzern

Mit seinen Informationen zu den Zweigniederlassungen zielt der Lagebericht nach § 289 Abs. 2 Nr. 3 darauf ab, die Publizitätsadressaten über die geographische Verbreitung der Gesellschaft und über das Gewicht ihrer Aktivitäten in den Zweigniederlassungen ins Bild zu setzen (oben § 289 Rn 100). Hierauf ist gleichfalls § 315 Abs. 2 S. 1 Nr. 3 angelegt; allerdings mit Blick auf den Konzern: inwieweit erstreckt er sich und welches Gewicht haben die Aktivitäten, die Unternehmen in diesem Konzern über ihre Zweigniederlassungen ausüben. Allerdings sind nicht sämtliche Zweigniederlassungen im Konzern in dessen Lagebericht aufzunehmen, sondern eingeschränkt allein jene, die **wesentlich,** also in ihren Aktivitäten gewichtig genug sind, um die Lage nicht nur jenes Unternehmens zu verstehen, dem sie zugehören, sondern darüber hinaus die Lage des gesamten Konzerns einschließlich Geschäftsverlauf und Zukunftsaussichten (oben Rn 2).[5] 9

2. Eigene Aktien

Falls eine Aktiengesellschaft nach § 160 Abs. 1 S. 1 Nr. 2 AktG innerhalb des Jahresabschlusses in dessen Anhang über den Bestand an eigenen Aktien Angaben zu machen hat, muss die Gesellschaft in ihrem Lagebericht auf diese Anhangsangaben **verweisen** (§ 289 Abs. 2 S. 2). Diese Berichtsvorgabe gilt in gleicher Weise für den Konzernlagebericht, freilich eingeschränkt bloß dann, wenn die Konzernmutter Aktiengesellschaft ist (§ 315 Abs. 2 S. 2); nachgeordnete Tochteraktiengesellschaften begründen mithin keine entsprechenden Berichtspflichten für den Konzernlagebericht – etwa den einer MutterGmbH. 10

3. Kontroll- und Risikomanagementsystem

Kapitalmarkt-orientierte Unternehmen müssen nach § 289 Abs. 4 in ihrem Lagebericht über die Einrichtung (oder unterbliebene Einrichtung) eines Rechnungslegungs-bezogenen Kontroll- und Risikomanagementsystems informieren (s. dazu § 289 Rn 155 ff). Diese Lageberichts-Vorgabe hat § 315 Abs. 4 konzernspezifisch fortgeschrieben: In den Konzernlagebericht, den die Muttergeschäftsleitung aufstellt, sind diese Informationen zum Managementsystem nicht bloß dann aufzunehmen, wenn es um das Pflichtsystem der Mutter nach § 91 Abs. 3 AktG geht, sondern auch und schon dann, wenn ein in die Konzernrechnungslegung einbezogenes **Tochterunterneh-** 11

4 **AA** MünchKommHGB/*Fülbier/Pellens*[4] § 315 Rn 24; Baetge/Kirsch/Thiele/*Böcking/Dutzi/Gros* (Stand 1.10.2019) § 315 HGB Rn 42; Beck BilKomm-*Grottel*[12] § 315 HGB Rn 51; ADS § 315 Rn 15; BeckOGK/*Senger/Brune* HGB (Stand: 1.12.2020) § 315 Rn 6; *von Kanitz/Hoffmann* in BeckOK HGB (Stand: 15.1.2021) § 315 Rn 1.
5 MünchKommHGB/*Fülbier/Pellens*[4] § 315 Rn 64; Beck BilKomm-*Grottel*[12] § 315 HGB Rn 196.

men kapitalmarktorientiert nach § 264d ist.[6] Damit muss sich der Konzernlagebericht schon dann zum Rechnungslegungs-bezogenen Kontroll- und Risikomanagementsystem äußern, wenn bloß eine Konzerntochter auf den Kapitalmarkt orientiert ist – und zwar sogar dann, wenn die Mutter keinerlei Kapitalmarktorientierung aufweist.

V. Zusammengefasster Gesamtbericht

12 Die Verpflichtung der konzernbeherrschenden Mutter und ihrer Geschäftsleitung, einen **Konzernlagebericht** aufzustellen und zu publizieren (§§ 315, 325 Abs. 3), ersetzt nicht ihre Verpflichtung, für die Mutter selbst neben ihrem Einzelabschluss einen **Lagebericht** (§§ 264 Abs. 1 Satz 1, 289) zu verfassen und zu veröffentlichen. Zu informieren hat die Mutter die Publizitätsadressaten sowohl zu ihrer eigenen Lage, zum Geschäftsverlauf und zur absehbaren künftigen Entwicklung, als auch über die Lage des Gesamtkonzerns, an dessen Spitze die Mutter steht. Zu den jeweiligen Funktionen der beiden Informationsinstrumente nebeneinander oben § 289 Rn 95 f. Zum Lagebericht konzernabhängiger Tochterunternehmen s. § 289 Rn 103 ff.

13 Auf der Grundlage des Unternehmenswahlrechts aus §§ 315 Abs. 5/§ 298 Abs. 2 steht es der Konzernmutter frei, den eigenen Lagebericht mit dem des Konzerns **zusammenzufassen**. Auf diese Weise sollen Wiederholungen vermieden werden können:[7] Was bereits im Lagebericht der Mutter ausgeführt worden ist, soll nicht noch einmal im Konzernlagebericht wiederholt werden müssen (oben § 289 Rn 95). Im zusammengefassten Gesamtbericht ist jedoch sicherzustellen, dass die Publizitätsadressaten eindeutig erkennen können, welche Angaben im Konzernlagebericht sich allein auf die Mutter beziehen und welche anderen auf den Konzern als Ganzen (§§ 315 Abs. 5, 298 Abs. 2 S. 3; DRS 20.23 S. 2).[8] Damit die Publizitätsadressaten den zusammengefassten Konzernlagebericht in den jeweiligen Zahlenwerken „gegenlesen“ können, müssen der Einzelabschluss der Mutter und der Konzernabschluss gemeinsam nach § 325 offen gelegt werden (§§ 315 Abs. 5, 298 Abs. 2 S. 2).

VI. Reaktionen und Sanktionen

14 Für den Konzernlagebericht gelten die für den Lagebericht entwickelten Darlegungen (oben § 289 Rn 127 ff) mit der Besonderheit, dass falsche Informationen im Konzernlagebericht, anders als im Einzellagebericht, schon dann mit Kriminalstrafe nach § 331 Abs. 2 i. V. m. Abs. 1 Nr. 3 bedroht sind, wenn sie bloß leichtfertig falsch abgegeben werden.

---

6 BeckOGK/*Senger/Brune* HGB (Stand: 1.12.2020) § 315 Rn 45.

7 MünchKommHGB/*Fülbier/Pellens*[4] § 315 Rn 73; s. auch BeckOGK/*Senger/Brune* HGB (Stand: 1.12.2020) § 315 Rn 6, denen zufolge der Informationsnutzen der Adressaten durch die erhöhte Informationsdichte steigt.

8 MünchKommHGB/*Fülbier/Pellens*[4] § 315 Rn 73; Beck BilKomm-*Grottel*[12] § 315 HGB Rn 260.

§ 315a Ergänzende Vorschriften für bestimmte Aktiengesellschaften und Kommanditgesellschaften auf Aktien

[1]Mutterunternehmen (§ 290), die einen organisierten Markt im Sinne des § 2 Absatz 7 des Wertpapiererwerbs- und Übernahmegesetzes durch von ihnen ausgegebene stimmberechtigte Aktien in Anspruch nehmen, haben im Konzernlagebericht außerdem anzugeben:
1. die Zusammensetzung des gezeichneten Kapitals unter gesondertem Ausweis der mit jeder Gattung verbundenen Rechte und Pflichten und des Anteils am Gesellschaftskapital;
2. Beschränkungen, die Stimmrechte oder die Übertragung von Aktien betreffen, auch wenn sie sich aus Vereinbarungen zwischen Gesellschaftern ergeben können, soweit die Beschränkungen dem Vorstand der Gesellschaft bekannt sind;
3. direkte oder indirekte Beteiligungen am Kapital, die 10 Prozent der Stimmrechte überschreiten;
4. die Inhaber von Aktien mit Sonderrechten, die Kontrollbefugnisse verleihen, und eine Beschreibung dieser Sonderrechte;
5. die Art der Stimmrechtskontrolle, wenn Arbeitnehmer am Kapital beteiligt sind und ihre Kontrollrechte nicht unmittelbar ausüben;
6. die gesetzlichen Vorschriften und Bestimmungen der Satzung über die Ernennung und Abberufung der Mitglieder des Vorstands und über die Änderung der Satzung;
7. die Befugnisse des Vorstands insbesondere hinsichtlich der Möglichkeit, Aktien auszugeben oder zurückzukaufen;
8. wesentliche Vereinbarungen des Mutterunternehmens, die unter der Bedingung eines Kontrollwechsels infolge eines Übernahmeangebots stehen, und die hieraus folgenden Wirkungen;
9. Entschädigungsvereinbarungen des Mutterunternehmens, die für den Fall eines Übernahmeangebots mit den Mitgliedern des Vorstands oder mit Arbeitnehmern getroffen sind.

[2]Die Angaben nach Satz 1 Nummer 1, 3 und 9 können unterbleiben, soweit sie im Konzernanhang zu machen sind. [3]Sind Angaben nach Satz 1 im Konzernanhang zu machen, ist im Konzernlagebericht darauf zu verweisen. [4]Die Angaben nach Satz 1 Nummer 8 können unterbleiben, soweit sie geeignet sind, dem Mutterunternehmen einen erheblichen Nachteil zuzufügen; die Angabepflicht nach anderen gesetzlichen Vorschriften bleibt unberührt.

Schrifttum

Zum Schrifttum s. § 289a

Übersicht

https://doi.org/10.1515/9783110763935-010

I. Überblick

1 Für Kapitalgesellschaften, die als **Mutterunternehmen** nach § 290 an der Spitze eines Konzerns stehen, schreibt § 315a die informationellen Vorgaben aus § 289a konzernspezifisch fort. In ihrem Normtext entsprechen beide Bestimmungen einander nahezu vollständig; lediglich anstelle der „Gesellschaft/Gesellschaften" in § 289a heißt es in § 315a „Mutterunternehmen". Deshalb kann für die Erläuterung dieser Bestimmung ganz weithin auf die Kommentierung des § 289a verwiesen werden.

2 In gleicher Weise wie § 289a zielt ebenfalls § 315a darauf ab, den Übernahmemarkt zu **stimulieren** und die Publizitätsadressaten darüber zu informieren, auf welche **Hindernisse** eine geplante Übernahme stoßen könnte (oben § 289a Rn 2). Inhaltlich unterscheiden sich die Informationen nach § 315a nicht von denen nach § 289a.[1] Denn die Mutter muss nach eindeutigem Gesetzeswortlaut (vgl. z. B. § 315a S. 1 Nr. 8 und 9) nur über sich selbst informieren, aber nicht über Tochtergesellschaften oder den Gesamtkonzern. In der Sache erschöpft sich der Informationsgehalt der ergänzenden Angaben nach § 315a darin, die Publizitätsadressaten darüber ins Bild zu setzen, dass die berichtende Gesellschaft die Rechtsqualität eines Mutterunternehmens nach § 290 hat.

3 Eine wenig sinnvolle Wiederholung der ergänzenden Angaben aus dem Lagebericht im Konzernlagebericht lässt sich in Ausnutzung der Gestaltungsmöglichkeit des § 315 Abs. 5 durch die **Zusammenfassung** von Konzernlagebericht und Lagebericht in einem Gesamtbericht (§ 315 Rn 12) vermeiden.[2]

II. Erfasste Gesellschaften

4 Obwohl § 315a nicht die berichtspflichtigen Rechtsformen auflistet, sondern nur allgemein vom Mutterunternehmen nach § 290 spricht, weitet jene Bestimmung nicht etwa den Kreis der verpflichteten Gesellschaften über die schon nach § 289a verpflichteten börsennotierten **Aktien-, Kommanditgesellschaften auf Aktie**n sowie Europäischen Gesellschaften (**SE**) hinaus auf die kapitalmarktorientierten Gesellschaften mbH oder andere aus.[3] Das folgt zum einen aus den „Aktien" in § 315a S. 1 Einleitung, vor allem aber aus der Ausrichtung der Zusatzangaben aus dieser Bestimmung auf die Übernahme durch Anteilserwerb über den Kapitalmarkt (oben Rn 2). Auf diesem sind GmbH-Anteile etc. nicht handelbar (arg. § 15 Abs. 3/4 GmbHG).

5 Daher bestimmt sich der Kreis der im Konzernlagebericht mit den in § 315a S. 1 aufgelisteten Zusatzangaben informationspflichtigen Gesellschaften unverändert gegenüber § 289a nach den Kriterien: Rechtsform, Art der Wertpapiere und Ort ihres Handels (dazu oben § 289a Rn 4 ff); hinzukommen muss lediglich die Eigenschaft „Mutterunternehmen" nach den Voraussetzungen aus § 290 Abs. 2.

III. Berichtspflichtige Angaben

6 Wie schon der Katalog der nach § 289a berichtspflichtigen Angaben (s. oben § 289a Rn 8 ff) lässt sich gleichfalls der nach § 315a S. 1 in die vier Gruppen kategorisieren: Übertragungsbeschränkungen, Abweichungen vom Grundsatz „one share one vote", Abwehrstrukturen sowie sonstige Attraktivitätsminderungen. Diese müssen sich sämtlich auf das berichtspflichtige Mutterunter-

1 Ähnlich MünchKommHGB/*Fülbier/Pellens*[4] § 315a Rn 5; *Beckmann* in BeckOK HGB Stand: 15.1.2021 § 315a Rn 1.
2 So auch Beck BilKomm-*Grottel*[12] § 315a HGB Rn 11.
3 Beck BilKomm-*Grottel*[12] § 315a HGB Rn 10; vgl. auch MünchKommHGB/*Fülbier/Pellens*[4] § 315a Rn 3.

nehmen selbst beziehen (oben Rn 2).[4] Deshalb sind z. B. Übertragungsbeschränkungen in einer ebenfalls börsennotierten Tochtergesellschaft kein obligatorischer Berichtsgegenstand im Konzernlagebericht; hierüber hat allein der eigene Lagebericht der Tochter nach § 289a zu informieren. Dasselbe gilt für die Attraktivitätskomponenten (s. dazu § 289a Rn 12 ff), soweit diese im nachgeordneten Bereich der Tochtergesellschaften wurzeln.

IV. Informationsverweigerung

7 Das bereits nach § 289a S. 4 Hs. 1 ganz eingeschränkte Informationsverweigerungsrecht (oben § 289a Rn 16 ff) gilt in gleicher Weise für den Konzernlagebericht (§ 315a S. 4 Hs. 1): Allein **change of control-Vereinbarungen** nach § 315a S. 1 Nr. 8 können geheim gehalten werden. Voraussetzung für eine berechtigte Informationsverweigerung ist ein möglicher Nachteil erheblichen Ausmaßes für das Mutterunternehmen, wie § 315a S. 4 Hs. 1 ausdrücklich statuiert, also nicht für eine Tochtergesellschaft. Ein ihr drohender Nachteil kann demnach nur und erst dann Bedeutung erlangen, wenn er auf das Mutterunternehmen hin durchschlägt – etwa als Wertminderung ihres Anteilsbesitzes oder als Reputationsverlust der Mutter.[5] Allerdings genügt nicht jeder Durchschlag schlechthin; vielmehr muss dieser Nachteil für das Mutterunternehmen selbst von erheblichem Nachteil sein (vgl. DRS 20.K217 S. 2), damit diese Information im Konzernlagebericht verweigert werden darf.

V. Prüfungen

8 Für die Prüfungen der Zusatzangaben im Konzernlagebericht durch den Abschlussprüfer und durch den Aufsichtsrat/Prüfungsausschuss gilt das zur Prüfung des Lageberichts Ausgeführte (oben § 289a Rn 19 ff) entsprechend.

VI. Publizität

9 Die Angaben nach § 315a S. 1 sind zusammen mit dem Konzernlagebericht im Bundesanzeiger, künftig über das Unternehmensregister (dazu oben § 289 Rn 64) offenzulegen (§ 325 Abs. 3/2). Im Übrigen gilt das zum Lagebericht Ausgeführte (s. § 289a Rn 22) entsprechend, ebenso das zum Bericht des Aufsichtsrats nach § 176 Abs. 1 S. 1 AktG (vgl. oben § 289a Rn 23).

VII. Sanktionen

10 Zur möglichen Kriminalstrafe wegen Falschdarstellung nach § 331 Abs. 1 Nr. 2 sowie zur möglichen Ordnungswidrigkeitenbuße nach § 334 Abs. 1 Nr. 4 siehe § 289a Rn 24, zur zivilrechtlichen Haftung § 289a Rn 25.

---

4 In Bezug auf die Angabe nach § 315a S. 1 Nr. 8 so wie hier: DRS 20.K212; Beck BilKomm-*Grottel*[12] § 315a HGB Rn 12; **aA**: MünchKommHGB/*Fülbier*/*Pellens*[4] § 315a Rn 14, die den Mutterunternehmen die Vereinbarungen der Tochterunternehmen zurechnen, soweit sie für den Konzern wesentlich sind.

5 Vgl. BeckOGK/*Senger*/*Brune* (Stand: 1.12.2020) § 315a Rn 10.

§ 315b Pflicht zur nichtfinanziellen Konzernerklärung; Befreiungen

(1) [1]Eine Kapitalgesellschaft, die Mutterunternehmen (§ 290) ist, hat ihren Konzernlagebericht um eine nichtfinanzielle Konzernerklärung zu erweitern, wenn die folgenden Merkmale erfüllt sind:

1. die Kapitalgesellschaft ist kapitalmarktorientiert im Sinne des § 264d,
2. für die in den Konzernabschluss einzubeziehenden Unternehmen gilt:
   a) sie erfüllen die in § 293 Absatz 1 Satz 1 Nummer 1 oder 2 geregelten Voraussetzungen für eine größenabhängige Befreiung nicht und
   b) bei ihnen sind insgesamt im Jahresdurchschnitt mehr als 500 Arbeitnehmer beschäftigt.

[2]§ 267 Absatz 4 bis 5 sowie § 298 Absatz 2 sind entsprechend anzuwenden. [3]Wenn die nichtfinanzielle Konzernerklärung einen besonderen Abschnitt des Konzernlageberichts bildet, darf die Kapitalgesellschaft auf die an anderer Stelle im Konzernlagebericht enthaltenen nichtfinanziellen Angaben verweisen.

(2) [1]Ein Mutterunternehmen im Sinne des Absatzes 1 ist unbeschadet anderer Befreiungsvorschriften von der Pflicht zur Erweiterung des Konzernlageberichts um eine nichtfinanzielle Konzernerklärung befreit, wenn

1. das Mutterunternehmen zugleich ein Tochterunternehmen ist, das in den Konzernlagebericht eines anderen Mutterunternehmens einbezogen ist, und
2. der Konzernlagebericht nach Nummer 1 nach Maßgabe des nationalen Rechts eines Mitgliedstaats der Europäischen Union oder eines anderen Vertragsstaats des Abkommens über den Europäischen Wirtschaftsraum im Einklang mit der Richtlinie 2013/34/EU aufgestellt wird und eine nichtfinanzielle Konzernerklärung enthält.

[2]Satz 1 gilt entsprechend, wenn das andere Mutterunternehmen im Sinne des Satzes 1 einen gesonderten nichtfinanziellen Konzernbericht nach Absatz 3 oder nach Maßgabe des nationalen Rechts eines Mitgliedstaats der Europäischen Union oder eines anderen Vertragsstaats des Abkommens über den Europäischen Wirtschaftsraum im Einklang mit der Richtlinie 2013/34/EU erstellt und öffentlich zugänglich macht. [3]Ist ein Mutterunternehmen nach Satz 1 oder 2 von der Pflicht zur Erstellung einer nichtfinanziellen Konzernerklärung befreit, hat es dies in seinem Konzernlagebericht mit der Erläuterung anzugeben, welches andere Mutterunternehmen den Konzernlagebericht oder den gesonderten nichtfinanziellen Konzernbericht öffentlich zugänglich macht und wo der Bericht in deutscher oder englischer Sprache offengelegt oder veröffentlicht ist.

(3) [1]Ein Mutterunternehmen im Sinne des Absatzes 1 ist auch dann von der Pflicht zur Erweiterung des Konzernlageberichts um eine nichtfinanzielle Konzernerklärung befreit, wenn das Mutterunternehmen für dasselbe Geschäftsjahr einen gesonderten nichtfinanziellen Konzernbericht außerhalb des Konzernlageberichts erstellt und folgende Voraussetzungen erfüllt:

1. der gesonderte nichtfinanzielle Konzernbericht erfüllt zumindest die inhaltlichen Vorgaben nach § 315c in Verbindung mit § 289c und
2. das Mutterunternehmen macht den gesonderten nichtfinanziellen Konzernbericht öffentlich zugänglich durch
   a) Offenlegung zusammen mit dem Konzernlagebericht nach § 325 oder
   b) Veröffentlichung auf der Internetseite des Mutterunternehmens spätestens vier Monate nach dem Abschlussstichtag und mindestens für zehn Jahre, sofern der Konzernlagebericht auf diese Veröffentlichung unter Angabe der Internetseite Bezug nimmt.

[2]Absatz 1 Satz 3, die §§ 289d und 289e sowie § 298 Absatz 2 sind auf den gesonderten nichtfinanziellen Konzernbericht entsprechend anzuwenden.

https://doi.org/10.1515/9783110763935-011

(4) Ist die nichtfinanzielle Konzernerklärung oder der gesonderte nichtfinanzielle Konzernbericht inhaltlich überprüft worden, ist auch die Beurteilung des Prüfungsergebnisses in gleicher Weise wie die nichtfinanzielle Konzernerklärung oder der gesonderte nichtfinanzielle Konzernbericht öffentlich zugänglich zu machen.

Schrifttum

Zum Schrifttum s. Vorbemerkungen vor §§ 289b ff

Übersicht

I. Überblick

Die Bestimmungen der §§ 315b/315c erstrecken die für Einzelgesellschaften vorgeschriebene Verpflichtung zur nichtfinanziellen Berichterstattung auf den Konzern und unterwerfen dabei das **Mutterunternehmen** ganz weithin denselben Regeln, wie sie schon nach §§ 289c ff für die nichtfinanzielle Erklärung/den gesonderten nichtfinanziellen Bericht in der Einzelgesellschaft gelten (arg. ex § 315c). Allein für den Kreis der zur nichtfinanziellen Konzernrechnungslegung verpflichteten Mutterunternehmen, insbesondere zur **Befreiung** von dieser Verpflichtung hat § 315b in Anlehnung an § 289b, aber konzernspezifisch eigenständig Regelungen getroffen. Für die in § 315b kann daher nur eingeschränkt auf die Kommentierung zu §§ 289b verwiesen werden. 1

II. Erfasste Gesellschaften

Zur nichtfinanziellen Konzernberichterstattung sind alle **kapitalmarktorientierten Kapitalgesellschaften** (§ 264d) verpflichtet, die als **Mutterunternehmen** nach § 290 in einem Konzern fungieren, in dem insgesamt **mehr als 500 Arbeitnehmer** beschäftigt sind (§ 315b Abs. 1 S. 1 Nr. 2 lit. b) – es sei denn, es handelt sich nach § 315b Abs. 1 S. 1 Nr. 2 lit. a um einen kleinen oder mittleren Konzern nach § 293 Abs. 1 S. 1 Nr. 1 oder um ein kleines oder mittleres Mutterunternehmen gemäß § 293 Abs. 1 S. 1 Nr. 2. Grosso modo unterliegen somit grundsätzlich (zu den Ausnahmen nach § 315b Abs. 2/3 unten Rn 9 ff) ausschließlich Großkonzerne mit mehr als 500 Arbeitnehmern der nichtfinanziellen Konzernberichterstattungspflicht, wenn sie auf regulierten Kapitalmärkten Kapital nachfragen. Nach dem Vorschlag für eine CSR-Richtlinie II (dazu oben § 289 Rn 34 ff) sollen für den Nachhaltigkeitsbericht des Konzerns nach Art. 29a Bilanzrichtlinie n. F. dies eingrenzende Merkmal der Kapitalmarktorientierung entfallen und die Arbeitnehmerschwelle von bisher 500 auf in aller Regel 250 abgesenkt werden. – Zum bislang noch geltenden Recht einige punktuelle Vertiefungen: 2

1. Erfasste Rechtsformen

3 Mutterunternehmen nach § 290 sind sämtliche Kapitalgesellschaftsformen, also Aktien- und Kommanditgesellschaften auf Aktien sowie Gesellschaften mbH und die den Aktiengesellschaften hinsichtlich der Rechnungslegung nach Art. 61 SEVO[1] gleichgestellten SE; alle freilich nur dann, wenn sie ihren **Registersitz in Deutschland** haben.

4 Unabhängig von ihrer Rechtsform unterfallen **Kreditinstitute** nach näherer Bestimmung des § 340i Abs. 5 der Verpflichtung zur nichtfinanziellen Konzernberichterstattung, **Versicherungsunternehmen** gemäß § 341j Abs. 4.[2] **Genossenschaften** sind in aller Regel von der Konzernrechnungslegung und damit zugleich von der Verpflichtung zur nichtfinanziellen Konzernberichterstattung freigestellt (arg. § 336 Abs. 1); anders jedoch, falls es sich um eine Kreditgenossenschaft mit mehr als 500 Arbeitnehmern (§ 340i Abs. 5)[3] handelt.

5 **Echte Personenhandelsgesellschaften** (oHG, KG) sind sogar dann nicht zur nichtfinanziellen Konzernberichterstattung verpflichtet, wenn sie wegen ihrer Größe nach dem Publizitätsgesetz Konzernrechnungslegungs-pflichtig sind; auf sie erstreckt das Gesetz die Pflicht zur nichtfinanziellen Konzernberichterstattung nicht (arg. § 13 PublG).[4] **Unechte Personenhandelsgesellschaften** (vor allem GmbH & Co KG) dagegen unterfallen nach § 264a Abs. 1 dieser Verpflichtung; als Mutterunternehmen an der Spitze eines Konzerns gilt die Befreiung nach § 264b für sie nicht.

6 Rechtsträger mit **Registersitz im EU- oder EWR-Ausland**, die im Inland Wertpapiere begeben, müssen zwar einen Lagebericht mitsamt nichtfinanzieller Erklärung aufstellen und publizieren (s. oben § 289b Rn 3), aber keinen Konzernlagebericht und konsequent keine nichtfinanzielle Konzernerklärung; anders als § 116 Abs. 1 WpHG mit seiner Vorgabe für einen Konzernzahlungsbericht verpflichtet § 114 Abs. 2 WpHG lediglich zur Erstattung eines Lageberichts, aber nicht zu der eines Konzernlageberichts. Konsequent brauchen diese Rechtsträger keinen nichtfinanziellen Konzernbericht zu erstatten.

2. Kapitalmarktorientierung

7 Neben der relevanten Rechtsform (oben Rn 3 ff) setzt die Verpflichtung zur nichtfinanziellen Konzernerklärung die Kapitalmarkt-Orientierung des Mutterunternehmens voraus (§ 315 Abs. 1 S. 1 Nr. 1). Sie selbst muss auf einem organisierten Markt (§ 2 Abs. 11 WpHG) durch von ihr ausgegebene Wertpapiere (§ 2 Abs. 1 WpHG) Kapital nachfragen – sei es durch die Ausgabe von Aktien oder von Schuldverschreibungen; letztere kann auch eine GmbH oder GmbH & Co KG als Mutterunternehmen emittieren. § 264d rückt den Beginn der Kapitalmarkt-Orientierung nach vorn: So ist eine Kapitalgesellschaft bereits zu qualifizieren, sobald sie die **Zulassung** solcher Wertpapiere zum Handel an einem organisierten Kapitalmarkt **beantragt** hat, also schon vor der Wertpapier-Ausgabe. – Neben den Kapitalmarkt-orientierten Müttern sind Mutterunternehmen an der Spitze eines Konzerns von Kreditinstituten oder Versicherungsunternehmen berichtspflichtig.

8 Da dies **Mutterunternehmen selbst als Nachfrager** auf dem Kapitalmarkt auftreten muss (oben Rn 7), sind die Voraussetzungen für seine Verpflichtung zur nichtfinanziellen Konzernberichterstattung nicht erfüllt, wenn die Mutter nicht selbst auf dem Kapitalmarkt agiert, sondern eine Tochtergesellschaft – etwa die börsennotierte Konzerntochter einer Familienholding.[5] Anders hingegen, falls das Mutterunternehmen über eine **Finanzierungstochter** auf dem Kapital-

1 Verordnung (EG) Nr. 2157/2001 v. 8.10.2001, ABl. L 294/1.
2 S. näher MünchKommHGB/*Kajüter*[4] §§ 315b, 315c Rn 6.
3 Hachmeister/Kahle/Mock/Schüppen/*Haaker*/*Dickau*[2] § 336 Rn 6.
4 MünchKommHGB/*Kajüter*[4] §§ 315b, 315c Rn 5.
5 Beck BilKomm-*Störk*/*Schäfer*/*Schönberger*[12] § 315b HGB Rn 5.

markt auftritt, insbesondere über eine Tochter im unmittelbaren oder mittelbaren Alleinbesitz der Mutter. Dann ist ihr der Kapitalmarkt-Auftritt der Tochter als eigener zuzurechnen; andernfalls könnten sich kapitalbedürftige Mütter und Konzerne nur allzu leicht der Verpflichtung zur nichtfinanziellen Konzernberichterstattung entziehen.

III. Nichtfinanzielle Konzernberichterstattung im mehrstufigen Konzern

Für den drei- oder mehrstufigen Konzern, in dem das Mutterunternehmen zugleich als Tochterunternehmen eines anderen übergeordneten Mutterunternehmens positioniert ist, also insbesondere für den **Konzern im Konzern,**[6] gelten besondere Vorgaben für die Spitze des Unterkonzerns: Das Mutterunternehmen dort braucht unter den Voraussetzungen des § 315b Abs. 2 keine eigene nichtfinanzielle Konzernerklärung abzugeben; es genügt die entsprechende Erklärung der Mutter an der Spitze des Gesamtkonzerns. Auf diese Weise soll eine je eigenständige nichtfinanzielle Konzernberichterstattung auf den mehreren Stufen eines tiefgestaffelten Konzerns vermieden werden. Die Informationsbedürfnisse der Publizitätsadressaten sieht der Gesetzgeber als schon durch die nichtfinanzielle Konzernberichterstattung des Mutterunternehmens an der Spitze des Gesamtkonzerns befriedigt an. Daher schien es ihm angezeigt, das Mutterunternehmen auf der nachgeordneten Zwischenstufe des Konzerns und die Geschäftsleitung durch eine Befreiung von der Berichterstattungspflicht zu entlasten (§ 315b Abs. 2). 9

Eine solche Befreiung setzt nach § 315b Abs. 2 S. 1 die Erfüllung dreier **Bedingungen** voraus: Zum ersten muss das nachgeordnete Mutterunternehmen tatsächlich in den Konzernlagebericht des anderen Mutterunternehmens an der Spitze des Gesamtkonzerns einbezogen sein (Nr. 1); zum zweiten muss der Konzernlagebericht der Mutter an der Spitze nach den Bestimmungen eines EU- oder EWR-Mitgliedstaats aufgestellt worden sein (Nr. 2); zum dritten muss dieser Konzernlagebericht eine nichtfinanzielle Erklärung enthalten (Nr. 2).[7] Dieser Konzernerklärung stellt § 315b Abs. 2 S. 2 den gesonderten nichtfinanziellen Konzernbericht (unten Rn 12) der Mutter an der Spitze des Gesamtkonzerns gleich, wenn dieser Unionsrechts-konform erstellt und öffentlich zugänglich ist. 10

Ein im Gesamtkonzern **nachgeordnetes Mutterunternehmen**, das nach den Bedingungen aus Rn 10 von der Verpflichtung zur eigenen nichtfinanziellen Konzernberichterstattung befreit ist, hat nach § 315b Abs. 2 S. 3 in seinem Konzernlagebericht die Publizitätsadressaten zum einen auf diese Befreiung hinzuweisen und zum anderen auf die Berichterstattung der anderen Mutter an der Spitze des Gesamtkonzerns: entweder auf deren Konzernlagebericht mitsamt der nichtfinanziellen Konzernerklärung oder auf deren gesonderten nichtfinanziellen Bericht.[8] Dieser Hinweis muss überdies die Fundstelle der Veröffentlichung benennen. 11

IV. Der gesonderte nichtfinanzielle Konzernbericht

Wie schon für die nichtfinanzielle Erklärung im Lagebericht (§ 289b Abs. 3) hat der Gesetzgeber ebenfalls für die Konzernberichterstattung die Möglichkeit eröffnet, die nichtfinanzielle Erklärung durch einen gesonderten nichtfinanziellen Konzernbericht eigenständig neben dem Konzernlagebericht zu ersetzen. Allerdings befreit ein solcher gesonderter Konzernbericht das Mutterunternehmen bloß dann von der Verpflichtung zur nichtfinanziellen Konzernerklärung, wenn der Bericht die **inhaltlichen Vorgaben und die zur Veröffentlichung** (§ 315b Abs. 3 S. 1) er- 12

6 Näher hierzu s. Emmerich/Habersack KonzernR[9] § 18 AktG Rn 17 ff.

7 MünchKommHGB/*Kajüter*[4] §§ 315b, 315c Rn 9 ff; Hachmeister/Kahle/Mock/Schüppen/*Burth*/*Holzmeier*/*Hachmeister*[2] § 315b Rn 23 ff.

8 Beck BilKomm-*Störk*/*Schäfer*/*Schönberger*[12] § 315b HGB Rn 31.

füllt.[9] Insoweit gilt das bereits zu § 289b Abs. 3 Ausgeführte (oben § 289b Rn 22 f). Für den Inhalt des gesonderten nichtfinanziellen Konzernberichts und alles Sonstige verweist § 315b Abs. 3 S. 2 auf die entsprechenden Vorgaben zur gesonderten finanziellen Erklärung nach § 289b Abs. 3. – Zur Verantwortungseinheit für Menschen- und Arbeitnehmerrechte im Konzern nach dem Lieferkettengesetz s. oben § 315 Rn 3.

13 Die EU-Kommission hat dem Unionsgesetzgeber jüngst vorgeschlagen, die nichtfinanzielle Berichterstattung in einem gesonderten Bericht abzuschaffen; das gilt ebenfalls für die gesonderte nichtfinanzielle Konzernerklärung (arg. Art. 29a Abs. 1 des Vorschlags für eine CSR-Richtlinie II, oben § 289 Rn 34 ff). Künftig soll mithin nur innerhalb des Konzernlageberichts durch die nichtfinanzielle Konzernerklärung über Nichtfinanzielles im Konzern auf der Ebene des Mutterunternehmens informiert werden.

V. Prüfung der nichtfinanziellen Konzernberichterstattung

14 Zur Prüfung der nichtfinanziellen Konzernberichterstattung statuiert § 315b Abs. 4 Vorgaben, die textidentisch denen des § 289b Abs. 4 entsprechen. Daher kann zur Prüfung der nichtfinanziellen Konzernberichterstattung durch den **Aufsichtsrat** des Mutterunternehmens, die Vorprüfung durch den **Prüfungsausschuss**, zur begrenzten Prüfung durch den **Abschlussprüfer** nach dem Gesetz, zur sachverständigen Inhaltprüfung aufgrund eines Zusatzauftrags sowie zur Publizität des Ergebnisses der freiwilligen Zusatzprüfung auf die Kommentierung § 289b Rn 26 ff verwiesen werden.

9 Hachmeister/Kahle/Mock/Schüppen/*Burth*/*Holzmeier*/*Hachmeister*[2] § 315b Rn 33 ff.

§ 315c Inhalt der nichtfinanziellen Konzernerklärung

(1) Auf den Inhalt der nichtfinanziellen Konzernerklärung ist § 289c entsprechend anzuwenden.
(2) § 289c Absatz 3 gilt mit der Maßgabe, dass diejenigen Angaben zu machen sind, die für das Verständnis des Geschäftsverlaufs, des Geschäftsergebnisses, der Lage des Konzerns sowie der Auswirkungen seiner Tätigkeit auf die in § 289c Absatz 2 genannten Aspekte erforderlich sind.
(3) Die §§ 289d und 289e sind entsprechend anzuwenden.

Schrifttum

Zum Schrifttum s. Vorbemerkungen vor §§ 289b ff

Übersicht

I. Überblick

1 Die Bestimmung knüpft an die in § 315b festgesetzte Verpflichtung zur nichtfinanziellen Konzernberichterstattung an und verweist für nahezu sämtliche Folgen auf die Vorgaben zur nichtfinanziellen Berichterstattung im oder neben dem Lagebericht (§§ 289b ff).

II. Ausrichtung des Berichts

2 Besonders konzernspezifisch regelt allein § 315c Abs. 2 die Angaben zu den Belangpolitiken (s. dazu § 289c Rn 18), zu ihren Resultaten (oben § 289c Rn 34 ff), zu den Belangrisiken (oben § 289c Rn 38 ff) sowie zu den nichtfinanziellen Leistungsindikatoren (hierzu § 289c Rn 43). Die auf diese Angabevorgaben bezogenen Informationen müssen nicht etwa das Mutterunternehmen in den Blick nehmen, sondern den **Konzern als Ganzen**. Ihn hat die Geschäftsleitung der Konzernmutter bei der Abfassung der nichtfinanziellen Konzernberichterstattung, sei es als nichtfinanzielle Konzernerklärung (§ 315b Abs. 1) oder als gesonderter nichtfinanzieller Konzernbericht (§ 315b Abs. 3), so zu behandeln, als ob die in den Konzern eingebundenen Konzerngesellschaften insgesamt ein einziges Unternehmen wären (arg. § 297 Abs. 3 Satz 1). In der nichtfinanziellen Konzernberichterstattung geht es somit um den Geschäftsverlauf des Gesamtkonzerns, um dessen Geschäftsergebnisse, um die Lage des Konzerns insgesamt sowie um die Auswirkungen der einzelnen Konzerngesellschaften auf die in § 289c Abs. 2 aufgelisteten Belange. Diese Perspektiven sind mithin nicht isoliert auf das Mutterunternehmen im Konzern bei der nichtfinanziellen Konzernberichterstattung auszurichten. Zu ihrer inhaltlichen Ausgestaltung ist auf die Kommentierung des § 289c zu verweisen.

III. Rahmenwerke

3 Zur Nutzung von Rahmenwerken (§ 315c Abs. 3) für die Erstellung der nichtfinanziellen Konzernberichterstattung ist auf die Kommentierung zu § 289d zu verweisen.

https://doi.org/10.1515/9783110763935-012

IV. Schutzklausel

4 Die Schutzklausel des § 289e gilt in gleicher Weise für die nichtfinanzielle Konzernberichterstattung (§ 315c Abs. 3); auf die Kommentierung zu jener Bestimmung kann daher verwiesen werden.

§ 315d Konzernerklärung zur Unternehmensführung

[1]Ein Mutterunternehmen, das eine Gesellschaft im Sinne des § 289f Absatz 1 oder Absatz 3 ist, hat für den Konzern eine Erklärung zur Unternehmensführung zu erstellen und als gesonderten Abschnitt in den Konzernlagebericht aufzunehmen. [2] § 289f ist entsprechend anzuwenden.

Schrifttum

Zum Schrifttum s. die Kommentierung zum § 289 f

Übersicht

I. Überblick

In gleicher Weise, wie es bestimmten Kapitalgesellschaften für deren Einzelrechnungslegung in § 289f vorgegeben ist, ihren Lagebericht um eine Erklärung zur Unternehmensführung zu ergänzen, schreibt § 315d S. 1 dies bestimmten Mutterunternehmen für deren Konzernlagebericht in Umsetzung des Art. 29 Abs. 1 der EU-Bilanzrichtlinie[1] vor.[2] Konzeptionell umfasst die Konzernerklärung, wie schon der Konzernlagebericht (dazu § 315 Rn 3), den Konzern als **Wirtschaftseinheit**, die sich aus dem einzelnen Konzernunternehmen gesamthaft zusammensetzt und diesen gegenüber eigenständig ist. Konsequent beziehen sich die einzelnen Angaben in der Konzernerklärung auf den Konzern als Ganzen.[3] 1

In ihrem Inhalt jedoch bleibt diese Konzernerklärung zur Unternehmensführung – trotz der formell umfassenden Verweisung von § 315d S. 2 auf § 289f – hinter der Erklärung nach § 289f im Einzellagebericht zurück: Zu berichten ist aufgrund der konzernrechtlichen Besonderheiten lediglich über die europarechtlich vorgegebenen **Corporate Governance-Aspekte** (dazu § 289f Rn 33) einschließlich Organvergütung, nicht aber über das **Diversitätskonzept** (unten Rn 7 f) und das Instrumentarium der **Frauenförderung** (unten Rn 10).[4] Der deutsche Gesetzgeber hat mit Recht davon abgesehen, zusätzlich die Konzernerklärung zur Unternehmensführung für die Förderung seiner Gleichstellungspolitik zu nutzen; das war angesichts des Umstandes, dass die 2

1 RL 2013/34/EU, ABl. L 182/19.

2 § 315d war vormals in § 315 Abs. 5 kodifiziert und wurde durch das CSR-RL-UG (vom 11. April 2017, BGBl. 2017 I S. 802) verschoben.

3 Vgl. Begr. zur Beschlussempfehlung und Bericht des Ausschusses für Recht und Verbraucherschutz zum RegE BilRUG, BT-Drucks. 18/5256, 85; im Anschluss daran BeckOGK/*Senger*/*Brune* HGB (Stand: 1.10.2020) § 315d Rn 3; Beck BilKomm-*Grottel*[12] § 315d HGB Rn 2.

4 **AA** BeckOGK/*Senger*/*Brune* HGB (Stand: 1.10.2020) § 315d Rn 9 f.

https://doi.org/10.1515/9783110763935-013

Konzernerklärung des Mutterunternehmens dessen Einzelerklärung nicht ersetzt (unten Rn 10), auch nicht notwendig.

II. Die verpflichteten Kapitalgesellschaften

3 Zur Aufstellung einer Konzernerklärung zur Unternehmensführung sind **alle Kapitalgesellschaften** nach § 289f Abs. 1 und 3 (dazu § 289f Rn 24) verpflichtet, wenn sie zugleich als **Mutterunternehmen** nach § 290 qualifiziert werden müssen (dazu § 315d S. 1), also zur Konzernberichterstattung verpflichtet sind.[5] Keine Konzernerklärung zur Unternehmensführung müssen jene Mutterunternehmen vorlegen, die nach § 289f Abs. 4 eine Einzelerklärung abgeben müssen. Die damit verbundene Reduktion des Adressatenkreises findet ihren Grund im Verzicht des deutschen Gesetzgebers, zusätzlich zur Einzelerklärung die Konzernerklärung zur Frauenförderung zu nutzen (oben Rn 2).

III. Der Inhalt der Konzernerklärung

4 Für den Inhalt der Konzernerklärung verweist § 315d S. 2 auf § 289f, also insbesondere auf dessen Abs. 2 sowie Abs. 5 mit dessen comply or explain-Mechanismus für das Diversitätskonzept.

1. Corporate Governance-Informationen

5 In der Konzernerklärung zur Unternehmensführung beziehen sich deren Corporate Governance-Informationen auf die Verantwortlichkeit des Vorstands und des Aufsichtsrats im Mutterunternehmen für das Konzernganze.[6] Folglich hat der **Vorstand** über die Zusammenfassung der Konzernunternehmen unter seiner einheitlichen Leitung (§ 18 Abs. 1 S. 1 AktG) und dabei insbesondere darüber zu berichten, ob und wie er seine Einflussmöglichkeiten genutzt hat, auch auf den nachgeordneten Konzernebenen für einen Ausgleich widerstreitender stakeholder-Interessen zu sorgen (dazu § 289f Rn 36). Dabei ist es freilich nicht seine Aufgabe, in der Konzernerklärung das Verhalten nachgeordneter Geschäftsleitungen zu referieren. Diese sind ggf. zu einer unmittelbar eigenen Erklärung nach § 289f verpflichtet. Entsprechendes gilt für den **Aufsichtsrat** im Mutterunternehmen und für die Praxis seiner Aufgabenerfüllung mit Blick auf das Konzernganze, namentlich in der Überwachung und Beratung des Vorstands in seiner Konzernleitung.

6 Zur **Arbeitsweise** von Vorstand und Aufsichtsrat (§§ 315d S. 2/289f Abs. 2 Nr. 3) und derer Ausschüsse wird in der Konzernerklärung auch und insbesondere zum Risikomanagement und zum Compliance-System (dazu § 289f Rn 39) dahingehend zu berichten sein, wie die Zusammenfassung unter einheitlicher Leitung durchgeführt und gewährleistet wird sowie Systeme im Gesamtkonzern organisiert sind und ihr ordnungsgemäßes Funktionieren konzernweit sichergestellt ist.[7] Dagegen ist eine **Entsprechenserklärung** nach § 161 AktG in der Konzernerklärung zur Unternehmensführung nicht notwendig; die mit der Entsprechenserklärung verbundenen

5 Erfüllen dagegen nur Tochtergesellschaften die Voraussetzungen der §§ 289f Abs. 1 und 3, so haben allein diese eine Einzelerklärung zur Unternehmensführung abzugeben, während das Mutterunternehmen keine Konzernerklärung abzugeben hat, BeckOGK/*Senger*/*Brune* HGB (Stand: 1.10.2020) § 315d Rn 4; Beck BilKomm-*Grottel*[12] § 315d HGB Rn 7; *Schäfer*/*Rimmelspacher* DB Beilage 5/2015, 57, 58.

6 Dazu ebenfalls BeckOGK/*Senger*/*Brune* HGB (Stand: 1.10.2020) § 315d Rn 7.

7 **AA** Beck BilKomm-*Grottel*[12] § 315d HGB Rn 18, der nur die Arbeitsweise der Organe des Mutterunternehmens beschrieben haben möchte; abweichend sehen BeckOGK/*Senger*/*Brune* HGB (Stand: 1.10.2020) § 315d Rn 8 die Berichtspflicht dagegen auch hinsichtlich der einzelnen Organe und Ausschüsse in den Tochterunternehmen, da das Mutterunternehmen im Konzern diese Organe und Ausschüsse bestimme.

Informationen auch für den Gesamtkonzern liefert bereits die Einzelerklärung des Mutterunternehmens zur Unternehmensführung.[8]

2. Diversität und Diversitätskonzept

7 Soweit es die Vielfalt in den Organen des Mutterunternehmens betrifft (dazu § 289f Rn 45), bedarf es keiner Parallelinformation zur Einzelerklärung in der Konzernerklärung. Allerdings ist der Vorstand des Mutterunternehmens in verantwortlicher Wahrnehmung der im Anteilsbesitz der Mutter angelagerten Einflussmöglichkeiten gehalten, auf eine **diverse Zusammensetzung der Tochterorgane** hinzuwirken – und zwar unabhängig davon, ob für die einzelne Tochter § 289f Abs. 2 Nr. 6 gilt oder nicht. Denn auch in Geschäftsleitungen und Überwachungsorganen von Töchtern, die nicht börsennotiert sind, kann eine vielfältige Zusammensetzung derer Gremien für verbesserte Arbeit in diesen Gremien sorgen. Allerdings sind für die Gremienvielfalt in den Tochtergesellschaften primär deren Aufsichtsräte verantwortlich; in ihnen sind die Repräsentanten des Mutterunternehmens zu verantwortlicher Mitwirkung aufgerufen, aber nicht zu mehr.

8 Deshalb scheidet auf der Ebene des Mutterunternehmens ein Diversitätskonzept auch für den nachgeordneten Konzernbereich aus: Mit ihm würde der Vorstand des Mutterunternehmens in den **Kompetenzbereich** der für die Tochterpositionen und deren Besetzung verantwortlichen Tochterorgane unzulässig eingreifen. Folgerichtig bedarf es insoweit auch keiner Begründung nach §§ 315d S. 2/289f Abs. 5.

9 In gleicher Weise scheiden auf den Gesamtkonzern bezogene, vom Mutterunternehmen gesetzte Zielgrößen für die Frauenförderung und Besetzungsvorgaben für Tochteraufsichtsräte (dazu 289f Rn 50) aus. Auch sie wären ein unzulässiger Eingriff in die Kompetenzbereiche der Tochterorgane.[9]

IV. Konzernerklärung und Einzelerklärungen

10 Die Konzernerklärung zur Unternehmensführung ersetzt keine Einzelerklärungen – weder die des Mutterunternehmens, noch die einzelner Töchter, sofern diese selbst nach § 289f Abs. 1 zur Aufstellung einer Einzelerklärung verpflichtet sind.[10] Im Gesetz finden sich keine dahingehenden Befreiungsregeln, sondern lediglich eine **Erleichterung**: Das Mutterunternehmen kann seine Eigenerklärung im Lagebericht mit der Konzernerklärung im Konzernlagebericht zusammenfassen (dazu §§ 315 Abs. 5/298 Abs. 2; s. oben § 315 Rn 12 f). Aus der zusammengefassten Konzernerklärung muss dann aber hervorgehen, welche Angaben sich auf das Mutterunternehmen beziehen und welche auf den Konzern (arg. § 298 Abs. 2 S. 3).

8 Siehe DCGK Präambel Abs. 5, dazu Kremer u. a. DCGK/*von Werder* (8. Aufl. 2021) Teil 3. Kommentierung, Präambel, Rn 57 ff; **aA** Begr. zur Beschlussempfehlung und Bericht des Ausschusses für Recht und Verbraucherschutz zum RegE BilRUG, BT-Drucks. 18/5256, 85 und im Anschluss daran BeckOGK/*Senger*/*Brune* HGB (Stand: 1.10.2020) § 315d Rn 6, welche davon ausgehen, dass eine auf den Gesamtkonzern bezogene Entsprechenserklärung im Konzernbericht enthalten sein muss.

9 **AA** BeckOGK/*Senger*/*Brune* HGB (Stand: 1.10.2020) § 315d Rn 9 ff; Beck BilKomm-*Grottel*[12] § 315d HGB Rn 18 ff, welche die den § 289f Abs. 2 Nr. 4 bis 6 HGB zugrundeliegenden Kompetenzen ebenfalls nur auf das Mutterunternehmen bezogen wissen wollen und daher zu dem Ergebnis kommen, dass die Angaben zu § 289f Abs. 2 Nr. 4 bis 6 HGB in der Einzel- und Konzernerklärung identisch sind; eine Doppelangabe in beiden Erklärungen sei indes abzulehnen, da diese keinen Mehrwert generiere.

10 Hachmeister/Kahle/Mock/Schüppen/*Mock*[2] § 315d HGB Rn 3.

V. Prüfungen

11 Für die Prüfung der Konzernerklärung zur Unternehmensführung durch den Abschlussprüfer gilt das für die Prüfung der Einzelerklärung Ausgeführte (dazu § 289f Rn 54) entsprechend, ebenso das für die Prüfung durch den Aufsichtsrat (dazu § 289f Rn 55 f).

VI. Publizität

12 Für die Veröffentlichung der Konzernerklärung zur Unternehmensführung gelten die Möglichkeiten, die den berichtspflichtigen Kapitalgesellschaften schon für die Einzelerklärung nach § 289f Abs. 1 eröffnet sind (dazu § 289f Rn 57), in gleicher Weise (dazu § 315d S. 2): entweder über den Konzernlagebericht als gesonderter Abschnitt in diesem oder abgesondert als formal eigenständige Konzernerklärung auf der Internetseite des Mutterunternehmens. Rechtlich steht nichts entgegen, die Konzernerklärung auf dem einen Weg zu publizieren und die Einzelerklärung auf dem anderen.[11]

VII. Sanktionen und Reaktionen

13 Die bußgeld- und strafrechtlichen Bestimmungen zur Konzernerklärung (§§ 334 Abs. 1 Nr. 4/331 Abs. Nr. 1) entsprechen denen zur Einzelerklärung; daher kann auf die Ausführungen § 289f Rn 58 verwiesen werden. Das gilt in gleicher Weise für Entlastung und Schadenersatz in § 289f Rn 59.

11 Dazu näher MünchKommHGB/*Schmidt*/*Ebke*[4] § 315d Rn 10.

Sachregister

https://doi.org/10.1515/9783110763935-014

O

P

www.ingramcontent.com/pod-product-compliance
Lightning Source LLC
LaVergne TN
LVHW081519300926
849161LV00006B/1217